JÜDISCHE SPRICHWÖRTER UND REDENSARTEN

JÜDISCHE SPRICHWÖRTER UND REDENSARTEN

Als Beitrag zur Volks-, Sprach- und Sprichwörter-Kunde

Aufgezeichnet aus dem Munde des Volkes und nach Wort und Sinn erläutert
von
Abraham Tendlau

PARKLAND VERLAG

1998 Lizenzausgabe für Parkland Verlag, Köln

Satz und Layout: Bernhard Heun, Riedstadt
Redaktion: MECO Buchproduktion, Dreieich
Umschlagentwurf: Klaus Dempel
Druck und Bindung: Mladinska knjiga, Slowenien

ISBN 3-88059-942-4

Printed in Slovenia

Inhaltsverzeichnis

VORWORT 9

KAPITEL EINS

Sprichwörter und Redensarten
mit Bezug auf biblische und talmudische
Persönlichkeiten und Ereignisse 19

KAPITEL ZWEI

Sprichwörter und Redensarten aus dem Leben 47

1. Verstand und Unverstand.
Weisheit und Torheit.
Zweckmäßigkeit und Unzweckmäßigkeit.
Überklug und naseweis. Einbildung.
Bescheidenheit. Wortschwall. 49

2. Kenntnis und Unwissenheit.
Geschicklichkeit und Ungeschicklichkeit. 85

3. Fleiß und Arbeitsamkeit.
Nachlässigkeit und Trägheit.
Sparsamkeit und Verschwendung.
Reichtum und Armut. 103

4. Macht, Ansehen und Ehre. Großartigkeit.
Armseligkeit und Hoffart. Hochmut. 121

5. Geiz und Habsucht.
Selbstsucht. Spitzbüberei. 141

6. Schein und Verstellung.
Lüge. Heuchelei. Schwüre.
Ernst- und scherzhafte Beteuerung. 155

7. Unentschlossenheit. Unselbständigkeit.
Charakterlosigkeit. Zudringlichkeit.
Dreistigkeit. Frechheit.
Bosheit und Schändlichkeit. 175

8. Ernst und Düsterkeit. Sanftmut.
Unverträglichkeit. Grobheit.
Wildheit. Ausgelassenheit.
Flüche und Verwünschungen.
Freundliche Anreden und Begrüßungen.
Gute Wünsche und Segnungen. 197

9. Angenehm, unangenehm.
Willkommen, unwillkommen.
Überraschend. Entrückt.
Gleichgültig, wertlos. 233

10. Begierde. Gefräßigkeit. Sättigung. 245

11. Körperliche Beschaffenheit.
Nettigkeit. Alter. 253

12. Vertrautheit und Gesinnungsgenossenschaft.
Häusliche Einigkeit und Zwietracht. 271

13. Glück und Unglück.
Not und Mißgeschick. 287

14. Gottlosigkeit. Irrgläubigkeit.
Abtrünnigkeit. 315

Kapitel drei
Klugheitsregeln und Erfahrungen 337
1. Sitten und Gebräuche.
Umstände und Verhältnisse. 339
2. Der Mensch in Wort und Tat. 415
3. Religiöses und Moralisches. 465
4. Scherzhaftes. 497

Kapitel vier
Sprichwörter und Redensarten,
welche auf Mythen, Sagen,
Legenden und Anekdoten beruhen 507
1. Religiöse, moralische
und gesellige Seltsamkeiten. 509
2. Lebensverhältnisse,
Klugheitsregeln und Erfahrungen. 555

Register 593

Vorwort

Was der Verfasser seinem „Buch der Sagen und Legenden jüdischer Vorzeit“ (Stuttgart. Cast. 1842. Zweite vermehrte Aufl. 1845.) zur Einführung in die Öffentlichkeit als Vorwort vorausgeschickt, das findet großenteils auch auf die folgenden Sprichwörter und Redensarten deutsch-jüdischer Vorzeit seine Anwendung. Diese sind noch mehr als jene ein aus der Vorzeit herüberhallender Laut, vermögen noch mehr als jene ein zum großen Teil hingeschwundenes Leben uns zu veranschaulichen und, indem sie einen nicht unwichtigen Beitrag zur allgemeinen Sprichwörterkunde liefern, zugleich zur Volkskunde bedeutend beizusteuern, und sie verdienen um so mehr der Vergessenheit entrissen zu werden, als sie nur im Munde des Volkes und zwar des deutsch-jüdischen Volkes gelebt haben, wenig noch gesammelt oder auch nur aufgezeichnet sind, und selbst von dem älteren Geschlechte nur selten noch vernommen werden. Bei den Sagen und Legenden standen dem Verfasser doch größtenteils schriftliche Quellen zu Gebote; hier aber mußte er sich teils an Erinnerungen aus seiner frühesten Jugendzeit halten, teils einigen versteinerten Personen seiner Umgebung hin und wieder ein Wort der Vorzeit ablauschen, und nur bei den Sprüchen und Redensarten, welche auf Sagen und Legenden beruhen und selbst unter diesen nur bei sehr wenigen fand er einige Beisteuer in den Volksbüchern jüdisch-deutscher Schriftart, besonders im Máase-Buch und im Simchath Nephesch.

Wohl gehört auch hier vieles nicht dem jüdischen Boden an, so wie überhaupt Alter und Vaterland der Sprichwörter selten mit Bestimmtheit ermittelt werden kann; aber immer hat es, wenn auch ursprünglich auf anderem Boden entstanden, durch seine Verpflanzung auf jüdischen Boden eine eigentümliche Farbe angenommen und sich gewissermaßen jüdisch gestaltet. So stand der Verfasser auch nicht an, solche Sprichwörter und Redensarten aufzunehmen, die entschieden nicht den Juden ausschließlich angehören, sobald er sich bewußt war, sie mehr als gewöhnlich vom Juden gehört zu haben, da er eben, wie gesagt, auch ein Charakterbild des deutschen Juden geben wollte. Bei vielen hat er die Gleichheit oder Ähnlichkeit mit echtdeutschen darzutun gesucht, wobei ihm unter andern Lehmann's florilegium politicum oder politischer Blumengarten (Frankfurt a.M. 1630. 12.) und besonders die Sammlung von Eiselein: Die Sprichwörter und Sinnreden des deutschen Volkes (Freiburg 1840.) von Nutzen war, so wie es auch hin und wieder an einer Vergleichung mit schweizerischen und altenglischen Sprichwörtern nicht fehlt (Mr. J. Ray's collection of Englisch Proverbs. London 1737.). Aus demselben Grunde gestattete er auch mehreren Sprichwörtern die sich in rabbinischen Schriften finden, hier Aufnahme, weil sie seines Wissens eben in das Volksleben übergegangen waren, oder vielmehr nahm er nur diejenigen rabbinischen Sprichwörter hier auf, die in dem Munde des Volkes Leben und Wirksamkeit gefunden; doch verfehlte er nicht, wo es tunlich war, auf Parallelen sowohl bei den Rabbinen als in den neutestamentlichen Schriften und auch in den neueren deutschen Klassikern hinzuweisen. (Eine ziemlich reiche und gute Sammlung von rabbinischen

Sprichwörtern findet sich in der Rabbinischen Blumenlese von L. Dukes (Leipzig 1844.), von welchem wir indessen in Rücksicht auf Erklärung oder Übersetzung und mitunter auch auf Text nicht selten abzuweichen uns veranlaßt sahen. Vergl. z.B. 61. 160. 169. 248. 323. 467. 600. 832. 842. – Von Nutzen war uns auch eine kleine handschriftliche Sammlung talmudischer Sprichwörter, wenn auch ohne jedwede Erklärung, die uns von freundlicher Hand zugekommen, und die, wenn wir anders recht berichtet sind, von dem Vater unseres lieben Freundes Herrn Leopold Beer, dem seligen H. Kann, herrühren soll). – Eine den Gelehrten eigentümliche und bei ihnen sehr beliebte Art, Sprichwörter und Sprüche zu bilden, war, einem Bibelverse oder talmudischen Ausspruche durch eine, je nachdem, besondere oder allgemeine Anwendung und Deutung, oft mit einer unscheinbaren Veränderung eines Buchstabens, einen ganz anderen Sinn zu geben, z.B. „Hannachas hischschiani (1. B. M. 3, 13 – dort: „Hannacha**sch**" ... „Die Schlange hat mich verführt," hier: „Die Luft...," s. 492.); „Und er wandte sich zu Hebel und seinem Geschenke" (1. B. M. 4, 4 – dort: der Eigenname: „Abel," hier: im wörtlichen Sinne: zu Richtigem, zu Tand); „Alle Schäden (negāim) sieht der Mensch, nur die seinigen nicht" (ursprünglich von der traditionellen Anordnung, daß der Priester jeden andern Aussätzigen besehen, beurteilen und behandeln durfte, nur sich selber nicht, wenn er von einem Aussatz befallen ward); „In heiligen Dingen muß man auf- und nicht abwärts steigen" (ursprünglich von den Tempelgeräten, daß sie zu keinem geringeren Dienst gebraucht werden durften. Vergl. Baba M. 84. die hübsche Entgegnung der Witwe Elasars bei Gelegenheit eines Heiratsantrages: „Ein Gefäß, das zu Heiligem verwendet wurde, darf das zu Profanem gebraucht werden?"). –

Der Verfasser bedauert, daß es ihm nicht immer möglich war, das Kurze und Körnige des hebräischen oder auch nur jüdisch-deutschen Ausdrucks auch für das rein Deutsche zu gewinnen, und deshalb hat er auch, nachdem er lange geschwankt, sich endlich entschlossen, die Sprichwörter und Redensarten vollständig in ihrer ursprünglichen Form und gewöhnlichen Aussprache mit Beibehaltung selbst des verdorbenen deutschen Ausdrucks zu geben. Freilich wird mancher sagen, man sollte diesen Jargon, diese Mauscheleien, statt sie festzuhalten und aufs neue zu beleben, ihrem Hinschwinden und Absterben überlassen. Wohl, auch wir wünschen von Herzen, daß alle Mauscheleien, wo sie noch zu finden, immer mehr und mehr aus Sprache und Leben schwinden mögen; aber – abgesehen davon, daß es gut ist, wenn auch der Schichte des Volkes, die noch auf dem Standpunkte der hingeschwundenen Zeiten steht, ihr Denken und Fühlen zum Bewußtsein gebracht wird – soll deshalb alles Kräftige und Treffende, was vom Volke seit Jahrhunderten nicht nur in Deutschland, sondern in allen jüdischen Gemeinden, die daher stammen, in dieser Mundart bedacht und gesprochen worden ist, vergessen werden? und wollten wir dieses recht charakteristisch geben, so mußte auch der ursprüngliche Ausdruck in Form und Wendung völlig beibehalten werden. Zudem wird von dem Unkundigen gar manches eben in Form und Wendung für Mauschelei gehalten, was, bei näherer Untersuchung, sich als altdeutsch oder auch als noch jetzt lebende Gauart (Provinzialismus) ergibt. Wir haben oft Gelegenheit gehabt, sowohl auf Schmid's Schwäbisches Wörterbuch, so wie auf Ziemanns mittelhochdeutsches Wörterbuch hinzuweisen, und sind der Überzeugung, daß selbst für die Kunde der deutschen Sprache manches aus der Sammlung gewonnen werden kann. Man vergleiche z. B. die Artikel: anstellen, Ausfall, ausmeken, Bawel, chappen, dermehr, eseln, gakeln, gaukeln, Geläger, Geleit, geniet, Gimmgold, Gottschlag, herb, kippeln, königen, Kreis, maweln, Naupen, phanteln, plattschlagen, Schliwer, Schmēchel, schnorren, schofel, Schwanz, Sonntagskind, Spreiß, stiffen, strandeln, ungleich, uzen, verkrumpeln, wurmstichig, Zōche, und mitunter die Hinweisung rücksichtlich der Abstammung und Begriffsbildung auf Schwenk's Wörterbuch der deutschen Sprache, wobei wir nur bedauern, daß uns die neuere, noch in der Vollendung begriffenen Arbeiten, nicht ganz zu Gebote standen. Gar viele altdeutsche Ausdrücke (Archaismen), welche aus der Schrift und aus dem Leben längst geschwunden sind, waren bei dem alten deutschen Juden, mit seinem eignen Stillstande im Gebiete der Kultur und mit seiner undurchdringlichen Abgrenzung im Leben, bis in die neue Zeit herein unverrückt stehen geblieben. „Allen," sagt Zunz in seinem trefflichen Buche: „Die gottesdienstlichen Vorträge der Juden" S. 438., „allen bis gegen den Schluß des Mittelalters verfaßten Dokumenten zufolge standen die Juden in der Sprache – bis auf einzelne Redeweisen und hier und da die Aussprache – den deutschen Christen gleich.* Aber schon im 16. und noch stärker in den beiden folgenden Jahrhunderten bildete sich der Dialekt der Juden

* Schon 1544. soll von dem Grammatiker R. Eliah Bachur eine deutsche Übersetzung des Pentateuchs und der fünf Megilloth in Konstanz erschienen sein. Vergl. Mendelsohns Vorrede zu seiner Bibelübersetzung.

zu einem eigenen sogenannten Jüdisch-deutschen aus, in welchen hebräische*, eigene jüdische und veraltete deutsche Ausdrücke in gleicher Menge vorhanden waren." – (Vergl. noch Steinschneider: „Die fremdsprachlichen Elemente im Neuhebräischen" IV gegen Ende und V, 6.). – Eben diese lange Abgeschlossenheit im Leben und in der Wissenschaft macht es auch erklärbar, wie der deutsche Jude, um eine Bezeichnung für seine Begriffe und seine Denkweise zu finden, sich nicht nur des Hebräischen und des Deutschen bediente, so wie der Vermischung beider durch eigentümliche Zusammensetzung und Bildung (das Nähere hierüber bei den einzelnen Redensarten, so wie ein ziemlich vollständiges Beispiel Nr. 1029.), sondern auch nach den Elementen fremder Sprachen griff, besonders nach polnischen und französischen, wie sie ihm eben der Zufall, sei es durch Bücher oder durch Lehrer und Rabbiner, welche aus der Fremde stammten, zugeführt hatte. –

Auch einem andern möglichen Einwande gegen die volle Beibehaltung des ursprünglichen Ausdrucks wollen wir begegnen, der ängstlichen Besorgnis nämlich, irgend ein Übelwollender, an denen der Jude ja noch keinen Mangel hat, möchte das Buch benutzen, um daraus judenfeindliche Pfeile zu schmieden. Aber gesetzt auch, es täte dieses ein solcher um á la Jtzig Feitel Stern sein Mütchen zu kühlen und so recht con amore zu

---

* Nicht unwichtig wäre die Untersuchung, warum der alte Jude es liebte, gerade gewisse Begriffe hebräisch auszudrücken, auch wenn sonst keine äußere Veranlassung dazu da war, wie z. B. diejenigen, die sich auf geistige Anlagen beziehen: „Er besitzt die chochmah (Weisheit von ...)," „ich hab gar kein sikkaron (Gedächtnis) mehr," usw. – Vergl. Zunz l. c. S. 439. Anm. a-e.

mauscheln, in Gottes Namen! über solche Gemeinheit sind wir gottlob; soll es aber nur Spaß sein, so können wir, wenn anders Grund zum Lachen da ist, sogar mitlachen. – Denn was den Inhalt der Sprichwörter und Redensarten betrifft, der darf sich wohl mit den Anschauungen und Gesinnungen eines jeden Volksstammes in die Schranken stellen. Bei den wenigen Stellen, in welchen sich eine gewisse Bitterkeit gegen den Christen offenbart, bedarf es wahrlich des Beweises nicht, daß diese ein Widerhall war und zum Teil noch ist jener Denk- und Handlungsweise, die sicher der sogenannten christlichen Liebe – wir reden nicht von der echten, wahrhaft menschlichen, sondern sogenannten – nicht zur Empfehlung gereicht. – Wir haben nichts verschwiegen, nur das Obszöne mußte weichen; einiges Derbe jedoch wollte der Verfasser eben seiner Derbheit wegen nicht ausschließen. Schon Agricola sagt: „Dieweil ich Sprichwörter schreibe, so kann ich nit allerwegs Seide spinnen; es wird auch grob Garn mitunterlaufen.“ – So haben wir auch stets die Volkssitte im Auge gehabt, sie, wo Gelegenheit sich zeigte, mitgeteilt, und, wo nötig, zu erklären gesucht. –

Zur leichteren Übersicht sind die Sprichwörter und Redensarten eingeteilt:

a) in solche, welche sich an biblische und talmudische Persönlichkeiten und Ereignisse anlehnen;
b) in solche, welche dem Leben entnommen sind, und zwar in Abteilungen je nach ihrem Bezug auf Geist, Gemüt , Charakter, Lebensverhältnisse usw.;
c) in Klugheitsregeln und Erfahrungen;
d) in solche, welche auf Mythen, Sagen, Legenden und Anekdoten beruhen.

Bei einigen der letzten Art konnte der Verfasser keine genügende Erklärung über ihren Ursprung geben, und jede Mitteilung hierüber, so wie über einzelne ihm zweifelhafte Ausdrücke würde derselbe mit dem verbindlichsten Dank entgegennehmen. Bei manchen darunter mag auch die Erzählung, als moralische Erfindung, erst aus dem Sprichworte entstanden sein. Auch hätte diese Abteilung noch bedeutend vermehrt werden können, besonders durch lokale Sprichwörter, die eben auf lokalen Anekdoten beruhen – unser liebes Frankfurt ist reich daran – ; aber das Buch sollte nichts weniger als eine Anekdotensammlung abgeben, und selbst die wir aufgenommen haben möchten manchem schon zu viel erscheinen. –
Indem wir nun den Wunsch ausdrücken, daß auch diese Gabe einer spärlichen Muße dieselbe freundliche Aufnahme finden möge, deren sich das „Buch der Sagen und Legenden," so wie die „Märchen und Geschichten aus grauer Vorzeit," unter dem Titel „Fellmeiers Abende," erfreut haben, sei es uns noch gestattet, unserm gelehrten und hochgeehrten Freunde, Herrn Dr. J.M. Jost, hier unsern Dank auszusprechen für die Freundlichkeit, die derselbe hatte, in der Enzyklopädie von Ersch und Gruber (Artikel: Judenteutsch) im voraus auf diese Arbeit aufmerksam zu machen.

Frankfurt a. M. im April 1860.

Sprichwörter und Redensarten

Deutsch-jüdischer Vorzeit

„Gedenke der alten Zeiten,
Betrachte die Jahre vorheriger Geschlechter.
Frage Deinen Vater, er wird Dir's verkünden,
Deine Alten, sie werden Dir's erzählen."
(5. B.M. 32, 7.)

„Sprichwörter sind die Weisheit,
die auf der Gasse predigt."
(Sailer.)

KAPITEL EINS

Sprichwörter und Redensarten

mit Bezug auf biblische und talmudische Persönlichkeiten und Ereignisse

1. Das Alter von Mesuschelach.

„Der lernt nix, un wenn er so alt wird, wie Mesuschelach." – Methuselah, der unter Adams Geschlecht am längsten gelebt hat und 969 Jahre alt geworden ist (1. B. M. 5, 21.). – Die Rabbinen weisen darauf hin, daß trotz dem hohen Alter des vorsintflutlichen Geschlechtes doch keiner tausend Jahre erreicht habe, und erklären eben dadurch die Stelle (1. B. M. 2, 17.): „Denn am Tage, wo du davon issest, mußt du sterben", daß hier kein gewöhnlicher Tag darunter verstanden sei, sondern ein Tag Gottes, d. h. tausend Jahre, so wie es heißt (Ps. 90, 4.): „Denn tausend Jahre sind in deinen Augen, wie der Tag von gestern." (Vgl. Jalkut chadasch, Artikel Adam No. 31. – Dieselbe Erklärung findet sich auch bei Justin dem Märtyrer: Dial. c. Tryph. p. 278. ed. Otto). –

2. Seit Noach aus der Teewe gegangen.

„Seit Noah aus der Arche (tebah) gegangen" – ist ein solches nicht geschehen, nicht gesehen worden. – Ebenso: „Seit dem Mabbul" (Sintflut). –

3. Schikker wie Lot!

Um einen hohen Grad des Rausches zu bezeichnen. – Lot (1. B. M. 19, 33.) war in seinem von den eigenen Töchtern ihm beigebrachten Rausche allen Bewußtseins so beraubt, daß er nicht gewahr ward, was dieselben mit ihm unternahmen. – „Schikkor" (hebr.), betrunken. –

4. Das is Máase – S'dóm! –

„Das ist Sodom's Tun" (máasah, hebr.), Sodom's Art! – Als Ausruf bei einer unerhört frechen Ungerechtigkeit, besonders in bezug auf Verletzung des Gastrechts (1. B. M. 18, 20. 19, 5. – Vgl. 298, so wie des Verfassers „Buch der Sagen und Legenden jüdischer Vorzeit." Zweite vermehrte Auflage. Stuttgart 1845. No. XXXVIII). So heißt es Ber. Rab. 41: „Unter den Städten gibt es keine, die so schlecht ist, wie Sodom war, so daß man einen schlechten Menschen einen Sodomiten nennt." –

5. Das is e Nizez von Avrohom Owinu!

„Ein Funken von unserem Vater Abraham." – Zur Bezeichnung eines in hohem Grade frommen, friedfertigen, dienstwilligen und besonders wohltätigen Mannes. – Der Ausdruck „ein Funken" (nizoz) soll mehr als bloße Seelenverwandtschaft bezeichnen; er deutet zugleich auf eine Art von Seelenwanderung oder vielmehr Ausströmung (schepha, emanatio) sowie bei den Kabbalisten die Seele des Menschen überhaupt „ein Funken der Gottesseele von oben" genannt wird (Emek hammelech f. 15.). – Vergl. übrigens auch Beza 32, b. Erubin 86: „Wer sich seiner Mitgeschöpfe erbarmt, gibt zu erkennen, daß er aus dem Samen Abrahams ist." – Ketub. 8, b. (als Ansprache an die Tröster eines Trauernden): „Unsre Brüder, selbst wohltätig und Söhne Wohltätiger, die ihr festhaltet am Bunde Abrahams, unseres Vaters." – Ev. Joh. 8, 39: „Wenn ihr Kinder Abrahams wäret, so tätet ihr Abrahams Werke." – S. auch 680. –

6. Das is aane von unsere' Immōhes!

„Eine von unsern Müttern", Stamm-Müttern (immahoth). Zur Bezeichnung eines sehr würdigen und besonders sehr mildtätigen Weibes. – Die Bibel freilich erzählt uns nichts, was berechtigt, die Stammütter als Musterbild zu nehmen; vergl. indes Jes. 51, 1. 2. „Blicket auf den Fels, aus welchem ihr gehauen, und auf die Brunnenhöhle, aus welcher ihr gegraben seid! Blicket auf Abraham, Euern Vater, und auf Sara, die Euch geboren!" – so weiß denn auch die Sage von Sara's zwar tiefem Schmerze, aber auch frommer Ergebung viel zu erzählen, als ihr der Satan ihres Sohnes Opferung meldete (vergl. Jalkut wajera cap. 22. und besonders Sepher hajjaschar zu par. wajera am Ende), und Überlieferung und agadische Deutung sprechen eben so sehr, wenn auch nicht in so hohem Grade, von dem segenreichen Verdienste der Mütter (sechuth immahoth) als von dem der Väter (sechuth aboth), so daß sogar gesagt wird: „Durch das Verdienst der Mütter wurde Israel aus Ägypten erlöst" (Jalkut Schir haschir. f. 177, d. Jalkut tehil. f. 119, a). Das Grab Rahels, der so innig geliebten und so frühe und so schmerzvoll dahingenommenen Stammutter, die trotzdem noch Tränen für die spätesten Nachkommen hat (Jer. 31, 15), wird bekanntlich heute noch von Juden, Christen und Mohammedanern andächtig aufgesucht und verehrt (S.L.A. Frankl: „Nach Jerusalem" II. S. 485 ff.) –

7. Das Remöës von Lowen!

„Die Betrügerei von Laban." Z.B. „Der besitzt das..." Laban galt als Muster eines sehr listigen, verschmitzten Menschen (1. B. M. 29, 25. Jalkut wajjeze 124: „Als Laban von der Ankunft Jakobs hörte, sprach er zu sich: „Elieser, der Knecht Abrahams, führte zehn beladene Kamele mich sich, was muß erst der Sohn und Liebling des Hauses bringen!" und als er von allem dem nichts sah, da umarmte und küßte er Jakob, weil er hoffte, bei ihm Geld versteckt um die Lenden oder gar Perlen verborgen im Munde zu finden, wobei zugleich, aus Mißverständnis, sein Beinamen „der Aramäer" (háarami) oft für „der Betrüger" genommen ward. – Remoaus, remaoth, ist neuhebr., verwandt mit dem bibl. ormah, rimmah. –

8. Eesev get Máaser von Stroh!

„Esau gibt Zehnten von Stroh!" – Zur Bezeichnung eines frömmelnden Heuchlers. – Esau soll nämlich nach der Sage (Jalkut Beresch. 110.), um seinem Vater eine hohe Idee von seiner Frömmigkeit beizubringen, demselben die Frage vorgelegt haben, ob man auch von leerem, ausgedroschenem Stroh den Armen Zehnten geben müsse. – So würde der alte Jude, wenn er etwa eine Beate aus purer Barmherzigkeit einem siechen Armen „ein großes Stück – verschimmeltes Brot" reichen gesehen, ausgerufen haben: „Eesev get etc." – Der arme Esau galt übrigens allgemein als die verkörperte Gottlosigkeit, obgleich auch nicht alles, was uns die Schrift, offen und wahr wie sie ist, von Jakob erzählt, rein und tadellos ist.

Auch Abraham a Sankta Clara ruft in seinem Judas, der Erzschelm: „Isaac der Vater, ein Engel, Esau, sein Sohn, ein Bengel." – („Eesev", die dumpfe, dem schwäbischen Dialekte nahekommende Aussprache des ei und au im jüdisch-deutschen Dialekte, besonders des süddeutschen, läßt sich durch die Schrift nicht wiedergeben. Das ch in den hebr. Ausdrücken muß nach der harten Aussprache der Schweizer gelesen werden.) –

9. Guckt aus wie Eesev von der Jagd!

Wenn jemand sehr erhitzt ist: „Er sieht aus wie Esau, wann er von der Jagd kam!" – Die Rabbinen wissen mancherlei zu erzählen, was Esau an jenem Tage als er von der Jagd kam und Jakob ihm das Recht der Erstgeburt abkaufte, noch nebenher getrieben (vergl. Jalkut zu 1. B. M. 25, 29.). –

10. Das Kol von Jáakev und die Händ' von Eesev!

Nach 1. B. M. 27, 22: „Die Stimme ist Jakobs Stimme, aber die Hände sind Esaus Hände!" Hier in dem Sinne von: „In Worten zart, in Werken hart." – Auch der Talmud kennt den Ausdruck: „Einen mit Worten bestechen" (Sanhedrin 43.). – „Die Stimme ist die Stimme eines Weisen, und die Hände ziehen Tote aus" (Jalkut zur Bibelstelle). – In Rücksicht auf bloß äußere Freundlichkeit im Gegensatze zur innigen Anhänglichkeit hatten die Talmudisten (Sota 42.) mit Bezug auf Ruth 1, 14. und 2. Sam. 11, 22. den Reimvers: „Die Söhne der Küssenden kommen und fallen in die Hand der innig Anhänglichen", indem sie in der angeführten letzten Stelle das Wort harapha gleich Orpa nehmen, so daß die Nachkommen Orpa's, der einen Schwiegertochter Naemi's, in die Hände Davids, des Nachkommens der Ruth, fielen. –

11. Schimen und Leevi – Das sen Brüder!

Als Ausruf für ein im Bösen einstimmiges Brüderpaar, mit Bezug auf 1. B. M. 49, 5: „Simeon und Levi sind Brüder, Werkzeuge des Frevels sind ihre Schwerter."

12. Das is e Chuschim!

Zur Bezeichnung eines Harthörigen, s. v. a. „Das ist ein tauber Mensch!" – Chuschim, der Sohn Dans (1. B. M. 46, 23.), soll nach der Sage sehr taub gewesen sein. Als die Söhne Jakobs, heißt es (Jalkut Ber. 162), ihren Vater begraben wollten, da trat ihnen Esau entgegen und sprach: „Die Gräber der Höhle Machpelah sind paarweise geordnet: Adam und Eva, Abraham und Sara, Isaak und Rebecka; in das seine hat Jakob sein Weib Lea begraben, das noch übrige ist für mich." „Nicht doch," sagten die Söhne Jakobs, „unser Vater hat es dir abgekauft." „Wo ist der Kaufbrief?" frug Esau. – „Er liegt in Ägypten." – Der wie die Hindin flüchtige Naphthali (1. B. M. 49, 21.) wird nach Ägypten geschickt, den Kaufbrief zu holen. – „Was geht denn da vor?" fragt der taube Chuschim. – Man sagte es ihm. – „Was!" rief er „soll der Großvater so lange unbegraben liegen?" Und er ergriff sein Schwert und schlug Esau mit einem Hieb den Kopf herunter, so daß der Kopf auf die daneben ruhende Leiche des Bruders rollte und nun mit dieser in ein Grab gelegt ward. – In der Parallelstelle 4. B. M. 26, 42. steht für Chuschim, Schuchim, jenes bedeutet aber: „ Übereiler", dieses: „Gräber, Verderber." – Nach einer anderen Sage ward Esau in einem Kriege der Söhne Jakobs gegen Esau und dessen Söhne noch bei Lebzeiten Jakobs durch einen Pfeil getötet, und zwar von Jakob selbst (vergl. das vorchristliche Buch Sepher hajjobeloth oder „das Buch der Jubiläen", deutsch in Ewald's Jahrbücher II. und III. S. 51 – 53., so wie Midrasch Wajisaü, in Jellinek's Bet-ha-Midrasch III. S. 4.). Nach einer dritten Sage endlich ward Esau bei dem Begräbnisse Isaak's von Juda, dem Sohne Jakob's getötet. Als nämlich Isaak gestorben war, gingen Jakob und seine Söhne, so wie Esau, um ihn zu begraben. Nur Jakob war in die Höhle gegangen, die Söhne aber waren am Eingange weinend stehen geblieben, aus Achtung vor ihrem Vater, damit derselbe in der Einsamkeit weinen könne und sich vor ihnen seiner Tränen nicht zu schämen brauche. Da ging auch Esau in die Höhle. Als Juda das sah, dachte er: „Wie! Sollte Esau den Vater Jakob töten wollen!" – Er ging ihm nach, und als er Esau wirklich im Begriffe fand, ein solches zu tun, da tötete er denselben rücklings, weil dessen Gesicht dem Jakobs so ähnlich war. (Vergl. Jalkut Samuel S. 26, b.). –

13. Der Cheen von Jossef!

„Die Anmut (Chēn, Liebreiz) Josephs", z.B.: „Das is e gar lieber Mensch, der Cheen von Jossef liegt uf'm." – Von Josephs außerordentlicher Schönheit, deren schon die Bibel (1. B. M. 39, 6.) erwähnt, weiß besonders die Sage manches zu erzählen. So soll einst das Weib Potiphars die Schönheit und Anmut ihres Dieners ihren Freundinnen mit der höchsten Entzückung geschildert haben. Die Freundinnen spöttelten darüber. Da lud sie einige Tage nachher dieselben zu einem Mahle ein, und als sie nun alle dasaßen und die herumgereichten Paradiesäpfel (esrogim) schälten, trat auf einen Wink der Herrin Joseph ein, und siehe, die Spötterinnen alle wurden von seiner Schönheit so bezaubert, daß sie, statt auf die Paradiesäpfel und das Messer in ihren Händen, nur auf Joseph sahen, sich sämtlich in die Finger schnitten und das rote Blut über die gelben Früchte und auf die Gewänder floß, ohne daß sie es auch nur merkten. „Seht", sprach da das Weib Potiphars, „das ist Euch im Augenblick begegnet, wo Ihr ihn zum ersten Male gesehen; wie muß es mir sein, die ich ihn stets um mich habe!" – (Sepher hajaschar 57, b).

14. E zwaater Páreh!

Von einem gegen Juden verfolgungssüchtigen Fürsten: „Er ist ein zweiter Pharao!" – Man erzählt indes, ein deutscher Fürst unsrer Zeit habe gleichsam als Antwort darauf geäußert, es sei doch nicht ganz so. Pharao habe die Juden bedrängt und zurückgehalten; er aber veranlasse die Juden seines Landes durch den Druck, in Masse (nach Amerika) auszuwandern. –

15. Chooschech Mizrajim!

„Ägyptische Finsternis (chōschech)!" – Sowohl um eine wirkliche Finsternis, als bildlich, um Mangel an Licht und Deutlichkeit zu bezeichnen (2. B. M. 10. 22. 23. Buch der Weisheit 17, 2. 14. 21). –

16. Der Táam vom Man!

Ein größeres Lob konnte der Gutschmecker einer Speise nicht erteilen, als wenn er sagte: „Der Taam vom Man, der Geschmack (táam) vom Manna ist darin." – Die Bibel sagt: „Das Manna schmeckte wie Kuchen mit Honig." Die Sage fügt hinzu: „Das Manna hatte die wunderbare Eigenschaft, stets den Geschmack derjenigen Speise anzunehmen, nach welcher man gerade Lust hatte." Dann: „Das Manna war eine stoffliche, nährende Speise, die aber von dem höchsten Lichte herkam und den Empfängern des Gesetzes gegeben ward, um ihren Verstand zu läutern und ihre Begriffstätigkeit für die Kenntnis des Höchsten zu steigern." (S. Buch der Weisheit 16, 20: „Jedem Geschmack angemessen." Schemoth rab. 95, a. Jalkut schemoth No. 258. Bechaj par. Beschal. 83, a. Jalkut Rubeni f. 128. Ev. Joh. 6, 33. 1. Cor. 10, 3). –

17. Koorach's Neschires!

Korah (4. B. M. 26) gilt infolge der Sage als Muster eines überreichen Geizhalses (vergl. Bamidbar rab. Abschnitt 22. Nach Pirke R. Elies. cap. 50. hatte Korah die Goldschätze Josephs aufgefunden). „Ob der reich is? Da steckt Korach's Neschires!" „Neschires", verdorben aus aschiruth, Reichtum, mit Vorsetzung eines *n*, so wie man „Newere" für aberah (Übertretung, Sünde) hört, wohl entstanden durch Hinüberschleifung des *n* von aan (ein, eine) aberah u. s. f. –

18. Das is e Koorach!

Zur Bezeichnung eines außerordentlichen Geizhalses. „Das is e Koorach! Er läßt sich hängen um 'n Kreuzer!" –

19. Geh unter wie Koorach!

Als Fluch. S. 4. B. M. 26.

20. Tut wie Simri un will Lohn wie Pinchos!

Von einem schlechten Menschen, der frech genug ist, noch die Belohnung eines guten in Anspruch zu nehmen. – Das Sprichwort ist talmudisch (Sota 22.) und gehört mehr gelehrten Kreisen an. – Über Simri und Pinehas s. 4. B. M. 25, 7. 14. –

21. Das Aniwes von Moscheh Rabbeene!

„Die Demut (aniwath) von Moses, unserem Meister.“ – Nach 4. B. M. 12, 3: „Moses war ein sehr demütiger Mann, mehr als irgend ein Mensch auf der Erde.“ – Vergl. Chulin 89: „Abraham sprach demutsvoll vor Gott: „Ich bin nur Staub und Asche“, David: „Ich bin ein Wurm und kein Mensch“ (Jalkut Melach. 239 hat: „Ich bin beschränkt und ohne Wissen“), wie ganz anders Moses und Aharon! Sie riefen ganz vernichtet: „Was sind wir!“ –

Es ist merkwürdig, daß Aharons hochgerühmte Liebe zum Frieden und Menschenfreundlichkeit (Aboth I, 12.), von dem es sogar heißt, er habe, so wie Moses die Demut, den Frieden als Beruf (umnah) und Lebenszweck ergriffen (Jalkut f. 224, c. Jalkut chadasch Artikel Abraham 100.), bei dem Volke nicht sprichwörtlich geworden ist. – Der Namen Moses hatte gewöhnlich den Zusatz rabbenu, unser Meister, Lehrer. –

22. Der Dalles von Jjev!

„Die Armut (dalluth) Hiobs.“ – „Gott! Da is e Dalles! Der Dalles von Jjev!“ – Vergl.: „So arm als Lazarus.“ –

23. Gott hat Jjev die Fraa geloss’e!

Sonst hätte er sie ihm später doppelt wieder geben müssen. – „Hiobs Plage war ein böses Weib.“ (Eiselein).

24. Midjan un Móoev!

„Midian und Moab“, zwei arabische Volksstämme, die, obschon Nachbarn, als sich sehr feindlich gesinnt galten und daher zum Sprichwort geworden sind. So sagte z. B. der alte Jude: „Frankreich un England waren von jeher Midjen un Moëv.“ – Jalkut Bamidb. 785. heißt es: „Midian und Moab hatten nie Frieden miteinander; als es aber gegen Israel ging, da vereinten sie sich. Zwei Hunde lagen beständig im Streite miteinander. Da kam ein Wolf auf den einen heran. „Ich muß ihm beistehen“, sagte der andere da, „sonst bringt der Wolf heute ihn um, und morgen kommt er über mich.“ – Vergl. 906. –

25. Die Größ‘ von Og-Melech-Habboschon!

„Die Größe von Og, dem Könige von Baschan.“ Zur Bezeichnung einer ungewöhnlichen Größe. – „Das is e Og…!“ oder: „Der hot die Größ‘ von Og…“ Von dem König Og heißt es 5. B. M. 3, 11: Dieser Og war der Einzige, der noch von den Riesen übrig war. Seine Bettstätte von Eisen ist zu Rabbath der Söhne Ammon zu sehen; ihre Länge ist neun Ellen und ihre Breite vier Ellen, nach den Vorderarmen eines Mannes.“ – Weit mehr aber weiß die Sage von Og’s Größe zu erzählen. Nach ihr bedeutet das Schriftwort eres nicht die Bettstätte, sondern die Wiege, die schon so groß sein mußte. – Als die Israeliten, heißt es weiter, in der Frühe vor Edrei rückten, da saß Og auf der Mauer der Stadt, indem seine Füße bis auf die Erde reichten, so daß Moses anfangs ihn selbst für ein Stück der Mauer hielt, dann aber von Furcht vor dem mächtigen Riesen ergriffen ward. Mit Gottes wunderbarer Hilfe jedoch besiegte Moses denselben. (Vergl. Debarim rab, 235, b. Berachoth 54, b.). Ja, er soll sogar schon zu den Zeiten der Sintflut gelebt und diese überdauert haben. (Sebachim 113, b. Targum Jonathan 1. B. M. 14, 13. Jalkut Noach No. 56). –

26. Schimschen Haggibber!

„Simson der Starke! (gibbor)". – Oft ironisch. Tat jemand z. B. mit seiner Stärke zu groß, so rief man ihm zu: „E zwaater Schimschen Haggibber!" –

27. Jiphthach in sei'm Dor gilt so viel, wie Schmuel in seinem.

Jephtha (Richter 11) hat für sein Zeitalter (dor) nicht weniger Wert und nicht weniger Ansehen, als Samuel für das seine. Der Wert eines Mannes, besonders eines Vorgesetzen, richtet sich nach den Verhältnissen und den Menschen seiner Zeit, die seiner bedurften. – Für seine Zeit war Jephtha groß. „Wer den Besten seiner Zeit genug getan, der hat gelebt für alle Zeiten" (Schiller). – Vergl. auch 227. – Das Sprichwort kommt von den Talmudisten (Rosch hasch. 25.), die Jephtha in bezug auf sein unvorsichtiges Gelübde einen Narren nennen (Midr. kohel. 81, b. Vergl. auch No. 880. unserer Sammlung). –

28. Hagám Schōul binwiim!

Das bekannte: „Ist auch Saul unter den Propheten!“ (nach 1. Sam. 10, 12.) als Ausruf der Verwunderung, wenn jemand unerwartet in einer für ihn ungewöhnlichen Gesellschaft erscheint.

29. Chochmes Schloome!

„Die Weisheit (chochmath) Salomos“, sowohl im ernsten Sinne: „Der besitzt Chochmes Schloome“, als auch ironisch. – Vergl. 46.

30. Sūdues Schloome!

„Salomos Mahl“ (seüdath). Von Salomo heißt es (1. König 5, 2. 3): „Er hatte täglich zum Mahle: Dreißig cor feines Mehl etc.“ Wollte man daher die Größe und den Aufwand eines Mahles bezeichnen, so hieß es: „Es war Sudes Schloome!“ – Ähnlichen Sinnes ist die altdeutsche Redensart: „Es geht zu, wie an König Artus Hof“ (Agricola), eine Redensart, die auch bei den Juden sehr gebräuchlich war, und es gibt selbst im sogenannten Jüdischdeutschen eine gereimte Artus-Sage („Ein schön Máase vun König Artis Hof“) von Josele Witzenhausen, dem Schreiber, wie sich der Verfasser nennt (auch in Wagenseil’s „Belehrung“ S. 157. ff.), von dem es auch eine deutsche Bibelübersetzung gibt (Amsterdam 1679 und 1687. Vergl. Mendelsohn’s Einleitung zu seiner Übersetzung des Pentateuchs).

31. Wie Schloome Meelech Alles mitgemacht hat, hat er gesagt: „Hakkel Hebel!“

Der König Salomo ruft freilich im Prediger: „Hakkol habel!“ Alles ist Eitelkeit! Aber erst nachdem er alles genossen hatte. – Ähnlich ist: „Als David kam in's Alter, sang er fromme Psalter.“ (Eiselein).

32. Der Geées von Jeróvem!

„Der Hochmut (geüth) von Jerobeam, dem Gegenkönig von Israel, unter welchem sich die zehn Stämme vom Hause David losrissen. – „Der besitzt den Geées von Jeróvem!“ – Ein anderes ist: „Das is e zwaater Jeróvem ben Newot!“ (Jerobeam, Sohn Nebot's), was einem Menschen gilt, der, nicht zufrieden mit der eigenen Sündhaftigkeit, auch andere zur Sünde verleitet, besonders in religiöser Hinsicht (vergl. 1. König 14, 16. Pirke aboth 5, 21.).

33. Da is Eeljeh-Nowi's Brōche drin!

„– Des Propheten Eliah Segen“ –, so lange hält es. – Es lebten einmal, erzählt die Volkssage, zwei Brüder, von welchen der eine reich, der andere arm war. Einst kam der Prophet Eliah, der Helfer in der Not, der unter den mannigfaltigsten Gestalten sich bald hier, bald dort, bald als Retter, bald als Ratgeber oder Ermahner heute noch zeigt, als armer, alter Mann zu dem reichen Bruder und sprach ihn um eine Gabe an. Der Geizhals, denn das war der reiche Bruder, wies ihn mit harten Worten ab. Da ging der Prophet zu dem andern Bruder und sprach auch ihn um ein Almosen an. Der Mann saß eben mit seinem Weibe und seinen Kindern beim Abendessen, das, wie man sich denken kann, einfach genug war; es bestand aus Brot und Milch. „Geld“, sprach der gute Mann, „kann ich Dir keines geben; wir sind selbst arm. Willst Du aber unser Abendessen mit uns teilen, es soll Dir von Herzen gegönnt sein.“ Der Prophet nahm es mit Dank an. Nachdem sie gegessen, sprach der Mann zu seinem Gaste: „Es ist schon spät, und Du bist alt. Bleibe die Nacht bei uns, wir werden Dir ein bequemes Lager von Stroh und Baumblättern bereiten.“ Der Prophet blieb bei den Leuten die Nacht über. Am Morgen, als er Abschied nahm, sprach er: „Gott möge Euch lohnen, und das Erste, was Ihr beginnt, soll gesegnet sein und möge kein Ende haben, bis Ihr selbst sagt: „Es ist genug!“ – Er ging. – Die guten Leute wünschten ihm Glück auf den Weg und dachten kaum an seine Worte. Da sprach die Frau zu dem Manne: „Ach, sieh einmal, ob Du noch einiges Geld hast: ich muß Brot für den Mittag holen.“ Der Mann griff in die Tasche, holte ein Beutelchen heraus und fing an zu zählen, und zählte und zählte, und es wollte kein Ende nehmen. Er zählte den ganzen Tag, er zählte die Nacht hindurch, bis er endlich müde ward und rief: „Es ist genug!“ – Jetzt waren die Leute reich. Sie ließen ihre Hütte niederreißen und bauten sich ein neues, schönes Haus. Der Geizhals, der sich bisher wenig um den armen Bruder bekümmert hatte, staunte, als er das schöne Haus sah. Freundlich kam er jetzt und sprach: „Ich wünsche Dir Glück, Bruder! Du hast gewiß einen Schatz gefunden.“ Der gute Mann, der kein Arg im Herzen hatte, sagte, wie es gegangen. Da eilte der Geizhals nach Haus, erzählte es seinem Weibe,

das nicht viel besser war, als er, und jammerte: „Was hab' ich getan! Warum hab' ich doch den Alten abgewiesen! O käm' er nur wieder!" – Sein Wunsch ward erfüllt. Nach einigen Tagen schon ging der Alte vor seinem Hause vorüber. Kaum hatte der Geizhals denselben erblickt, so eilte er ihm nach, entschuldigte sich, daß er neulich so hart gegen ihn gewesen sei, da ihm gerade etwas sehr Unangenehmes begegnet wäre, was ihn mißmutig gemacht hätte, und bat ihn, mit ihm nach Hause zu gehen. Eliah ging mit. Das Weib setzte ihm das Schönste und Beste vor und forderte ihn mit den süßesten Schmeichelworten zum Essen auf. Der Prophet genoß scheinbar einiges, und als er sich wieder entfernte, dankte er und sprach: „Gott möge Euch lohnen, und das erste, was Ihr beginnt, möge kein Ende haben, bis es genug ist." – Er ging. Da sprach das Weib: „Um ungestört Gold auf Gold häufen zu können, laß uns zuvor unsere nötigsten Bedürfnisse befriedigen." – Sie taten es und – mußten es so tun, bis bald ihr Ende kam.
(Es bedarf kaum einer Hinweisung auf die Ähnlichkeit mit des Propheten Elisa Ölkrug, der ebenfalls erst nachließ, als der Sohn der Witwe sprach: „Es ist kein Gefäß mehr da" (2. König 4, 6). Vergl. auch die bibl. Sage von Eliah selbst (1. König 17, 14), so wie die Stelle Ev. Matth. 10, 41: „Wer einen Propheten aufnimmt, der wird eines Propheten Lohn empfangen." – Über den Propheten Eliah, der, sowohl seiner Kühnheit, als des mythischen Dunkels wegen, in welchem er sich in der Bibel zeigt, noch in den spätesten Volkssagen auftritt, s. bes. Jalkut Rubeni Beresch. f. 9 col. d).

34. Für wen? – Für Eeljeh-Nowi?

Dem Propheten Eliah, dem Vorläufer der messianischen Freiheit, wurden und werden noch bei manchen Fest- und Feierlichkeiten Dinge als Einladung zur Teilnahme hingestellt. So am Pesachabend ein Kelch mit Wein, bei einer Beschneidung ein Stuhl (Vergl. des Verf. „Buch der Sagen und Legenden jüd. Vorzeit" No. XXVIII V. 186. Anmerk.). Der Volkswitz bildete sich hieraus unsere Redensart und wenn bei irgend einer Vorbereitung etwas für gewissermaßen überflüssig gehalten ward, so hieß es: „Für wen soll das sein? Für Eeljeh-Nowi?" – Ähnliche Redensarten sind 62. 63. –

35. Das Risches von Hōmen!

„Die Bosheit Haman's." – Das Wort „Risches" (rischuth) ward besonders von der Verfolgungssucht gegen Juden gebraucht, und wollte man einen als recht boshaft und verfolgungssüchtig bezeichnen, so hieß es: „Der hot das Risches von Homen!" – „Kann Jidde- (Juden-) Blut trinken!" –

36. Das is e Hōmen.

In demselben Sinne, wie die vorige Redensart. – Eben so: „Der stammt noch von Amolek!" – Amalek trat Israel auf seinem Wege aus Ägypten zuerst feindlich entgegen (2. B. M. 17, 8. 5. B. M. 25, 17).

37. Das is e Waschti!

Zur Bezeichnung eines boshaften, gegen Juden verfolgungssüchtigen Weibes. – Waschti, die Gemahlin des Königs Ahasveros, soll von demselben Schlage wie Haman gewesen sein. So erzählt die Sage (Megil. 12. Raschi zu Esther 1, 12. Pirke R. Elies. cap. 49.), Waschti habe israelitische Jungfrauen gezwungen, vor ihr, halbnackt, als Sklavinnen am Sabbat zu spinnen. Zur Strafe dafür habe Gott ihren Leib mit einem häßlichen Aussatz überschüttet, so daß sie, als sie vor dem König und seinem Hof ihre Schönheit zeigen sollte, nicht erscheinen konnte und so zum Tode verdammt wurde. –

38. Hōmen's Mesires!

„Haman's Angeberei" (mesiroth, neuhebr., von masar, überliefern, verraten, prodere). – Zur Bezeichnung einer jeden falschen und boshaften Anklage gegen Juden. Auch Haman soll (nach dem targum Esther) dem König Ahasveros von der Juden Hochmut und sich abschließender Nationalität gesprochen haben. – Vom hebr. masar hat man auch ein deutsch gebildetes „vermassern" für: verraten.

39. Der Cheen von Esther!

„Der Liebreiz Esthers." – So wie Joseph als Muster männlicher (s. 13), so gilt Esther, welche der König Ahasveros ihres Liebreizes wegen zur Königin erhoben, als Muster weiblicher Anmut. „Esther", sagen die Talmudisten (Megil. 13. Jalkut Ahasver. 1053), „hieß mit ihrem hebräischen Namen Hadassa, Myrte, denn sie war nur von mittelmäßigem Wuchse, aber von süßem Dufte und lieblichfrommem Tun, gleich der Myrte. Die Perser nannten sie Esther (sitareh, Aster, Stern), denn ihr Antlitz leuchtete dem Sterne gleich. Die Farbe des Antlitzes war zwar nichts weniger als schön, sie war gelblicht (jerakroketh); aber ein Faden der Anmut und der Holdseligkeit (chen wachesed) zog sich darüber hin.“ – („Chen“, Anmut, Liebreiz. Doch wird es auch für Huld gebraucht: „Er hot seinen ganzen Cheen uf'n geworfen“, ist ihm ganz hold.)

40. Hillel's Geduld!

Etwa 100 Jahre vor der Zerstörung Jerusalems (um 30 vor der christlichen Zeitrechnung) war Hillel das Haupt einer rabbinischen Schule zu Jerusalem und stand in seiner milden Denkart, in seiner Geduld und Ruhe einem gleichzeitigen Haupte einer andern rabbinischen Schule, dem strengen, aufbrausenden und heftigen Schammai gegenüber. Hillel's Geduld ward so berühmt, daß sie zu einem sehr bekannten Sprichwort geworden ist: „Dazu gehört Hillel's Geduld!“ und gar manches anmutige Geschichtchen wird davon erzählt. So* wettete einst jemand, als man Hillel's Sanftmut und Geduld rühmte, um 400 Sus (eine Münze mit dem Bilde des Jupiter,

* Sabbat 31. – Man verzeihe dem Verfasser, daß er diese Erzählung, die sich bereits in seinem „Buch der Sagen und Legenden jüdischer Vorzeit“ (Stuttgart. Zweite vermehrte Auflage) befindet, des Sprichworts wegen auch hier aufgenommen hat.

Zeus), daß es ihm wohl gelingen sollte, Hillel in Zorn zu bringen. Es war an einem Freitag vor Sabbat, zur Stunde, wo Hillel gewöhnlich sein Bad nahm. Da kam der Wettlustige in's Badehaus und rief, mit Unterlassung eines jeden Ehrentitels: „Hillel! Hillel! Ist Hillel nicht da?" –

„Hier!" antwortete Hillel, stieg aus dem Bade, warf seinen Mantel um, trat heraus und sprach: „Was wünschest Du, mein Sohn?" –

„Ich möchte Dir eine Frage vorlegen," sagte jener. –

„Frage, mein Sohn, frage!", sagte Hillel. –

„Warum", fragte der Mann, „haben alle Babylonier spitze Köpfe?" –

„Gut gefragt, mein Sohn!" antwortete Hillel, „weil es den Babyloniern an geschickten Hebammen fehlt." –

Der Frager ging fort und Hillel kehrte in sein Bad zurück. –

Aber schon nach wenigen Minuten kam jener wieder und rief abermals: „Hillel! Hillel! Ist Hillel nicht da?" –

„Hier!" antwortete Hillel abermals, stieg aus dem Bade, warf seinen Mantel über, trat heraus und sprach: „Was wünschest Du, mein Sohn?" –

„Ich möchte Dir eine kleine Frage vorlegen", antwortete jener.

„Frage, mein Sohn, frage!" sagte Hillel.

„Warum haben alle Thermodianer blöde Augen?" –

„Gut gefragt mein Sohn!" antwortete Hillel, „weil sie im Sande wohnen." –

Der Mann ging, und Hillel kehrte in sein Bad zurück.

Doch kaum war Hillel in's Bad gestiegen, so kam er schon wieder und rief: „Hillel! Hillel! Ist Hillel nicht da?" –

„Hier!" antwortete Hillel zum dritten Male, stieg zum

dritten Male aus seinem Bade, hüllte sich in seinen Mantel, trat heraus und sprach: „Was begehrst Du, mein Sohn?“ –
„Ich möchte Dir eine Frage vorlegen.“ –
„So frage nur, mein Sohn!“ sagte Hillel. –
„Warum haben alle Afrikaner breite Füße?“ –
„Weil sie in sumpfigen Gegenden wohnen, mein Sohn!“ –
Da sagte der Wettlustige: „Ich hätte Dir noch viele Fragen vorzulegen, aber ich fürchte, Du möchtest böse werden.“ –
Hillel zog seinen Mantel dichter an, setzte sich nieder und sprach:
„Frage, mein Sohn! Was Du zu fragen hast.“ –
„Bist Du der Hillel“, begann jener, „den man den Nasi (Fürsten) von Israel nennt?“ –
„Man nennt mich Nasi von Israel“, antwortete Hillel.
„So gebe Gott, daß Deinesgleichen nicht viel seien in Israel!“ –
„Und warum, mein Sohn?“ –
„Weil ich“, antwortete der Mann, „heute durch Dich 400 Sus verliere; denn um so viel habe ich gewettet, Dich in Zorn zu bringen.“ –
„Sei nicht zu vorschnell, mein Sohn!“ sagte Hillel; „besser Du verlierst durch Hillel 400 Sus, als daß Hillel die Geduld verliere.“ –
Merkwürdiger ist folgendes Geschichtchen, wo Hillel als Grundgesetz des ganzen Judentums aufstellt, was später auch im Christentum als solches aufgestellt ward*.

* Matth. 7. 12, woselbst freilich der Ausspruch positiv gefaßt ist. Das mir Gehässige indes umfaßt ebensowohl die negative als die positive Verletzung. Auch die Nichtleistung einer Gefälligkeit, einer Wohltat u.s.w. ist gehässig.

Einst kam, so heißt es, ein Heide vor Schammai und sprach, wohl aus Spott, weil der Vorschriften so viele seien: „Ich will Jude werden, wenn Du mich das ganze Gesetz lehrst, während ich auf einem Fuße stehe.“ Der aufbrausende Schammai stieß ihn mit einem Maßstabe, den er gerade zur Hand hatte, von sich. Da ging der Heide zu Hillel und sprach dasselbe. „Wohl, mein Sohn!“ erwiderte Hillel. „Was Dir gehässig ist, das tue einem Andern nicht. Das ist das Grundgesetz; alles Übrige ist Kommentar. Geh und lerne!“ –

41. Das is e Tites!

Der Ausruf galt jedem, der mit giftigem Hohn und herzloser Schadenfreude verfolgend und zerstörend gegen Juden auftrat. – Es ist leicht begreiflich, daß Titus, dessen Güte freilich von den Römern und natürlich auch von Josephus gerühmt wird, von den besiegten und geknechteten Juden mit ganz andern Augen angesehen ward. Daher auch die Sagen von ihm und seinem Tode. (Vergl. des Verfassers „Buch der Sagen und Legenden jüdischer Vorzeit.“ Zweite vermehrte Auflage. No. LX).

42. Ismael, der Priester, hält es mit den Priestern!

– Jischmoeil kahano mesajjo kahanei – Der allgemeine Sinn dieses Sprichworts, das jedoch mehr den gelehrten Kreisen angehört, ist an sich klar. Sehr interessant ist der besondere Fall, bei dem es aufkam. Ismael, der Priester, erzählt der Talmud (Chulin 49.), sprach einmal: Von den Priestern heißt es (4. B. M. 6, 23.): „Also sollt ihr die Söhne Israels segnen" – hier vernehmen wir von einem Segen für Israel aus dem Munde der Priester, von einem Segen hingegen für die Priester selbst vernehmen wir nichts! – Indessen, fuhr er fort, lesen wir weiter. Da heißt es weiter (Das. B. 27.): „Und sie sollen meinen Namen legen auf die Kinder Israels, und ich will sie segnen", das will sagen: Die Priester segnen Israel, Gott aber segnet die Priester.
So Ismael, indem er das Wort „sie" auf die Priester bezogen haben wollte; nicht so Akiba. Wir vernehmen hier, sagte Akiba, von einem Segen für Israel aus dem Munde der Priester, von einem Segen hingegen aus dem Munde Gottes vernehmen wir nichts! – Doch, fuhr auch er fort, lesen wir weiter. Da heißt es weiter: „Und sie sollen meinen Namen legen auf die Kinder Israels, und ich will sie segnen", das will sagen: Die Priester sollen im Namen Gottes den Segen über Israel aussprechen, und dann wird Gott ihnen beistimmen. Akiba will also das Wort „sie" auf Israel bezogen haben. – Den Priestern selbst aber, heißt es weiter, wird schon Segen zu teil werden nach der Verheißung (1. B. M. 12, 3.): „Ich will segnen, die dir Segen bringen." – Bei dieser Gelegenheit nun sagte man als Merkzeichen: „Ismael, der Priester, hält es mit den Priestern." – Er setzt den Segen für die Priester an die Stelle des Segens für Israel. –

43. Rewi Jehude mattir!

„Rabbi Jehudah erlaubt's!" – Rabbi Jehudah, der hochberühmte Schriftgelehrte und Ordner der Mischnah, war in mehreren Anordnungen weniger streng als seine Vorgänger. Nahm es daher jemand bei zweifelhaften Fällen in religiösen Gebräuchen und Vorschriften auf die leichte Seite, so rief der Bedenklichere ihm zu: „Rewi Jehuda mattir!" – (Vergl. bes. Chulin 7, wo er auf den Vorwurf: „Deine Väter und die Väter Deiner Väter hielten das für verboten, und Du erlaubst es!" die sinnreiche Antwort gibt: „Meine Väter haben mir Raum gelassen, mich darin hervorzutun", ein Ausdruck, der, beiläufig gesagt, an den bekannten Ausruf Alexanders d. Gr. erinnert: „Mein Vater wird mir nichts mehr zu tun übrig lassen"). –
„Mattir" – vom biblischen nathar, hattir, auflösen, losbinden – neuhebr. erlauben, so wie asurim im Bibl. die Gebundenen, Gefesselten, im Neuhebr. das Verbotene heißt. – S. 665. So wie „mattir – sein" erlauben, so heißt im Gegenteil das mit deutscher Endung gebildete Verb „assern", verbieten.

44. Rabbi mechabbed Aschirim!

„Rabbi ehrt die Reichen!" – Als scheinbare Entschuldigung, wenn an einem Rabbiner getadelt wird, er nehme zu sehr auf die Reichen Rücksicht. Im Talmud (Erubin 86, a.) werden zwei scheinbar sich widersprechende Aussprüche angeführt, der eine preist die Reichen als solche, die ihren Sitz vor Gott haben, der andere läßt sie in die Hölle fahren, der Widerspruch aber dadurch gelöst, daß unter jenen die zu verstehen seien, die ihrem Reichtume gemäß Wohltätigkeit und Mildtätigkeit üben, unter diesen hingegen diejenigen, die trotz ihrem Reichtume hartherzig und ohne Erbarmen sind. Bei dieser Gelegenheit wird dann auch erzählt, daß Rabbi (so heißt ausnahmsweise eben der obengenannte sowohl duch seine Gelehrsamkeit und Frömmigkeit als durch seinen Reichtum ausgezeichnete Jehudah Hannasi – um 230. –) die Reichen geehrt habe und z. B. bei einem Besuche die Gewohnheit gehabt habe, je nach dem Reichtum des Besuchenden zu sagen: „Stellt dem Manne von 100 Minen (eine griechische Münze) einen Stuhl!" „Stellt dem Manne von 200 Minen einen Stuhl!" u.s.f. – Auch von Akiba heißt es übrigens daselbst, daß er die Reichen geehrt habe. –

45. Rewi hot's nit gelernt, woher soll's Chije haben?

Das bekannte talmudische (Erubin 92, a): „Rabbi lo schanah, R. Chija menahin lo?" in bezug auf die Nachträge zur Mischnah. Chija war ein Schüler und Jünger Rabbi's (Jehudah Hannasi, s. 43. 44). Daher überhaupt: Woher will oder soll der Schüler und Jünger es wissen, wenn der Lehrer und Meister es nicht vorgetragen, es nicht weiß?

KAPITEL ZWEI

Sprichwörter und Redensarten aus dem Leben

I.

Verstand und Unverstand.
Weisheit und Torheit.
Zweckmäßigkeit und Unzweckmäßigkeit.
Überklug und naseweis.
Einbildung. Bescheidenheit. Wortschwall.

46. Die Chochme von Aristotles.

„Die Weisheit von Aristoteles." – Trotzdem daß der Talmud im allgemeinen der griechischen Weisheit (chochmah jewanith), d. h. überhaupt der griechischen Literatur, eben nicht sehr hold war, so stand doch, durch die maurisch-spanische Kultur vermittelt, Aristoteles bei den alten Juden in solchem Rufe der Weisheit und er war selbst dem Volke dem Namen nach so bekannt, daß dieses ihn meistens für einen Juden hielt, und wollte man jemand als sehr weise bezeichnen, so hieß es: „ Das is e zwaater Aristotles!" „So is mir noch kaan Kind vorkommen, es hat die Chochme von Aristotles." –

47. E Kopp (Kopf) wie e Rath!

– wie ein Ratsherr, so klug, so scharfsinnig. – Indessen könnte es auch heißen: „wie ein Rad", so gewandt, so leicht und rasch vorankommend.

48. Er is e Mährwunder!

Ein Wunder, wie es in der Märe, im Märchen, vorkommt, etwas Seltenes, Außerordentliches. „Das is e ausgezeichneter Kopf, e wahr Mährwunder!" – auch in bezug auf Charakter, auf Herzensgüte: „Er is e herrlicher Mensch, e Mährwunder!" – Ebenso in bezug auf Ereignisse: „Was e Mährwunder! Das waaß ich schon lang." – Andere nehmen indessen das Wort als Meerwunder, ein Wunder, wie es auf oder in dem Meere vorkommt. –

Ähnliche Redensarten sind: „Das is e Hundertjohr-Blum';" – „Er is e Ausfall!" (Ausbund, im guten Sinne). „Er is e Berje, wo mer anfangt!" (ein Geschickter, Kunstfertiger, s. 1008). –

49. Er is e Tachschit!

Er ist ein Schmuck, ein Juwel, eine Kostbarkeit (tachschit, hebr.), „eine Perle" – Ebenfalls sowohl in bezug auf geistige Anlagen, als auf Eigenschaften des Herzens, ähnlich den Redensarten in bezug auf Rechtschaffenheit: „Bewährt wie Gold!" „Dukaten-Gold!" „Gimmgold!" (Zunz; Gottesd. Vortr. S. 440, b. weiß sich dieses Wort nicht zu erklären. Es ist aber das mittelhd. „Gimme" für Gemma, Juwel, welches ebenfalls figürlich für das Höchste, Beste, gebraucht ward. Vergl. Ziemann's mittelhd. Wörterbuch s. v.). – Aber auch im ironischen Sinne: „Das is e Tachschit!" wie: „Das is e guter Jung'!" Vergl. 396. 397. – Ein anderes ist es, wenn es in bezug auf Schönheit einer Schrift hieß: „wie geperlt!" wo nicht das Kostbare, sondern das Nette und Feine der Arbeit den Vergleich gibt.

50. Er is e Tachschit, man darf'n am Schabbes nachtrage' –

Ein Kleinod, das man am Sabbat mit sich führen, bei sich tragen darf. – Nicht nur die eigentliche Last ist am Sabbat zu tragen verboten, sondern es ist nach rabbinischer Vorschrift auch nicht erlaubt, irgend etwas aus einem begrenzten Ort in's Freie zu bringen, mit Ausnahme der Kleidungsstücke, die man am Leibe trägt, und der Kleinode, die zum Putze gehören.

51. Es is e Newére, wenn mer von'm red't.

Er ist so tüchtig, so brav und gut, daß es eine Sünde ist, wenn man von ihm redet, weil man ihn leicht durch große Lobeserhebungen „beschreien“, ihm also leicht schaden könnte. Vergl. 534. – („Newére“, Übertretung, Sünde für aberah mit Herüberschleifung des n, wie Neschires für aschiruth. S. 17).

52. Loo kom!

„Es steht nicht mehr auf!“ – Nach 5. B. M. 34, 10: „Es stand in Israel kein Prophet wieder auf, wie Moses war.“ – „Das is e Mann, loo kom!“ so gelehrt, so brav u. s. w. Aber auch im schlimmen Sinne: so dumm, so schlecht etc.. „So etwas is noch nit da gewesen!“ „So etwas kommt nit wieder!“ (Vergl. 2. B. M. 9, 24) „Dem sein Bosheit (Hebel: Bosget) steht nit mehr uf!“ – Vergl 372.

53. Da darfst du ausgehn von Misrach bis zu Máarev.

„Vom Osten (misrach) bis zum Westen“ (máarab), du findest so nichts mehr; ebenfalls im guten, wie im schlimmen Sinne. – Vergl. Malachi 1, 11. – „Seinesgleichen gibt's nit mehr unter der Sonne.“

54. Der is boduk umenusse!

„Er ist untersucht (baduk, neuhebr.) und geprüft“ (menussah), bewährt. Mehr noch von Dingen und besonders von Medikamenten.

55. Da is kaan Unthätche‘ dran!

Ohne allen Makel. – Vergl. Eiselein. – Ähnlich ist das Plattdeutsche: „kein Undächt“, für Untüchtiges, Krankhaftes, Schadhaftes.

56. Er macht zu viel Wee–Chochmes!

„Er macht zu viel Und-Weisheit“, will überweise, überklug, superklug sein. We ist die hebr. Konjunktion „und“, hier als Zeichen der Vermehrung genommen, so wie in der Redensart „Wee–Zidkes“, Überfrömmigkeit, (s. 330). – „Chochmes“, Chochmoth, Weisheit. – Die Talmudisten sagen: „Ist vielleicht aus Pumbeditha (zur talmudischen Zeit Sitz einer talmudischen Schule), wo man einen Elefanten durch ein Nadelöhr gehen läßt“ (Baba Mez. 38, b). Die Schriftgelehrten zu Pumbeditha, am linken Ufer des unteren Euphrat, galten als überfeine Dialektiker.

57. Der füttert Aan das ganze Johr mit Eezes.

– „füttert einen mit Ratschlägen“ (ezoth). Eingebildet auf seinen Verstand ist er gleich mit seinem unerbetenen Rat da. Auch von einem Menschen, der stets mit seinem Rat zur Hand ist, aber an der Tat es fehlen läßt. – „Was tu‘ ich mit Eezes, baar Geld brauch‘ ich.“ –

58. Er muß überall das Choosem druf drücke‘!

Auch solche Menschen sind nicht selten, die, ebenfalls infolge ihrer Einbildung auf ihren Verstand jeder Äußerung einer Meinung, Erklärung usw. ihre überflüssige Beistimmung oder Bemerkung anhängen, überall meinen, das Siegel (chotham) darauf drücken zu müssen.

59. Muß sein Tippelche‘ aach dazu gebe‘!

„Er muß sein Tüpfelchen auch dazu geben“, wird in ähnlichem Sinne von demjenigen gesagt, der irgendwo sein unnötiges Wort oder seine unnötige Verrichtung hinzufügt. – Das Tüpfelchen, Pünktchen, bezeichnet einerseits die Geringfügigkeit, aber anderseits auch die scheinbare Wichtigkeit, da in der hebräischen Sprache die Vokale meistens aus Punkten bestehen, und ein Tüpfelchen mehr oder weniger einen anderen Vokal und somit ein ganz anderes Wort bildet.

60. Muß aach sein Nägelche' dazu gebe'!

Diese Redensart, welche in demselben Sinne, wie die vorhergehende, angewendet wird, scheint den Gebräuchen bei der Beerdigung entlehnt zu sein. Da wird nämlich das Einschlagen der Nägel in den Deckel des kunstlosen Sarges als eine fromme Handlung betrachtet und unter die Leidtragenden und nahestehenden angesehenen Personen verteilt.

61. Aach do west!

„Auch da gewesen!" Mußt Du auch Deine Bemerkung etc. dazu geben? oder auch allgemein, im Sinne von: „Was willst Du da!" „Wie kommst Du hierher!" insofern Ort, Gesellschaft, Unternehmung für den Angeredeten ganz ungeeignet, sein Dasein völlig zwecklos ist. Bei den Rabbinen kommt dafür das Sprichwort vor: „Der Krug geht zum Brunnen, was will die Scherbe dort!" (Berach. 58. Jalkut melach. 219.) und gleichen Sinnes, mit Anlehnung an Amos 5, 18. eine Fabel: „Ein Hahn und eine Fledermaus warteten gemeinschaftlich auf den Anbruch des Tages. Da sagte der Hahn zur Fledermaus: Der Tag ist mein; Du aber, was soll Dir der Tag!" (Sanhedr. 58, b. Jalkut Amos 544). – „Wer hat Dich gerufen!" Vergl. Moed kat. 16: „Jja (Spottnamen, statt Chije, ein Schüler Jehudah Hannasi's, s. 45.), wer hat dich hereingerufen?"

62. Wozu? – Von seecher leti't wege'!

„Von wegen des Andenkens an den Lehm“ (sēcher letit, hebr.). Am Pesachabend wird ein Gemengsel von Apfelmus und Mandeln, das sogenannte „Charoses“ (wohl vom bibl. charsuth, Töpferei, Jerem. 19, 21., s. Aruch s. v.) auf den Tisch gestellt, und sowohl durch Farbe und Aussehen als durch das Gemisch an den Lehm zu erinnern, welchen die Israeliten in der ägyptischen Sklaverei zum Baue von Pithom und Raamses stampfen mußten (vergl. Pesachim 114.). Der Volkswitz bildete sich aus diesem mehr für die den erzählenden Vater umgebenden Kinder berechneten Symbole die angegebene Redensart, teils um, wie hier, eine unbescheidene, naseweise Frage nach Grund und Zweck einer Sache zurückzuweisen: „Wozu dieses geschieht? – Von secher letit wegen!“ teils aber auch, um zu sagen, daß etwas keinen so triftigen Grund habe, und daher auch unterlassen werden dürfte: „Wozu soll das sein? Von s. l. wegen?“ – Ähnlich ist die Redensart 34.

63. Wozu? – Von seecher lechorwen wege'!

„Von wegen des Andenkens an die Zerstörung (sēcher lechurban). – Ebenfalls in doppelter Anwendung, wie die vorige Redensart, besonders aber als Frage, um zu sagen, daß etwas gar nicht oder seltsam motiviert sei. Nach einer rabbinischen Vorschrift soll nämlich, zum trauernden Andenken an die Zerstörung Jerusalems, bei jedem Neubau dem Eingang gegenüber ein kleiner Fleck unausgebaut, unangestrichen bleiben; eben so keine Frau ihren Putz und Schmuck ganz anlegen, keine

Mahlzeit vollständig sein (Baba bathra 60. Jalkut Ps. 137. Vergl. auch 175. unsrer Sammlung). Selbst der Gesang, wenn er nicht einen religiösen oder auch nur während der Arbeit zur Arbeit aufmunternden Zweck hat, wird von mehreren Rabbinen verpönt (Sota 48.), und doch heißt es ebendaselbst sehr bedeutsam: „R. Huna hatte den Gesang untersagt; da konnte man hundert Gänse um einen sus (eine Münze mit dem Bilde des Jupiter, Zeus) und hundert Maß Weizen um einen sus erhalten; aber niemand begehrte sie."– Vergl. auch Berachoth 30. Joma 4. nebst der Tosephoth rücksichtlich des Lachens.) –

64. Mit wem? – mit Mise-meschinne's Eneklich.

Ebenfalls eine freilich gemeine Redensart, um eine anmaßende Frage nach einer Person barsch abzuweisen. Z. B. auf die Frage: „Mit wem gingst du heute Mittag?" – Antwort: „Mit wem? – mit Schwerenot's Enkelchen." Etwa wie: „Mit dem Teufel seiner Großmutter." – „Mise-meschinnne" (mithah meschunah) heißt eigentlich: ungewöhnlicher Tod, der Schlag, Schlagfluß.

65. Bin ich e Nowe?

„Bin ich ein Prophet (nabi)?" Als Gegenfrage, sowohl um im Ernste zu sagen: „Ich kann nicht alles wissen, kann Deine Frage nicht beantworten," als auch, um eine Frage abzuweisen.

66. Morgen nach der Kuchel!

– stehe ich Dir zu Diensten, will ich Dir das tun, Dir Antwort geben etc., d. h. gar nicht, da teils nicht täglich Kuchel gegessen wird, teils die Zeit nach der Kuchel gerade die ungelegenste ist. – In demselben Sinne bei Schmid (Schwäbisches Wörterbuch. Anhang): „Morgen nach dem Bad!“ – „Kuchel“ (Kuchen) oder wohl richtiger „Kugel“ (von der Gestalt) ist die bekannte Mehlspeise, die am Sabbat gegessen wird und eine gute Verdauung fordert. Vergl. 712. – Eine andere bei den deutschen Juden ebenso bekannte sabbatliche Mehlspeise ist der Schālet (nach Zunz: G. V. S. 441. vom italienischen scaldato, s. v. a. das hebr. chamin gl. warme Speise). –

67. Kumm Rosch-Choodesch wieder!

Am Neumond oder ersten Tag des jüdischen Monats (rosch chōdesch) ist es bräuchlich, den Armen ein Almosen zu geben, und kam nun ein Armer in der Mitte des Monats, so hieß es mitunter und zwar nicht im gütigsten Tone: „Kommt Rosch-Chōdesch wieder!“ So kam denn die Redensart überhaupt in Brauch, um einen mit seinem Begehren abzuweisen.

68. Wenn drei Tag Rosch-Choodesch is!

Ebenfalls um ein ungebührliches Verlangen zurückzuweisen: „Ich will Dir zu Willen sein, wenn drei Tage hintereinander Neumondfest ist“, was aber nie stattfindet. – Auch mit der Bedeutung: Dann kann das geschehen, kannst Du das vollbringen. „Geh und iß erst einen Scheffel Salz darüber (Sabbat 4. Erubin 36, a). –

69. Wenn Schabbes-Nachme uf Mitwoch fallt!

In derselben Anwendung. Der „Schabbes-Nachme“ (der Sabbat nach dem Fasttag der Zerstörung Jerusalems, an welchem das 40. Kapitel im Jesaias verlesen wird, das mit dem Worte „nachmu“, „tröstet“, beginnt) kann natürlich auf keinen Mittwoch fallen. Ähnlich sind (bei Eiselein): „Wenn der Karfreitag auf den Gründonnerstag fällt!“ „Zu Pfingsten auf dem Eis!“ „Zu Weihnachten in der Ernte!“ „Zu Weihnachten in dem Sommer!“ (Suchem.) „Wenn die Kuh einen Batzen gilt!“ „Am St. Nimmerstag!“ At latter lammas, when the devil is blind – When two sundays come together. –

70. Nemm das Maul nit so voll!

Tu nicht so groß: Vergl. Richter 9, 38. „Wo ist nunmehr Dein Maul?“ – Mitunter auch mit dem Zusatz: „Aschre joschwe besecho fahrt mer in die Kille!“ wenn jemand meint, irgendwo leicht Zutritt zu finden, irgend etwas schnell zu erreichen: Denkst, man könnte so schnell, wie man gewöhnlich den Psalm aschre joschebe bethēcha etc. etc. (Heil den Bewohnern deines Hauses etc. etc.“ der täglich dreimal gebetet wird) hersagt, auch in die Stadt (Kehilla, eigentlich: Gemeinde, hier: die Stadt, im Gegensatze von Land) fahren, dort sich einbürgern.

71. Er sagt Ki-tov druf!

– „ki tob“, daß es gut sei (1. B. M. 4.), lobt sein eignes Werk. „Die kleinsten Autoren haben wenigstens die Ähnlichkeit mit dem großen Autor des Himmels und der Erde, daß sie nach vollbrachtem Tagewerk zu sich selbst zu sagen pflegen: „Und sieh! was er gemacht hatte, war gut“ (Schlegel).

72. Andere müssen Dich loben!

Spr. Sal. 27, 2.: „Der Fremde lobe dich, und nicht Dein Mund; ein anderer, und nicht Deine Lippen!“ – „Laß andere Lüte Dich loben und uskreien; swig Du still, nit lobe dich selbs!“ (Geiler). „Nicht wie Du sagst, sondern was man in Deiner Genossenschaft sagt“ (Jalkut tehil. 755). – Anderseits heißt es bei den Talmudisten, mit bezug auf Elieser, der seine Botschaft sogleich mit den Worten beginnt (1. B. M. 24, 34.): Ich bin der Knecht Abrahams: „Das Geringe (zu Bespöttelnde), das an Dir ist, das sage selbst zuerst“ (Baba kam. 92, b. Ber. rab. 53, a). – Auch sagen dieselben (Nedar, 61, a), mit bezug auf 1. König. 18, 12: „Da wo man einen Menschen noch nicht kennt, da darf er sich zu kennen geben“, darf sagen, was an ihm ist, ohne daß er deshalb die Grenzen der Bescheidenheit übertrete. –

73. Das haaßt mer: Seinen Seechel für Bruch weggebe'!

Wenn jemand einen Dummkopf oder unverbesserlichen Taugenichts belehren, einen in Vorurteilen verknöcherten Menschen aufklären will, so heißt man das: Seinen Verstand (sēchel hebr.) für Bruch, als Bruchsilber, „weggeben", um geringen Preis. – Vergl. Matth. 7, 6: „Ihr sollt euere Perlen nicht den Säuen vorwerfen." Ebenso im Mibchar peninim von Salomo ben Gabirol cap. 1: „Werft die Perlen nicht den Säuen vor, und bringet die Weisheit nicht einem Menschen auf, der ihren Wert nicht zu fassen vermag." (Über den Ausdruck „Perle" vergl. noch Chagiga 3; „Eine treffliche Perle befand sich in Euren Händen, und Ihr wolltet sie mir vorenthalten!") Die Talmudisten stellen es nämlich als Pflicht auf, sein Wissen andern mitzuteilen. Vergl. Sanhedr. 91. Jalkut Debar. 952. Rosch hasch. 23, a: „Wer das Gesetz studiert und es nicht weiter lehrt, gleicht einer Myrte in der Wüste, von deren Duft niemand Genuß hat." – Ebenso Pesach. 112: „Mehr als das Kalb saugen will, möcht' die Kuh säugen." – (Vergl. auch 779.). – Anderseits sagen sie (Chulin 133. mit Anlehnung an Spr. Sal. 26, 8.): „Wer einem unwürdigen Schüler Unterricht erteilt, gleicht dem, der an die Merkursäule Steine wirft*.

* Über diesen Brauch vergl. Brunings Compendium antiquitat. Graecar. p. 226, ebenfalls mit Hinweisung auf Spr. Sal. 26, 8. – Ein ähnlicher Brauch besteht unter den abendländischen Juden, indem jeder, der ein Grab besucht, auf den Grabstein ein Steinchen legt. – Möglich, daß man damit ursprünglich, so wie jener wohl ursprünglich nur das Dasein eines Weges, einer Grenze bezeichnen sollte, ebenfalls nur das Dasein eines Grabes anzeigen, ein Zijun (Zeichen, Mal. Vergl. 2. König. 23, 7. Jerem. 23, 7. Ezech. 39, 15. Schekalim f. 2) machen wollte. –

74. Das haaßt: Leer Stroh gedrosche'!

Wessen Tun zwecklos, fruchtlos ist, „kein Tachlis hat" (tachlith, hebr., Ende, Vollendung, hier: Zweck und Nutzen), der drischt leeres Stroh. „Ler Strow dreschen" (Geiler bei Eiselein). Ähnlich sind die rabbinischen: „Das heißt: Einen toten Löwen töten; gemahlenes Mehl mahlen; ein brennendes Haus in Brand stecken" (Echah rabbathi 47, a. Sanhedr. 96, b). To pour water in a sieve (Dealbare aethiopem). Enfoncer une porte ouverte.

75. Das haaßt mer: Mechallel Schabbes umsunst!

Wenn irgendeine Tat, Unternehmung, Anstrengung keinen oder nur einen geringfügigen Gewinn bringt, so heißt dieses: Den Sabbat umsonst entweiht! (mechallel, hebr.). – Die Rabbinen haben dafür das Sprichwort (Nedar. 89, b.): „Er lief mit Leiter und Seil (Datteln zu pflücken), und erlangte doch nichts." –

76. Das haaßt mer: Licht bei Tag anzünde'!

Ebenfalls wenn man etwas Überflüssiges tut. Das Sprichwort kommt schon im Talmud vor (Sabbath 63, a. Chulin 60, b.). – „Schmalz zu den Grieben tun." –

77. Das haaßt: Esroogim nach Sikkes!

Die Esroogim (ethrōgim, eine Zitronenart), welche am Laubhüttenfeste (sukkoth) zum Feststrauß gebraucht werden, kommen aus Italien. Kommen sie nun erst nach dem Feste an, so kommen sie freilich zu spät. Wenn daher überhaupt etwas zu spät und also nutzlos kommt oder geschieht, so heißt man diese: „Esroogim nach Sukkes!“ ähnlich dem Französischen: c'est de la moutarde après dîner.

78. Spar mir die Hee und die Wow!

Eine Frage, die häufig in den talmudischen Schriften vorkommt, wenn den beiden suffixis he und waw in einem Verse des Pentateuchs eine sich gegenseitig aufhebende Bedeutung unterlegt wird. Also hier: „Unterlaß das eine und das andere!“ wenn ebenfalls beides sich gegenseitig aufhebt, z.B. „Gib nit so viel aus, brauchst nit so viel einzunehmen; spar die (das s. 159.) Hee etc.“ Ähnlich: „Spar das Hin- für das Herlaufen!“ – „Was hat er zuerst gewollt, was hat er zuletzt gewollt?“ (Moed Kat. 16). –

79. Wozu doppelt Ki-tov?

Um den Überfluß einer Wiederholung in Wort, Tat oder Gegenstand zu bezeichnen. – An dem dritten Schöpfungstage heißt es nämlich zweimal: „Und der Herr sah, daß es gut sei“ (ki tob), während bei den andern Schöpfungstagen es nur einmal und bei dem zweiten gar nicht steht, weshalb denn die rabbinischen Ausleger die Frage stellen: „Wozu doppelt ki tob?“ und der Wiederholung eine besondere Bedeutung geben. – „Doppelt Vivat!“ – Um dieses doppelten „Ki-tov“ willen wird der Dienstag auch für einen besonders günstigen Tag gehalten, irgend ein Werk zu beginnen, ein Geschäft zu unternehmen u.s.w., der Montag hingegen für einen ungünstigen; denn der Dienstag habe nicht nur die Arbeit, die der Montag unvollendet gelassen (rücksichtlich des Wassers), vollendet, sondern auch noch eine neue begonnen und vollendet; vielleicht auch mit Bezug auf die ebenso schöne als tiefsinnige mystische Deutung: am ersten Tag ward das Licht erschaffen, das Licht, das erste Wort der sich offenbarenden Gottheit –, das Licht, das ist die volle Barmherzigkeit. – Der zweite Tag rief, im Kampf der streitenden Fluten, die Finsternis hervor, den Gegner des Lichtes, und mit ihr Streit und Zank, und mit diesen das Feuer der Hölle, des gehinom (s. 650.), und erst der dritte Tag mit dem Sichtbarwerden der Erde und mit ihrer Pflanzenschöpfung, welche der Tiefe entsteigend zum Lichte emporstrebt, erst der dritte Tag mit der Schöpfung des Paradieses des gan ēden, vermochte die Fluten zu beschwichtigen, den Streit zu stillen und Frieden zu stiften und die Barmherzigkeit obsiegen zu lassen, selbst für die, die in die Tiefe, in die Hölle fahren, daß sie der strengen Gerechtigkeit nicht unterliegen (Schillers: „Klage der Ceres“!!). Darum auch entbehrt der zweite Tag des Ausspruches: „daß es gut sei“, indes der dritte Tag denselben doppelt empfing (Sohar chadasch 1, b. Jalkut chadasch Artikel ahabah 6. 7. Artikel gehinom 6. Jalkut Rubeni f. 5. ff. Chaskuni zu 1. B. M. 1, 8 – 12. Vergl. auch Pesachim 54. sowie Raschi zu 1. B. M. 1, 7.). –

80. E Posik un e Stecke'!

Wenn man mehr Mittel, Maßregeln u.s.w. zu einer Sache anwendet, als offenbar nötig ist. Um einen bösen Hund zu bannen, wird von den Kabbalisten die Hersagung eines gewissen Spruches (pasuk) empfohlen (vergl. auch Pesachim 111.). Wer dieses aber nicht für so ganz genügend hält, der nimmt natürlich noch einen Stecken zu Hilfe. Daraus mag denn die Redensart entstanden sein: „Ein Spruch und ein Stecken!“ Vergl. 525.

81. Mehr Schochtim als Hühner

Wo mehr Arbeiter sind, als Arbeit für sie da ist, mehr Verwalter und Regierer, als zu Verwaltende und zu Regierende, überhaupt mehr Mittel angewendet, mehr Kräfte in Bewegung gesetzt werden, als der Zweck erfordert, da sind, sagt man: „Mehr Schochtim (Schlächter, „Schechter“, von schachat, schlachten) als Hühner“ zu schlachten da sind.

82. Du bist joze!

Du hast das Deine getan, gesprochen usw.; was Du mehr tust, ist überflüssig. – „Jōze – sein“ (über den Gebrauch des hebräischen Partizips mit dem deutschen Hilfsverb sein s. 364.) ist eine verkürzte Formel von jaza jedé chobatho, wörtlich: „aus den Händen (der Macht, der Anforderung) seiner Pflicht gegangen“, ihr entsprochen, genügt haben. Daher das witzige Wortspiel: „Bei einem solchen Wetter ist man nicht joze (handelt man pflichtwidrig; wörtlich aber: geht man nicht aus), wenn man ausgeht." –

83. Die Schmue hot kaan Ponim un kaan Zure

„Das Gerede hat kein Gesicht und keine Gestalt." Um eine Meinung, Erklärung, Erzählung usw. als hohl und gehaltlos, als töricht und unvernünftig zu bezeichnen. Schemúah, Vernommenes, Gerücht, Gerede. Panim, Gesicht. Zurah, Form, Gestalt (Ezech. 43, 11.). Die Rabbinen gebrauchen das Wort Zurah fast wie unser deutsches Bildung. So sagte Simon ben Jochai zu seinem Sohne (Moed. kat. 10.), auf zwei Männer deutend, die ihn besucht: „Diese Leute sind Männer von Bildung (anaschim schel zurah, d. h. Angesehene, Weise), gehe zu ihnen und laß Dir ihren Segen geben." –

84. Die Schmue hot nit Hand un nit Fuß!

Von derselben Bedeutung und Anwendung, wie die vorhergehende Redensart. „Der Brief hat Händ' und Füß'." (Schiller.)

85. Das is aus der Luft gegriffe'!

Ohne allen Grund, jeder vernünftigen Begründung ermangelnd, gleichsam entgegen dem: „Das kann man mit Händen greifen." Ebenso: „Das hast Du aus der Luft gegriffen." Ähnlich ist das talmudische: „Fliegt in der Luft und hat nichts, sich darauf zu stützen" (Chagigah 10.).

86. Wem willst Du das erzähle'? Der alten Behle?

Einen solchen Unsinn magst Du der alten Bella erzählen, einem alten Weibe magst Du so etwas aufbinden. – Die alte Behle (Bella) kommt auch in einem Kinderliede vor: „Ich will Dir was erzähle', Von der alten Behle, Wenn sie kaan' Kartoffel hat, Kann sie kaane schäle'." Sie scheint daher stereotyp geworden zu sein zur Bezeichnung eines alten leichtgläubigen Weibes.

87. Erzähl's der Schabbesgojeh!

Einem alten unwissenden Weibe, wie die Sabbatfrau, magst Du so etwas weismachen. Goj (weiblich: gojah), biblisch, der Fremde, Nichtjude; mitunter auch im späteren Gebrauch: der nicht streng religiöse Jude. –

88. Wer's nit glaabt, is aach e guter Jid!

Wer dem, was Du sagst, keinen Glauben schenkt, hört deshalb nicht auf, ein rechtgläubiger Jude zu sein. – „Wer's nit glaubt, ist darum kein Ketzer." (Eiselein nach Fischart.)

89. Laß dich haamgeige'!

Laß dich mit Musik nach Hause begleiten, heimgeigen. Ebenfalls um eine Meinung etc. als unhaltbar zurückzuweisen.

90. Das is e Einfall – vun'm alt Haus!

Ein Wortspiel mit dem Worte Einfall. ein törichter, unerwarteter Gedanke oder Vorschlag, ein alberner Einfall, ist ebenso nützlich, fruchtbar und willkommen als der Einfall eines alten Hauses. – „N. ist der beste Baumeister, – es fallt ihm nie was ein." Vergl. bei Eiselein S. 31: „Die hölzernen Anschläge sind die besten. „ Die Anschläge der Zimmerleute halten am längsten." –

91. Das sen Chaloomes un Backfisch!

„Träumereien (chalometh – 1. B. M. 37, 20. Phantasien) und Backfisch", an beiden ist nicht viel. Die sehr verbreitete Redensart mag auf irgend einem besonderen Fall beruhen, möglich auch daß sie ursprünglich hieß: chalons (fr., eine Art großer Fischernetze) und Backfisch darin! –

92. Was deutsch?

Was soll es bedeuten? s. folgend.

93. Das is nix deutsch!

Das hat keine Bedeutung, ist sinnlos. Beide sehr häufige Redensarten mochten wohl zuerst bei dem Studium der hebräischen Schriften angewendet worden sein, wo man nach dem Deutsch des hebr. Wortes oder Satzes fragte. Vergl. indes auch die gewöhnlichen Redensarten:

„Deutsch genug", „ich will Dir's Deutsch heraussagen." – „Ich hab meine Danksagung vor (für) solche große kowaud und tircho (Ehre und Mühe) an ihnen abgelegt, so gut ich es gekönnt und die aufrichtig teutsche Art mir es gelernt hat" (aus einem jüdisch-deutschen Manuskript im Besitze des Verf.). – In demselben Sinne wie: was deutsch? hörte man, besonders von dem Gelehrten, oft auch: „Wie schajech?" wie reiht, wie paßt, wie schickt sich das? (Vergl. Aruch r. schach 1.). –

94. Loo poga weloo noga!

„Es stößt und rührt nicht daran", paßt durchaus nicht hierher. Die Redensart ist rein hebräisch und kommt in einer talmudischen Diskussion vor (Chulin 3.). In dem Munde des Volkes auch verkürzt: „Loo pock weloo nock!" –

95. Wie ungleich!

Wie albern, wie verkehrt! Ebenso: „Wie ungerad'!" „Wie krumm!" sowie anderseits: „Sehr gleich!" „Sehr gerad'!" für: sehr witzig, sehr treffend, „gleich reden" für: witzig reden. Vergl. im Engl. unlike, ungleich, unwahrscheinlich. „Wie ungereimt!" S. auch Hennatz Antibarbarus II. S. 64. – „Sie möchten ungleich von mir denken" (unbillig. Kleist: Familie Schroffenstein).

96. Mole Kreise!

Voll Fehler. Das rabbinische mole schabeschto. Male, voll, ist hebräisch. „Kreis“ im jüdisch-deutschen Dialekt für Fehler ist wohl ursprünglich gebraucht statt Zirkel, wie „einen Zirkel machen“ im Definieren, fehlerhaft, falsch schließen; dann überhaupt für Fehler: „Mach nit so viel Kreise!“ „Wenn der Chochem (chacham, der Weise) kreist, kreist er stark!“ – Zunz (gottesd. Vortr. S. 440.) schreibt „Greis“ mit G und vermutet, es komme vom hebr. grioth. Ebenso könne man es – worauf uns Herr Dr. J. Auerbach aufmerksam machte – für das talmudische garas nehmen (girsa dejankutha, Aruch s. v.), lesen, studieren (verwandt mit dem griech. κηρυσσω, γηρυω, rufen, reden, und dem latein. garrio, schwatzen, plaudern), also hier: ein falsches Lesen, eine falsche Leseart. –

97. Ich red‘ vun Grün, gebstu Tschuwe: blau!

Wenn jemand auf eine Frage mit ganz fremdartigem Antwort (teschubah) gibt. Vergl. bei Agrikola: „Ich rede von Enten, und du antwortest von Gänsen.“ – „Ich rede von Äpfeln und ihr redet von Zwiebeln.“ – I talk of chalk, and yon talk of cheese.

98. Ich glaab‘ du cholemst!

„Ich glaube du träumst“, daß du solchen Unsinn schwatzest. Ebenso: „Ich glaab, du bist schikker!“ (schikkor, besoffen). – „Cholemen“, träumen, mit deutscher Endung vom hebr. chalam. –

99. Das is e Giks!

– ein Irrtum, eine Torheit, Dummheit, wohl verwandt mit Geck, vergl. Schwenk: Wörterbuch der deutschen Sprache s.v.

100. Das is e Katze – Mediztrech!

Zur Bezeichnung eines verkehrten, gewundenen Schlusses: ein Katzenschluß. – Die Katze sah einen Topf offen stehen und sagte: „Da der Topf offen steht, so muß wohl nichts darin sein.“ – „Nein“, schloß sie wieder, „es ist was darin, und man hat den Topf eben deshalb offen gelassen, damit ich meinen soll, es sei nichts darin.“ – Die Redensart gehörte übrigens den gelehrten Kreisen an, wofür schon das talmudische Wort medeiztrich zeigt, das als Einleitung zu einem Schlusse gebraucht wird: „Da es Not tat etc.“

101. Das haaßt: bei de Hoor‘ herbeigezoge‘!

Etwas auf gezwungene Art anwenden, weit herholen (Adelung). Vergl. Jes. 5, 18: „Wehe denen, welche die Sünde herbeiziehen mit Schnüren des Truges und wie mit Wagenseilern das Verbrechen.“ –

102. Das is e Chad-Gadje!

Chad gadjo, ein Zicklein (Böcklein), ist der Anfang eines Kinderliedes in chaldäischer Sprache, welches am Pesachabend, auch in deutscher Sprache rezitiert wird und durch wiederkehrende Wiederholungen sehr untereinander läuft (das Liedchen befindet sich mit einigen Abänderungen auch in Köhler's Mutterschule). Es stellt dar, wie hienieden immer eins vom andern, bis zum Todesengel hin, verschlungen wird; am Ende aber wird dieser selbst von Gott vernichtet. (Vielleicht wurde es mit Bezug auf Debarim rabba par. 2. fol. 217. col. 2. gedichtet, woselbst es heißt: „In dieser Welt, wo das Böse vorherrscht, tötet einer den andern, in jenem Leben aber wird der Tod keine Macht mehr haben, wie Jes. 25, 8. sagt: Und Er (Gott) wird den Tod verschlingen." – Vergl. 1. Kor. 15, 54. 55. S. auch Nr. 944. unserer Sammlung). – Sinn also hier: „Das ist ein Untereinander, ein Kauderwelsch!" – „Der macht untereinander!" „Das ist ein Untereinander, wie Kraut und Rüben!" „Er rührt's untereinander, wie ein Sudelkoch allerlei Brühen." (Eiselein). „Das ist so klar, wie Quetschenbrühe! –

103. Das haaßt gechorbent!

Ebenfalls in bezug auf ein Urteil, eine Erzählung u.s.w. „Das heißt ein sinn- und zusammenhangloses Geschwatz!" – „Gechorbent" mit deutscher Bildung von charab, churban, Verheerung, Zerstörung, Verwüstung, gleichsam: „Das heißt wüste gemacht!" –
Ähnlich: „Was er sagt, hat nit Hand un nit Fuß" (84). – „Der schwätzt, wie ein Faß ohne Boden" (ähnlich der Redensart: „Dem Faß den Boden ausstoßen", eine Sache völlig verderben. Adelung). –

104. Loo Bock weloo Klotz!

„Kein (lo, hebr.) bock und kein (w'lo) Klotz", eigentlich: ohne alle Mittel zum Sägen und zum Spalten; dann überhaupt zur Bezeichnung, daß irgendworin oder woran nichts sei, was zum Zwecke führe. Indessen könnte die Redensart auch aus einer derartigen hebräischen entstanden sein, s. 94.

105. Wie kommen die Rüben in den Sack!

Eine sehr bekannte Redensart, wohl von speziellem Ursprunge, um das Unpassende bei Antworten, Erklärungen usw. zu bezeichnen. „Wie reimt sich das zusammen?" – „Das paßt (Adelung: reimt sich), wie eine Faust auf's Aug'." – „Ein Unterschied, wie Tag und Nacht!" – „Wie ein Affe gegen einen Menschen!" (Baba bathr, 58, a).

106. Schnues puriendis!

Sinn: leeres, eitles Geschwätz. „Schmues" (schemúoth), Vernommenes, Gerücht, Gerede. „Puriendis" soll verdorben sein aus: pour rien dire. „Schnickschnack" „Hokus Pokus." „Wie lange liesest du Worte auf und schüttest sie über uns her?" (Joma 75) – „Salbadereien". –

107. Das sen Schabbes-Schmues!

Ebenfalls: leeres Geschwätz, Sabbat-Unterhaltungen, womit man sich am Sabbat, etwa nach Tisch, die Zeit vertreibt. Noch stärker: „Gäscht-Schmues!" Bettler-Geschwätz (über „Gäscht" s. 239). Vergl. bei den Talmudisten (Berach. 51, a.): „Von Landstreichern – leeres Geschwätz; von Lumpen – Ungeziefer." –

108. Mach mir kaan Schmues vor!

Wolle mir durch dein Geschwätz keinen blauen Dunst vormachen. – Daher auch die Redensart: „Schmue an etwas machen", durch schlaues oder trügerisches Geschwätz sich einen Gewinn verschaffen. Adelung schreibt Schmu, ohne eine Ableitung zu geben. Schwenk erkennt es wohl als jüdischdeutsch, läßt es aber vom hebr. samach, freuen, herstammen! Von „Schmues" hat man das Zeitwort „beschmusen", überreden, und vielleicht ist auch das so schwierige Wort „beschummeln", betrügen, nur eine Versetzung für „beschmueln", eben von „Schmue" gebildet. –

109. Dworim beteelim, Leere Keelim!

Der Ausruf gilt dem Wortschwall: „Eitle Worte, leere Gefäße!" Beide machen gleichen Lärm, und beide sind ohne Inhalt und Gehalt. „Die Dornen schreien knisternd: Auch wir sind Holz!" (kohel. rabb. zu cap. 7, 7). – „Der Stater (istera, eine kleine Münze) in der leeren Büchse klappert laut!" (Baba mez. 85. Jalkut Mischle

551. 553). – „Debarim“, Worte. „Kelim“, Gefäße. „Betelim, vom bibl. batal (Pred. 12, 3.), eitel, nichtig, häufig im Neuhebr. (Joma 19, b: „Du sollst vom Gesetze sprechen und nicht von debarim betelim“). – Ebenso: „Debarim scheén bahem mamesch!“ Worte, an denen nichts Festes, Dauerhaftes ist. „Mamesch“, neuhebr. – vom bibl. musch, maschasch, fasten, betasten, griech. μασσω – was tastbar ist, sich ergreifen läßt, Masse hat. – „Es ist kaan Mamesch dran“ (vom Tuch und dgl.), keine Masse, kein Kern, nichts Dauerhaftes. Daher bei den Rabbinen im Sinne von: in Wirklichkeit: „malachim mamesch“, wirkliche Engel. – Zuweilen auch in der Volkssprache in der Bedeutung von fast: „Er (es) is mamesch ein...“, so wie eben fast, fest, von fassen kommt. –

110. Mach nit so viel Preambels!

Préambules, Umschweife. auch mit dem Zusatze: „Komm‘ zur Sach‘!“ – Vergl. im altdeutschen: „Sie reden wit herum von Dietrich von Bern, ehe sie uf den Punkt kummen, daran die Sache stat“ (Geiler), „Man sieht den Wald nit vor Bäumen, die Stadt nit vor Häusern“ (Agricol). „Mach keine so lange Vorrede!“ –

111. Braate Giljoones!

Eigentlich: breite, leergelassene Ränder an den Blättern eines Buches, um das Buch, trotz seinem dünnen Inhalte, dick zu machen. Überhaupt: Viel Wesen und wenig Gehalt. „Giljoones“, giljonim, chaldäisch und neuhebr. (Sabbat 116. und die Erklärung Raschi's daselbst. Jodajim 57.) von galah, bloß, leer sein, leere Flächen. (Vergl. auch Jes. 3, 23. 8, 1.). – Ähnlichen Sinnes, jedoch mehr den Gelehrten angehörig, ist: „Schreibt Raschi's Ksav!" (Ketab, Schrift), macht einen weitschweifigen Kommentar. – (Über Raschi vergl. 996. 1029.). –

112. Das sen polnische Dörfer für mich!

So völlig unbekannt, so fremd lautend, so seltsam und unerhört wie die Namen polnischer Dörfer. Vergl. „Das kommt mir spanisch vor." „Das sind mir spanische Dörfer." (Adelung s. v. spanisch). Dem deutschen Juden lag freilich durch die häufige Heimsuchung von polnischen Juden der Ausdruck „polnische Dörfer" näher. – „Das ist mir zu hoch!" (Ps. 139, 6.) –

113. Das is e ganz Megille!

Von einem gar zu langen Briefe, Aufsatze, von einer gedehnten und in's Breite geschlagenen Rede u. s. w. – „Eine Litanei." – Die megillah ist der Brief Esthers, der alljährlich am Purimfeste abends und morgens in der Synagoge vorgelesen wird und bei seinem bekannten Inhalte eben nicht sehr unterhaltend ist, besonders in der Wiederholung.

114. Das is e Geplapper! Wajjoomer, wajdabber!

Ebenfalls gegen Wortschwall sowohl, als überhaupt gegen große Geschwätzigkeit gerichtet, gegen jemand, der „Einen nicht zum Wort kommen läßt:“ – Wajjomer, wajedabber „und er sprach, und er redete“ ist der gewöhnliche Anfang der Verse im 3. und 4. B. M. „Das is e Gedrätsch!“ Gedrasch, von dräuschen = schallen (s. Adelung). Von dabber kommt auch das sogar mehr unter den Christen gebräuchliche, deutsch gebildete, „Gedibber“ für Gerede, Geschwätz. –

115. Er schwätzt sich schikker!

Der Redselige schwatzt so viel, daß er sich, wie Börne sich des Ausdrucks bedient, in seinen eigenen Worten berauscht. „Schikker“, betrunken. „Der wirft das Hundertste in das Tausendste.“ –

116. Viel Schmeechel, Wenig Seechel!

„Viel Lachen, wenig Verstand.“ – Teils ist der Jude überhaupt zu sehr reflektierender Natur, teils hat er zu sehr den Ernst des Lebens empfunden (vergl. 63.), als daß er nicht bei jedem anständigen Menschen auch einen ernsten Sinn voraussetzen und umgekehrt aus allzuvielem Lachen auf Albernheit schließen sollte. – „Schmeechel“ ist kein hebräisch, sondern altdeutsch von schmeichan, smielen, engl, to smile, lachen, woher vielleicht auch schmeicheln kommt – wie der Schmeichler immer lächelt – und nicht, wie viele annehmen, von schmiegen. – „Seechel, sēchel, ist hebr., Verstand. –

117. Das is e Leemech!

Ein Narr. – Das Wort soll polnisch sein. Andere nehmen es mit Bezug auf den bibl. Lamech, der, nach der Sage blind war und doch geschossen hat. (Vergl. Buch der Sagen und Legenden jüd. Vorzeit von A. Tendlau XLI). – In demselben Sinne: „Das is e Schmahje!“ Wohl nach einem Narren, der so hieß (der Name selbst ist biblisch Schemahjah 1. Kön. 12, 22 u.v.). Ebenso: „Das is e Mendel!“ „Das is e Hans Jookel!“ „Das is e Hans Jochem!“ „Das is e Mokle!“ (Vergl. 1018. 1019. – Die Namen an sich finden sich auch, mit Ausnahme von „Jochem“, bei Wolf I. S. 29.f.f.) –

118. Das is e Schwanz-Borje-Dukkes!

Sinn: Das ist ein possenhafter Mensch! Vielleicht: Das ist ein Narr für einen Fürsten, ein Hofnarr. „Schwanz“ bedeutet nämlich in dem jüdisch-deutschen Dialekt einen Narren, gleichsam Anhängsel, so wie etwa Zopf für Pedanterie gebraucht wird, und „Borje-Dukkes“ mag verdorben sein aus: pour un duc (Vergl. dukes im Rabbinischen, vom latein. dux, duces). –

119. Das is e Bechór – Schoote!

– ein erstgeborener Narr, ein Erznarr. – „Bechor", Erstgeborener. „Schoteh" woher „Sch'tuss" (schetuth, aus dem chaldäischen, Mus. aruch s. v.). Torheit, verwandt mit dem bibl. satah, abweichen, abirren. Die Redensart ist übrigens einem talmudischen Ausdruck entnommen, woselbst untersucht wird, inwieweit bei einem Narren das Recht der Erstgeburt Statt habe. Zuweilen mit dem Zusatze: „Der hot Masse – unmatten's!" – (Geschäfte, massa umattan, „nehmen und geben", Handel). –

120. Der darf Narr zu Prog sein!

Die Prager, Metzer und Fürther galten als die jüdischen Schildabürger, so wie die Wormser als wundergläubig galten. An letzterem hatte wohl das bekannte „Wormser Máase – Nissim" (Erzählung von Wundern, welche sich in Worms zugetragen) Schuld, so wie sich daher auch die Redensart: „E Wormser Netz" (s. 986.) bildete. Auch Frankfurt hatte seinen Beinamen. Von diesem hieß es: „Frankfurter Gées!" (geüth, Stolz), so wie der Frankfurter auch als nicht besonders gastfreundschaftlich obgleich für sehr wohltätig galt (s. 294). – In bezug auf Metz erzählt man: Ein berühmter Rabbi ward einst als Rabbiner nach Metz berufen. Man rühmte ihm dabei, daß in Metz die Leute sehr alt werden. „Sehr natürlich", sagte der Rabbi, „sie haben nicht vom Ez haddáas (Baum der Erkenntnis) gegessen." – Übrigens findet sich auch bei Lehmann: „Er macht's wie die Herren zu Metz, die lassen's geschehn – wenn's regnet." (Wir sagen: wie die Nürnberger). –

(Eine andere juridische Zusammenstellung war die von Speyer, Worms und Mainz: „tekonas Schüm“ d. h. Verordnungen (tekanoth) geltend für Speyer (sch), Worms (das u wird im hebr. durch das w vertreten) und Mainz (m), ähnlich dem: „Nach Ulm, Worms Speyer appellieren.“)

121. Der Narr guckt überall heraus!

„Kauft er auch viel Tuchs zum Rock, so raget doch der Schalk oben und unten heraus.“ (Luther). – „Der bleibt immer bei seiner Geige!“ – „Ein Narr bleibt nicht bei einer Narrheit stehen“ (Gittin 68). –

122. Hätt' ich so groß Dukoote, Als der is Schoote!

„Dukoote“ für Dukate‘. „Schoote“, Narr, s. 119 – „So groß“ (in Zahl) für „so viel.“ –

123. Das is e Máase–Beheeme!

– ein Vieh (behémah) – Werk (máase), ein Stück Vieh. – Durch „Beheeme“ ward mehr der Dumme, während durch „Chammer“ (chamór, Esel. 417.) mehr der grobe Mensch bezeichnet ward. Ebenso: „Das is e Beheeme-Streich!“ – Von einer Frau, deren Verstand einzig darin besteht, daß sie des Weibes natürlicher Obliegenheit trefflich zu entsprechen weiß – heißt es: „Sie hat Kih-Seechel!“ – wörtlich: „Kühe-Verstand“ (sechel, hebr.), aber mit witziger Anlehnung an die gleichklingenden

Worte: „ki thechel lisnoth“ (3. B. M. 21, 9.) eigentlich: Wann (eines Priesters Tochter) anfängt (n. A.: sich entweiht) scortando (lisnoth) – hier: (es erfordert nur) Kühsechel scortando. –

124. Das is e Chasserkopp!

– „ein Sau (chasir)-Kopf“ , von einem Menschen, der sehr schwer begreift. „Katzengedächtnis.“ – Vielleicht im Zusammenhange mit der Meinung, daß der Genuß des Fleisches der verbotenen Tiere, besonders des Schweines, das Seelenvermögen verringere. (Vergl. den Kommentar zu Mendelssohn’s Bibel 3. B. M. 11, 43). –

125. Man kann Wänd mit ’m einlege‘!

Er ist so dumm, hat einen so harten Kopf, daß man Wände mit ihm einlegen, einreißen, umstoßen kann.

126. Der hot aach nit vom Ez-haddáas gesse!

Der Ausruf gilt ebenfalls einem geistig Beschränkten: „Er hat nicht vom Baum der Erkenntnis (ez haddáath) gegessen.“ – Vergl. 120. – Ebenso: „Der is nit schuld an der Milchome!“ (milchamah, Krieg), hat’s Pulver nicht erfunden. –

127. Das is nit uf deim‘ Feld gewachse‘!

Der Gedanke, dieser Witz u.s.w. kommt nicht von Dir. „Das hast du nit aus den Fingern gesogen.“ „Da hat dir auch mehr als eine Hebamme daran geholfen“, bis es zur Welt gekommen. Auch von Dingen, die man geschenkt oder irgend anderswoher erhalten: „Das is nit uf deim‘ Mischt gewachse‘.“ –

128. Es is ’m nix kosche!
129. Dem is nix harb!

Dem einfältigen, beschränkten, dumpf dahinlebenden Menschen ist nichts auffallend, nichts „schwer“ (zu verstehen, zu lösen), nichts „herb“ (stechend, scharf, auffallend). – Die Ausdrücke „kosche“ (kaschah), „schwer“, „harb“ kamen besonders bei den talmudischen Studien vor, wenn ein Ausspruch Schwierigkeiten darbot. Doch findet sich mitunter der Ausdruck „harb“ auch in der Bedeutung „schwer zu tragen, auszuführen.“ So heißt es in Hilchoth derech-erez (Wagenheil: Belehrung S. 320.) in einer merkwürdigen Stelle, wo von dem Verbote die Rede ist, daß Frauen nicht mit entblößten Armen sich zeigen, nicht vor Männern singen, überhaupt nicht unter Männer gehen sollen: „Wie wohl die Rabbonon (Rabbiner) die in unsern Zeiten seinen gewest schreiben, daß mir itzunder (itzund, jetzt) in unsern dauraus (Geschlechtern) nit können nishor sein mir können nit gewarnt sein an dem das die Chachomim (die Weisen) also harb gemacht haben un‘ aach in der Tauroh (Thora) verboten is ...die (Chachomim) haben noch vil harber gemacht daß nit wol ephschar (möglich, chald., Aruch

s. v.) is daß mir dran können nishor (gewarnt) sein." – „Herb", das man in der Bedeutung von scharf, stechend, mit dem latein. acerbus und auch mit Herb-st zusammenstellt, fällt in beiden mit dem hebr. und chald. charaf zusammen. Vergl. das bibl. charaf pflücken, raffen, greifen, choref die Herbst- (und Winter-) zeit, und das chald. und neuhebr. charif, scharf (s. 145). –

130. Der Chochem stoßt sich an Allem!

Anderseits hieß es: „Der Weise (chacham) stößt sich an Alles", ihm geht keine auffallende Erscheinung unbemerkt vorüber. – Oft auch scherzhaft und im wirklichen Sinne, wenn jemand sich unvorsichtig gestoßen: „Nun ja, der Chochem stößt sich an Alles!" –

131. Das is e Scheene–joodeea–lischel!

„Ein Der–nichts–zu–fragen–weiß." – In der Festordnung für den Pesachabend werden die Kinder, denen die Bedeutung des Abends erklärt werden soll, nach ihrer Fähigkeit in vier Klassen geteilt. Darunter befindet sich auch das unentwickelte Kind, der scheëno-jodēa-lischol, den man freilich auch unter Erwachsenen oft findet.

132. Der Chochem von Ma–nischtanne!

Unter jenen viererlei Kindern des Pesachabends ist auch der Chochem (chachani), das kluge Kind, welches die Frage: mah nischtannah „weshalb ist dieser Abend ausgezeichnet?“ an den Vater richtet. Ist kein Kind da, so übernimmt ein Erwachsener die Frage, die freilich samt der Antwort drauf eine bekannte Sache ist. So sagt man denn von einem Menschen, welcher immer klug sein sollende Fragen zu machen hat: „Er is der Chochem von Ma-nischtanne.“ – Denselben Sinn hat als Spott die Frage: „Aette, worum deckt merdie Sikke nit mit Sand?“ (s. 1009.). –

133. Uf so e Kaschje gehört so e Teriz!

„Auf eine solche Frage gehört eine solche Lösung!“ Einer läppischen, lächerlichen Frage gebührt eine lächerliche Antwort. Vergl. Spr. Sal. 26, 5. „Antworte dem Toren nach seiner Torheit, damit er sich nicht weise dünke.“ – „Kaschjeh“ (kaschjo, kuschjo von kaschah, schwer, s. 129.) nannte man in den talmudischen Studien die Frage, die über eine Schwierigkeit gestellt ward, und „Teriz“ (teruz, aus dem Chaldäischen, verwandt mit dem bibl. razah, befriedigen, berichtigen, vergl. (Aruch s. v. taraz) die Berichtigung, die Antwort (bei den Alten: „Entwort“, so wie „entvern“ für antworten, vergl. 1029.) darauf, wo dann freilich aus eitler Verstandesprahlerei oder minutiöser Silbenstecherei läppische Fragen häufig genug gestellt wurden. – Rücksichtlich der spöttischen Frage auf religiösem Gebiete vergl. Sabbat 30. Jalkut Mischle 961.: „Wer einem Toren“, heißt es in der letzten Stelle (durch eine rücksichtsvolle Antwort) „Ehre erweist, tut dem gleich, der einer Hermessäule (Merkulis bei den Rabbinen, s. v. a. Merkurius) Steine hinwirft“ (als Zeichen der Verehrung. Vergl. über diesen Gebrauch Brunings: Compendium antiq. Graec. S. 226.). –

134. **Polak! wo is Dein Ohr?**

Es gibt Menschen, die nie etwas direkt und auf gewöhnliche Weise tun können, sondern immer Umwege und Umschweife machen müssen, sei es aus angeborener Verkehrtheit, oder aus geschraubtem Wesen. Einem solchen Menschen gilt der Ausruf: „Polak! wo is Dein Ohr?" – Der Pole, polnische Jude nämlich, gilt als ein solcher verkehrter Mensch, der, wenn man ihn fragt, wo sein Ohr sei, mit der rechten Hand über den Kopf auf das linke Ohr deute. –

135. **Meschuche is sein Prát!**

„Prát" (von parat, absondern, zählen; Amos 6, 5. vom Rhythmus) heißt im allgemeinen die Jahreszahl der jüdischen Zeitrechnung, zu deren bestimmten Angabe oft ein hebräisches Wort von demselben Zahlenwert gewählt wird. Also: „Toll (meschugga) ist sein Zahlenwert." –

136. **Der hot lauter krumme Sache!**

Verfällt immer auf schiefe Gedanken, schiefe Pläne. Vergl. 95.

137. **Er hot sein' Seechel mit eingepackt!**

Wer auf Reisen und bei ähnlichen Gelegenheiten sich nicht zu finden und zu schicken weiß, der, sagt man, hat seinen Verstand (sēchel) mit eingepackt.

2.

Kenntnis und Unwissenheit.
Geschicklichkeit und Ungeschicklichkeit.

138. Er is e Kol-boo!

Kol-bō (Alles darin) ist der Titel eines Buches, welches für alle Tage im Jahre und für alle Fälle im Leben die religiösen Vorschriften enthält. Also: Er ist eine Enzyklopädie, ein Mensch, bei dem alles zu finden ist, der in keiner Kunst oder Wissenschaft fremd ist, ein Allgenie. Ein ähnlicher bildlicher Ausdruck findet sich bei den Talmudisten (Chulin 56.) für die Gesamtheit Israels: „Eine Stadt, worin Alles: Priester, Propheten, Könige etc."

139. Er kann mehr als Brod essen!

„Er ist ein Hexenmeister!" (Eiselein). – „Er kann – wie ein Wasser!" so fließend, z.B. französisch. –

140. Er is boki bechól haschás!

„Er ist bewandert in allen sechs Ordnungen" der Mischna und der Gamara, des Talmuds. – „Boki", bewandert, s. 144. „Haschschas" ist Abreviatur von haschischa sedarim, die sechs Ordnungen.

141. Er ist in Schas un Poskim derhaam!

„Er ist im Talmud und in den Kasuisten daheim“, ist in beiden zu Hause, mit beiden vertraut. – „Poskim“, die Kasuisten, von pasak (chald. und neuhebr.), aufhören, endigen, bestimmen, festsetzen, woher pasuk, ein Abschnitt, Vers. – Vergl. auch das chald. gasar, decernere (s. 466.). – „Derheim“ für daheim, altdeutsch; die Partikel da ist dem Demonstrativ dar, der entsprungen. Ebenso „dervun“ für davon. Vergl. Schmeller: Bayer. Wörterbuch.

142. Er darf Rav sein in kol Iisróel!

– darf Rabbiner sein in ganz Israel, in der ganzen Judenheit, so tüchtig ist er in der rabbinischen Wissenschaft. „Rav“, der in Amt stehende Rabbi, Rabbiner.

143. Wo hot das alles Platz!

Von einem Vielwisser. Wie vermag ein so kleiner Raum, wie der Kopf ist, so Mannigfaltiges zu fassen! Die Rabbinen haben dafür das Gleichnis (Joma 21. Baba bathr. 99, a.): „Der Platz der Bundeslade gilt nicht als Maß“ (für Lade und Inhalt, welches Gleichnis um so treffender ist, als nach talmudischer Annahme die Bundeslade selbst, wunderbarerweise, weniger Platz eingenommen als ihr Umfang eigentlich erfordert hätte). – „Irdisches Gefäß faßt nichts mehr, ist sein Raum gefüllt; aber es faßt der Geist, je mehr er empfängt, stets mehr“ (Berach. 41.).

144. Das is e Boki!

Ein Bewanderter, Erfahrener, Vielwisser, ein jodèa sépher, wie der Gelehrte sagt, ein Buchkenner. „Boki" (vergl. 140.) ist neuhebr., von buk, suchen nachforschen (Aruch s. v.), einer, der viel gesucht, nachgeforscht, sich umgetan. Vergl. das bibl. bakah, ausleeren, plündern. Mus. aruch indes nimmt es von badok (s. 54.) mit verschlungenem d.

145. Das is e Charif!

Ein Mann von großem Scharfsinn. Ähnlich dem unter den Gelehrten sowohl im ernsten als ironischen Sinn gebräuchlichen: „Das ist e Mar bar Rav Asche!" (Mar, der Sohn des R. Asche, vergl. über diesen, den Redakteur des Talmuds: Jost: Geschichte des Israelit. Volkes Bd. II. S. 153.). – „Charaf", scharf, stechend, chald. und neuhebr., verwandt mit dem bibl. charaf, rupfen, pflücken. S. 129. – Vergl. auch Chagiga 10. Megil. 6. „Ein scharfes Pfefferkörnlein (pilpeltha charipha) ist besser, als ein Korb voll Kürbisse", woher auch, nach Aruch, der scharfsinnige Disput, die talmudische Dialektik pilpul heißt, „mephalpel sein", ähnlich unserm deutschen pfeffern, wenn auch in einem andern Sinne. –

146. Er hot e Seeferche', da steht Alles drin!

Er hat ein kleines Buch (sēpher mit der deutschen Endung chen), das für alles Rat hat, in allem Ausweis gibt, ein kabbalistisches Wunderbüchlein. Unter der hebr. Benennung sēpher ward ausnahmsweise ein hebräisches Buch verstanden, indessen ein nichthebräisches, besonders wenn es gleichgültigen oder gar schlechten Inhaltes war, im Munde des Volkes ein „Treepheposel" hieß, ein Verbotenes – Verwerfliches (s. 289. u. 940.), „Den guck ich nie mit 'm Seefer in der Hand, alsfort e Treepheposel!" –

147. Es is 'm angebore'!

Es ist Naturanlage, oder noch häufiger: es ist ererbt von den Eltern, wie: „Es liegt in der Mischpoche" (mischpachah, Familie), im guten, wie im schlimmen Sinne, Familientugend, Familienfehler. „Ader und Geld lassen sich nit bergen" (Handschriftl. im Besitze des Verf.). –

148. Er is e schöner Bal – Bóes!

„Ein schöner Hausherr (baal – bajith), Familienvater." So nannte man einen verheirateten Mann, der, ohne Gelehrter von Profession zu sein, dennoch Kenntnis von den biblischen und selbst von den rabbinischen Schriften hatte. „Frankfurt war sonst e Kille (kehillah, Gemeinde) von lauter schönen Bal-battim." – Aber auch ironisch: „Das is e schöner Bal-bóes!" –

149. Schad' um de' gute' Wein im böse' Faß!

Wenn jemand von seinen Kenntnissen, besonders in Bibel und Talmud, den rechten Gebrauch nicht macht, nicht nach ihnen handelt. Mit Bezug auf unsere Redensart erzählt man eine hübsche Anekdote von dem als Possenmacher bekannten Löwle Fürth. Ein Rabbiner, der nicht in dem besten Rufe stand, sagte einmal, nachdem alle Welt und er selbst mit an Löwle's Possen sich ergötzt hatte: „Schad' um den guten Wein im bösen Faß!" – „Der Wein is gut," antwortete Löwle, „un das Faß is auch gut; aber der Raf (Reif, aber auch: Rav = Rabbiner) is nix nutz." –

150. Es is nix mit 'm dermehr!

Es geht nicht viel mit ihm vor, es ist nicht viel an ihm. Ebenso: „Was is dermehr?" Was geht vor, was ist geschehen? „Was soll dermehr sein, es is nix dermehr." – Vielleicht: es ist nichts mit ihm der Märe (wert), nichts was der Erzählung wert ist. Vergl. auch No. 48. Doch könnte es auch einfach stehen für da mehr. S. 141. – „Er urteilt wie der Blinde von der Farbe." – „Wie der Blinde am Fenster." (Baba bathr. 12, a.). –

151. Kischschef is kaan ketoowes!

„Hexerei ist kein Spaß!" – Um eine großtuende und doch geringfügige Geschicklichkeit, Fertigkeit u.s.w. lächerlich zu machen. „Kischschef" (hebr.), Zauberei treiben. „Ketoowes" heißt offenbar Spaß, Witz, wie im

„Chanje (chanukah) – Ketoowes", Weihnachtsspaß; „Das is e Katef!" (auch: Baal-katef), Spaßvogel, Witzling. Vielleicht ist es verwandt mit dem biblischen gidduph, gedupha, schmähen, lästern. Andere indes (so Tischbi s. v. kattab) nehmen es von kattab schreiben, so daß katteb ein Pasquillant und Ketobath Scherzrätsel und dergl. bedeute.

152. Das geht nit mit rechte' Dinge' zu!

„Es ist Hexerei." Ebenso: „Es is nit juscht! (just, gerade, richtig)." Sowohl im Scherze, wie die vorige Redensart, als auch im Ernste.

153. E verschütt'te Bsom-Büchs'!

„Eine verschüttete Gewürzbüchse." So nannte man einen Menschen, der in Kenntnis und Wissenschaft wohl hier und da manches genascht, aber nirgends ein Gründliches gelernt hat, so wie die verschüttete Gewürzbüchse nur eine Mischung von unbestimmten Gerüchen, aber keine wirklichen Gewürze enthält. „Bsom" verdorben aus dem hebr. bosem, besamim, Gewürz. Auch Elasar ben Asariah wird (Gittin 67.) eine Gewürzbüchse (kuphath schel besamim) genannt, freilich eine volle. „Alles will er wisse', nix tut er könne'." – Einen Greis, der durch das Alter oder auf eine sonst unverschuldete Weise sein Wissen vergessen, empfiehlt der Talmud zu ehren, mit dem schönen Gleichnis: „Auch die Scherben der zerbrochenen (ersten) Gesetztafeln wurden in die Bundeslade gelegt" (Berachoth 8, b.). – ein bloß Vielbelesener, ohne tieferes Verständnis, heißt bei den Talmudisten (Megil. 28, b. Moed kat. 18.): „ein Korb voll Bücher", ein lebendiger Bücherschrank. Von einem, der nur Selbststudien gemacht und keinen Unterricht von, noch Umgang mit Weisen genossen, sagen sie (Sota 22, b.): „Der Magus murmelt Zauberformeln und weiß nicht, was er murmelt." –

154. Er muß sein' Mämmes–Tfille habe'!

– muß Mama's Gebetbuch (tephillah) haben. So wie es zuweilen Kinder gibt, die nur in ihrer Mama Gebetbuch sich zu finden wissen, so gibt es oft Menschen, die sich in die Art und Weise eines Buches so eingewöhnt, so „eingeochst" haben, daß sie nur da zu Hause sind. – „Mämme", altdeutsch für Mama.

155. Nachschwätzen kann er!

ohne alles eigne Denken und Erfinden. Vergl. Succa 28.: „Rabbi, alles, was Du sagst, ist immer nur, was Du gehört hast!" –

156. E rechter Bankrutscher!

Zur Bezeichnung des einseitigen Gelehrten. – „Tintenlecker." „Viel Rutschen macht blöde Hosen." (Eiselein).

157. Es is nix klebe' gebliebe'!

Er hat von seinen füheren Studien, von seinem Umgange mit Gelehrten u.s.w. nichts behalten. (S. Adelung s. v. Kleben). Von einem, der seine Studien, besonders rabbinischen, aufgegeben, hieß es „Er hot e Sijem gehalte'", einen Schluß, ein Ende (sijum neuhebr., Aruch s. v.) gemacht, mit dem Doppelsinne, daß „ein Sijum halten, feiern" auch heißt das Studium eines talmudischen Bandes vollenden, was gewöhnlich mit einem fröhlichen Mahle verbunden ward. –

158. Er geht oose – scholem!

Von einem, der in seinen Studien usw. zurückgeht. – „Oseh schalom" (der Frieden schafft) beginnt ein Spruch im Gebetbuch am Schlusse der achtzehn Benedeiungen, bei welchem nach mystischer Vorschrift einige Schritte rückwärts getan werden.

159. Er guckt e Zeelem für e Olef an!

Er sieht ein Kreuz für ein Aleph an, ist so unwissend, daß er ein Kreuz von einem Aleph nicht unterscheiden kann. – „Er sieht ein Zero für ein O an." (Lessing). – Vielleicht, daß in alter Zeit der Jude, wenn er nicht schreiben konnte, so wie der Christ mit einem Kreuze, mit einem Aleph, dem ersten Buchstaben im hebr. Alphabet, unterzeichnete, das zugleich einige Ähnlichkeit mit einem Kreuze hat. „Zelem" ursprünglich: Abbild, hier das Kreuz, als Träger oder Zeichen des Abbildes. –

„Eine Olef", die Namen der hebr. Buchstaben wurden von den alten Juden als weiblich gebraucht: die Olef, die Gimel etc. Vergl. 78.

160. Er waaß nit von seim' Chajjes!

– weiß nicht von seinem Leben (chajjuth). Ebenso: „Er weiß nicht, wo ihm der Kopf steht, so unwissend, oder auch, so verwirrt und unsicher ist er. – Vergl. bei den Talmudisten (Jebamoth 96.): „Er fand seine Hände und Füße nicht im Lehrsaal." (Sanhedrin 163.): „Weine ihm zu, er hat nicht Acht darauf; lach ihm zu, er hat nicht Acht darauf. Wehe dem, der nicht zu unterscheiden weiß zwischen Gut und Bös!"* – Ebenso heißt es (Chagig. 14, b. Jalkut tehil, 136. Amos 543. mit Bezug auf die wunderbare göttliche Erhaltung des Menschen): „Wehe den Menschen, welche sehen, und nicht wissen, was sie sehen, stehen, und nicht wissen, worauf sie stehen!" (Vergl. 948.).

* So muß das Sprichwort dem ganzen Zusammenhange nach offenbar aufgefaßt werden, da von den beiden Königen die Rede ist, bei denen sowohl Gottes Güte als Gottes Zorn ohne Wirkung blieb. Ebenso die Erklärung daselbst von Spr. Sal. 29, 9.: „Der Weise rechtet mit dem Toren, er mag Zürnen, er mag lachen, der Tor bleibt unerschüttert." – Anders der Glossar, und nach ihm Dukes „Blumenlese" S. 130. „Er weint, ohne zu wissen warum; er lacht, und weiß nicht weshalb." –

161. Das is e Am–hōrez!

Ein Unwissender, besonders in Rücksicht auf biblische und talmudische Kenntnis, auf Kenntnis des Hebräischen und der jüdischen Gebräuche. – „Am haárez“ heißt eigentlich Landvolk, dann der gemeine, ungebildete Mann, überhaupt der Idiot. – Davon in der Volkssprache als weibliches Substantiv: „Eine Hamrazeste“, sowie in der Mehrzahl „Hamrazim“, mit Versetzung des h. –

162. Er reicht ’m das Wasser nit!

Im Vergleich mit einem andern: Er steht ihm an Kenntnis und Geschicklichkeit weit nach. Adelung: „Er ist nicht wert, ihm das Wasser zu reichen.“ Eiselein glaubt, die Redensart stamme von der Sitte her, daß jüngere Brüder hoher Familien den Erstgeborenen das Wasser in einem Becken reichen und das Becken dabei halten mußten als Zeichen des Abstandes, so daß die Redensart bedeute: er steht so weit ab, daß er nicht einmal das Recht hat, das Wasser zu reichen. – Man vergl. indes schon 1. B. M. 18, 4. 19, 2. Richter 29, 21. und besonders 1. Sam. 25, 41. so wie Luk. 7, 44. Vorzüglich aber die Redensart 2. Kön. 3, 11.: „Der Wasser auf die Hände Eliahu’s gegossen“ für: der ihn bedient hat. (S. die chald. Übersetzung). – Auch in der Synagoge ist es heutigen Tages noch Brauch, daß die Leviten als Ehrenrecht den Priestern, bevor sie den Segen sprechen, das Wasser zum Waschen der Hände reichen und übergießen. –

163. Er is nit wert, ihm die Schuhrieme' aufzulöse!

Vergl. kidd. 22, b. ketub. 90, a.: „Alle Verrichtungen, welche der Herr von seinen Sklaven fordern kann, ist auch ein Schüler des Gesetzes seinem Lehrer zu leisten schuldig, ausgenommen ist das Auflösen des Schuhriemens." Vergl. auch Matth. 3, 11. „dessen Schuhe zu tragen ich nicht genugsam bin."

164. Der kann nit überlajene'!

Er kann nicht lesen. – „lajenen" allein bezeichnet das langsame, nachdenkliche Lesen, um zu verstehen; „überlajenen" das einfache Lesen, ohne Rücksicht auf Verständnis. – Vergl. „Er kann nit mehr überlajene'", nicht mehr lesen; „Einem ein Lajene aufgeben", d. h. ein mehr oder minder schwieriges Pensum im Talmud, damit er dasselbe für sich durchgehe und sich dann zur Prüfung abhören („verhören") lasse; vom Nachtgebet: „Hastu schon gelajent?" „Nachtlajene"; vom Vortrage aus dem Pentateuch in der Synagoge: „Wer lajent?" „Er hat gut gelajent" usw. – Das Wort an sich ist schwierig. Zunz („Gottesdienstl. Vorträge" S. 440, woselbst er leinen schreibt und als Belegstellen jüd. Theriak f. 4, a, 13, b. anführt) weiß es sich nicht zu erklären. – Eine Konjektur könnte vielleicht das latein. legere, legendum bieten. – Manche nehmen „überlajenen" als ivri- (ibri) lajenen, hebräisch lesen, obgleich man es gewiß auch von deutscher Sprache und Schrift sagte.- Uns scheint es das neuhebr. leàjen zu sein: zum Nachdenken, von ijen (ajin Auge, Aruch s. v.) übersehen, nachsehen, betrachten, nachdenken, so daß die ursprüngliche Formel war:

„Einem ein leájen aufgeben", ein Übungsstück, Lesestück, woraus sich dann die übrigen Formeln mit der Bedeutung des Lesens deutsch bildeten. Eine andere, selbst scheinbare, Konjektur gibt das hierosolomitanische laï, laah (mit einem ajin, hebr. und chald. mit einem Aleph), sich abmühen, das gerade in der Zusammenstellung mit Orajtha (Thora) besonders im Sohar so häufig vorkommt; laï, leajan beorajtha, sich abmühend (studierend) in der Thora (vergl. Aruch s. r. la, besonders die Stelle des Targum Jer. 5. B. M. 32, 29. „Als Israel sich abgemüht in der Thora" kad hawi leajan beorajtha; in der anderen angeführten Stelle 32, 4. hat die Metzer Ausgabe nicht lai , sondern asik, sich beschäftigen). – Noch wollen wir auf eine, wenn auch fern liegende, Konjektur aufmerksam machen: „in leigen" heißt im Mittelhd.: zu deutsch, sc. in der Laien-Sprache, im Gegensatze von in latine (vergl. Ziemann's mittelhochd. Wörterbuch: leie, leige). –

165. Das is e Nixkenner!

In Rücksicht auf's Wissen überhaupt. – „Nixkenner", Nichtskönner, wie „Nixnutz", Taugenichts.

166. Der is e Dokter für die Gesunde'!

Ein Arzt, der gut ist, wenn man gesund ist. Auch mit dem Zusatz: „Gott helf' den Kranken!" – „Ein Arzt", sagen die Rabbinen (Baba k. 85), „der umsonst bedient, dessen Dienst ist oft umsonst." –

167. Der is nit bedi und nit bedó!

Auch hebräisch: lau bedí welau bedó! –„Er ist nicht in diesem und nicht in jenem“, weder in religiösen Kenntnissen, in denen, die sich auf das Judentum beziehen, noch in weltlichen erfahren. – Be – in; di, do, chald., dieser. Vergl. Nedar. 41. dedó beh etc. „Wer die (Wissenschaft) besitzt, besitzt alles.“

168. Wenn aus dem ebbes werd, trag ich ’m seinen Mantel nach!

Er zeigt so wenig Anlage, so wenig Fleiß, daß ich, wenn aus ihm etwas Tüchtiges wird, ihm einst seinen Mantel nachtragen, seinen Diener machen will. Vergl. das talmudische (Baba mez. 41.): „Wer mir das erklärt, dem trage ich seinen Mantel ins Badehaus nach.“ – „Ebbes“ für etwas, vergl. das althd. ethes, eddes, sowie das allemanische öbbe, öbbis für etwa, etwas, bei Hebel.

169. Der besteht – wie Butter in der Sunn‘!

Etwa in einem bevorstehenden Examen. – „Seine Worte bestehen, wie Butter an der Sonne“ (Agricola). Für prüfen, „auf den Zahn fühlen“, haben die Talmudisten den Ausdruck: „Riech an seinem Krug!“ (was darin ist, ob Wein oder Essig, Baba bathr. 22, a. Sabb. 108, a. – Dukes hat: „Klopf ihm auf den Krug!“ Vergl. indessen den Kommentar und Aruch s. r. tahah). –

170. Wie hot Der sich geéselt!

– Den Erwartungen wenig entsprochen, die man von ihm gehegt, ist gleichsam zum Esel geworden. (Bei Adelung hat „Eseln“ die bedeutung: 1) schwere Arbeit verrichten, oder 2) grobe Fehler begehen). – Vergl. bei den Talmudisten (Baba k. 92 b): „Als wir klein waren, hielt man uns für Männer; jetzt, da wir alt geworden, gelten wir als Schulknaben.“ –

171. Laß dir die Stadtbrill‘ holen!

Ironisch: um besser zu sehen, einzusehen, zu verstehen. – „Dazu muß man die hölzin Brillen aufsetzen.“ (Eiselein) . –„Das kann ein Blinder sehen!“ a man may see it with half an eye.

172. Kann nit anblase‘!

Wer bei irgend einer Sache, die er gelernt haben will,nicht einmal anfangen kann, nicht einmal die ersten Elemente davon inne hat, von dem heißt es: „er kann nicht anblasen!“ Die Redensart ist wohl von dem Hornblasen (schophar) am Gedächtnistage hergenommen, wo es sich oft ereignet, daß der ungeübte Bläser keinen Ton hervorbringen kann.

173. Er kann nit eintaane'!

Ähnlichen Sinnes, wie die vorige Redensart. – Das Wort „eintaanen" ist zusammengesetzt aus dem deutschen ein und einem germanisierten neuhebräischen Wort, entweder von thana, lernen, oder, was wahrscheinlicher, von taan, eine Meinung vorbringen (Aruch s. v. Art. 3.), wie in: „Der taant so, und der taant so", also: einwenden, entgegnen, eine andere Meinung vorbringen. Indessen gibt es auch ein altdeutsches: „Sie dant hin, ich dant her:" (Vergl. 600.) –

174. Der is gut zum Kreenreiben!

Von einem Menschen, der zu nichts zu gebrauchen , zu nichts anstellig ist. – „Kreen", Krän, Grän, Grien, der Meerrettich; aus dem Slavischen. S. Schwenk. Wörterbuch der d. Spr. s. v. Krän. – „Das is e Dotsch!" (Hebel). Die Rabbinen haben dafür das Sprichwort: „Acacien (schittajah) gewähren keinen Genuß, sie sind bloß zum Zerschneiden gut" (Schem. rab. 96. b.) –

175. Hat schon wieder einmal Knas gelegt!

Als leiser Vorwurf, wenn jemand aus Ungeschicklichkeit, Unvorsichtigkeit, ein Gefäß, ein Glas, eine Tasse usw. zerbrach: „Hat schon wieder einmal etwas zerbrochen!" – „knas", kenás (neuhebr., nach dem latein. censio gebildet, Mus. Aruch s. v.) heißt eigentlich: Strafe, Buße; daher: „Knas geben", Strafe zahlen, und das sehr gebräuchliche deutsch gebildete Verb: „knassen, geknaßt werden.“ – Dann, weil bei einer Verlobung gewöhnlich festgesetzt ward, welche Strafe der zurücktretende Teil dem andern zu zahlen hat, heißt: „Knas legen“ die Verlobungspakte schreiben, den Verspruch feiern; ebenso „sein Kind verknassen“ für verloben. – Beim Knas-Legen aber war und ist es noch Brauch, nachdem man in irgend einem Gefäße, gewöhnlich einer Tasse, Geld für die Dienerschaft des Hauses oder für die Armen gesammelt, diese Tasse in Scherbchen zu zerbrechen und die Scherbchen zum Andenken unter die Anwesenden zu verteilen. Nach der Volksauslegung, um anzudeuten: „So wenig diese Scherbchen wieder zusammenkommen und vereint werden, so wenig möge das jetzt vereinte Paar je getrennt werden.“ In Wahrheit aber in Anlehnung an die Erzählung im Talmud (Berach 31, a.), daß Mar-bréh-derabina, als er bei der Hochzeitsfeier seines Sohnes die anwesenden Gäste in ausgelassener Fröhlichkeit sah, ein Gefäß im Werte von vierhundert Susin herbeiholte und es vor aller Augen zu Boden schmetterte, um die Ausgelassenheit zu dämpfen, weil es dem Frommen in der Verbannnung nicht erlaubt sei, sich einer vollen Fröhlichkeit hinzugeben, wozu die Tosephoth ausdrücklich bemerken: „Daher kommt auch der Gebrauch, bei einer Trauung ein Glas zu zerbrechen.“ –

Von diesem Brauche nun hat „Knas-Legen“ in unserer Redensart die Bedeutung: ein Gefäß zerbrechen. –

176. Umgekehrt – laaft's Öl heraus!

Ebenfalls zur Bezeichnung eines ungeschickten Tölpels, der selbst den Ölkrug verkehrt ergreift. Möglich auch, daß die Redensart auf das bekannte Anekdötchen von dem einfältigen Knaben Bezug hat, der sich von dem Krämer zuerst in die obere Höhlung des Fläschchens Öl gießen ließ, und dann dasselbe ohne vorher den Pfropfen darauf zu tun, umdrehte, um sich in die untere Höhlung Essig gießen zu lassen.

177. Der is nit zu Kiddetsch un nit zu Havdōle zu brauchen!

„Kiddesch" (kiddusch, Heiligung) heißt der Segensspruch mit welchem die Feiertage, „Havdole" (habdalah, Unterscheidung) hingegen der, mit welchem die Werktage eingeleitet werden. Zu beiden wird Wein genommen; doch wo Mangel an diesem ist, auch ein anderes geistiges Getränk, als: Rosinenwein, Äpfelwein. Ob auch Bier, sind die Meinungen in Rücksicht beider verschieden. Also: Der ist zu nichts zu gebrauchen, nicht zum Beginn der Feiertage, und nicht zum Beginn der Werktage, „nicht für Gott und nicht für die Welt", überhaupt zu nichts tauglich.

178. Nit zu lieb un nit zu leid!

Von derselben Bedeutung, weder bei freudigen, noch bei traurigen Veranlassungen zu gebrauchen. „Den mag ich nit zu Lieb un nit zu Leid." –

3.

Fleiß und Arbeitsamkeit.
Nachlässigkeit und Trägheit.
Sparsamkeit und Verschwendung.
Reichtum und Armut.

179. Wäsch mir den Pelz un mach mich nit naß!

Gilt dem Arbeitsscheuen oder auch dem allzu Bequemen, Verzärtelten (bal-mephanek. Vergl. Spr. Sal. 29, 21. Chagig. 4. Pesachim 52.), der wohl den Gewinn, aber nicht die Mühe, Anstrengung und Unannehmlichkeit haben möchte. – Vergl. 890. – Auch: „Wäsch mir den Pelz und mach ihn nicht naß!“ (Agricola), wofür sich ein ähnliches Sprichwort bei den Rabbinen findet (Baba bathr. 16. Jalkut Hiob 893.) und zwar mit Bezug auf den Vers in Hiob: Und der Herr sprach zum Satan: „Er ist in Deiner Hand, doch hab Acht auf seine Seele!“ – So sprach ein Herr einst zu seinem Diener: „Zerbrich das Faß, doch hab Acht auf den Wein!“ – Adelung hat: „Einem den Pelz waschen, und ihn nicht naß machen,“ und erklärt es: „ihm mit unzeitigem Glimpfe, mit übertriebener Schonung begegnen.“ –

180. Vorne gestoppt un hinte‘ gefühlt!

– ob die Gans auch schon fett sei. – In bezug auf jene Klasse von Menschen, die bei einem kaum begonnenen Werke sogleich auch den Nutzen sehen wollen, als ob die Frucht augenblicklich der Saat folgen, die Gans, kaum gestopft, auch fett sein müßte. Lassen Eltern z. B. ihrem Kinde irgendworin Unterricht erteilen und wollen es schon nach einigen Tagen gelehrt haben, so heißt das: „Vorne gestoppt etc." – „Stoppen", nieders. und Volkssprache für stopfen. –

181. Geschecht un weggeworfe'!

Dem Leichtsinnigen hingegen, der seine Arbeit darüber hintut, um nur schnell damit fertig zu werden, und sich auch nicht weiter darum bekümmert, dem gilt der Ausruf: „Geschecht und weggeworfen!" Der Schechter, (schochet), Schlächter, besonders wenn er, wie etwa vor dem Versöhnungstage, viele Hühner zu schlachten hat, schlachtet rasch Huhn nach Huhn und wirft's von der Hand, wobei es denn leicht vorkommt, daß ein und das andere Huhn nicht gehörig geschlachtet ist, ja bisweilen mit kaum geritztem Halse davon läuft. – „Über's Knie abbrechen." – „Du meinst auch, das ginge – mir nichts, Dir nichts!" –

182. Das halt von Olef bis Tōw!

Von Aleph , dem ersten Buchstaben des hebr. Alphabets, bis Taw, dem letzten, ist schnell gezählt. – „Das hält von elf bis zwölf!" – Im Sinne von vollständig, vollkommen, der Anfang und das Ende (Alpha und Omega, Offenb. Joh. 1, 8.) kommt die Redensart „von Aleph bis Taw" auch bei den Rabbinen vor (vergl. Sabb. 55. „welche das ganze Gesetz halten von Aleph bis Taw". Vergl. auch Jalkut Rubeni f. 3. col. 2. f. 128. col. 3,).

183. Wie mer die Hand umwendt'!

– so schnell ist es dahin, zerrissen, zerbrochen usw. – auch in anderen Verbindungen: „Wie man die Hand umwendet, wäre das Kind verloren gewesen." – Um eine außerordentliche Schnelligkeit zu bezeichnen, haben die Rabbinen das Sprichwort: „Wie vom Meer in die Pfanne" (Kidd. 44. Der Fisch bedarf zum Braten keiner weiteren Vorbereitung). – Zur Bezeichnung einer außerordentlichen Leichtigkeit, besonders zur Bezeichnung eines sanften, raschen Todes, heißt es: „Wie man ein Haar aus der Milch zieht". – Berachoth 8, a. „Der Tod des Frommen, die Neschikah, der Kuß – wo Gott gleichsam die Seele hinwegküßt – gleicht dem Herausziehen etc. – Auch vom Tod im hohen Greisenalter heißt es (Moed. kat. 28, a.): „Hat man das achtzigste Jahr erreicht, so stirbt man den Tod der Neschikah." –

184. Geht immer um die Máarōche herum!

In bezug auf den Saumseligen, der immer um das Ziel (maarachach, Ordnung, Anordnung) herumgeht, aber nie die Sache selbst mit Glück und Geschick anzugeifen weiß. – Mitunter wurde das Wort Máaroche auch für Geschick, Glück gebraucht: „Es war seine Máaroche, daß er kam." – „Jetzt fing seine Máaroche an zu blühen." –

185. Der schlagt sich das ganze Johr mit der Déeh!

– „mit der Meinung (déah)", überlegt immer und kommt nie zur Tat. – Der Ausdruck „sich mir der Déeh schlagen" hat Ähnlichkeit mir ratschlagen, sich beratschlagen; vielleicht soll es zugleich ein Wortspiel sein mit „sich mit dem Degen (im jüdischen Jargon: Deje) schlagen."

186. Bis der anfangt zu knelle', is der S'man herum!

Wörtlich: „Bis der anfängt zu unterrichten, ist das Semester herum", dann vom Saumseligen überhaupt: „Bis der anfängt zu arbeiten, ist die geeignete Zeit vorüber." – „Etwas auf die lange Bank schieben." „Knellen" ist ein schwer zu erklärendes Wort, obschon kein Zweifel ist, daß es Kinder unterrichten bedeutet. So heißt es im Zeénah Ureénah (par. wes. habber. S. 177. col. b. nach Pesach 52.): „Vier und zwanzig tàanithim (Fasten) haben unsere Chachamim (Weisen) tun fasten, daß kein Tephilin – Schreiber oder Sepherthora – Schreiber oder Melammed (Lehrer) von Kindern soll nit reich werden; denn wernn sie wären reich werden und viel Geld haben, da werden sie nit wollen ein Melammed sein und werden auch nit wollen tephilin (die Abschnitte aus dem Pentateuch in den Denkriemen) oder Sepherthora (die Gesetzrolle, woraus in der Synagoge vorgelesen wird) schreiben; darum is kein Siman berachah (Zeichen des Segens) an dem Knellen oder die Sepharim schreiben, zu haben rewach (Gewinn) davon." – (Daher auch das Sprichwort unter den Gelehrten: „Kothebe sepharim – Bücherschreiber, hier im allgemeinen Sinn: Autoren –

werden nicht reich"). – Die Famuli der Rabbiner, welche jungen Leuten den Talmud einübten, hießen „Knellgabbaim. Besonders sagte man „mit Kindern knellen" vom ersten Unterrichte, der Kindern erteilt ward. Man könnte es mit dem englischen knowledge (Wissen) zusammenstellen, indessen scheint mehr ein Mühen, sich abmühen zugrunde zu liegen. Schmeller, Bayer. Wörterb. hat ebenfalls ein knellen für prügeln, zanken. – „S'man" (hebr.), Zeit, bestimmte Zeit, hier das halbe Jahr, auf welches gewöhnlich auf dem Lande und kleinen Städten der Lehrer gedungen ward, der oft genug, als hergelaufener Mensch, keinen besonderen pflichtgemäßen Fleiß anwenden mochte.

187. Der is gut nach dem Tod schicken!

Vom langsamen und trägen Menschen. Mit dem Tod hat's Zeit.

188. Bis der zurückkommt, kann Meschiach komme'!

Es geht so langsam, macht so lange, daß unterdes der Messias (Meschiach, der Gesalbte) – der gewiß lange auf sich warten läßt – kommen kann. „Wen hast Du geschickt?" fragt A. den B. – „den N." – „O", ruft A., „bis der..." – Über diesen leisen Zweifel an der sobaldigen Ankunft des Messias vergl. auch No. 915. „Wer hofft uf die Gulle, is bald mechulle!" Über die Freiheit überhaupt aber, die man sich im Volke nahm, das Auffallende auf religiösem Gebiete zum Witzworte zu machen, vergl. 62. 63. 79. 113. 960. 961. usw. Indessen zeigt eben die Freiheit, die man sich im Worte nahm, wie fest man in der Ausübung war, denn nur da, wo diese lasser geworden ist, hütet man sich oder wird gar untersagt, ein freies Wort darüber zu äußern. – Die Formel an sich: „Bis Meschiach kommt“ kann auch aus der bei den Rabbinen so häufigen: „Bis Eliah (der Prophet und Vorläufer des Meschiach, Jalkut Jes. No. 337. vergl. Matth. 17, 10.) kommt“ entstanden sein. –

189. Wie kommt die Kuh vom Eis!

Als ermahnender Zuruf an den Trägen. Der träge Mensch kann nicht von der Stelle kommen, wie eine Kuh, die sich auf dem Eise befindet. Ähnlich: „Gehst Du auf Eiern?“ – daß du aus Vorsicht so langsam gehen mußt. – „Komm ich heut‘ nicht, dann komm‘ ich morgen.“ – „Das is e Krabbel – Hanna!“ – „Mach nit so viel Nechoones!“ – (Vorbereitungen, nechonoth, Volksbildung vom bibl. nachon, nechonah, bereit). –

190. Der macht das ganze Johr e Zu-thun-Ponim!

– „ein Zu-tun-Gesicht (panim, hebr.)“. – Das gilt dem geschäftigen Müßiggänger, der immer wunderviel zu tun zu haben scheint und sich doch nur mit Lappalien abgibt. „Idle folks have the most labour.“ –

191. Sch'tuß! hot den Hühnern die Schwänz' 'nufzubinde'!

Als Spott auf den Einwand eines Trägen, daß er zu irgend etwas keine Zeit habe: „Torheit! er hat Wichtigeres zu tun? hat den Hühnern die Schwänze hinaufzubinden“, damit sie dieselben nicht schmutzig machen, und tragen sie doch schon von selbst oben. – „Er will den Hühnern die Schwänze aufbinden!“ (Agricola). Über sch'tuss, Torheit, s. 119.

192. Mer maant, er will den Seder gebe'!

– so breit und bequem setzt er sich hin. – Seder, Anordnung, heißt die Festfeier am Pesachabend, wegen der mancherlei Anordnungen, die dazu getroffen werden. Daher: „Seder-Schüssel“, „Seder-Kissen“ etc. Für denjenigen, der den Seder gibt, den Vortrag hält und die Zeremonien ausführt – in der Regel der Familienvater – wird ein besonderer, bequemer und verzierter Sitz, eine Art Diwan bereitet, weil er an diesem Abend der Befreiung sich als Freier und Edler fühlen soll. Daher unsere Redensart. –

193. Bleibst an der Purim-Sude sitze'!

Sitzest Du etwa am Purimmahle (seüdah), daß Du vom Tische nicht aufstehen und wieder an die Arbeit gehen willst? – Das Purimfest ward besonders durch ein großes Freudenmahl gefeiert, dem man sich mit aller Sorglosigkeit und aller Lebenslust hingab, und selbst dem

Ärmsten war es in der Regel vergönnt, am Purim seine besondere Schüssel zu haben, da der Wohlhabende seiner, nach der Vorschrift Esther 9, 22., an diesem Tage gewiß nicht so leicht vergaß. Singt ja doch das bekannte Purim-Liedchen:

„Gut Purim!“ Ihr lieben Leut‘!
Wißt Ihr, was „gut Purim!“ bedeut’t?
„Gut Purim!“ bedeutet in der ganzen Welt:
„Seid so gut und gebt mir Purim-Geld!“

Es sei hier zugleich gestattet, eines merkwürdigen altertümlichen Brauches zu erwähnen, den der Aruch anführt, da man Ähnliches noch heutigen Tages z. B. unter Studenten bei Fackelzügen findet. Der Aruch, dessen Verfasser R. Nathan ben Jechiel zu Rom 1101 lebte, schreibt nämlich s. v. schewor: „Zur Zeit des Purimfestes ist es Brauch in der ganzen Welt, daß die Jünglinge sich eine Gestalt machen, gleichsam einen Haman, und diese vier oder fünf Tage vor Purim auf ihren Dächern aufhängen. Am Purim aber nehmen sie die Gestalt herunter, zünden eine Flamme an und werfen sie hinein. Auch haben sie in der Flamme einen Ring hängen, durch welchen sie von der einen Seite des Feuers auf die andere springen. Den Ring nennt man maschwartha (chaldäisch), d. h. Springring.“ (Wer der noch lebenden älteren Generation denkt nicht an den früheren nun meistens abgekommenen und beinahe schon vergessenen Brauch, auf hölzerne Hämmer, die sogenannten Homen-Klöppel, den Namen Haman zu schreiben und diesen so in der Synagoge, bei der jedesmaligen Erwähnung seines Namens während der Vorlesung der Megilla (Brief Esthers) gleichsam en effigie durchzuklopfen?).

194. Steckstu in 'm Mazzeteig?

Anderseits gilt demjenigen, der bei einer gewöhnlichen Arbeit einen unnötigen Eifer zeigt und daher nicht die geringste Unterbrechung gestatten will, der spöttische Zuruf: „Knetest Du etwa einen Mazzeteig, daß Du Deine Arbeit nicht auf einen Augenblick verlassen darfst?" – Das Kneten des Mazzeteiges darf nämlich nicht unterbrochen werden, er möchte sonst in Sauerteig übergehen. – so auch: „Un wenn ich in 'm Mazzeteig stecke, werd' ich gerufe'!" wenn eine Umgebung – etwa erwachsene Töchter um die Mutter – sich bei dem geringsten Ereignisse gleich nicht zu raten und zu helfen weiß und immer die eine und dieselbe Hauptperson herbeiruft.

195. Da steckt e Neschires!

– „ein Reichtum." – „Neschires", verdorben aus aschiruth, vergl. 17. – „Der hat Geld zum Fressen!" „Der könnte einem aus der Not helfen!" „Der kann's Geld mit Scheffeln messen!" „Bei dem fährt mehr in den Ecken umher, als bei andern in Schränken liegt!" usw. – Ein bloß vermögender Mann heißt „ein Betuechter" von botuach, sicher zuverlässig, homo securus.

196. Es kleckt nit', was der braucht!

Für den Verschwender kleckt (hinreichen, woher erklecklich) kein Vermögen. – Ebenso: „Der Boden tragt's nit, ..." (Eiselein). „Das Geld wird nit schimmelig bei ihm!" –

197. Der kann e ganze Nedinje brauche'!

Er lebt so großartig, so verschwenderisch und leichtsinnig, daß er eine ganze Mitgift (nedunja, Aruch s. v.) brauchen kann. – Oft genug mußte der jüdische Vater, um seine Tochter an den Mann zu bringen, infolge der drückenden Verhältnisse bei der Mitgift über seine Kräfte hinausgehen (vergl. 728.). Daher pflegte man durch Nedinje immer eine übermäßige Ausgabe zu bezeichnen. „Das kann e ganze Nedinje koschte'!" Oder auch: „Das is so schön, so prächtig, so gut – man kann Kinder damit ausgebe'!" – Statt des Zeitworts „mitgeben", einem Kinde bei dessen Verheiratung einen Teil seines Vermögens abtreten, sagte man im jüdischen Dialekt auch „nachgeben". – So fragte einmal ein sogenannter Schadchen (s. 237.) einen Mann: „Was gebt Ihr Euerem Jung' nach?" „Alles," antwortete der Vater doppelsinnig, „um nur Ruh zu bekommen." (Ähnlich dem Witzworte: „Das is e lieber Sohn! Er geht sei'm Vater über alles – sogar über sein Geld.") – Die Gabe eines Hochzeitgeschenkes heißt im Jüdisch-Deutschen „einwerfen, zum Einwurf geben". „Was wirst Du ihm einwerfen?" „Die Fenster am liebsten!" –

198. Meée Alophin mein' Kappōre! – mechulle bin ich doch!

„Hunderttausend zum Henker! – fertig bin ich doch!" – als Ausruf des Unwillens über Gleichgültigkeit bei noch so unnötigen Ausgaben. Oft geschieht's nämlich, daß Menschen, gerade wenn sie anfangen herabzukommen, auch anfangen, in den Tag hineinzuleben, weil sie denken: „Was tut's? Zugrunde gerichtet sind wir doch!" – „Hat der Teufel den Gaul geholt, so nehm' er auch den Zaum!" To throw the helve after the hatchet, oder wie jener Branntweintrinker, dem man vorhielt, daß er sich am Ende ganz um seine Augen bringen werden, sagte; „Ich hab meine guten Augen dran gewagt, soll ich meine schlimmen nicht dran wagen!" – als ob nicht eben für den Verarmenden oder Armen eine größere Sparsamkeit und Achtsamkeit nötig wäre. –

„Méah alaphim" (hebr.), hunderttausend, – „Mechullah" (hebr.), zugrunde gerichtet. – „Kapparah" heißt eigentlich Sühnopfer. (Vergl. die Formel bei den Versöhnungshühnern: „Das sei mein Stellvertreter, das kapparathi, mein Sühnopfer!" sowie die im Talmud häufige Formel: „hareni kapparath… ich will das Sühnopfer sein…" z. B. Kidd. 31. bei Erwähnung des verstorbenen Vaters: „Ich will das Sühnopfer seines Lagers sein;" Joma 23. von dem im Wetteifer getöteten Priester: „Sein Tod sei Euer Sühnopfer!" Sukkah am Ende des ersten Abschnittes und häufig. Daher als Verwünshcung: „Wer' mein Kappóre!" (445.) sei mein Sühnopfer, werde für mich hingenommen!" „Kappóre für kol Iisróel!" bei Erwähnung eines schlechten Menschen, der gestorben: „er sei ein Sühnopfer für ganz Israel!" Dann, um etwas als wertlos, schlecht zu bezeichnen: „Vice Kappóre!" (gewöhnlich; Futze Kappóre!) „an der Stelle eines Sühnopfers"; was freilich zu erkennen gibt, daß man nicht immer das Beste zum Sühnopfer genommen, sowie man auch in demselben Sinne den Ausdruck Chattes (chattath, Sündopfer) für Lump gebraucht (246). – Endlich ward es vom Volk überhaupt für verdorben gebraucht, z.B. „Mach's nit kappóre!" ähnlich: kaput – „Ich schlag Dich für e Kappóre!" wie man das Versöhnungshuhn sich um den Kopf schlägt. Ähnlich: „Ich schlag Dich zusammen, wie alt Eisen!“ – „Kappóre, wie e Hund!“ usw. –

199. Worum hostu Dein Schabbes-Oleene an?

„Warum hast Du Deinen Sabbat-Überwurf (am Werktag) an?“ Überhaupt: Wozu heute der besondere Putz? – „Oleene“, wahrscheinlich alénu (hebr.), auf uns, was auf uns ist, der Überwurf, das Oberkleid. Vielleicht auch ist es ein Wortspiel mit Sabbat-Leinen.

200. Peschite! es koscht nix!

„Natürlich! es kostet nichts!“ Die Anschaffung, den Aufwand, den Du verlangst, bekommt man, wie Du wohl meinst, umsonst! Um ein derartiges Verlangen zurückzuweisen. Oder auch um die Unachtsamkeit auf die Erhaltung des Angeschafften zu tadeln. – „Peschita“, ein rabbinischer Ausdruck (von paschat, ausdehnen, ausbreiten, explicare), offenbar. – „Das geht über mein Jechooles!“ über mein Vermögen (jecholeth, hebr.). –

201. Es is als noch e mechullener Kozen übrig gebliebe‘!

Von einem reichen Manne, der zurückgekommen ist. Trotzdem ist immer noch ein herunterkommener reicher Mann übriggeblieben, bei dem noch manches Wertvolle an Gerätschaften u. dgl. sich findet. Ebenso: „Es guckt bei 'm aus , wie bei 'm mechullenen Kozen." – Vergl. indes 309. –

„Als" für immer oder auch zuweilen (ich komme als hin, alsfort) indes als selbst im jüdisch-deutschen Dialekt, wie im allemanischen (Hebel) „as" lautet. Vergl. das engl. also und as. S. auch Schmid: Schwäb. Wörterbuch s. v. als. – „Mechullen" ein deutsch gebildetes Adjektiv vom hebr. mechullah, verdorben, zugrunde gerichtet, vergl. 198. – „Kozen", Kazin heißt biblisch: Richter, Führer, Fürst; im späteren Hebräismus: ein reicher Mann, „ein dicker, fetter Kozen." –

202. Hot aan Gott un aan Rock!

Hat kein besonderes Feierkleid. Überhaupt: befindet sich in sehr beschränkten Umständen. Oft auch als sinnige und gemütliche Entschuldigung: Braucht kein besonderes Feiertagskleid! sein Gott der Werktage ist auch sein Gott der Sabbate. – Eiselein hat noch den Zusatz: „und ein Weib."

203. Der Dalles is Groß-Hofmeister bei 'm!

Etwa auf die Frage: „Wie geht's dem?" – Die Not herrscht so sehr bei ihm, daß der Dalles (dalluth, Armut) sein Groß-Hofmeister ist. – Ebenso: „Er steht mit dem Dalles auf Du und Du" – „Hot nix vorne un nix hinte'" (vergl. 789). –

204. Er führt sein Buch mit: Ani chajjev!

– mit: ich bin schuldig (chajab. – Das Sprichwort findet sich auch Simchath Nephesch S. 17, b.). Wollte man bloß sagen, daß es nicht mehr so gut mit ihm stehe, so hieß es: „Es stinkt bei ‘m !“ (in Frankfurt: „Es stinkt in der Fechtschul.“ Biblisch heißt: „Eines Geruch stinkend machen“, ihn in üblen Ruf bringen, 2. B. M. 5, 21 u. o.). – „Macht aan Loch zu – an andres uf!“, bezahlt Schulden mit Schulden (bei Adelung umgekehrt: ein Loch auf etc. etc.). –

205. Mechulle mit der Bulle!

Sinn: völlig zugrunde gerichtet, verloren. „Mechulle“ s. 198. – „Bulle“ könnte das hebr. peúllah sein, mit der Tat, en effet; wahrscheinlicher jedoch ist es das deutsche Bulle, durch eine Bulle, etwa Bannbulle, vernichtet, oder gar das franz. boule, engl. bull, die Bulle im Spiel.

206. Er is sicher vor den Gannoowim!

Die Diebe (gannobim, hebr.) stehlen ihm nichts. – „Er ist vor den Mäusen sicher.“ (Eiselein). Bekannt ist die Anekdote von dem armen Teufel, der einem Diebe, welcher nachts bei ihm eingebrochen, zurief: „Wo ich bei Tag nichts finden kann, willst Du nachts etwas finden!“ –

207. Hot die Nechóme nit mehr!

Er ist so arm, daß ihm die Seele (neschamah, s. 339.), das Leben beinahe ausgeht. Vielleicht auch im Sinne des rabbinischen Spruches (Pirke R. Elies. cap. 40.): „Wer in seinem Vermögen heruntergekommen (jored minchasaw) ist, als ob er schon gestorben.“.

208. Der Roow eßt ’n uf!

Der Hunger ißt ihn auf. „Der Hunger sieht ihm zu den Fenstern (Augen) heraus.“ „Roow“ (raab) Hunger, woher ein deutsch gebildetes Partizip: verróvt, verhungert.

209. Nix zu beiße‘! Nix zu schleiße‘!

Hat weder Brot, noch Kleidung. – „Schleißen“ (oberdeutsch), reißen, abnützen. – „Nichts zu beißen und zu brechen.“ (Eiselein). „Gut Zähne haben und nichts zu essen ist ein verdorben Werk.“ (Fischart.) So sagte einst ein Mann, dem erst in seinem Alter eine Versorgung ward: „Als ich gute Zähne hatte, hatte ich nichts zu beißen; jetzt hab ich zu beißen, habe ich keine Zähne mehr“, – „So lang er selbst noch kau’n und küssen kann.“ (Goethe).

210. Mi Komooche! Kaan Öl un kaan Zooche!

„Wer ist wie Du! Kein Öl und kein Docht!" – Mangel an allem. _ Mi kamochah baélim, „Wer ist wie Du unter den Göttern!" ist der Anfang des Verses 2. B. M. 15, 11,. woraus sich der Volkswitz das Wortspiel mit Öl, élim bildete. – Vergl. auch „ein dochtenloser Mensch", ein Mensch, in dem weder Kraft noch Leben ist. (Stadler bei Eiselein). –
„Zooche", Zocht, Docht, oberd. Tocht (von ziehen, nieders. tehen, teen, engl. to tow), das mit Fett oder Öl getränkte Seilchen in einem Licht oder einer Lampe. Schwenk: Wörterb. der deutschen Spr. s. v. findet zwar Anstoß an dem D oder T in Docht, Tocht; aber nicht nur das jüdisch-deutsche „Zoche" weist die Ableitung von ziehen als richtig, wir finden ähnliches auch in andern Wörtern, z. B. „Anzucht" (Canal, s. Adelung) Volkssprache: Antauch, Andaucht, was manche als verdorben aus aquaeductus nehmen. –

211. Woher nur sein Schornstein raucht!

Woher, bei seiner Untätigkeit, bei seinem geringen Verdienst, er etwas zu essen haben mag? – (auch bei Schmeller: Bayer. Wörterbuch.)

212. Er is schuldig, wo zwaa Weg' zusammengehn!

– in allen Wirtshäusern, die gewöhnlich am Scheidewege stehen. Überhaupt: überall, wo etwas zu borgen war.

213. Er schnorrt, wo zwaa Weg' zusammengehn!

Er bettelt an allen Scheidewegen. „Er geht von Tür' zu Tür'." – „Schnorren", schnurren, betteln, s. Adelung: Wörterbuch s.v. schnurren. Es mag mit: die Schnurre, Schnauze, zusammenhängen, überall umherschnauzen, wittern, wo es etwas zu erhaschen gibt. – So sagte einst jemand witzig, als man ihn fragte, warum ein gewisser Mann einen Bart trage, da er doch nichts weniger als rabbinische Kenntnisse besitze: „Es ist sein Schnorrbart!" (Schnurrbart, Schnauzbart). Der Mann bettelte nämlich auf seinen Bart, der ihm das Ansehen eines Rabbi gab.

214. Er handelt mit Scheemes-Blätter'!

Als scherzhafte Antwort auf die Frage: „Was treibt der Mann? Wovon lebt er?" „Er handelt mit zerrissenen Gebetbüchern!" Er treibt nichts. – „Scheemes" (schemoth, Namen) heißen die einzelnen Blätter eines zerrissenen hebräischen Buches, besonders eines Gebetbuches, die zwar, weil sie den Namen Gottes hin und wieder enthalten, aus Pietät gesammelt, an heiligen Orten bewahrt oder vergraben werden, aber freilich ohne Wert sind, da sie nicht als Makulatur gebraucht werden dürfen. – Ähnlich sind die Redensarten: „Er lebt von Gutglück" – „Er lebt von Hand zu Mund." – Hatte jemand ohne alles Vermögen geheiratet, so hörte man als Antwort auch sehr witzig: „Er fangt sich eine Gerberei an, er hat Lo un sie hat Lo". (Wortspiel mit dem hebr. lo, nichts, und dem deutschen Loh'). –

4.

Macht, Ansehen und Ehre.
Großartigkeit.
Armseligkeit und Hoffart. Hochmut.

215. Jetzt hot er das Chalef in der Hand!

„Jetzt hat er das Schwert in der Hand“, ist er Herr und Meister. – „Er hat’s Heft in der Hand.“ – „Chalef“, Schwert und häufiger das Schecht-(Schlacht)-Messer, neuhebräisch, verwandt mit dem biblischen chalaph, vernichten, durchbohren (Richter 5, 26. Hiob 20, 24. Esra 1, 9. machalaph, das Messer). – So wie man auch „Schalef“ für Bursche, Soldat sagte, nach dem bibl. schalaph, ausziehen , das Schwert zücken (Richter 8, 10. „Tausend Mann scholeph chereb“, das Schwert Zückende, Schwertträger). – Vergl. auch Middoth 37. „Beth hachaliphoth“, das Haus, wo man die Messer aufbewahrt, wonach also die Einzahl chaliphah wäre. Vergl. indes auch das griech. χαλυψ, gehärtetes Eisen, Stahl, den die Chalyber, ein Volk in Pontus, erfunden haben.

216. Jetzt bin ich Borjemaschter!

– „Bürgermeister“! jetz hab‘ ich zu befehlen. – „Jetzt bin ich Trumpf!“ „Jetzt hab‘ ich ihn im Sack!“ – Eine andere reinjüdische Redensart in demselben Sinne: „Jetzt haaß‘ ich Rewi Mosche!“ (Rabbi Moses) scheint von einem speziellen Falle herzurühren. Ebenso: „Mosche obedran.“ Indes könnte es auch ursprünglich geheißen haben: „Jetzt bin ich „moschel“ (hebr., Herrscher, Herr). –

217. Ich wer‘ dir e Riegelche‘ vorschiebe!

– werde Dir’s verschwören. – „Ich hab ihm einen Prügel hineingeworfen!“ „Ich hab ihm die Suppe versalzt!“ – „Ich will Dir weisen, was zu weisen ist!“ –

218. Es is gut, daß der Esel kaan Hörner hot!

– daß Du Deinen bösen Willen nicht ausführen kannst. – „Wenn der Esel Hörner hätt‘ un der Ochs wüßt‘ vun seiner Kraft, hätt‘ die Welt kann Kijum“ (keinen Bestand, von chald. kajjem, bestehen, verbleiben, Dan. 4, 23.). – Auch bei dem jüdischen Minnesänger Süßkind von Trimberg (um 1220, nach dem fränkischen Dorf im Würzburger Gebiet; er war Arzt, doch hatte er, wie er selbst of klagt, mit Nahrungssorgen zu kämpfen) findet sich der Vers:

> „Der Esel hätte er ein Horn,
> Er würd es wild erheben.“ –

„Wenn manches Tier seine Kräfte kennete, es würde sich von dem Menschen oft nicht so mißbrauchen lassen.“ (Adelung s. v. kennen).

219. Nemm' mer meinen Hakkel – jedúcho weg!

Sinn: Du kannst mir wenig anhaben. – Das hakkol jodúcha (Alles preist Dich) ist ein Stück aud dem Sabbatgebet, welches gewöhnlich von dem Vorbeter und einem angesehenen Privatmanne, der sich diese Ehre oft durch eine Abgabe an die Urnenbüchse für das ganze Jahr ersteigerte, Vers um Vers rezitiert ward. Das einzige, sagt daher unsere Redensart, wodurch Du dich an mir rächen kannst, ist, daß du mir meinen Hakkel-joducho nimmst (etwa dadurch, daß er ihn absteigert oder dem Vorbeter schnell antwortet und es weghascht, was wohl zuweilen geschah) und das darfst Du tun. – „Blas mir den Hobel aus!" – „Kriech mer den Buckel hinuf!" –

220. Ruf' mich kol – hanōrim uf!

In demselben Sinne, wie die vorige Redensart. „Um Dich an mir zu rächen, magst Du mich mit allen Knaben (kol hanéarim) aufrufen!" Am Festtage der Gesetzfreude nämlich war es und ist es noch hie und da Brauch, zu den Vorlesungen aus dem letzten Abschnitte des Pentateuchs nicht nur Erwachsene, sondern auch die anwesenden Knaben insgesamt als Beisteher „aufzurufen" und zwar – weil Knaben den pflichtgemäßen Segensspruch noch nicht zu sprechen haben – in Begleitung eines Erwachsenen, der mit Namen von dem Vorbeter aufgerufen wird und deshalb manchen Scherz zu erdulden hat, gleichsam als der Narr unter den Kindern.

221. Ich will Dich mechíle praie'!

Wörtlich: „Ich will Dich um Verzeihung bitten" – wenn Du beleidigt bist – „Mechilah", Verzeihung, neuhebr. von machal; „praien", bitten, beten, einladen, vom französischen prier. – Hier indessen hat die Phrase einen verächtlichen Nebensinn. In der jüdischen Volkssprache wird nämlich durch „Mechíle" (Höhle, Ber. rabb. im Anfang: „Der Mensch ist geschaffen mechilim, mechilim", Höhlungen, Höhlungen; verwandt mit dem bibl. mechillah, Höhle, Jes. 2, 19. – Der Máarich von R. Menachem de Lonsano – herausgegeben von A. Jellinek. Leipzig 1853. – will daher auch s. v. mechilim, daß es im Morgengebete heißen soll: chalalim, chalalim, und nicht, wie Baal haturim meint, chalulim etc.) auch der Anus bezeichnet also gleichsam ad anum invitare. – „Einen zur Kirchweih einladen" (bayerisch). –

222. Er hot Füß' unter'm Tisch!

– die ihm ein Zeichen geben. Er kann bei den Vorgesetzten, bei der Obrigkeit, durch Empfehlung und Begünstigung von Seiten einer angesehenen Person etwas ausrichten. – „Er gilt ebbes bei Chōzer" (chazar, Hof). – Vergl. Adelung: „Einem etwas unter den Fuß geben", heimlich mitteilen, anraten. „Die die Füße beständig unter'm Tisch des Kaisers haben." (Schiller).

223. Er hot e Staat nebe'm Chassen!

„Er hat eine Stätte neben dem Vorbeter", sitzt nahe bei der Schüssel, sowohl in diesem besonderen Sinne, als überhaupt: er sitzt dem, der etwas zu vergeben hat, so nahe, ist ihm so nahegestellt, daß er das Beste zuerst haben kann. – Der Staat neben dem Chassen in der Synagoge gilt natürlich als der beste und angenehmste. – „Staat" auch „Ständer" für Statt, Stätte, Stand, der Kirchenstuhl. – „Chassen", chasán, Vorbeter (eigentlich: Aufseher, von cahsah, Aruch s. v. nebst der Anmerkung von M. Landau).

224. Das Kol kommt vor dem Chassen!

„Die Stimme (kol, hebr.) kommt vor dem Vorbeter!", der Ruf des Mannes geht dem Manne selbst voraus. – Der Vorbeter, chasán, muß natürlich eine kräftige Stimme haben; ist er nun tüchtig, so geht seine Stimme (Wortspiel für: sein Ruf) ihm voraus.

225. Kahel's Sache' gehen einen Jochid nix an!

Als Zurückweisung gegen den Privatmann, der sich um ein Gemeinwesen bekümmern will: „Gemeinde (kahal) – Sachen gehen den einzelnen (jachid) nichts an." – Dieses Sprichwort bezeichnet indes hinlänglich den Usurpationsgeist der alten Gemeindevorsteher, der sogenannten parnosim. (Vergl. Chagig. 5, b.: „Über Drei weint die Gottheit selbst alltäglich: über Den, dem es gegeben ist, im Gesetz zu studieren, und es unterläßt; über

Den, dem es nicht gut gegeben ist und es doch tut, und über den Parnes, der sich ohne allen Grund über die Gemeinde erhebt."

226. Er hot Kloppe' und Blōse' gehabt!

„Es ist ihm viel Ehre erwiesen worden", jedoch mehr scherzhaft, besonders von den Ehrenverrichtungen, die einem Fremden, einem Gaste, in der Synagoge und bei ähnlichen Gelegenheiten zugewiesen werden. --Die Redensart selbst, „klopfen und blasen" scheint von der Schlächterei hergenommen zu sein, wo bekanntlich das Tier, bevor die Haut abgezogen, es „ausgemacht" wird, durch einen Blasebalg aufgeblasen und zugleich, zur größeren Verteilung der Luft, mit einem Stock u. dgl. geklopft wird, um dem Fleisch ein besseres Ansehen zu geben. In einer Person aber zugleich klopfen und blasen müssen, ist wohl lästig.

227. Bemookem scheéen Isch, Is Häring aach Fisch

„An dem Orte (bemakom), wo kein (angesehener) Mann (isch) ist, ist Hering auch Fisch", da gilt der oder das anderswo Geringe auch etwas. – Hier speziell: Er gilt eben etwas, weil kein Besserer da ist. – „Scheén (wo kein) isch", anklingend an „Scheén Fisch." –

228. Das is e Srōre! Futze Kappōre!

„Das ist eine Herrschaft! Pfui Teufel!" so knickerig, so lumpig. „Weh, wie e Herrschaft!" – „Serarah", vom bibl. sarar, herrschen. Über den Ausdruck „Futze Kappōre" s. 198.

229. Er steht, wie der Wormser Krahne!

– so einsam und so verlasssen, niemand kümmert sich um ihn. – „Krahne" statt Krahn. – Von einem Geschäfte, das stille geht, wenig Abgang hat, hat man in Frankfurt das lokale Sprichwort: „Itzik Sichel's Wirtschaft! – Schön still!" – Itzik (Isak) Sichel war nämlich der Besitzer eines Kaffeehauses, das wenig besucht ward. Da sagte einmal jemand: „Ich geh am liebsten zu Itzik Sichel, da ist es schön still." –

230. Er steht mutterseelig allaan!

Ganz allein, ohne alle Hilfe und Teilnahme. – Vergl. Adelung s. v. Mutterseele. Unter den Gelehrten hieß es (Taanith 23.): „O chabrutha, o Mithutha!" Genossenschaft oder Tod! – „Es ist nicht gut daß der Mensch allein sei!" (2. B. M. 2, 18.)

231. Er stützt sich uf e schwach Rohr!

„Sich an eine schwache Wand lehnen“ (Agricol.). Vergl. Jes 36, 6. „sich verlassen auf die Stütze eines eingeknickten Rohres“. – Ezech. 29, 7.). – „Dein Bürge bedarf selbst eines Bürgen“ (Succa 26.). –

232. Er wird botel beschischschim!

„Er geht auf in sechzig“, ist von keiner Wichtigkeit und ohne allen Einfluß. – „Das fünfte Rad am Wagen.“ – Nach den rabbinischen Speisegesetzen wird Verbotenes, wenn es sich mit Erlaubtem vermischt hat, mit wenigen Ausnahmen, aufgehoben (batul, verwandt mit dem bibl. batal. müßig sein, Pred. 12, 3.), wenn es nur den sechzigsten (schischschim) Teil von diesem ausmacht. Man sagt daher von einem unbedeutenden Menschen, der sich in einer Gesellschaft von bedeutenden Männern befindet: „Er wird botel beschischschim.“ Aber gar oft kann auch ein tüchtiger Mann, etwa an der Spitze einer Verwaltung, in einer Menge Andersdenkender botel beschischschim, paralysiert werden.

233. Der gilt Schippe‘–Siebenche‘!

– d. h. nichts. – In einigen Kartenspielen ist der Kreuz-Siebener von Wichtigkeit, indes der Schippen-Siebener von keiner besonderen Bedeutung ist. – „Mit dem macht man kurze Komplimente!“ – „Mit dem macht man nit viel Wesens!“ – In Frankfurt hat man in diesem Sinne das lokale Sprichwort: „Aach e Mann am Brückelche‘!“

– Das Brückelchen oder Brückchen nämlich, ein Gäßchen bei der Judengasse, war und ist zum Teil noch der Sammelplatz der jüdischen Proletarier.

234. Was tut mer nit von Oolem's wege!

Gar viel tut man der Welt (olam) wegen. – „Mach dem Olem kein Maulspiel!" heißt es in einem Tagebuch in jüdischdeutscher Schrift im Besitze des Verfassers, „gib der Welt nichts zu reden!" –

235. Von Kōwed kann mer nit lebe'!

Und doch, sagt dieses Sprichwort, kann man von Kowed (cabod), von Ehre allein nicht leben, und doch ist arbeiten keine Schande. Vain glory is a tree which all deceives, yielding no fruit but fruitless leaves. Nach einer Mitteilung des Gerichtsschreibers Jenichen in der Zeitschrift „Schweiz" sagt man im Luzernergebiet: „Mit de Gobel ist en Ehr, mit dem Löffel kriegt me mehr." –

236. Nemm die Charpe un deck' die Busche mit zu!

Als Antwort auf den Einwurf oder Tadel, daß irgendeine Arbeit, ein Anzug usw. gemein, Schimpf und Schande sei („Charpene – Busche") wie es im Munde des Volkes lautet, „Charp' un e Busche"): „Nun, so nimm die Charpe (cherpah, Schimpf) und decke die Busche (buschah, Schande) damit zu!" Auch als Verteidigung: „Ich nehme die etc."

237. Er werd'r an Dei'm Schiddech nix schade!

„Es wird Dir an Deiner künftigen Verheiratung keinen Abbruch tun", wenn Du auch jetzt diese in Deinen Augen gemeine Arbeit tust, dieses nicht vornehme Geschäft verrichtest, dieses unmodische oder abgetragene Kleid trägst usw. – „Schiduch" (von schadach, sich legen, ruhen, beruhigen, zureden, um Liebe werben, Aruch s. v.) die Bewerbung, sowie Schadchon, einer, der eine solche Bewerbung für andere zu seinem Geschäfte macht, der Ehevermittler, woher dann das germanisierte Verb „schadchenen", „einem eine Person freien".

238. Er ernährt sich bekōwed!

– becabod, mit Ehren, ohne dabei seiner Ehre nahe zu treten, besonders, ohne zu betteln. Ebenso: „e bekoweder Mann", ein ehrenhafter Mann; auch vom verschämten Armen. – „Er ist mit Ehren alt geworden." (Eiselein.)

239. Sein Málech is kaan Gascht!

„Sein Engel ist kein Bettler!" – Das Glück begünstigt ihn nicht mit Kleinigkeiten. – Mit Kleinigkeiten gibt er sich nicht ab. – Malach, hebr. Engel. – „Gascht", Gast, bezeichnet im jüdisch-deutschen Dialekt zuvörderst einen umherziehenden Bettler, weil dieser, besonders an Sabbat und Festtagen, zu Gast geladen wurde; dann einen Armen überhaupt, indessen man zur Bezeichnung des ehrbaren Gastes sich gern des hebr. orach bediente, vergl. „Mit

Lieb sei Euch Euer Orech!“ (462). – Unsere Redensart lehnt sich übrigens an den Volksglauben, daß jeder Mensch seinen eigenen Engel, seinen Genius habe. (Vergl. Apostelgesch. 12, 15: „Sie sprachen: Es ist kein Engel.“). – Daher hieß es auch, wenn man dem Kinde, das zum erstenmale hebräisch lesen lernte, über den Kopf hinab Süßigkeiten auf das Alphabet warf: „ihm einen Málech werfen“, als ob sein Engel es ihm herabgeworfen, und von einem Kinde, das an einem Fasttage zum erstenmale fastete und, wie gewöhnlich, in seinem teils kindisch eiteln, teils kindlich frommen Eifer gut fastete, hieß es: „sein Málech fascht noch mit ‘m.“ – (Vergl. auch Matth. 18, 10. sowie 741. unserer Sammlung am Ende). –

240. Er hot seinen Málech gut gewöhnt!

Er hat seinen Engel gewöhnt, sich nicht mit Kleinigkeiten zu begnügen, hat ihn gleich großartig erzogen. – „Der Mensch bildet sich sein Schicksal.“ –

241. Sein Málech is e Gascht!

Anderseits heißt es von jemandem, der nur in Betteleien Glück hat: „sein Engel ist ein Bettler.“ –

242. Der hot e rechte Gäscht-Neschóme!

– „eine rechte Bettler-Seele (neschamah)“, er kann sich mit jeder Bettelei freuen, hat keinen Sinn für Großartigkeit, Vergl. 107.

243. Das is e rechter Lechem-Geiger!

– ein rechter Brot- (lechem, hebr.) Geiger!“ So armselig und bettelhaft, so niedern Sinnes benimmt er sich bei jeder Gelegenheit. – Die Brotmusikanten, Bierfiedler, galten dem alten Juden stets als Leute sehr schofeln Charakters, so daß er sie schnöde Verächter alles Sittlichen und Religiösen (vergl. Spr. Sal. 29, 8. Jes. 28, 14.), bezeichnete. –

244. Bei Dem hot aach die Windel nit gerauscht!

Er ist nichts Gutes, nichts Schönes und Edles gewohnt, ist nicht zum Feinsten erzogen worden. Die Windel hatte keine Appretur, war nicht von feiner, rauschender Leinwand. – Ähnlich haben die Rabbinen in Rücksicht auf einen beschränkten Menschen das Sprichwort: „Dieser Mensch hat nie Weizenbrot gegessen!“ (Ber. rab. 17, a. Der Genuß des Weizenbrotes gilt als stärkend für die Verstandeskräfte; vergl. 1058. am Ende). –

245. Das is e Gaschtbindel!

– „ein Bettlerbindel“, voll lauter Lumpereien und Armseligkeiten, ein „Schubbijack“, wie es im Plattdeutschen heißt. – „Gascht“, s. 239.

246. Das is e Chattes!

– ein Lump, ein armer, armseliger Mensch, sowohl in Rücksicht auf Vermögen, als auf Gesinnung. – Über „Chattes" (chattath), eigentlich: Sündopfer, s. 198.

247. Wie kommt der Gascht dazu!

– ein solches Wesen von sich zu machen, solche Forderungen zu stellen usw. – „Gascht" s. 239.

248. Wo hat Hund Haus?

Weshalb die Hoffart? – „Zum Brot", sagt ein rabbinisches Sprichwort, „ist kein Geld da, doch zu Gehänge!" (zu eitlem Putze; Chagiga 5, a.; so nehmen wir die Wörter alala und thalitha; vergl. auch Raschi daselbst). – Oft hört man auch: „Wo hat Hund Hof?" –

249. Hecht! Du bist gerecht.
Berschling, Du! wie kummst Du dazu?

Von derselben allgemeinen Anwendung, wie die vorhergehende, obschon das Sprichwort selbst auf einer besonderen Anekdote zu beruhen scheint. – „Gerecht" für „im Recht". „Berschling", Börs.

250. Meschōres, mach Wind!

Um ein anmaßendes, hoffärtiges Begehr mit Spott und Verachtung zurückzuweisen: „Ich bin Dein Diener (meschareth) nicht, daß Du mir zuherrschen könntest: Fächle mir ein wenig! Wart mir auf!“ – Ebenso: „Hastu noch was zu bestellen?“ – „Weiter keinen Schmerz?“ –

251. Ich will Dir ebbes hutzele‘!

Von derselben Bedeutung: Gib acht, ich werde für dich besonders etwas (ebbes, s. 168.) hutzeln, schneiden, schnitzeln (vergl. Schwenk s. v. Hutzel). – Ebenso: „Ich will Dir ebbes mōle“ (malen). –

252. Mach ’m die Kur mit Kienruß!

Ebenfalls um einen mit Anmaßung geforderten Dienst usw. barsch abzuschlagen. – Der gemeine Mann schmierte seine Stiefel und Schuhe einfach mit Öl oder Tran, der vornehmere glänzte sie mit einer Mischung von Eiweiß und Kienruß. Hieraus mag diese Redensart entstanden sein.

253. Verzähl‘ der Gäschtin e Máase!

Zur Zurückweisung einer unbefugten Erkundigung nach etwas: „Erzähl der Bettlerin ein Geschichtchen (máasah),“ um sie angenehm zu unterhalten. – „Verzählen“ statt erzählen (Hebel: „Verzelis näumis“).

„Gäschtin“ s. 239. – Unserem Sprichtwort soll indessen ein besonderer Fall zugrunde liegen. Eine schon bejahrte, fromme Magd nämlich frug am Pesachabend voll Erstaunen ihren Hausherrn, bei dem sie erst kürzlich in Dienst getreten: „Get (gebt) Ihr net den Sēder?“ (s. 192) „Erzähl … Máase“ rief lachend der Hausherr, nämlich die Geschichte vom Ausgange aus Ägypten, die ja am Pesachabend vorgetragen wird.

254. Wozu? – Um die Anschläg‘ zu esse‘?

Insbesondere wenn jemand, der für sich zu sorgen hat, sich zum Vergnügen einen Hund, einen Vogel usw. halten will. – Ebenso: … „um die Dahnjes (dáagoth, Sorgen) zu esse‘?“ – die Du hast, die Du Dir machen mußt.

255. Der fangt aach sein Kaddisch zu hoch an!

Er versteigt sich, besonders in bezug auf unverhältnismäßige Ausgaben bei Einrichtungen der Wirtschaft, eines Geschäftes u. dgl. – Das Kaddsich ist ein Gebet in der Synagoge, welches vom Vorbeter an Festtagen gesungen wird. Wenn nun der Vorbeter dasselbe gleich anfangs zu hoch anstimmt, so reicht er am Ende mit seiner Stimme nicht aus. Ebenso: „Er hot’s Kol (kol, Stimme) zu hoch angefange‘!“ „Er singt eine Note zu hoch.“ (Agric.).

256. Das is e saffianener Gascht!

Ein vornehmer, gleichsam in Saffian gebundener Bettler. Ebenso: „ein bekoweder Gascht!“ Vergl. 238 us. 239.

257. Vor Dalles eßt er Weißbrod!

Ebenfalls zur Bezeichnung des hoffärtigen Bettlers: „Vor Armut (dalluth) ißt er Weißbrot.“ –

258. So zimperlich, wie e Kindbetterin!

Verzärtelt sich so sehr, tut so kläglich und weinerlich. – „Laß e Futteral über Dich mache‘!“ – „Zimpern“, auf eine fehlerhafte Art zärtlich und kläglich tun. Adelung. Bei Hebel: zimpfer.

259. Wie werd mer!

Als Ausruf gegen hoffärtige Verzärtelung. – „Es wird mir übel!“ „Ich kotz‘ mich!“ – „Oi (o), wie laaf ich uf!“ „Guck e mol aaner den Parech-Kopp an!“ (Grindkopf; parach. hebr., ausbrechen, ausschlagen).

260. Mach Dich nit so grün!

– so frisch, so teuer. Ebenso: „Mach so kaan grüne Schmues!“ (vergl. 106 – 108). „Wer sich grün macht, den fressen die Ziegen“ (Goethe). – „Du liegst mir am Herzen!“ – Wer tat Dir was zu Leid, daß Du bös geworden bist, und wer gab Dir gute Worte, daß Du wieder gut geworden bist?“ (Sota 35.). –

261. Mach Dich nit so mies!

Tu nicht so zimperlich, so heigelich. – „Mies“ (míus, neuhebr., vom bibl. māas, verachten) widerlich; daher „Mieskaat“ (Mieskeit), Häßlichkeit. Auch das neuhebr. menuwal, menuwēleth (chald. nawal, verwandt mit dem hebr. nabbel) wird in der Volkssprache nicht nur von der körperlichen Häßlichkeit, sondern auch von der geistigen gebraucht: „Was bistu e Menuwel, e Menuwelte!“ so widerlich. – Aber auch in dem Sinne von sich fügen und schmiegen, seiner Würde vergeben: „Ja ich mach mich mies und bettle lang, geb lang gute Wort!“ „Mach Dich nit mies an ‘m!“ – Indessen könnte es da auch das deutsche miß sein, sich schlecht machen. Vergl. 630.

262. Mach mer so kaan Sporesrassel!

Mach keinen solchen Lärm von Dir, Sporngerassel. – „Mach mir die Gäul nit scheu! – Jag‘ mir die Hühner nit uf!“

263. Dem is aach das Ketoores schon gestieje!

Das Räucherwerk (Ketōreth), der Weihrauch, den man ihm streute, der Dunst und Duft seines Glückes ist ihm schon zu Kopf gestiegen. – „Der waaß schon vor Geées (géuth, Stolz) nit, wie er den Kopp halte' soll!" – „Der Stolze," sagen die Rabbinen (Baba bathr. 98. Sota 47. Jalkut Habak. 562.) „ist selbst den Leuten seines Hauses unangenehm."

264. Der legt sich an den Laden!

– legt sich zur Schau aus, tut breit. – „Der tragt die Nas' sehr hoch!" (Pf. 10, 4. – Im Talmud wird ein hervorragender Mann „ein Mann von Nase" genannt. Taanith 29.). – „Der tut dick!" „Der macht sich breit!" Ebenso bei den Rabbinen: „Sie machen sich breit, wie der Saum am Gewande." (Jer. kidd. 26, b. Jalkut Neh. 1067.).

265. Stolz – die Bettlad' is von Holz!

Als Gegenbemerkung auf die Bemerkung, daß jemand stolz sei: Der hat wohl Grund dazu, da seine Bettlade von Holz ist! – „Seine Hühner legen Eier, die zwei Dotter haben!" (Agric.).

266. Stinkt, wie ebbes Vornehmes!

Hochmut und Dünkel sind selbst bei vorhandenen Vorzügen widerlich, um wie viel mehr bei einem ganz gewöhnlichen Menschen. – „Stinkt" (vergl. „Eigenlob stinkt." „Eigenlob, das stinkt, Anderlob klingt." (Eiselein). – „Ebbes" für etwas, vergl. das althd. ethes, eddes, sowie das allemanische öbbe, öbbis für etwa, etwas, bei Hebel. – Ähnliche Redensarten sind noch: „Stinkt wie ebbes Rechts!!“ wie etwas Wichtiges, Vorzügliches. „Stinkt wie e Kozen!“ (Kazim, eigentlich: Richter, Führer, Fürst; hier: ein reicher Mann). „Das is e Gáawe-Stinker!“ (gáawah, Stolz). –

267. Mer maant, er wär‘ der Nōse von Bobel!

– „der Fürst von Babel“, so hoffärtig, so hochmütig tut er. – Der Nasi oder vielmehr Resch-Gelutha, Exilfürst, da der Titel Nasi mehr dem palästinensischen Vorsteher der Schule zu Tiberias zukam, hieß, vielleicht schon nach dem Ende des ersten Tempels, das Oberhaupt der babylonischen Judenschaft. Er stand an der Spitze einer obersten Verwaltungsbehörde und hatte besonders die Eintreibung der Steuern zu besorgen. Daß er sich, nach Landessitte, oft despotisch genug benommen haben mag, dafür zeugt schon unser Sprichwort. –

In demselben Sinne oft auch: „Wer maant, er wär‘ der Groß-Mogul!“ – „Er tut so dicke, als wenn der große Mogul sein Pate wäre.“

268. Ich kenn‘ sein‘ Gäns‘ un sein‘ Hühner!

Ich kenne ihn und seine Verhältnisse genau. Diese erlauben kein solches hoffärtiges Auftreten. – Eine ähnliche Redensart ist: „Ich hab‘ ihn gekennt, wie er noch e Birebaam wor‘!“ (984.)

5.

Geiz und Habsucht.
Selbstsucht. Spitzbüberei.

269. Das is e Härings-Neschóme!

– „eine Heringsseele" (neschamah). – Der knickerige und knauserige Mensch scheint keine Seele wie andere Menschen, sondern eine Heringsseele zu haben. (Die dünne, lange silberfarbene Blase, welche in den Heringen durch den ganzen Rücken derselben geht, wird ihre Seele genannt.)

270. Das is e Chasser-Hoor!

– „ein Schweinshaar" (chasir, Schwein), eine Borste. – Zur Bezeichnung eines harten, starren, geizigen Menschen. – Ebenso: „Das is e Keelev!" (keleb, Hund), als verächtliche Bezeichnung eines Geizhalses. – „Das is e Kamzen!" (von kamaz, dessen Bedeutung alle, sowohl die biblische, als die im Neuhebräischen, charakteristisch den Geizhals treffen: in die volle Hand fassen, fest packen, einsammeln, verschließen. Vergl. 3. B. M. 2, 2. 4. B. M. 5, 26. und Aruch s. v.). –

271. Das haaßt: dem Chasser e Hoor ausgerisse'!

Wenn es gelingt, einem solchen Geizhalse eine Gabe zu entreißen, so heißt dieses: „Dem Schwein ein Haar ausgerissen. Borsten sitzen fest. – „Aus dem Rachen reißen."

272. Gebe' steht nit in sei'm Wörterbuch!

Das Wort „geben" kennt der Geizhals nicht. – Anders heißt es bei den Rabbinen vom Himmel (Taanith 25. Vergl. des Verf. „Buch der Sagen und Legenden jüdischer Vorzeit" Nr. LVII.): „Im Himmel pflegt man zu geben, aber nicht zu nehmen." –

273. Gebe' is nix deutsch bei 'm!

Das Wort „geben" ist ohne Sinn und Bedeutung bei ihm. – Über den Ausdruck „deutsch" s. 93.

274. Koscht un nix zu esse', Lohn und kaan Geld!

– gibt der Geizhals seiner Dienerschaft. – „Koscht", Kost.

275. Meée Alophim in der Kischt un kaan Kreuzer im Sack!

Der Geizhals hütet sich, Geld bei sich zu führen, um ja nicht in Versuchung zu kommen, es auszugeben, und hat er auch hunderttausend (méah alaphim, hebr.) in der Geldkiste, so hat er nie einen Kreuzer in der Tasche.

276. Der get-e silber Nixche' un e golde' Wart-e-Weilche'!

Das ist alles, was man vom Geizhals als Geschenk, als wohltätigen Beitrag usw. erwarten kann. „Was der verschenkt ist gut für die Augen – nichts" (Kirchhofer). – In „Nixchen" liegt zugleich ein Wortspiel mit Büchschen.

277. Von Dem bekommstu aach: Mein' Nephiche Dein' Rephue!

– „Meine Blähung (nephichach, Wind, flatus, vom bibl. naphach, wehen, blasen) sei Deine Genesung!" (rephúah). Ein solcher Wunsch, der, egoistisch genug, zugleich sein eigenes Wohl bezweckt, ist die einzige Gabe, deren der Geizhals fähig ist. – Später gebrauchte man die eigentümliche Phrase überhaupt, um ein Garnichts zu bezeichnen, z. B.: „Dafür bekommstu aach: Mein' Nephiche etc."

278. Er denkt: Hoōches steht groß geschriebe'!

Der Geizhals denkt: „Der hält" steht groß geschrieben. – „Hoōches" (haóches, der hält – in seiner Hand das Maß des Rechts –) ist der Anfang eines Gebetes am Gedächtnistag und in den alten Gebetbüchern gewöhnlich mit großen Lettern gedruckt. Da, sagt der Volkswitz, schließt nun der Geizhals, daß eben deshalb das Wort Hoōches groß geschrieben sei, um zu erinnern, daß man festhalten soll. – „Er hält – was er verspricht." – „Er denkt das ganze Jahr in seinen Sack!" –

279. E Kreuzer is bei'em Awoode – sóre!

Einen Kreuzer verschenken ist bei ihm so verpönt, als einem Götzen zu opfern. – „Abodah sarah", Götzendienst. – „Der is medakdek (genau achten, Aruch s. v. dak 4. und 5., woher dikduk für Grammatik) uf etlichen Heller!" (aus dem mehrmals angeführten Hilchuth dērech-ērez S. 308.). –

280. Der nemmt vom Misbéach herunter!

Der Habsüchtige nimmt selbst vom Altare (misbéach) herunter. Was aber einmal auf den Altar als Opfer gelegt war, war heilig. – „Er nähm' es vom Altare." (Eiselein) „Der nimmt einem den Bissen vom Munde weg!"

281. Er denkt: Vom Nehme' werd mer nit arm!

Dem Habsüchtigen ist es gleichgültig, ob ein Geschenk, das man ihm gibt, auch nicht so ganz ehrenvoll ist. Sein Grundsatz ist eben: Vom Nehmen wird man nicht arm. – „Vom Betteln wird man nicht arm – nur unwert." (Eisel.).

282. Leoolem tikkach!

„Immer nimm!" So lautet der Wahlspruch des Habsüchtigen. – Wohl mit Bezug auf den sogenannten Midrasch Leōlam, der sich am Ende es Reschith Chochmah von R. Eliah de Vidas befindet und worin alle sittlichen und religiösen Aussprüche des Talmuds gesammelt sind, die mit dem Worte Leōlam (immer) anfangen. (Auch im Beth-hamidrasch von Jellinek III. S. 109 – 120). – „Er nimmt lieber, als er gibt." – „Er is vom Stamm Nimm." –

283. Gelche' – ich hab Dich lieb!

Ursprünglich ein Wortspiel mit dem Frauennamen Gelchen (Angelika) und Geldchen als Satire auf jemand, der eben ein solches Gelchen um seines Geldchen willen geheiratet hatte und dasselbe umarmend ausrief: „Gelche' – wie lieb hab ich Dich!" – Dann allgemein zur Charakterisierung einer Heirat um des Geldes willen. (Der Talmud stellt den Satz auf: „Wer eine Frau um des Geldes willen nimmt, bekommt unedle Kinder." kidd. 70.). – Endlich überhaupt zur Bezeichnung eines Geizigen. – „Geld – (gelt!) Mädchen, ich hab Dich lieb." –

284. Was liegt 'm dran? Tausend Taler aus der Büchs', Un nit aan Kreuzer aus dem Sack!

Mit fremdem Gelde, etwa als Vewalter der Armenbüchse, da ist der Geizhals sehr freigebig, aber ja nicht einen Kreuzer aus der eigenen Tasche. – „Aus fremden Beuteln ist gut blechen." (Eisel.). – „Er richtet gern an – aus andrer Leute Hafen." (Agric.). „Aus fremdem Leder ist gut Riemen schneiden." „All men are free of other men's goods."

285. Mit der aane' Hand gebt er, mit der andere' nemmt er!

– von andern, oder auch von demselben, dem er gegeben, auf einer anderen Seite.

286. Erst steht: Wechipper báadoo!

–: „Und er versöhne für sich" (wechipper báaddo 3. B. M. 16, 17.). Der Egoist, dem sein Sich allem andern vorgeht, beruft sich, sagt unser Sprichwort, gleichsam auf die göttliche Anordnung, daß der Hohepriester erst für sich und dann für sein Haus und das Volk versöhnen sollte. – „Erst komm' ich!"

287. Er denkt: Odom kōrev leazmo!

„Sein Grundsatz ist: Jeder ist sich selbst am nächsten" (adam karob leazmo). – Proximus sum egomet mihi (Ter.). – „Wer wählt sich selbst das Schlechte aus?" (Sota 34.). – „Das Hemd ist mir näher als der Rock." „Close sits my shirt, but closer is my skin." – „Every miller draws water to his own mill." – Vergl. Baba Mez. 33.: „Das Deine geht allem andern vor. – Wer aber immer so auf sich denkt (und sich deshalb andern entzieht), kommt zuletzt dazu" (an sich nur denken und andere in Anspruch nehmen zu müssen). –

288. Der is nit ruje livrōche!

„Er ist des Segens nicht wert!" – Nach rabbinischer Vorschrift muß vor jedem Genusse ein Segen (berachah) gesprochen werden (s. 653.). Was aber unreif oder verdorben, überhaupt ungenießbar ist, verdient natürlich auch keinen Segensspruch. Daher heißt es mit Recht vom ungenießbaren Egoisten: „Er ist nich reujah (Esther 2, 19., wörtlich: ausersehen, geeignet, würdig) liberachah" (zum Segen). – „Wer sich auf den verläßt, ist verlassen." –

289. Der is durch un durch treephe!

Ebenfalls nicht zu genießen. „Teréphah“ – eigentlich: zerrissen, vom zerrissenen Tiere – heißen alle Speisen, die nach den rabbinischen Vorschriften nicht gegessen, nicht genossen werden dürfen, und so ist auch der ungenießbare Egoist treephe. – Ebenso nannte man einen Ort, wo keine Juden wohnen durften, „e treephe Mookem“ (makom, Ort). – Vergl. 146. und 313.

290. Das is e Osur – behannóoch!

Es gibt gewisse Speisen, die nach rabbinischer Vorschrift nicht nur unmittelbar zu essen verboten sind, sondern von welchen auch jeder mittelbare Genuß, jeder Nutzen, jedes Vergügen (hannáah, wohl verwandt mit dem bibl. náah, nawah, schön, heißt zuweilen Nutzen – vergl. Mus. Aruch s. v. – häufiger aber und besonders im Munde des Volkes, Vergnügen) untersagt ist (asur, vom bibl. asar, binden, fesseln, vebieten), wie z. B. der Sauerteig am Pesachfeste, der selbst an einen Nichtjuden nicht verkauft werden darf. Der Geizhals ist nun ein solcher „zu genießen Untersagte“ –

291. An Dem is kaan Brōche und kaan Zlōche!

– kein Segen (berachah) und kein Glück (zelachah).“ – Bei jedem Geschäfte, das man mit ihm macht, bei jeder Berührung, in welche man mit ihm kommt, ist nur Nachteil zu erwarten.

292. Der laßt das ganze Jahr kaan Sunn vun sich scheine!

Ebenfalls: läßt sich nicht genießen.

293. Gott, laß mir mein' Ausred' gefund'!

Dem Geizhals ist nichts erwünschter als eine gute Ausrede, daß er nichts zu geben braucht. Ebenso von einem Ungefälligen. „Gute Ausrede ist einen Batzen wert." (Kirchhofer).

294. Wär't Ihr früher kommen, hättet Ihr mitessen können – sagt der Frankfurter!

Der alte Frankfurter galt für nicht sehr gastfreundschaftlich, so daß er zum Sprichwort ward für den Ungastfreundschaftlichen überhaupt; anderseits hieß es und heißt es noch von dem Frankfurter in bezug auf seinen außerordentlichen Wohltätigkeitssinn: „Nur aan Frankfurt!" – in welchem Sinne auch der Frankfurter Jude selbst sagte: „Aus Frankfurt hinaus, die Neschóme (neschamah, Seele) aus!" – Übrigens läßt Berthold Aucherbach im „Lautenbacher" (S. 108. neue Gesamtausgabe) auch seinen Buchmaier sagen: „Bei uns geht's nicht wie bei den Horbern, die sagen immer: wäret Ihr bälder kommen." –

295. Der hot e Herz vun Marmel!

– von Marmor (Marmel ist eine Nebenform), „ein Herz von Stein!“ Cor saxo durius. Ezech. 11, 19. 36, 26. „Ich will das Herz von Stein aus Euerem Leibe nehmen und Euch ein Herz von Fleisch geben.“ –

296. Das is e Ach-brósch!

Sinn: Das ist ein Dieb, Spitzbub. – Man könnte das Wort nehmen für: ach berosch „nur an der Spitze“, der überall vorn an ist, um gleich zuzugreifen (vergl. das talmudische Megil. 12.: hedjot kophez berosch „Der Idiot springt überall oben an“. Ebenso Nedar. 62. „Der Priester und der Gelehrte nehmen ihren Teil berosch“, zuerst). Indessen scheint es verdorben aus dem chaldäischen achberó (hebr. achbor) Maus, Feldmaus. Vergl. Sanhedr. 29, b. „Mäuse, die auf dem Gelde liegen“, vom Geizhalse, sowie das deutsche „mausen“ für listig und schnell wegstehlen. Noch näher liegt ein Spruch, dessen Anfang und Anklang sogar zu dem vollen Worte Veranlassung geben konnte. Es heißt nämlich Jer. Baba Mez. 8, b. (vergl. Dukes „Blumenlese“ S. 264.): „Die Mäuse sind Verruchte (achberi reschii); wenn sie viele Früchte sehen, rufen sie ihre Spießgesellen herbei und schmausen zusammen.“

297. Das is e Chapper!

– „ein Zugreifer!“ – „Chappen“ heißt im jüdisch-deutschen Dialekt rasch zugreifen, erhaschen. Z. B. „Chapp nit so!“ „Wenn der nur chappe‘ kann!“ „Er hot ‘n gechappt“, auch: „Er hot ’n gepackt“, im gelehrten Dispute den Gegner von einer so unvermuteten Seite fassen, daß keine Verteidigung mehr möglich scheint. – Es scheint verwandt zu sein mit dem altdeutschen kappen, kippen, hauen, wegschneiden, eng. chipp. Daher denn auch im jüdisch-deutschen Dialekt: „Ich geb‘ Dir e Chapp“, „Du kriegst e Chapp“, einen Hieb. – Vergl. auch das lateinische capere, ergreifen, und das hebr. (arab.) chaphan, mit beiden Händen fassen.

298. Bei Dem is Alles héfker!

– „ist alles frei, herrenlos.“ Er erkennt kein Eigentum an. Im Talmud kommt mehrmals der Fall vor, wo dem Gericht zu einem Rechtszwecke das Recht zugesprochen wird, irgend etwas als hēphker (von pakar, wohl verwandt mit dem bibl. parak, losreißen, befreien), als frei und herrenlos zu erklären, so daß der erste beste davon Besitz nehmen darf. – Vergl. Pirke Aboth 5, 13.:“Vielerlei Grundsätze (middoth, Maß, Maßstab, Gemütsanlage, Marime) finden sich unter den Menschen. Mancher sagt: „Was mein ist, ist mein, und was Dein ist, ist Dein“. Das ist die Verhaltungsregel des Mittelschlags (benonith) oder, wie andere meinen, die Sitte Sodom’s. – „Was mein ist, ist Dein, und was Dein ist, ist mein“ (es gibt kein Eigentumsrecht), so spricht der Pöbel (am haárez). – „Was mein ist, ist Dein, und was Dein ist, ist Dein“, so spricht der Fromme (chasid). – „Was Dein ist, ist mein, und was mein ist, ist mein“, so spricht der Gottlose (rascha). – Vom dem letztern aber heißt es (Sotah 9.): „Wer sein Auge richtet auf das, was nicht sein ist, der erlangt nicht, wonach er trachtet, und was er besitzt, wird ihm noch genommen, gleich der Schlange im Paradiese, die ursprünglich durch ihre Klugheit hätte über alle Tiere herrschen, hätte einen aufrechten Gang haben und Speise dem Menschen gleich genießen sollen, und nun, infolge ihrer Gier, vom Menschen angefeindet, unter allen Tieren verflucht, auf ihrem Bauch kriechen und Staub fressen muß.“ – „Wer alles will, bekommt gar nichts.“ –

299. Vor Dem is das Kind im Mutterleib nit sicher!

Mag etwas noch so gut verborgen und verschlossen scheinen, er weiß es zu finden und zu erlangen. – „Der stiehlt (gannevt) einem das Weiße aus dem Auge!“ – „Der holt's wenn's hinter sieben Mauern verschlossen ist!“ – „Vor Euern Praktiken und bösen Kniffen ist das Geld nicht geborgen in der Truh, das Kalb nicht sicher in der Kuh.“ (Schiller).

300. Der begannevt unsern Harjet!

Selbst der liebe Gott ist ihm nicht klug genug. – „Beganneven“ ist aus dem hebr. ganab, stehlen, mit deutschen Endungen. – „Harjet“, verdorben aus Harr, Herr, Gott. –

301. Er macht e krumme Hand!

– nimmt Bestechung an. – Zuweilen hat es auch den Sinn, um Bestechung zu geben: „Bei dem brauchstu nur e krumme Hand zu mache'". – Vom Armen heißt es „Er halt die Hand uf". –

302. Der kann Aam die Azómes herausnehme!

Vom Wucherer: „Er kann einem das Gebein (azamoth) herausnehmen", so hart und herzlos ist er. – Ebenso: „Der kann Aan auszuckeln!" (aussaugen). – „Der kann Aan ganz schechte'!" (schlachten, von schachat. Beim Schechten der Tiere darf vorschriftsmäßig die Halsröhre nicht ganz durchgeschnitten werden). –

6.

Schein und Verstellung.
Lüge. Heuchelei.
Schwüre. Ernst- und scherzhafte Beteuerung.

303. Kloomer-Käs'!

„Sozusagen: Käse!" – Scheinkäse! (kelómer, von amar, sagen). Die Redensart ist von den hölzernen Käsen vor den Spezereiläden hergenommen und soll jeden falschen Schein, jede Verstellung bezeichnen. Nahm jemand z. B. den Schein an, als sei ihm etwas unlieb, indes man vom Gegenteil überzeugt war, so hieß es: „Das sen (sind) Kloomer-Käs'!" –

304. Er schnitzt sich e Rooges!

– „einen Zorn" (rōges, hebr.), stellt sich , als ob er zürne, zu zürnen hätte, um dadurch irgendeinen Zweck zu erreichen. – Von rōges kommt „brōges, brōches" (berōges, in Zorn): „Warum bistu so brōges?" – „Der is das ganze Jahr brōges." – Ebenso: „Ragsen" (ragsan, neuhebr.), ein Zornsüchtiger. –

305. Schlepp' mich – ich tu's gern!

Gar manche Braut läßt sich, wenn sie zur Trauung geführt wird, aus Ziererei schleppen, schleifen, als ob sie nicht gern dazu ginge. – Überhaupt aber gilt jedem, der, zu irgendeiner Sache aufgefordert, sich stellt, als ob er zögerte, obgleich man voraussetzen darf, daß er es gern tut, der Zuruf: „Schlepp mich – ich tu es gern!" – Oft auch mit dem Zusatz: „Ich seh Dir's an der Nas' an." – „Drei Dinge", heißt es bei den Talmudisten (Berach. 34, b.), „sind im Übermaße angewendet, nicht gut, mit Maß hingegen gut: Sauerteig, Salz und die – Weigerung." –

306. Das sen Schnecketänz'!

Unter Schneckentänzen verstand man alles gewundene und geschraubte Wesen, alle Umschweife, alle übertriebenen Zeremonien und Komplimente. So: mach mir nit zu viel Schnecketänz'!" „Der macht mir zu viel Schnekketänz'" usw. – „Mach mir nit so viel Kibbudim!" (Aufwartungen, s. 396.). –

307. Er is nit inne' wie auße'!

Er scheint anders, als er ist. Vergl. das talmudische (Joma 72, b.): „Ein Gelehrter, dessen Inneres nicht wie sein Äußeres ist (tocho kebaro), ist kein echter Gelehrter. Von außen und innen mußte die Lade mit Gold bedeckt sein (2. B. M. 25, 12)." – „Außen fix, innen nix." – „Außen blank, innen Stank." (Eiselein). Vergl. auch Matth. 23, 28., Lukas 11, 39., sowie 1. Sam 16, 7. „Der

Mensch sieht nur, was vor Augen ist; Gott sieht das Herz an." –

308. **Bei Dem is Alles Mienes!**

– ist alles Verstellung (minoth s. 678.): –

309. **Das is e Coomerche'!**

– ein pfiffiger Mensch, ein Vokativus, eigentlich ein Mensch, der für alles ein „Vielleicht" hat. „Tōmar", Du wirst sagen, kannst sagen, war technischer Ausdruck für vielleicht, wie in „tōmer ja..." – Ebenso: „ Der hat es hinter den Ohren!" (ist witziger, klüger, als er zu sein scheint. Adelung.) Auch der Talmud hat diesen Ausdruck, wenn auch nicht ganz in demselben Sinne. Pesachim 113: „Dreien gegenüber hüte man sich vor Ereiferung: einem noch kleinen Gegner, einer noch kleinen Schlange und einem noch kleinen Schüler, ihr Reich steht noch hinter ihren Ohren" (wenn sie erwachsen und an Macht zugenommen, können sie sich rächen). – „Der versteht den Rummel!" (den Handel, s. Adelung). – „Der Dieb kennt sein Diebswerkzeug" (Baba Mez. 84.). – „Das is e Orem!" (ārum, 1. B. M. 3, 1., ein Listiger, Durchtriebener; ebenso: Ormah, das jedoch, wie Spr. Sal. 1, 4. 8, 5. auch in gutem Sinne für Klugheit gebraucht wird. „Ein etlicher Mensch soll sein ormaus brauchen in gottesfürchtige' Sachen"). – „Wenn Du den uzen willst, muß Du früh aufstehn!" („uzen", foppen, zum Spotte haben. Schwenk in seinem Wörterbuche vergleicht damit das althochd. nozernan, verachten, womit man dann das hebr. naaz, verachten, zusammenstellen könnte. Zunz: G. B. S. 442. vergleicht damit uciecha, Belustigung). –

310 Das is e Chanfen!

– „ein Schmeichler“ (vom bibl. chanaph, Hiob 13, 16., wovon auch ein deutsch gebildetes Verb „Chanfenen“ für schmeicheln, doch meistens in milderer Bedeutung). Oft auch mit dem hebr. Zusatz: „achas bepéh méachas belev“! anders mit dem Mund und anders mit dem Herzen (Ps. 12, 3.). „Der Mund sagt’s, das Herz weiß nichts davon.“ –

311. Oi, wie heenes!

„O, wie freundlich, wie schmeichlerisch!“ wo es nicht aufrichtig gemeint, übertrieben ist. – „Heenes“, henuth, Freundlichkeit, Schmeichelei, wie in: „beloschen (belaschon) Heenes“, in der Schmeichelsprache. Es ist wohl mit dem bibl. naah, nawah, schön sein, schön tun, verwandt, so wie hannáah, Vergnügen (s. 290.); doch hängt es offenbar mit dem chaldäischen hon. saft, gemächlich, zusammen. (Vergl. Targum Jon. 1. B. M. 33. „lehoni“ nach meiner Gemächlichkeit, sowie Aruch s. r. hon Artikel 1.). –

312. Das is e Michóel!

– ein Schmeichler, einer, der kriecht, sich biegt und schmiegt, besonders einer, der den Reichen und Vornehmen frönt. – Ist es er hebräische Name Micháel, so muß die Redensart auf einem besonderen Fall beruhen. Vielleicht hängt es mit dem „deutschen Michel“ zusammen, welches letztere indes einige vom alten „mihhil“ (groß, unbeholfen, klotzig und schwerleibig) ableiten. Aber auch der Ausdruck „der deutsche Michel“ soll ursprünglich nichts weniger als Spott bezeichnet haben. Sein erster Träger soll vielmehr ein tapferer Soldat, Generallieutenant im Dienste des Königs von Dänemark, mit Namen Johann Michael Obertraut, gewesen sein. Er kämpfte wacker gegen die Spanier, und bei jedem Vorteil, der errungen ward, hieß es: „Den haben wir dem deutschen Michel zu verdanken“. – (Vergl. auch Adelung s. v. „Michael“). –

313. Der is nit so kōscher!

– nicht so ganz rein, nicht so recht, so gehörig, wie er sein soll. – Auch von Dingen: „Das is nit so ganz koscher, da steckt etwas dahinter“. – „Koscher“ (vom bibl. kaschar, gerade, recht sein) bildet in Rücksicht auf die Speisegesetze den Gegensatz von treephe, s. 289. So hatte „koscher“ auch mitunter den Begriff von rechtlich, rechtschaffen: „Der koschere Groschen, der ehrlich gewonnen wird, kommt einem schwer an“. (Handschriftl. im Besitze des Verf.).

314. Er hot das Talles noch über'm Kopp!

Sinn: Man kennt ihn noch nicht, weiß noch nicht, wie er gesinnt ist, da er sich noch nicht offen gezeigt hat. Das talith (Oberkleid, verwandt mit dem bibl. talal, beschatten, bedecken. Vergl. Aruch s. v.) ist die Decke mit den Schaufäden, welche von vielen während des Gebetes über den Kopf gezogen wird, und unter welcher dann freilich nicht selten manche Verstellung stecken mag. Vergl. 507.

315. Es is aach nit Alles Toores – Moosche, was Der sagt!

Es ist nicht alles Lehre Mosis (torah Moscheh), daß man es glauben müßte; man darf es bezweifeln. – „Es ist nicht alles Evangelium, was er sagt!" (Eiselein).

316. Der sagt Scheeker, daß sich die Balke' biege'!

Er sagt solche gewaltigen Lügen (schéker), daß sich das Gebälk des Hauses biegt, etwa aus Respekt davor neigt. – Möglich, daß sich die Redenart, die sich indes auch bei Eiselein findet, an die Erzählung im Talmud (Baba M. 59, b.) anlehnt, wo Elieser den Horkenos in einem Meinungsstreit mit andern Rabbinen über verschiedene Gebräuche die Wände des Lehrsaals aufruft, durch ihr Sinken die Richtigkeit seiner Meinung zu bezeugen, und die Wände sich wirklich zum Sturze neigen. Seine Gegner aber ließen kein Wunder als Beweis für die Wahrheit gelten und verwarfen seine Meinung durch ihre Mehrzahl als falsch.

317. Lauter Scheeker weschów!

„Lauter Lug und Trug!" (schéker weschaw). Die Alliteration findet sich besonders in den hebräischen Ausdrücken häufig.

318. Er sagt Scheeker, wie gedruckt!

So rasch und so zuversichtlich. – (Auch bei Eiselein):

319. E gedruckter Scheeker!

Wenn jemand einwendet, er habe es gedruckt gelesen: „Nun, so is es e gedruckter Schēker!" – „Das Papier ist geduldig."

320. Dem laaft der Scheeker zum Maul heraus!

Er ist übervoll, sprudelt von Lügen. – „Wär sein Maul (Wort) eine Brück', ich ging nit drüber."

321. Der kann Balle' mache'!

– kann „aufschneiden". Vergl. bei Luther: „Die Lüge ist ein Schneeball; je länger man sie fortwälzt, um so größer wird sie."

322. E Scheeker mit e Wortzeiche'!

Wenn man, um einer Lüge Eingang zu verschaffen, irgend etwas als Zeugnis anführt.

323. Er schlagt sich mit seiner eignen Red'!

Er widerspricht sich. – Die Talmudisten haben dafür die Sprichwörter (Pesachim 28. Jalkut Bo 201.): „Im Löffel, den der Künstler selbst verfertigt, verbrennt er sich den Mund mit Senf." „Der Meister sitzt in seinem Pflocke; durch seiner eignen Hände Werk wird er bezahlt." (So der Glossar zu Jalkut 1. c. Vergl. auch Aruch rad. sadan). Anders: Dukes: „Blumenlese" S. 218. No. 537.). „Der Pfeilschmied wird durch den eigenen Pfeil getötet; durch seiner Hände Werk wird er bezahlt." – „Der Rabe, der Feuer in sein Nest gebracht" (um sich zu wärmen, und so das Nest in Brand steckte. Ber. rab. 58, a. nebst Kommentar). – Rücksichtlich einer die Schwierigkeit, statt zu heben, noch steigernden Antwort, haben die Rabbinen das Sprichwort: „Du hast noch Wasser und noch Mehl dazugetan!" (Jalkut lech lecha 75.: „Osipht maja, osipht kemach". Ber. rab. 62, a. indessen steht: „Osēph kemach". Dann heißt es, im Sinne von: Wer a sagt etc. etc.: „Hast Du Wasser dazu getan, tue auch Mehl dazu!" So Matth. kehunah und Dukes Nr. 29.). –

324. Zu Prog wird's e Johr!

Wenn jemand etwas sagte, dem man keinen Glauben schenkte, so hieß es ironisch: „Zu Prag wird's ein Jahr" – daß es geschehen ist. – Es mag wohl oft vorgekommen sein, daß böhmische oder polnische Bettler von Prag aus Dinge erzählt haben, die erlogen waren; der allgemeine Sinn indessen ist: Aus entfernten Städten und Ländern läßt sich leicht aufschneiden. Vergl. das rabbinische (Jebamoth 45.): „In Medien tanzt das Kamel auf dem Scheffel". –

325. Der schwört um e Stück Butterbrod!

So gleichgütlig ist ihm der Schwur. – Ruth rab. 318. „Der Frommen Ja ist Ja und ihr Nein ist Nein." – Vergl. Matth. 5, 37. – „Unschuldig oder schuldig", sagen die Talmudisten, „gehe nicht leicht zum Schwure hin" (Jalkut mischpat. 346. Sechar. 571.). –

326. Er hot gekotzt!

Er hat sich übergeben, hat eingestanden. Ebenso als Aufforderung: „Kotz Dich!" „Gib's vun Dir!" sag, was Du willst. – Vergl. das talmudische (Sabbat 99. Nidd. 42.): „Ihr speit alle einerlei Speichel aus" für: Ihr sagt alle dasselbe. – „Kotzen" sich übergeben, erbrechen, vergl. das hebr. kō, speien, ausspeien, kuz, Ekel empfinden.

327. Er darscht sehr schön – sein Tun is nit schön!

Er predigt sehr schön, aber er tut nicht danach. Im Talmud (Jebamoth 63, b. Chagigah 14, b.) heißt es: „Mancher predigt schön, hält aber nicht schön“, mit Anwendung auf ben Assai, der die Ehe dringend empfahl, ohne selbst zu heiraten. Vergl. auch Matth. 5, 19.: „Wer es aber tut und lehrt.“ – „Die Worte eines Weisen“, heißt es im Mibchar happeninim des b. Gabriol, „der nicht nach seiner Weisheit tut, fallen auf die Herzen wie Regen auf Steine“, – ohne Befruchtung.

„Darschen“ mit deutscher Endung vom hebr. darasch, forschen, untersuchen, (neuhebr.) die Bibel auslegen, vortragen, predigen, „eine deraschah halten“, da die Vorträge in der Synagoge, sie mochten gesetzlichen (halachah, Kasuistik, Regelung des religiösen zeremoniellen Lebens) oder ethischen und selbst unterhaltenden (haggada, Gesagtes) Inhaltes sein, sich meistens an die Bibel anlehnten, als Bibelerklärung (derusch, midrasch) darstellten. Von diesem Begriff der haggada, als bloß Gesagtem, nicht Verordnendem, Vorschriftgebendem, kamen dann auch die Ausdrücke: „Er sagt sehr schön“, „Er hat schön gesagt“ für: eine Rede, einen Vortrag halten, predigen, sowohl in der Synagoge, als bei andern feierlichen Veranlassungen, am Grabe, auf Hochzeiten, bei einer Beschneidung usw., sowie der Vortragende selbst, insofern seine Vorträge eben mehr volkstümliche Belehrung und Unterhaltung bezweckten, maggid hieß: „ein schöner Maggid“, indes derselbe, wenn sein Vortrag in der Regel mehr gelehrter, halachischer Art war, den Namen „Báal derusch“, Mann des derusch, führte. – So nannte man auch eine witzige Erklärung einer Bibel- oder Talmudstelle ein „Wörtchen“, ein „Pschätchen“ (von paschat, ausbreiten, erklären, explicare). Ein Knabe von besonderer Anlage pflegte jeden Freitag abend am Tische der Eltern ein Wörtchen zu sagen, das er entweder bei dem Lehrer oder sich selbst aus einem derartigen Buche (sēpher) erlernt hatte; ebenso der zu Gast gebetene Gelehrte oder der Talmudschüler, der „Täg‘ aß“ (die Woche hindurch bei einzelnen Leuten seinen Freitisch hatte), was wohl darin seinen Grund hat, daß die Rabbinen dem Verse (Spr. Sal. 15, 23.): „Ein Wort zu seiner Zeit wie lieblich!“ die Deutung geben, es solle bei Tische und besonders bei einem freudigen Mahle ein kleiner Vortrag aus Bibel oder Talmud gehalten werden (s. Jalkut zu Spr. Sal 15, 23. p. 139.).

328. Moochiach – straf Diach!

„Strafprediger, straf Dich !“ – Die Mochichim (Spr. Sal. 25, 12. Ezech. 3, 26.), die in früherer Zeit Strafpredigten in der Synagoge gehalten, waren meistens umherziehende Polen, die wohl öfters diesen Zuruf verdient haben mögen. Daher auch die Dehnung des Dich in „Diach“ mit Nachahmung des polnisch-deutschen Dialekts. – Unsrer Redensart ähnlich sind die rabbinischen: „Arzt, heile dich selbst!“ (Ber. rab. 20, b. Vergl. Luk. 4, 23.) „Den Fehler, der an Dir, rüg‘ an keinem andern!“ (Baba Mez. 59, b.) „Nimm den Splitter aus Deinem Auge! – Nimm den Balken aus Deinem!“ (Baba bathr. 15, b. Vergl. Matth. 7, 4.). „Erst schmücke Dich, und dann schmücke andere!“ (Baba Mez. 107. u. o.) – „Kehr‘ zuerst vor Deiner Türe!“ „Zupfe dich an (bei) Deiner Nase!“ – Vergl. auch Römer 2, 21. – „Etlicher (jeder) will ein mochiach sein!“ (Simchath Nephesch, Vorrede.). – „Wer einen Erhängten in der eignen Familie hat, darf zu keinem andern sagen: Hänge mir das Fischlein auf!“ (Baba Mez. 59, b.). –

329. Oi! der Rewi eßt nix Grünes – es muß belese‘ sein!

Spottweise vom Frömmler, besonders in bezug auf den Umgang mit dem weiblichen Geschlechte: „Ei, ei, der Rabbi ißt nichts Grünes – es muß zuvor belesen sein!“ – Der Strengfromme ißt nämlich kein grünes Gemüse, ohne daß es vor dem Kochen wegen der verbotenen Insekten, die sich darauf befinden könnten, sorgfältig „belesen“, abgelesen worden ist.

330. Der macht mir zu viel Wee-Zidkes!

„Er macht mir zuviel Und-Frömmigkeit“, will allzu fromm, überfromm sein. „Zidkes“ (zidkoth) Frömmigkeit. We ist die hebr. Konjunktion „und“. Vergl. We–Chochmes“ (No. 56.). – Eine ähnliche Redensart s. No. 8. – Vergl. auch 981–983. – Der Talmud nennt einen solchen Überfrommen, wenn es nicht aus Heuchelei geschieht, einen Chasid–Schōteh, einen Närrischfrommen, einen frommen Narren. Vergl. Sotah 58.: „Was heißt Chasid–schōteh? Wer z. B. eine Frau in einem Fluß untergehen sieht und sagt: „Es ist nicht sittlich (ōrach árah, das hebr. dērech ērez), ein Weib anzuschauen, wie soll ich sie retten!“ oder er sieht (so im Jeruschalmi) ein Kind untersinken und sagt: „Ich will erst meine Tephilin (Denkriemen) ablegen und es dann retten“, und bis er seine Tephilin abgelegt hat, ist das Kind ertrunken. –Vergl. auch Hillel's Spruch (Pirke aboth 2, b.): „Ein Unwissender (am haárez) kann kein Frommer (chasid) sein.“ – Die überfrommen Heuchler aber nennt der Talmud Zebuim, Gefärbte, Übertünchte (Sotah 22, b.). –

331. Chasserche‘ streckt's Füßche‘ 'raus!

Der Ausruf gilt dem Gleißner. Das Chasserchen (Schweinchen), vom hebr. chasír mit deutscher Endung), sagt der Volkswitz, streckt das Füßchen heraus, um zu zeigen, daß es gespaltene Klauen habe und also zu den reinen Tieren gehöre. Es ist aber nicht wiederkauend, was es, um erlaubt zu sein, doch auch sein müßte (3. B. M. 11, 7.) – „Wer den Weizen stiehlt, mahlt, knetet und backt und einen Opferkuchen daraus darbringt, der preist Gott nicht, der lästert Gott“ (Baba k. 94.). – Ebenso (Succa 32.): „Der gestohlene Palmzweig darf nicht zum Feststrauß gebraucht werden (gasul pasul); das wäre eine fromme Handlung vermittelt durch eine Sünde (mizwah habbáah báaberah.“ – Nach den Rabbinen heiligt also der Zweck das Mittel nicht. – Vergl. auch 1039. die angeführte Stelle aus dem Midrasch).

332. Geh mir mit der Zizes – Spinner'n!

Sinn: „Geh mir mit der Betschwester!“ – Häufig waren es alte Betschwestern, welche die Schaufäden (zizith) spannen, als ein frommes, gottgefälliges Werk. Daher nannte man eine Betschwester überhaupt eine Zizis-Spinnerin. – „Buhlt um Äpfel und verteilt sie unter Kranke.“ (Schem, rab. 115, a.). – „Eine betsüchtige (zelainith) Jungfrau und eine besuchsüchtige (schababith, bei den Nachbarn umherlaufend) Witwe richten die Welt zugrunde" (Sota 22.). – Anderseits sagte man von einem Weibe, das sein Wesen kein Hehl hatte: „Die spinnt aach kaan Zizes!" –

333. Bei Sch'majim meórez!

„Bei Himmel und Erde!" (schamajim weárez) als Schwur. – Schon Moses und nach ihm Jesaias riefen Himmel und Erde zu Zeugen auf (5. B. M. 4, 26. 30, 19. 32, 1. Jes. 1, 2. denn Himmel und Erde, heißt es Jalkut 1. c. nach dem Siphri, sind es, die ewig und unveränderlich den ihnen von Gott vorgeschriebenen Gesetzen treu bleiben, und sie sind es auch, die als Zeugen zuerst dem gehorsamen Menschengeschlechte seinen Lohn, sowie dem ungehorsamen seine Strafe übermachen.) – Ebenso: „Bei dem bloßen Himmel von Gott!" – Vergl. auch Matth. 5, 34. 35.: „Ihr sollt nicht schwören weder bei dem Himmel...noch bei der Erde..."

334. Bei Chaje Rooschi!

„Beim Leben meines Hauptes!" Ebenso: „Bei Chaje Raphschi!" „Beim Leben meiner Seele!" – Vergl. 1. B. M. 42, 15. „Beim Leben Pharao's!" 1. Sam. 1, 26. „Beim Leben Deiner Seele!" Matth. 5, 36.: „Auch nicht bei Deinem Haupte." – Die Form chaje zeigt auf die chaldäische Zeit. – Ebenso hebr.: „koh échjeh!" So will ich leben! Pesach. 5.: „Es komme über mich und meinen Hals!" (wenn Schaden dadurch entsteht). –

335. So wohr, as wir aan Jichud hewe'!

„So wahr, als wir einen Einzigen (Gott) haben!" – Auch: „So wahr, als wir an aan Jichud glaabe'!" – Schon 5. B. M. 10, 20. heißt es: „Bei seinem Namen sollst Du schwören." (Maimonides: wo es im Leben einer hehren Bestätigung bedarf. Nachmanides: vor dem Gerichte eidlich verbunden werden). – „Jichud", neuhebr., vom bibl. jachad, vereint, einig sein. – „As" für als, s. 201.

336. Das waaß Gott!

Als Beteuerung. Auch: „Das waß unser Harjet!" (Herr Gott). Vergl. Jos. 22, 22. „Der allmächtige Gott, der Herr weiß..." Verkürzt: „Weißgott!" profecto. „Das weiß Gott unde ich!" (Tristan bei Eiselein).

337. Soll mir Gott!

...es ist wahr usw. Vergl. die bibl. Formel: „So soll mir Gott tun und so fortfahren, wenn...(1. Sam. 3, 17.; 2. Sam. 3, 35.; 1. König 2, 23.). Eisel. vergleicht damit ein „Sommir Gott!" bei Tristan.

338. Bei Tooras Moosche!

„Bei dem Gesetze (torath) Mosis!" –

339. Mein Neschóme!

„Bei meiner Neschomoh!" (Seele). – Nach der mystischen Lehre erhebt sich bei dem Hinscheiden des Frommen die neschamah, der göttliche Hauch (s. No. 5.), sogleich zur Gottheit; der ruach, das belebende Prinzip des Menschen, „die redende Seele", geht in das Paradies, um sich dort auszuruhen; die nephesch aber, „die tierische Seele", bleibt noch mit dem Körper bis zu dessen voller Verwesung verbunden. Nach der gänzlichen Verwesung verbindet sich die nephesch wieder mit dem ruach und dieser dann mit der neschamah und diese mit Gott. (Abodath hakkodesch 45, b. Jalkut chadasch Artikel mithah 38. Jalkut Rubeni 15. col 2. Sohar levitic. fol. 29. col. 114. Vergl. auch 1. Thessal. 5, 33.). – Von dem entfesselten Leichnam aber heißt es dann bei den Rabbinen (Nidda 31.): „Ist des Menschen Zeit gekommen, aus der Welt zu scheiden, so nimmt Gott seinen Anteil, indes der Eltern Anteil vor ihnen liegen bleibt. – Ist aber das Salz hinweggenommen, so kannst Du das Fleisch den Hunden vorwerfen." – Das Volk indessen kannte fast nur den Ausdruck neschomoh und gebrauchte das Wort ruach mehr von einem dämonischen Geiste, oder auch, nach der andern Grundbedeutung des Wortes: „Wind", für Windbeutel: „Das is e Ruach!" „Er hot alles verruecht." in Genußsucht vertan.

340. Ich will kaan Chelek-Dolem-habbe habe'!

„Ich will keinen Teil an der künftigen Welt" (chēlek ōlam habba), will meiner künftigen Seligkeit verlustig sein, wenn...

341. Bei dem Brod vun Gott!

Mit Ergreifung des Brotes, wenn dasselbe gerade zur Hand liegt. – Brot und Salz sind dem frommen Juden heilige Dinge, und es gilt ihm z. B. als schwere Sünde, darauf zu treten. „Wer“, heißt es (Pesachim III. Vergl. Aruch s. v. nabbel), „das Brot geringschätzt und beschimpft, wer die Brotkrümchen zur Erde fallen läßt, so daß darauf getreten wird, der macht den Engel (sār) der Armut zum Herrn über sich; wer sie aber aufliest und zur Seite schafft, der erhält den Engel der Nahrung zum Herrn.“ (Vergl. Sohar bamidbar col. 402.). –

342. Ich will nit zu Keewer Jisróel kumme‘!

– „will nicht zu einem Grabe (kēber) Israels kommen“, nicht auf einem jüdischen Friedhof begraben werden, wenn dies nicht wahr ist usw. – Wenn irgend einem, so mußte es dem Juden, schon infolge so manchen mystischen Glaubens, besonders daran gelegen sein, von den Seinen und unter die Seinen begraben zu werden. Bittet ja schon Jakob: „Begrabe mich in meiner Väter Begräbnis!“ (1. B. M. 47, 30.). –

343. Chasser!

Zur Verneinung, z. B.: „Es is Chasser! nit wohr.“ „Chasir“, Schwein, d. h.: „So wenig ich Schweinefleisch esse, so…“ Ebenso: „Es is, Chasser, nit erlaabt, wie der’s treibt!“ „Es soll mir Chasser sein…“ usw.“

344. Ich will mir's nit verrede', aber –

– „will mir's nicht durch ein Gelübde versagen, aber…" ich werde dieses so bald nicht mehr tun, usw. – Ebenso sollte der hebr. Zusatz „bli neder" (ohne Gelübde) verhüten, daß das Vorgenommene nicht die Verbindlichkeit eines Gelübdes habe. – „Man muß sich nichts verreden, als das Nasenabbeißen." (Kirchhofer). – Anderseits wird der Vorsatz zu einer Tat, es Gott anheimstellend, stets von einem „So Gott will!" oder kurz „Will's Gott!" hebr.: im jirze haschem! begleitet. Vergl. Ben Sira S. 15., sowie die Anmerkung im „Rosenöl" Th. 1. S. 29., und Jacob. 4, 13 – 15. –

345. Ich will nit gesund vum Platz ufstehn!

– wenn ich gelogen usw. – Ebenso: „Ich will sterben auf dem Platz!"

346. So soll ich wisse' vun Bös!

– wenn ich davon was gewußt etc. – Ebenfalls Beteuerung bei dem eignen Wohl. Vergl. 340. – Bös' hat hier die Bedeutung von Übel. Ein anderes ist's, wenn es von einem gutmütigen Menschen heißt: „Er waaß nix vun Bös" (415.).

347. Ich will's verkränken!

– durch Kranksein verbrauchen, was ich hieran verdiene, was ich Dir mit Unrecht entzogen usw. –

348. So gewiß soll ich alle Schabbes mein Fisch habe'!

Als scherzhafte Versicherung: „So gewiß soll ich jeden Sabbat meine Fische (dogim) haben, als dieses gewiß ist." – Ebenso: „So sicher (botuach) soll mir die Hochlott (das große Los) sein!" – „So gewiß soll ich habe' einen Teller voll Kohlrabi!" u. a. – Über den alten Brauch, am Sabbat-Abend Fische zu essen, s. des Verfassers „Sagen und Legenden jüdischer Vorzeit" die Anmerkung zu Nr. XIX. „Joseph, der Sabbatehrer", Strophe 3. „Und vor allem muß ein Fisch, prangen auf dem Sabbattisch." – (Ein mystischer Grund dafür, dem Glauben an die Seelenwanderung entnommen, findet sich Jalkut chadasch Artikel achilah Nr. 9. –) So frug man auch Neuvermählte scherzhaft: „Habt Ihr noch alle Schabbes Eure Fisch' gehabt?"

349. Ich will nit gesund zu Keewer Iisróel kumme!

Ebenfalls scherzhafte Beteuerung. Wer will gesund begraben werden? Vergl. 342. – „Du kannst Gift darauf nehmen!" – Eine andere Art scherzhafter Schwüre wurde dadurch gebildet, daß man die eigentlichen Wörter der Beteuerung falsch aussprach, z. B. statt: Mein' Neschome! (339.) Mein' Neschoche! – Dasselbe geschah selbst im Ernste vom Strengfrommen, der überhaupt nicht schwören mochte. So erinnert sich auch der Verfasser gehört zu haben, daß in dem alten Mainzer Gemeindebuche, in welchem der Bann auf das Kartenspiel (das nur zur Chanukah- und Purim-Zeit erlaubt war) aufgezeichnet stand, das Wort chērem (Bann) absichtlich mit einem kaph (kērem, was Weinberg heißt) geschrieben war, um so den etwaigen heimlichen Übertreter im voraus, unbewußt, der himmlichen Strafe zu entziehen. –

7.

Unentschlossenheit. Unselbständigkeit. Charakterlosigkeit. Zudringlichkeit. Dreistigkeit. Frechheit. Bosheit und Schändlichkeit.

350. Er geht schwer zu Geläger!

Kann nicht leicht zu einem Entschlusse kommen, kommt schwer nieder. – „Zu Geläger gehen“, niederkommen, von „eligen“ = niederkommen, „eines Kindeleins.“ Vergl. Ziemann: mittelhochd. Wörterbuch. – Zeénna Urenna hat (1. B. M. 35, 16.): „Schwer zu Kind gehen.“ –

351. Er laaft herum un sucht sein‘ Ripp‘!

Speziell von einem Manne, der gern heiraten möchte, und doch nicht zu Entschlusse kommen kann. Vergl. kidd. 2.: „Es heißt in der Schrift (5. B. M. 24, 1.5.): „Wenn ein Mann eine Frau nimmt“, warum denn nicht auch: „Wenn eine Frau einen Mann nimmt“, weil es so Sitte ist, daß der Mann der Frau nachgeht (um sie wirbt), und nicht, daß die Frau dem Manne nachgeht. „Der Verlierer sucht das Verlorene“ – Der Mann, sagt der Glossar, sucht seine Rippe. – So erzählt man von einem Manne, der schon viele Jahre bei einem Metzger auf der Fleischschranne wohnte und endlich dessen Tochter heiratete, daß er da über sich selbst witzelnd gesagt:

„Schon so lange Zeit suchte ich meine Rippe und wußte nicht, daß sie auf dem Scharren (der Schranne, Fleischbank) lag." – „Behandelt die Frauen mit Nachsicht: Es ist nicht gut, daß Euche eine Rippe bricht" (Goethe: Westöstlicher Diwan). –

352. Der kann nit ja sage'!

„Er behält sich immer ein Hintertürlin offen." (Agricola. – Auch die Rabbinen kennen den Ausdruck: „Eine Türe öffnen" für Gelegenheit wozu geben. Vergl. Debar. rab. par. 3. fol. 218. col. 3.). – „Wenn man meint, man hat ihn bei den Händen, hat man ihn noch nicht bei den Füßen." –

353. Der hot alsfort zu strandele'!

– hat immer zu zweifeln, ist nie entschlossen. „Strandeln" für zweifeln im jüdischdeutschen Dialekt sehr häufig: „Was strandelst Du noch?" „Ich strandle noch daran". Der Sinn ist offenbar: sich am Strand hin und her bewegen, keinen Mut haben, auf's Wasser zu gehen, zögern, gleich „säumen", am Saume bleiben. – Der Frankfurter Volksmund hat für zweifeln, „stranneln", „strangeln", was wohl dasselbe wie strandeln ist. – Auch Ziemann: mittelhochd. Wörterbuch hat ein strandeln = wackeln. – Ähnliche Gebilde sind: „phanteln", sich mit Phantasien abgeben, „difteln", „bosseln". – „Alsfort" s. 201.

354. Das is e Bal-Nichesch!

– ein Mann (báal), der viel auf Anzeigen und Vorbedeutungen (nichusch, nachasch) hält und dadurch nicht so bald zur Tat kommt. – Trotz dem bibl. Verbote (3. B. M. 19, 26. 5. B. M. 18, 10): „Ihr sollt keine Ahndungskünste treiben", hat doch auch der Jude seine res ominosas, die er freilich von allen Seiten her aufgenommen hat, sowie man wohl selten einen Menschen findet, der seinen eignen Aberglauben nicht hat, und selbst der Talmud, der die Beobachtung jenes mosaischen Gebotes mit Strenge einschärft und besonders davor warnt, sein Tun und Lassen danach zu richten, zählt doch selbst eine Menge solcher ominösen Dinge auf (vergl. Pesachim 109 – 112.), und die Rabbinen helfen sich mit dem Ausweg: Gibt es auch keinen nichusch, gibt es doch ein siman (Zeichen, σημειον; vergl. (641.). – So heißt es (Pesachim 111.) rücksichtlich der verschiedenen Dinge, die als gefahrbringend bezeichnet werden, weil dadurch die bösen Geister Macht über den Menschen bekommen, anfangs sehr richtig: „Eine Hauptregel ist: Wer sie (die bösen Geister) beachtet, auf den haben sie auch Acht , und wer sie nicht beachtet, des haben sie auch nicht Acht, und dennoch" – lautet der Schluß – „soll man nicht gleichgültig dagegen sein." – Vergl. auch Sepher Chasidim No. 59.

355. Das is e rechter Omeen-Säger!

Ein Mensch, der keine eigne Meinung hat, der zu allem Amen sagt, und zwar, um es mit niemand zu verderben, um sich, besonders auf religiösem Gebiete, mit allen Parteien zu halten.- „Ein Jaherr." (Fischart und Fridank).

„Ein Jaaffe". (Geiler bei Eisel.). – Auf alle Segenssprüche, welche von dem Vorbeter vorgetragen werden, antwortet die Gemeinde ein lautes „Omeen!" so soll es sein! so ist es! – (Vergl. 5. B. M. 27, 15. 1. Chron. 16. 36.), so wie überhaupt das Amenaussprechen (= „nachsagen") beim Vernehmen eines Segensspruches nach den Rabbinen für eine sehr fromme Handlung gilt (vergl. Berachoth 53, a. Sabbat 119. b. Sohar Beresch. fol. 29, col. 113. 1. Cor. 14, 16.).

356. Er geht hin, wohin er geschickt wird!

Ebenfalls zur Bezeichnung eines Menschen ohne alle Selbständigkeit. – Nach den Zeitungen hatte ein bekannter Gelehrter in Berlin seiner Zeit die Einladung zur Rabbinerversammlung in Breslau mit dieser Phrase abgelehnt, daß er nur dahin gehe, wohin er geschickt werde – freilich in dem Sinne, daß bei einer solchen Versammlung der einzelne im Namen einer Gesamtheit erscheinen müsse.- To dance to every man's pipe.

357. Er hot sich uf die schwer' Seit' gelegt!

– ist zu der Partei übergegangen, die das Mehr für sich hat und daher Vorteil verspricht. – „Den Mantel nach dem Winde hängen." To grind with every wind. Vergl. 589.

358. Der is nit milchding un nit flaaschding!

Milch- und Fleischspeisen dürfen bei dem orthodoxen Juden nicht vermischt werden und erfordern besondere

Küchen, bilden also Gegensätze. Daher heißt es vom Schwankenden und Unselbständigen, sei es aus Schlaffheit oder aus Charakterlosigkeit: er ist nicht milchding (milchig) und nicht fleischding (fleischig), ein juste-milieu. – „Nicht kalt und nicht warm." (Apocalyps. 3, 15). – „Hinken auf beiden Seiten." (1. Kön. 18, 21.). „Auf beiden Achseln tragen." – Was nicht milchding und nicht fleischding ist, heißt im jüdischdeutschen Dialekt auch „minch", z. B. „ein Minchmesser", ein Messer, das für Obst, Brot u. dgl., und weder zu Milch- noch zu Fleischspeisen gebraucht wird. Das Wort selbst ist schwierig, obschon es dem Laute und dem Sinne nach Ähnlichkeit mit manch, mannig, mannigfach, hat; auch könnte es von dem mittelhochd. „mingen", mischen kommen (vergl. Ziemann's Wörterbuch). – Wir glauben indessen, daß es für „Mönch" zu nehmen ist, wie durch dieses Wort in manchen Fällen euphemistisch ein zwitterhaftes Ding bezeichnet wird, z. B. der Mönch für Wallach, der Mönchsbogen, und als Verb: mönchen, münchen, s. Adelung.

359. Der is nit Fisch un nit Flaasch!

Auch der Fisch steht dem Fleisch entgegen, insofern er überhaupt nicht zum „Fleischding" gezählt wird und daher mit Milchspeisen oder auch in den Halbfasten der sogenannten neun Tage gegessen werden darf (Chulin 103, b. Vergl. auch 1. Kor. 15, 39.). So hätte denn diese Redensart denselben Ursprung, wie die vorhergehende. Sie findet sich indes auch bei andern. Erasmus (IV, 5. 44.) sagt: Neque caro, neque piscis, de homine, qui sibi vivit, nec ullarum est partium. Auch der Engländer sagt: He is neither fish nor flesh.

360. Der is e böser Kreuzer – nit zu pattern!

Der Zudringliche gleicht einem schlechten Kreuzer, man kann ihn nicht loswerden. – „Pattern“ ist deutsch gebildet vom hebr. patar, loslassen, entlassen, abfertigen (vergl. Kidd. 70. den Kommentar zu den Worten: „Lös‘ ihm seine Streitsache“ – scheri leh tigreh – petor otha. – Daher bei den Rabbinen niphtar, sich losmachen, scheiden, sterben*. – So auch: „Wär‘ ich seiner pōter!“ (patur). – „Der sitzt aam uf dem Hals!“ – „Der klebt wie Pech!“ – Vergl. 1026.

---

* Von demselben Wurzelwort kommt auch Haphtarah, womit in der Synagoge das Lesestück bezeichnet wird, welches an Sabbat und Feiertagen nach der Vorlesung aus dem Pentateuch noch aus den Propheten vorgetragen wird. Nach der Erklärung der Sage ward einmal von einer verfolgungssüchtigen Regierung das Vorlesen aus dem Pentateuch untersagt; man wählte deshalb dafür dem Inhalte nach entsprechende Abschnitte aus den Propheten, die als Haphtarah, Entlassung, Entlastung, Lossprechung von der obliegenden Pflicht dienen sollten, was dann später nebst den Vorlesungen aus dem Pentateuch beibehalten ward. Nach andern stammt der Brauch der Haphtaroth aus den Zeiten der Makkabäer, wo es zur Vorlesung aus dem Pentateuch an brauchbaren Gesetzrollen fehlte (Jost: Gesch., des Israelit. Volkes a. 482, woselbst derselbe Haphtaroth durch „Schlußlegenden“ gibt). Das Wort kann übrigens auch „Eröffnung“ heißen, da patar, entsprechend dem deutschen aufbrechen, lösen, beide Bedeutungen hat (vergl. 2. B. M. 13, 2. Pf. 22, 8. Spr. Sal. 17, 14. Im Musaph von Schemini Azereth finden sich beide Bedeutungen in einem Reimverse nebeneinander: „Welo ephtar, benibh hamephuttar“ ich will nicht scheiden mit geöffneter Lippe) und so könnten die Haphtaroth als Eröffnungen zu den Vorlesungen aus dem Pentateuch gedient haben, obgleich sie jetzt stets nach den Gesetz-Abschnitten vorgetragen werden.

361. Wie gern sagt' ich 'm jeworechecho nach!

Wie gern gäbe ich ihm das Geleit! – Der Priestersegen (birkath kohanim), der mit dem Worte jeborechecha („Es segne Dich der Herr und behüte Dich“ etc.) beginnt, wird dem Abreisenden als Geleit nachgesagt. Ähnlich ist das altdeutsche: „Einem das Bohnenlied singen“ für : ihm sagen, daß er sich entferne. (Eisel.). –

362. Ich geb 'm noch e Schlūach-Mizwo-Kreuzer mit, wenn er geht!

Die Talmudisten stellen den Satz auf (Pesachim 5.): „Die Boten zu einem frommen Werke (scheluche mizwah) bleiben auf ihrem Wege unbeschädigt.“ Daher nahm das Volk den Brauch an, dem, der eine größere Reise unternahm, einiges Geld, wenn auch nur einen Kreuzer mitzugeben, mit dem Auftrage, diese Gabe bei seiner Ankunft einem Armen zu schenken, in der Hoffnung, daß dadurch, wenn auch hier das verdienstliche Werk nur Nebenwerk war, die Reise glücklich ablaufen werde.

363. Ich reiß 'm den Rock nit 'runter!

– um ihn zurückzuhalten, wenn er fort will. – Vielleicht mit Bezug auf 1. B. M. 39, 12. oder 1. Sam. 15, 27. – „Ich halt 'n nit!“ –

364. Ich haaß' 'n gern mochel-sein!

Ebenfalls: ich entlasse ihn gern; ich sehe gern, daß er sich entfernt, gebe ihm gern den Abschied. – Ein wesentlicher Bestandteil des jüdischdeutschen Dialekts war der Gebrauch des deutschen Hilfsverb sein mit dem hebr. Partizip. so heißt mōchel–sein (von machal verzeihen, neuhebr. s. 221.) wörtlich: verzeihend sein, st. verzeihen (wie z. B. im Chaldäischen – Dan. 2, 34. 4, 17. – und im Engl. I am going) und wollte man jemand höflich entlassen, so hieß es: „Seien Sie mōchel!" d. i.: Verzeihen Sie, wenn ich Ihnen etwa die schuldige Aufmerksamkeit usw. nicht erwiesen habe.

365. Er is mir e Dorn im Aag!

So unerträglich, so unleidlich, so schmerzhaft. Vergl. 4. B. M. 33, 55. „Sie werden euch zu Dornen in den Augen und zu Stacheln in der Seite sein." Ebenso Jos. 23, 13. – „Er hot's bei mir verschütt't." (gratiam effundere. S. Adelung). – „Nit gemalt möchte ich'n!" (auch im Bilde, in der Erinnerung unleidlich.).

366. Zu Dem gehört e guter Mage'!

– um ihn zu verdauen. Auch von Dingen und Ereignissen. „Dazu gehört ein guter Magen." „Das ist mehr als man vertragen kann."

367. Der wachst mir zum Hals heraus!

Seine aufdringliche Gegewart erregt mir Überdruß, Ekel. – Auch von Dingen, die einem lästig sind. – „Ich hab's so satt, als hätt' ich's mit Löffeln gegessen." „Ich hab's dick." *

368. Gepattert is Geld wert!

„Losgeworden is Geld wert." Um den lästigen Menschen los zu sein, darf man sich schon etwas kosten lassen. – Ebenfalls von Dingen, z. B. beim Verkauf einer verlegenen Ware. Über „gepattert" s. 360.

369. E schöner Rücke' un e galanter Gang!

Ebenfals von einem lästigen Menschen. „Er hat einen schönen Rücken" etc., sein Fortgehen nimmt sich hübsch aus. –

---

* Als Ankedote erzählt man eine witzige Anwendung unserer Redensart, die hier mitgeteilt werden möge. Ein armer jüdischer Studiosus Theologiae, ein sogenannter Bacher (bachur, ein Jüngling, ausnahmsweise, der sich dem Studium des Talmuds widmete; zuweilen auch ein Lehrer, besonders auf dem Lande) hatte einen Freitisch und erhielt eine Zeitlang als Gemüse immer Kartoffeln und wieder Kartoffeln. Da frug er denn endlich bei Tische den Hausherrn, welchen Segensspruch man bei dem Genusse der Kartoffeln machen müsse (s. 288.). „Welche Frage!" antwortete der Hausherr; „Gelobt sei der Schöpfer der Erdfrüchte (bóre perì háadámah)". – „Wie aber", fragte nun der Kostgänger, „wenn sie einem zum Halse herauswachsen?" –

370. Das haaßt mer Chōmez gebattelt!

Wenn man einen lästigen Menschen ein für allemal losgeworden, oder überhaupt eine lästige Sache aus dem Hause, sich vom Halse geschafft: „Das heißt man; den Sauerteig fortgeschafft!" – „Chamez", der Sauerteig, so wie alles damit Vermischte, was schon den Abend vor dem Rüsttag des Osterfestes hinweggeschaft, vernichtet („batteln", deutschgebildet von batel, s. 232.) werden muß, weshalb auch diese Nacht „Chomez–battel – zu Nacht" heißt (vergl. 282.). Für die Reinigung des ganzen Hauses in dieser Hinsicht hat man den Ausdruck: schütteln: „Hastu schon geschüttelt?" – „Wenn der Bauer kaan Kerb (Kerwe, Kirwe, Kirchweihe) hätt, und der Landsmann (Landjude, s. 417.) kaan Pesach, kämen sie aus dem Dreck nit heraus." –

371. Das is e Affes-pōnim!

– „ein Frechheitsgesicht" (assuth – panim, wie das bibl. as – panim, von hartem, frechem Antlitz 5. B. M. 28, 50.), ein frecher, unverschämter Mensch. Ebenso: „Chuppe – ponim" (chuzpah, Frechheit, vom chald. chazaph, hart, strenge sein, Daniel 3, 15.).

372. Dem sein Asseskaat steht nit mehr uf!

Seine Frechheit (Asseskeit, mit deutscher Endung von dem vorigen hebr. assuth) kommt nicht wieder (vergl. 52.). – „Der fragt nix nach Gott und der Welt!" (687.). „Der springt aller Welt (kol aulom) in's Gesicht!" (ponim). – Ließ es jemand an achtungsvoller Rücksicht einem durch seine gesellschaftliche Stellung angesehenen Juden gegenüber fehlen, eben weil es ja auch ein Jude sei, so hieß es ironisch: „kol Jisrōël acheihem!“ alle Israeliten sind ja ihre Brüder! (Die Phrase ist nämlich dem sabbatlichen Segen für die Gemeinde entnommen: „nebst ganz Israel, ihren Brüdern“).

373. Der Jid fangt mit dem Goj an!

„Der Jude fängt mit dem Nichtjuden an!“ („Goj“, biblisch: der Fremde, Nichtjude; später auch der nicht strengreligiöse Jude). – Bei dem gedrückten Zustande, in welchem der Jude überall lebte, und bei den ungerechten Verfolgungen, die er von der Übermacht zu erleiden hatte, gehörte mehr als Mut dazu, herausfordernd aufzutreten, so daß man auch zu sagen pflegte: „Wenn (wann) hat der Jid Chutzpe (Dreistigkeit, vergl. 893.)? – wenn er kann Geld hot“ – d. h. wenn er nichts zu verlieren hat. – Unsere Redensart indessen gilt überhaupt jedem, der Ursache hätte, sich ruhig und still zu verhalten, und dennoch dreist den Kampf beginnt. –

374. Der hot sein ponim zu wäsche‘ gebe!

Er hat sein Gesicht zu waschen gegeben, er wird nicht mehr schamrot.

375. Der wischt sich das Maul ab un geht dervun!

Wohl nach Spr. Sal. 30, 20.: „Hat sie genossen, so wischt sie sich den Mund ab und sagt: ich habe nichts begangen." – Ebenso: „Er schüttelt den Rock un geht dervun", ohne daß ein Vorwurf usw. Eindruck auf ihn macht. „Der schüttelt alles ab!" – Letztere Redensarten mögen mit dem sogenannten „Taschlich – machen" (am Gedächtnistage wird an ein fließendes Wasser gegangen und dort der Spruch aus Michah 6, 18 – 21. gebetet: „taschlich ... mögest Du in die Tiefen des Meeres alle unsere Sünden werfen") zusammenhängen, wonach, wie bekannt, alte abergläubische Frauen ihre Röcke zu schütteln pflegten, als könnten sie dadurch ihre Sünden abschütteln. Vergl. 649. – „Dervun" s. 141.

376. Die is Kahel's Mesuse!

Zur Bezeichnung eines schamlosen Weibes: „Sie ist der Gemeinde (kahal) Türpfosten (mesusah)" oder vielmehr die, eine Bibelstelle enthaltende, Kapsel an dem Türpfosten, welche von jedem, der vorübergeht, geküßt wird, sich von jedem Vorübergehenden küssen läßt. – Anderseits hieß es vom Manne: „Loßt kaan Mesuse stehn!", küßt, wo zu küssen ist. – Ebenso: „Küß' die Mesuse!" wenn Du doch küssen willst. – „Küß' den Ofen!" –

377. Wie legt mer Alles zum Bösen aus!

Von einem boshaften Menschen, der allem eine böse Absicht unterzuschieben weiß. – „Ein Pega ra (eigentlich: ein böses Begegnis; vergl. 1. Kön. 5, 18. sowie den Eingang im Morgengebete: „Bewahre mich heute und alle Tage ... vor einem bösen Menschen... und einem pega ra..“). – Vergl. Spr. d. Väter 1, 6.: „Josua, Sohn Perachjah's* sagte: Beurteile jeden Menschen nach der guten Seite (lekaph sechuth).“ – „Ein Ding freundlich auslegen ist eines frommen Gemüts.“ (Sailer). – Sabbat 127, b. Wer seinen Nächsten günstig beurteilt, den beurteilt man auch günstig.“ Vergl. Matth. 7. 1.

378. E Maul wie e Schaarmesser!

– so scharf und schneidend, wie ein Scheermesser, Rasiermesser. – Schaar, Schar, altdeutsch, vergl. Pflugschar. – „Läßt kein ganzes Haar an einem“. – „Wer nur zu schimpfen weiß“, heißt es bei den Talmudisten, „auf dem haftet selbst ein Schimpf, und er kann darum niemand anders loben“ (kidd. 70.: „kol happosel pasul“). –

379. Der kann Aam Dam rede‘!

– kann einem Blut (dam, hebr.) reden“, verwunden bis auf's Blut, oder auch, daß einem das Blut aufwallt. Ebenso: „Der kann einem Gift reden!“

---

* Nach Sanhedr. 107, b. Sota 47, a. der Lehrer Jesu. Vergl. auch Majene Jeschuah 67, a.

380. Der red't Aam Dam lechem megooel!

– „redet einem unreines Blut und Brot!" Er kann einem das Bitterste sagen, selbst daß man unreines Blut und Brot auf den Altar gebracht habe (vergl. Malachi 1, 7.). – Doch könnte es auch heißen: „Blut und Brot des Erlösers" (miggōël), daß man nämlich Teil am Abendmahl genommen, was freilich für den Juden eine schwere Anklage ist, das Judentum so verleugnet zu haben. –

381. Der sucht Bilbulim vom Haus herunter!

Von einem ränkevollen, streitsüchtigen Menschen: „Er sucht Händel vom Haus herunter", nimmt Anlaß zu Anklagen und Streitigkeiten von einer Seite her, woran kein redlicher Mensch denkt, wovor der beste Mensch sich nicht hüten kann. – „Hader ab dem Zaune brechen" (Pauli). – Unsere Redenart indes sowie die ähnliche: „Das sen Bilbulim vom Dach herunter!" mögen daher entstanden sein, daß man im Mittelalter häufig dadurch an den Juden zu kommen suchte, indem man ihn anklagte, von seinem Hause, seinem Dache herunter, auf eine Prozession, die vorübergegangen, Kot u. dgl. geschüttet zu haben. (Vergleiche des Verf. „Sagen und Legenden jüdischer Vorzeit". Zweite, vermehrte Auflage. No. LXVI. „Die Lichter der Fremdlinge zu Worms.") „Bilbulim", chaldäisch und neuhebr., von balal, Verwirrung, Bestürzung. –

382. Der is im Stand, aam e Scheeker-Bilbul zuzuwerfe'!

Er ist der teuflischen Bosheit fähig, einem eine Lügenklage zuzuwerfen. Unter einer Lügenklage (schéker, Lüge) ward aber die ebenso absurde als schändliche Anklage auf die Ermordung eines Christenkindes verstanden. – „Zuwerfen", wie zuschieben, mit Hindeutung auf den rachsüchtigen Ungestüm.

383. Der stellt die Kille uf e Nadelspitz'!

– bringt die Gemeinde (kehillah) durch sein freches oder schändliches Betragen in die höchste Gefahr; begeht solche Schlechtigkeiten, daß gegen die gesamte jüdische Gemeinde des Ortes Verfolgungen dadurch entstehen können. – „Er macht Chillul Haschem!" verursacht eine Entweihung des Namens Gottes. (Vergl. Berach. 19, b. Erubin 63, a. kidd. 40, a. Ezech. 36, 20 – 23.) – In der Tat mußte es der ganzen Judenschaft daran gelegen sein, daß auch der einzelne sich kein Vergehen zu Schulden kommen lasse, da ja oft genug die Gesamtheit für die Schlechtigkeit eines einzelnen einstehen mußte und hin und wieder noch muß. Wenn es sonst einfach heißt: N. hat das und das Unrecht getan, und also der Name genügt, so heißt es, wenn ein Jude einmal sich vergangen, heute noch: Der Jude Isak usw. Vergl. 683. 1050. – „Etwas auf die Spitze stellen", in den höchsten Grad der Gefahr oder des mißlichen Erfolges setzen, weil ein Körper, der auf der Spitze steht, keinen Augenblick vor dem Falle sicher ist. (Adelung.)

384. Der kann aan zur Schmad bringe'!

– „kann einen zur Taufe bringen", entweder dadurch, daß sein ärgerliches Betragen Veranlassung zu Verfolgungen und zur Nottaufe gibt, oder auch, daß man selbst aus Ärger das Judentum verläßt, ähnlich dem: „Da möchte man katholisch werden!" (Kirchhofer). – „Schmad", von schamad, eigentlich: vernichten, vertilgen, hier: seinen bisherigen Glauben, seine bisherige religiöse Gemeinschaft aufheben, sei es durch Übergang zum Christentum oder zu einer anderen religiösen Gemeinschaft, z. B. zum Islam, woraus dann mit deutscher Endung ein Verb gebildet ward „sich schmadden" für. sich taufen. Vergl. 671. – Ebenso: „Sich zur kephiroh (Ableugnung) ansagen", „sich koofer sein", s. 677.

385. Der hot schēwe Tewes im Herze'!

– „hat sieben Greuel im Herzen", hat alle Schändlichkeit in sich – „Sieben Greuel" (scheba toéboth), nach Spr. Sal. 26. 25. „Ist seine Stimme noch so lieblich, glaub' ihm nicht! Denn sieben Greuel sind in seinem Herzen." Vergl. auch Sprüche Sal. 6, 15.: „Sechs Dinge haßt der Herr, ein siebentes ist ihm ein Greuel." Die Zahl „sieben" ward indes oft als runde Zahl gebraucht, s. 959. –

386. Das is e Of tōme!

Oph tāme (hebr.), ein unreiner Vogel, ein Vogel, der zu den unreinen, verbotenen zählt. „Ein loser Vogel." – „Chōchem lehóre!" (chacham lehará), klug zum Bösen, um zu schaden, ein Ausdruck, der sich auch in den Pirke R. Elieser findet. „Unter allen Tieren“, heißt es cap. 13., „fand Samael keines so chacham leharà, als die Schlange.“ –

387. Der hot aach seinen Kopp in der Lewōne gesehe‘!

„Er hat seinen Kopf im Mondschein (lebanah) gesehen“, d. h. zum letztenmale, ist infolge irgendeiner begangenen Tat verloren. Ebenso: „Du kannst Deinen Kopp in der Lewōne suche‘!“ – Auch die alten Deutschen sollen den Glauben gehabt haben, wer im Mondschein seinen Schatten ohne Kopf sehe, der sterbe in demselben Jahre. Unser Sprichwort beruht indes auf einer mystischen Stelle im Sohar. Daselbst heißt es (Sohar Wajíkra f. 44, b. col. 176. Sulzbacher Ausgabe): „Wer in der letzten Nacht des Laubhüttenfestes (in der Nacht des Hoscháana rabba, s. 960.) seinen Schatten ohne Kopf sieht, dessen Frau und Kind bleiben wohlauf, aber er scheidet dahin; sieht er aber den Kopf ohne den übrigen Körper, so bleibt er am Leben, sie aber scheiden.“ –

388. Der hot am Jom-kippur gesse‘!

– „hat am Versöhnungstage gegessen“, hat eine solche Tat begangen, daß er aller Wahrscheinlichkeit nach verloren ist. Auch von Dingen, z. B. im Kartenspiele in bezug auf eine vom Gegner ausgespielte Karte: „Die hot am Jom-Kippur gesse‘!“ wird von mir genommen. – Das Essen am Versöhnungstag, auf dessen Entweihung biblisch karath gesetzt ist, gilt als Todsünde. –

389. Steht schon im Memer-Buch!

Ein noch stärkerer Ausdruck als der vorhergehende. Das Memer (memor)–Buch ist ein Buch, in der Synagoge, in welches die Verstorbenen eingetragen werden, damit ihre Namen mit einem Gebete für ihr Seelenheil vom Vorbeter an gewissen Tagen der Reihe nach hergesagt, memoriert, „gememert“ werden.

390. Du kannst dir Dein Bündel schnüre‘!

– kannst nach einer solchen Tat usw., machen, daß Du fortkommst. – „Helfis Gott! mer werde au n’es Bündli mache.“ (Hebel.) Ebenso: „Du kannst Vivrach mache‘!“ – kannst dich aus dem Staub machen. („Vivrach“ verdorben aus wajjibrach, 1. B. M. 31, 31., „und er floh“). – „Kannst plēte gehen!“ – in die Flucht (pelētah) gehen. („Plete machen“ heißt bankerott machen. „Sich hinausmachen“ heißt sterben. „N. hot sich aach hinausgemacht“ ist „abgefahren“). – „Du kannst um gut Wetter beten!“ um gut fortzukommen. – „Du wirst d’ran glauben müssen!“ (Adelung: einer unvermeidlichen Sache nicht entgehen können. – Ein anderes ist: „An etwas zu klauben haben“, s. 422.). –

391. Du mußt Dich noch uf die Hinterfüß‘ stelle‘!

– wie ein Tier zum Angriff, noch trotzig tun, „sich noch patzig machen.“ „Du darfst noch mache‘: Bauer, komm‘ heraus!“ –

392. Dir kann aach im Garte' wachse, daß –

Dir kann's sich ereignen, daß... (auch bei Lehmann).

393. Er hot nit so viel Hoor uf dem Kopp, as er Charōte hot!

– als er Reue hat. – (as für als s. 201. – Charatah, Reue, neuhebr., vergl. das Targum zu Schir haschir. 5, 4.: „Wenn Israel nicht willig ist lemechrat," zu bereuen. Es ist wohl verwandt mit dem bibl. charada Schrecken, Sorge). – Ebenso: „So viel Tag sen nit im Johr, as.."

394. Das is e Loo-cheesez!

– „e Nixnutz", Taugenichts. – „Lo chēphez," keine Kostbarkeit. – „Wenn man ihn wegschenken wollte, so müßte man einen Batzen darauf legen." (Auerbacher) – „Da hört alles auf!" – „An dem ist Hopfen und Malz verloren!" – Ebenso: „Das is e Schofel!" (hebr., niedrig, gemein) ein schlechter Kerl. –

395. Der fangt früh an!

– zeigt frühe schon, was man von ihm zu erwarten hat, besonders in religiöser Hinsicht. – „Kürbisse, Kürbisse, sind aus dem Stengel kenntlich" (Berach. 48, a.) „Noch so unreif, und trägt schon Dornen!" (Ber. rab. 48, a. Jalkut Jer. 274.), Vergl. Spr. Sal. 20, 11. „Auch der Knabe wird in seinem Tun erkannt, ob sein Wirken einst rein und redlich sein wird." – „Was ein Dorn wird, spitzt sich beizeiten." –

396. Das is e Kiwed!

– „ein Ehrenwerter" (kibbud, hebr.), ironisch, besonders in Rücksicht auf Herzensgüte. –Auch in der diminutiven Form: „Das is e Kiwedche'!" „e gut Kiwedche'!" (Die Mehrzahl kibbudim wird im Sinne von Aufwartungen gebraucht, besonders wenn es nicht so ganz aufrichtig gemeint ist: „Der macht mir zu viel Kibbudim!"). – „Das is e guter Jung'!" „e gut Jüngelche'!" „e gut Bißchen!" – „Gut – von Olem!" (ōlam. Welt, vergl. 446.). –

397. Das is e Tachschit – man darf'n an den Hals hänge!

– ein Schmuck, den man an den Hals hängen darf, mit dem Doppelsinne, ihn sich als Schmuck an den Hals hängen, oder: ihn an dem Halse aufhängen. – Vergl. 49. und 50.

398. Das is e Daschkasch!

Sinn: ein Gassenbube, Taugenichts. – Das Wort an sich ist schwierig. Man könnte es für hebräisch nehmen, dasch-kasch, Strohdrescher, Dreschflegel, Flegel; es wird indes nicht sowohl der grobe und ungesittete, als vielmehr der freche und „nichtsnutzige" Mensch damit bezeichnet.

399. Das is e Gottstraf!

– für andere, eine Gottesgeißel, besonders in bezug auf ein ungeratenes Kind.

400. Das is aaner, wie er geschriebe‘ steht!

– ein vollständiger Taugenichts. –„Der hat alle Schulen durchgemacht!“ – Mitunter mit dem Zusatz: „Die ganze Toocheche reicht nit hin!“ die ganze Strafrede (tōchechah), wie sie das 3. (26, 14 – 43.) und 5. B. M. (28, 15 – 68.) enthalten, droht nicht weh genug, um den zu bessern. – Umgekehrt heißt es von einem außerordentlichen Weh, einem außerordentlichen Unglück: „Das is e Makkoh aschér lo kesuboh!“ ein Schlag, wie er nicht geschrieben steht, nach 5. B. M. 28, 61. –

401. Das is der Resch barjoone!

Eigentlich: das Haupt der Banditen (Gittin 56, s. Aruch s. v.), hier: Der Urheber, Anstifter alles Bösen, der Anführer, „der Rädelsführer,“ Reigenführer, der Matador.

402. Der is vun Kopp bis Fuß nix wert.

Vergl. Jes. 1, 6. – „Der is in Haut und Haar verdorben!“ – „An dem is keine gute Ader!“ – „Ein Übelhabt!“ (Wohl: Übelhaupt – mittelhd. houbet – wie „ein Übelmann“ – Niebel. 8259.) „Du weißt wohl, was der Wirt ein Übelhabt ist und Rozēach“ (Mörder. – Handschriftlich im Besitze des Verf.)

403. Bei Dem is jedes Wort verlore‘!

„Es ist kein Streich verloren, dann der nebenab fällt“ (Gailer).

404. Ich hab ‘m die Leber geschleimt.

„Ich hab ihm dick und dünn geben.“ „Ich hab ihm den Kümmel gerieben.“ „Ich hab ihm den Text, den Leviten gelesen.“ (So Adelung mit dem Zusatze: eine Redensart, worin die Anspielung dunkel ist. Im jüdischen Dialekt lautet es indes: „die Levide,“ und so scheint es uns das neuhebr. lewiduj, „zur Buße“ zu sein, was oft eine Überschrift von Bußbetrachtungen oder vielmehr Anleitungen zur Buße war. Auch das Wort widuj, Buße, Bekenntnis, spricht das Volk wide aus: „Einem die Wide vorsagen“). –

8.

Ernst und Düsterkeit. Sanftmut. Unverträglichkeit. Grobheit. Wildheit. Ausgelassenheit. Flüche und Verwünschungen. Freundliche Anreden und Begrüßungen. Gute Wünsche und Segnungen.

405. Mer maant, er steht im Jom-Kippur-Schmunesre!

„Man meint, er stehe im Achtzehn-Sprüche-Gebet des Versöhnungstages," so ernst, so feierlich ist Miene und Haltung. – Jom kippur, Versöhnungstag. Schemone-esreh, achtzehn, der Name eines hehren Gebetstückes in der jüdischen Liturgie, weil es gewöhnlich achtzehn Lobpreisungen Gottes enthält, obschon das von Sabbat und Feiertagen nur deren sieben hat.

406. Der blast das ganze Johr Trübsal!

– „bläst Trübsal", seufzt und stöhnt immer, zeigt nie eine zufriedene, freudige Miene oder Stimmung, „sitzt un klagt Gott un die Welt an." – Möglich auch, daß der-

Ausdruck „Trübsal blasen" dem hebr. tharii réa (Micha 4, 9.) nachgebildet ist, wo réa auch von der Septuaginta durch χαχα gegeben wird, die indes tharii durch εγνως gibt.

407. Der guckt Alles durch e trüb Glas!

– sieht alles in dunkler, düsterer Farbe. – Ein Griesgram. – „Dreier Leben," sagen die Talmudisten (Pesach. 113, b.), „ist kein Leben: der allzu Gefühlvollen, (rachmanin), der Jähzornigen und der Trübsinnigen.."

408. Der macht alsfort e Ponim wie die Schmaríë!

– macht immer ein Gesicht, wie die Maria, ein Leidensgesicht, gleichsam ein mater-dolorosa Gesicht. – Um ein Wort, das ihm nicht als heilig gelten durfte in seiner gehörigen Form nicht auszusprechen, setzte der alte Jude irgendeinen Buchstaben, oft ohne alle Bedeutung und ohne jede weitere Absicht, daran oder veränderte es auf andere Weise, gerade so, wie er bei den ihm heiligen Namen und Worten verfuhr, die er im gewöhnlichen Leben durch richtige Aussprache nicht profanieren wollte, z. B. Elokim für Elohim etc. (s. 533. Vergl. auch 349.). Daher: Schmaria für Maria, Schmeiz für Kreiz, Kreuz usw. – „Alsfort," alsofort, immer, wie alsbald, alsobald, gleich. Vergl. Schmied: Schwäbisches Wörterbuch: ällsfort, immerfort.

409. Der plangent den ganzen Tag!

– heult den ganzen Tag, spricht immer in einem gedrückten kläglichen Tone. – „Plangenen," klagen, weinen, vom lateinischen plangere.

410. Der macht alsfort e Britsch!

– läßt das Maul immer hängen. – „Mach so kaan Britsch!" – Das Wort ist wohl nur metaphorisch genommen von der eigentlichen Britsche oder Pritsche (s. Adelung); doch könnte es auch mit dem allemanischen briegge (weinen. Hebel.) zusammenhängen.

411. Was is der so krittlich!

– so mürrisch und mit allem unzufrieden (s. Schwenk, der es von kreien, schreien, ableiten will; indes könnte es auch mit Kritik, kritisieren zusammenhängen) – „Den ärgert die Flieg' an der Wand!" –

412. Der laßt Holz uf sich hacke!

– so nachgiebiger Natur ist er, doch mehr im tadelnden als im lobenden Sinne. „Der läßt sich auf dem Kopf tanzen." „Er ist so zahm, man kann ihn um die Finger wickeln." (Adelung).

413. Er is e Tu-mir-nix!

Man braucht keine Furcht vor ihm zu haben, er ist ein sanfter, gutmütiger Mensch, der andre um Schonung bittet und froh ist, wenn man ihn in Ruhe läßt.

414. Der hot den Toole nit geratzt!

Ebenfalls zur Bezeichnung eines sanften, gutmütigen Menschen: „Er nahm keinen Teil an der Kreuzigung Jesu." – „Toole! (toluj) von talah, aufhängen, kreuzigen, der Gekreuzigte. „Ratzen" s. v. a. ritzen, riten (daher wohl die Ratze, Ratte, als Nagetier). – Dieses Volkswort könnte übrigens als Stütze für die Meinung Jost's (Gesch. des Judent. und seiner Sekten. I Abschn. 3. S. 408.) dienen, daß nämlich die Hinrichtung Jesu nicht sowohl von einem ordnungsmäßigen Gerichte ausging, sondern mehr das Werk einer fanatischen Partei war. –

415. Der waaß nix vun Bös!

„Es ist keine böse Ader an ihm." – Vergl. auch 346. –Für den Ausdruck: gelassen, sanft, haben die jüdischdeutschen Schriften: bemälich", so z. B. in Hilchoth derech ērez (Wagenseil: Belehrung S. 317.): „Laß Deine Red bemälich sein." Zunz (Gottesdienstl. Vorträge S. 440.) liest und schreibt: „bimelch" und weiß sich so das Wort nicht zu erklären. Wir glauben es richtig gelesen und geschrieben zu haben (da zwischen dem lamed und kaph sich ein jod befindet) und nehmen es einfach für unser „allmählich", allmächlich, gemächlich, indem man die

Vorsilbe ge mit be vertauscht haben könnte, so wie man „benügen“ statt „genügen“ findet (das. S. 312. „er soll sich benugen lassen, mit dem was ihm Gott beschert“); wahrscheinlicher aber ist es die hebr. Präposition be, wie in bekōwed (238.) und noch mehr in benāches (941), was sogar dasselbe bedeutet, und in der Tat findet sich (das. S. 322.) nebeneinander: „belanzum, bemälich“, wo von einem sittsamen (zenuah, zurückgezogen, bescheiden, demütig, fromm, bibl. und neuhebr., vergl. bes. Tract. demaj s. 18.) und einem frechen (perūzah, bibl. eingerissen, losgerissen; neuhebr.. los, frech) Weibe die Rede ist, „Die Peruzah erhebt ihre Stimme, die Zenuah aber redet belanzum (langsam, für leise) bemälich.“ – Hierher könnte man auch „benoth“ rechnen für beengt, beängstigt, „es ist mir so benoth, der Angstschweiß brecht mir aus“, indessen findet sich im altd. auch ein „genöte“ für bekümmert (Riedel. 7099.), und noch näher liegt das holländ. benaauwd, beklommen. –

416. Da is gleich Feuer über Dach!

Vom jähzornigen Menschen. Eiselein: im Dach. – „Wer wird alles gleich so hoch aufnehmen!“ – „Macht aus einer Mück‘ einen Elefanten“, „aus einer Nephiche (277.) einen Dunder (Donner)-Schlag!“ –

417. Das is e Landsjookel!

– ein grober Bauer. – „Jookel“ ist ein Name (Jōkel) und steht hier mehr als Onomatopoie (Schallwort), um das Grobe zu bezeichnen, wie das englische Jack, „Jack will never make a gentleman.“ – „Lands“ hat im jüdischdeutschen Dialekt immer die Bedeutung „vom Lande,“ wie „Landsmann.“ „Landsleut“ für : Dorfjude, Dorfjuden, „Landskonfekt,“ „Landspomeranz‘,“ von einem bäuerischen Landmädchen. – „Das is e Chamer!“ (chamor, Esel, s. 123.). –

418. Das is e Chaklóe!

Ebenfalls: „ein Bauer,“ jedoch mehr, um das plumpe Wesen zu bezeichnen. – Chaklóoh von chakal, Feld (Aruch s. v.), ein Idiot, der auf dem Lande wohnt. Vergl. Megil. 16: „Laß den Chaklóoh auch König werden, der Korb kommt ihm dennoch nicht vom Halse herunter.“ – Ebenso: „Das is e Kafre!“ kaphri, ein Dorfbewohner, Bauer, vom bibl. kaphar, Dorf. Im Munde der Bauern selbst, auf welche das Wort übergegangen ist, lautet es Kaffer. – „Das is e Jergel!“ (Jerg bei Hebel, Georg). –

419. Ohne Taam un ohne Rahm!

– unleidlich und abgeschmackt (táam, hebr., Geschmack, Verstand). „Ohne Geschick und ohne Gelenk.“ – Auch von Dingen, Arbeiten usw., die Mißfallen erregen. Vom hebr. táam (Spr. Sal. 11, 22. Ps. 119, 66.) bildete man sich mit deutschen Endungen sowohl das Substantiv: „ein Untaam,“ ein abgeschmackter Mensch, als auch ein Partizip, „unbetaamt,“ abgeschmackt. – Vergl. auch 734. – „Dem sein Lachen kann mich vertreiben.“ –

420. Kaan Tárwes un kaan Dērech-Erez!

„Keine Zucht und keine Sittsamkeit." – Tarbuth, bibl. (4. B. M. 32, 14.) Zucht in der Bedeutung von Nachwuchs, Brut; neuhebr. Zucht im sittlichen Sinne (Aruch s. v.). Derech-ērez, wörtlich: Landesbrauch, Sitte, s. 330. –

421. Der kann aach sein Stätche bestehn!

– kann seine Stätte, seine Stelle ausfüllen; im bösen Sinne, besonders von einem wildtobenden Menschen. – „Staat" für Statt, Stätte, vergl. 223. –

422. Der hot sein' Naupe'!

Von einem Menschen, mit dem schwer auszukommen ist, er hat seine Launen und Eigenheiten, Anmaßungen und Einbildungen. Auch von Dingen und Unternehmungen, die schwierig sind; „Das Ding hat seine Naupen!" Ähnlich: „Es is nit so glatt, nit so einfach (poschut)." „Man hat d'ran zu klauben" (herauszulesen). – Die Erklärung des Wortes Naupe oder Naube selbst, das man sehr häufig und nicht bloß vom Juden hört (vergl. Schmeller: Bayerisches Wörterbuch), ist schwierig. Schmeller scheint es mit gnaupen, knaupen – Bewegungen machen wie ein Hinkender, hinken, nicken – zusammen zu halten. Uns scheint es indes soviel als Knop, Knauf, zu sein, mit abgestoßenem K-Laut; engl. knob und knot, node, latein. nodus, Knoten. – Auch bei den Talmudisten kommen ähnliche Redensarten vor, um eine Schwierigkeit zu bezeichnen (Jebamoth 61, b.): „ich sehe einen Knoten (ketir) hier" (Jebamoth 107.): „Man hat ihm zwei Knoten gemacht," doppelte Schwierigkeiten in den Weg gelegt. –

423. Der hot heut' seinen bösen Tag!

– wie das Fieber, heute ist nicht mit ihm auszukommen, ist er schlechten Humors. Ebenso anderseits: „Er hat heute seinen guten Tag," ist froher Laune, freigebig usw.

424. Bistu meschuche, laß Dich anbinde'!

Wenn jemand in Äußerungen und Benehmen sich unsinnig, sich wie toll (meschugga, hebr.) bezeugt. „Bist Du besessen, laß Dich bannen!" (Fischart bei Eiselein).

425. Es is 'm zu wohl!

Daher seine Ausgelassenheit. – Ebenso: „Er waaß vor Wohltäg' nit, was er tun soll!" wo „Wohltäge" überhaupt für Lust, Wohllust steht, wie umgekehrt „Wehtät'" (vergl. Adelung s. v. Wehtage) überhaupt für Schmerz gebraucht wird (430.). – Vergl. 5. B. M. 32, 15. „Da ward Jeschurun fett und schlug aus." – „Der Löwe," heißt es bei den Talmudisten (Berach. 32. Jalkut Debar. 797. Hosea 517.), „brüllt nicht aus einem Behälter voll Stroh, sondern aus einem Behälter voll Fleisch." –

426. Man muß'm den Brodkorb höher hängen!

In demselben Sinn, wie die vorhergehende Redensart. –„Ein voller Bauch," heißt es (in den 425. angeführten Stellen), „ist mancherlei Übel Erzeuger.* Ein Mann hatte eine magere und knochige Kuh. Da gab er ihr Wicken zum Futter und alsbald schlug sie nach ihm aus. Ha! rief der Mann, daran sind die Wicken Schuld, die ich Dir gegeben." –

427. Nix als stiffe'!

– nichts als ausgelassene Späße treiben, und so könnte „stiffen" von stieben (althd. stiopan), aufregen, herkommen; indessen wird im Jüdischdeutschen auch „anstellen" für Lärm machen gebraucht. – „Das haaßt angestellt!" „Der kann anstellen!" – so daß „stiffen" = stiften und die Grundbedeutung desselben, wie von anstellen, einrichten, anordnen (stiban, vergl. Schwenk s. v. Stift) sein könnte. –

* sene bische; das Wort sene läßt sich verschiedentlich erklären, vergl. Raschi 1. c. und Aruch Artikel san 3. – Den Ausdruck „Den Brotkob aufhängen" kennen auch die Talmudisten. Sie sagen (Pesachim 111, b. Aruch s. v. siltha): „Wer den Brotkorb aufhängt, dessen Nahrung hängt auch hoch," das Aufhängen des Brotkorbes ist ein bedeutungsvolles Zeichen der Armut.

428. Der kann aan jeezere'!

– kann einen quälen, plagen. Ebenso: „jeezere mich nit so !" „Das is e Jeezerer!" ein Quälgeist. „Der jeezert aam das Herz heraus!" usw. Es liegt nahe, das Wort vom hebr. jazar, beengt sein, (1. B. M. 32, 8. Jes. 49, 19) abzuleiten, so daß es ängstigen bezeichne, um so mehr als man in der Tat noch häufiger meezern hört (also das Hiph. von zarar mit deutscher Endung). So hat man auch ein sehr schönes Sprichwort, auf welches den Verf. sein verehrter Freund, Herr Rabbiner Stein, gelegentlich aufmerksam machte: „Der Jēzer (die Begierde, s. 935.) is e Mēzer", ein Quäler, der Begehrgeist ist ein Störgeist. – Es findet sich indessen ein jezern in diesem Sinne auch bei Kirchhofer, wozu Eiselein bemerkt: „Die Predigermönche in Bern haben im Jahre 1507 einen Schneider von Zurzach, namens Hans Jezer, durch allerlei Gaukelei geängstigt und ihm Christuswunden in Händ' und Füße gemacht; woher obiges Wort und sein Sinn."

429. Das is e Kippeler!

Von derselben Bedeutung wie Jēzerer. „Der kippelt einen (an einem) den ganzen Tag!" – Vom mittelhd. kip (Ziemann: Eigensinn, Widersetzlichkeit), verwandt mit kiben, keifen.

430. Der kann aam Golus antun!

– kann einem ein solches Weh, ein so großes Herzeleid antun, wie das Leben in der Verbannung (galuth), wie die bittern Verfolgungen, welche der Jude zu erleiden hatte. – „Der kann's aam antun!“ – Auch von Dingen, z. B. „Der Zahn tut mir Golus an.“ – „Der kann aam Wehtäg‘ antun!“ – Ebenso: „Innes antun“ (inuth, Leiden, von anah, vergl. Ps. 22, 25.). –

431. Der kann aan uf's Gutort bringe‘!

– kann einem den Tod antun!“ – Der Friedhof hieß und heißt zum Teil noch bei den Juden, deutsch: „Das Gutort“, der gute Ort, hebr.: Bes (beth) hachajim, Haus des Lebens, Bes ōlem (ōlam), Haus der Ewigkeit, Bes hakkewores (hakkebaroth, Haus der Gräber (vergl. Pred. 12, 5. nebst der chald. Übersetzung u. Neh. 2, 3.). – Hinsichtlich der Zusammenziehung „Gutort“ vergl. die ähnliche „Gutglück“ (214.). – Hiob 30, 23. heißt der Friedhof: „Das Haus der Zusammenkunft (Beth mōed) für alle Lebende.“ –

432. Der tobt wie der Schwed!

Offenbar eine Redensart aus dem dreißigjährigen Krieg. – „Es sieht aus, als habe der Schwed hier gehaust!“ (Kirchhofer)

433. Der fahrt herum wie der Bal-tschuwe!

„Er fährt umher, wie der Büßende". – Sowohl von einem unruhigen Menschen überhaupt, als von einem unsteten insbesondere, der nirgends ruhig bleiben, an keiner Stellen lange verweilen kann. – „Er fährt herum, wie der Teufel im Buch Hiob!" (Eiselein). „Der hat kein Sitzfleisch!" „Überall und nirgends!" „Hans in allen Gassen!" „Bekannt wie ein Pudelhund!" Dem Baal-teschubah, Mann der Buße, ward oft auferlegt, während seiner Bußzeit an keinem Orte länger als eine Nacht zu bleiben. Der bestimmte Artikel in unserer Redensart scheint indes auf einen bekannten Bal-tschuwe hinzudeuten, und in der Tat ward vieles von einem solchen erzählt, der ein Schüler des berühmten Rabbi Jonathan Eibeschützer war. Vergl. auch das Gedicht gleichen Namens von Chamisso. –

434. De schießt e Ríee!

– „schießt einen Blick", wirft einem einen wilden Blick zu – „Schieß wilder Blicke nicht zu vil." (Winsbeke bei Eiselein). „Ríee", verdorben aus reïjah, Blick (neuhebr., von raah, sehen).

435. Sei mich nor nit mannisch beríee"

Als Zuruf an einen wildblickenden Menschen: „Wolle mich nur nicht durch den Blick strafen!" durch den sogenannten bösen Blick verderben. „Màanisch", von anasch, strafen. Über den Gebrauch des hebr. Partizips mit dem deutschen Hilfsverb sein s. 364.

436. Der hot den Mag's-nit-sage' in sich!

– den Satan, den „Gott-sei bei uns!" – Ebenso: „Der hot den Wie-heißt-man's (Wie-haaßt-mersch) im Leib!" „Der hot den Schin-Teß im Leib!" indem man, um das Wort Satan nicht vollständig auszusprechen, nur die beiden ersten hebräischen Buchstaben nannte: sin, teth. (Vergl. 613.). –

437. Das is e Maschchis!

– maschchith, hebr., ein Verderber, Zerstörer, böser Geist (2. B. M. 12, 23). –

438. Der muß Alles kaljeh machen!

– muß alles verderben (von kalah, kiljah, kelajah). Daher: „Einen Kaljes machen", einem hindernd in den Weg treten, etwas hintertreiben, z. B. eine Bewerbung, ein Geschäft etc. etc. – Muß alles kappōre machen!" (s. 198.)

439. Geh zum Mag's nit sage'!

Als Fluch: Geh zum Satan! Ebenso: „Geh zum Wiehaaßt-mersch!" – (S. 436.). – „Jag'n zum Soton!" „zum Asosel in der midbor" Wüste, vergl. 3. B. M. 16, 10.). –

440. Geh unter wie Koorech!

– wie Korah. 4. B. M. 26.

441. Geh leschasch!

„Geh zu der Teufel Namen,“ zum Teufel! Leschasch ist hier eine Abbreviatur von leschém schedim, so wie man diese Zusammenziehung auch in gutem Sinne hat von leschém schamajim, zu des Himmels Namen. (Die Konstruktion wäre wie in lech leschalom, geh zum Frieden! 1. Sam. 1, 17., indes es zum Sterbenden oder Toten hieß: lech beschalom, geh in Frieden! Berachoth 64, a. 1. B. M. 15, 15. Lukas 2, 29.). – Das „Schoch Schedim“, das man ebenfalls oft hörte, ist wohl nichts anders als das deutsche „Schock“, wie: „Der hat ein Schock Teufel im Leib.“

442. Wer‘ nit gedoocht un nit gebraucht!

„Werde nicht gedacht...“ ähnlich dem folgenden : jemand etc., werde völlig vergessen und verachtet. –

443. Jemách Schemoo wesichroo!

„Es werde vertilgt (jüdischdeutsch: „ausgemekt“, „abgemekt“, vielleicht das englische make out, sowie man in der Volkssprache auch ein Licht, ein Feuer, eine Schrift ausmachen für auslöschen sagt; doch kann es auch verwandt sein mit dem mundartigen „abmacken“ für umbringen, s. Schmeller: Bayerisches Wörterbuch. Das hebr. machah heißt übrigens ursprünglich ebenfalls: abwischen, auslöschen) sein Namen und sein Andenken!" – (Vergl. 2. B. M. 17, 14.). – Bei Erwähnung eines schlechten, verruchten Menschen, entgegen dem „Seecher Zaddik livróche! (librachah)", „das Andenken des Gerechten zum Segen!" (Taanith 28.). – Jalkut zu Spr. Sal. 10, 7. No. 496. sagt: „Wer einen Gerechten erwähnt und ihn nicht segnet, übertritt ein Gebot, denn es heißt: „Das Andenken des Gerechten ist zum Segen"; und wer einen Gottlosen erwähnt und ihn nicht flucht, übertritt ein Gebot, denn es heißt: „Der Namen des Gottlosen soll verwesen." – Ebenso: Baba bathr. 109, a.: „Man hängt das Verderben an den Verderber", bei der Erwähnung des Verderbens nennt man auch den ersten Veranlasser. – Nach Sepher Chasidim 745. indessen bedarf es bei Erwähnung der Talmudisten des Segenspruches nicht, so wie es ja auch nicht bei Erwähnung der biblischen frommen Männer, bei Moses und Aharon, geschehe. – Ähnlich sagt auch Simon ben Gamaliel (Jer. Schekal. 6. Ber. rab. 71. b.): „Frommen errichtet man keine Denkmale (nephaschoth), ihre Worte sind ihre Denkmale." –

444. Er soll nit gedoocht werde' an seim beschten Jontev!

– „an seinem besten Festtag", an seinem höchsten Freudentag verdient er bis auf's Andenken vernichtet zu sein. – „Jontev", verdorben aus jom tob, guter Tag, Festtag (1. Sam. 25, 8.). –

445. Wer' mein Kappóre!

„Werde mein Sühnopfer!", werde für mich dahingenommen! – Über das Wort Kappóre s. 198. – Wollte man den Fluch nicht aussprechen, so lautete es: „Wer' meines!" – Hierher gehört auch der Ausruf: „Kappóre für kol Jisróel!" wenn jemand den Tod eines schlechten Menschen berichtete: „Er sei ein Sühnopfer für ganz Israel!"

446. Wärst Du vun der Welt!

– hinweggenommen, wärest Du gestorben! – So erzählt man eine Anekdote, jemand habe zu einem „Altmodischen" gesagt: „Geh! Du bist noch von der alten Welt." – „Sei Du," antwortete dieser doppelsinnig, „von der Welt!" – Noch gemeiner ist: „Wärst Du gepegert!", verreckt, von peger (hebr.) Leichnam.

447. Makke zu Dir!

Ein boshaftes Wortspiel als zorniger Zuruf an jemand, der die Türe offen gelassen: „Makke (makah, Schlag, Plage) zu Dir!" st.: „Mache zu Tür'!" – Der gemeine Mann hatte natürlich noch vielerlei derartige Flüche, als: „Krie (g) den Anstoß!" (Anfall von Fieber oder irgendeiner Krankheit. Adelung); „Krieg das böse Zēlem!" (Kreuz, s. 159.); „Krie (g) das Esek!" (ēsek – mit einem samech, verwandt mit dem bibl. mit einem sin – chald. und neuhebr.: Geschäft, Ding, hier: das böse Ding oder, wie man auch sagt, böse Wesen, die Epilepsie, also dasselbe, was auch die Ausdrücke: „Krie das Werk!" „Krie den Tippel!" sagen sollen (tippol, das Futur 2. P. Einz. von naphal fallen); „Krie (g) e Misemeschinne!" (s. 64); „Krie (g) den Jppesch!" (vom chald. aphasch – mit einem ajin – verfaulen, vermodern, hebr. abasch (Joel 1, 17.) also: Faulfieber, Pest. usw. –

448. Soch un dorr!

Sinn: „Sitze und verdorre!" wie in: „Was sochst Du da un tust nix?" – „Die große Soch!" (Tochter) geht den ganzen Tag schlinke', schleife'!" von einer erwachsenen Tochter, die immer müßig umherschlendert (schlinken – von schlingen, die Schlinge, Schlinke – wovon schlank, ist das Stammwort von schlenkern) und schleift. – Doch wissen wir keine Erklärung für das Wort „sochen"; vielleicht ist es polnisch. – Ein anderer ähnlicher Ausdruck ist: „Strack Dich un hab Ruh!" von strecken; woher auch das Adjektiv strack. –

449. Wer' verschwarzt!

Dieser boshafte Fluch gehörte mehr den polnisch-deutschen Juden an. „Werde verschwarzt!" werde in volle Trauer versetzt, so daß Du ganz schwarz gehen mußt. – Über den frühen Gebrauch der schwarzen Farbe bei den Juden als Trauerfarbe vergl. Rabbenu Ascher zu Moed katan hal. 95. –

450. Schneid Dir e' Kríee!

– „einen Riß (keriah)". Werde veranlaßt, Dir den Trauerriß zu reißen, der, nachdem man vermittelst eines Schnittes begonnen, über einen nahverwandten Toten als Trauerzeichen in's Kleid gerissen wird. Der abscheuliche Fluch ist hier und da, z. B. in Frankfurt, auch in den Mund des christlichen gemeinen Volkes übergegangen, lautet aber da: „Schneid'r e Krieb!"

451. Krie (g) das gute Johr!

Als scheinbarer Fluch, wenn man wider jemand einigermaßen aufgebracht ist und ihm doch nicht fluchen will. Vergl. 465. 466.

452. Krie (g) das Hahne'joch!

Als scherzhafter Fluch. „Das Hahnenjoch bekommen", so daß man jeden Morgen in aller Frühe aufstehen muß, um den Tage anzukrähen.

453. Mein Gold un mein' Kron'!

Schmeichelrede an ein Kind, an eine Geliebte usw. Ebenso: „Mein Herz un mein' Kron'!" – „Mein Herzblatt!" (Adelung). – „Mein Tachschit! (tachschit, hebr., Kleinod)." – „Mein Neschires!" (aschiruth, Reichtum, s. 17.). – „Mein Chajjes!" (chajjuth, Leben). – „Mein Malches!" (malchuth, Königreich). – „Mein Alles!" usw. Oft mit dem Zusatz: „Gott laß dich gesund, bis ich Dich totschlag'!" – In bezug auf das letzte Schmeichelwort „mein alles!" erzählt man eine hübsche Anekdote. Ein witziger junger Mann kam einmal von einem nicht eben glücklichen Geschäftsgange nach Hause. Liebevoll kam ihm sein junges Weibchen entgegen. Da umarmte er sie zärtlich mit dem Ausrufe: „O Du mein alles!" – fügte aber sogleich scherzend hinzu: „Jetzt denk' Dir meinen Dalles!" (dalluth, Armut). –

454. Gottelkumm!

Verdorben aus: „Gott willkomm!" Sei Gott willkommen! – „Got alrest, darnach mir west willekomen!" (Parciv.). „Wis willekommen mir und Gott!" (Frauend.). „Sit mir Gote willkomen!" (Tristan. Vergl. Eiselein, so wie das Schwäbische: „Grüß' Gott!") Der Gruß: „Gottelkumm!" galt besonders einer Frau, die aus der Fremde gekommen, gleichviel, ob sie uns selbst oder einen Freund von uns besuchte, oder überhaupt nur verreist war; ein Mann ward mehr mit der folgenden hebräischen Anrede begrüßt. Die Antwort darauf war: „Wohl gesche'ch!" (geschehe euch). – Man hat selbst eine nicht unwitzige Deutung des Grußes „Gottelkumm" an Frauen. Unter den täglichen Lobsprüchen im Morgengebete nämlich heißt einer für den Mann. „Gelobt seist Du, Herr, daß Du mich nicht zum Weibe erschaffen!" indes die Frau dafür zu sagen hat: „Gelobt seist Du, Herr, der mich nach seinem Willen erschaffen!" die Frauen sind also besonders nach dem Willen Gottes gekommen. –

455. Berchawe!

Verdorben aus boruch habbo! gesegnet sei der Kommende! (Ps. 118, 26. Matth. 23, 29.). Zur Begrüßung eines Mannes der uns besucht. Die Antwort darauf war ebenfalls hebräisch: „boruch nimzo!" gesegnet sei der sich da Befindende! – Kam jemand gerade nach dem Essen, so hieß es scherzweise: „Berchawe, nach Tisch!" –

456. Schōlem aleechem!

Schalom alēchem, „Friede mit Euch!" Zur Begrüßung eines aus der Fremde kommenden Mannes. Die Antwort darauf war umgekehrt: Alēchem Schōlem! „Mit Euch Frieden!" – Das Wort schalom, Frieden, Heil, wird biblisch schon häufig gebraucht, sowohl um sich nach dem Wohlbefinden eines andern zu erkundigen, als auch um Versicherung über das Wohlbefinden zu geben (1. B. M. 29, 6. 43, 27.). – Zur Beruhigung: Frieden mit Dir! (Richter 6, 23. 1. Sam. 16, 5. 25, 5. 6.), entsprechend unserem: gib Dich zufrieden! – Zur Verabschiedung: Geh zum Frieden! (1. Sam. 11, 17.) oder: Geh in Frieden! (2. Sam. 15, 9. s. 441.). – Vergl. Jes. 57, 23. „Keinschalom!" spricht mein Gott zu den Ruchlosen." –

457. Das soll alles Gut's bedeute!

Als sich verwundernder, doch freundlicher Willkommen bei einem lange nicht gehabten Besuche. Dein oder ihr unerwartetes Erscheinen soll alles Gute bedeuten, die Veranlassung zum Besuche möge eine gute sein.

Ebenso: „Zu allem Guten!“ Vergl. 1. Sam. 16, 4. 1. Kön. 2, 13. „Ist Dein Kommen zum Heil?“ – „Wie verlierst Du Dich daher?“ – „Wie schweift der Herr hierher?“ (kidd. 70.). –

458. Schlag‘ den Ofen ein!

Ebenfalls als Ausruf bei einem seltenen und daher überraschenden, jedoch willkommenen Besuche. Der Sinn der Redensart ist wohl .., um Platz zu bekommen für einen so seltenen Besuch.

459. Sei (seid) mōchel!

Zu einem Besuche, der sich entfernt: „Seid verzeihend“, verzeihe – wenn ich Dir nicht weiter das Geleit gebe, oder überhaupt: wenn ich Dir die gebührende Aufmerksamkeit nicht erwiesen haben sollte. – Über mōchel-sein vergl. 364. – Im Scherze auch mit einem Zusatz: „Sei mōchel, un grüß‘ mir die Rōchel!“ (Rahel).

460. Nehmen Sie’s Geleit mit!

Zu einem Freunde, der von uns weggeht und den man nicht begleiten kann oder will. (So Adelung s. v.). – Eine scherzhafte Antwort darauf ist: „Ich werde es nicht dalassen!“ (das Kleid, als Paronomasie mit: das Geleit). – Indessen führt auch der Midrasch (Midr. tehil. 104. im Eingange) ausdrücklich als ein Volkswort den Wunsch an: „Möge Dein Geleit Dir werden!“ (jehi elécha livjathach), und deutet es auf die Schutzengel, welche, nach Ps. 91, 11., den auf Gott vertrauenden Menschen auf allen seinen Wegen geleiten. Leicht könnte unsere Redensart daher stammen und demnach ursprünglich den Sinn gehabt haben: „Nehmen Sie das Geleit (Ihres Schutzengels) mit", ähnlich der nicht weniger bekannten Redensart: „Unser Herr Gott sei bei Ihnen!" –

461. Nehmt unsre Grobheit für Höflichkeit uf!

Ebenfalls bei dem Entlassen; aber mehr dem Landjuden eigentümlich: Nehmen Sie unsre ländliche Grobheit für städtische Höflichkeit auf! – Eine Redensart indessen, die, wie bekannt, ebenfalls nicht bloß dem Juden angehört.

462. Mit Lieb sei Euer Oorech!

Zu jemand, der den Besuch eines Verwandten oder Freundes aus der Fremde erhalten hat: „Mit Lieb sei Euer Gast!" – Euch gekommen; Ihr Gast bringe Ihnen Liebes und Gutes, so wie es Pirke Elies. cap. 36. heißt: „Mancher Menschenfuß bringt Segen in das Haus (in das er eintritt), und mancher Menschenfuß bringt Zerstörung." – „Orach", Wandrer, Fremder, Gast (Hiob 31, 32. Verg. 239.). – Die Antwort darauf war. „Euch auch (aach), was Euch lieb is!" – Der Ausdruck „mit Lieb" als Glückwunsch für ein Künftiges kommt mannigfach vor, z. B. „Den und den mit Lieb jährt sich mein Kind." (Vergl. 470.). – Die einmal geknüpften Bande der Gastfreundschaft galten den Talmudisten übrigens für so heilig, daß sie besonders dem Gaste empfahlen, nur bei der äußersten ganz unerträglich gewordenen Verletzung die alte Einkehr aufzugeben (Erach. 16, b.). „Ein Gast“, heißt es daselbst, „der tadelt, verfällt selbst dem Tadel.“ Möge er sagen, es sei mit seinem bisherigen Gastfreunde nicht auszukommen; die Leute werden sagen: Das muß ein schöner Gast sein, der nicht zufrieden zu stellen ist. – Die Gastfreundschaft selbst aber oder vielmehr die Gastfreiheit (hachnasoth orechim) wird so hoch geschätzt, daß sie zu den Dingen zählt, deren Früchte der Mensch schon in diesem Leben genießt, indes ihm das Hauptgut, das Kapital (kēren), für das jenseits stehen bleibt (Sabbat 127.). –Noch sei beiläufig bemerkt, daß bei den Rabbinen die Frau für weniger gastfreundschaftlich gilt als der Mann (Baba M. 87. Jalkut wajer. 82.), indem sie zugleich auf Sara hinweisen, welche, nach der Sage, für die zu bewirtenden Engel nur grobes Mehl nahm, indes Abraham feines Mehl genommen haben wollte. –

463. Ihr sollt sooche sein, Euer Kind unter die Chuppe zu führen!

Zu Eltern, deren Kind einen Freudentag feiert, etwa seine bar mizwoh (Konfirmation oder vielmehr religiöse Volljährigkeit, s. 557.), oder seinen Geburtstag usw.: „Du sollst das Glück haben, Dein Kind zur Trauung zu führen!“ – „Sōche-sein“, erreichend sein, von sachah, rein sein (biblisch), unschuldig sein, durch seine Unschuld verdienstlich sein, wert sein, ein Recht auf Belohnung haben, dann überhaupt: verdienen, erreichen, in Besitz nehmen, genießen (vergl. Aruch s. v. sach). Daher sechuth sowohl Verdienst – sechuth aboth, das Verdienst der Väter – als Reinigung, Entschuldigung heißen kann (Jalkut 5. B. M. Nr. 853.). – „Chuppah", Decke, Zelt, das Hochzeitszelt, der Trauhimmel, unter welchem der Bräutigam kurz vor der Trauung saß (Ps. 19, 6. Aruch s. v.). Daher „zur Chuppah führen", zur Trauung führen, „unterführen", wie es auch kurz heißt. Das „Unterführen" haben die Eltern, nahe Verwandte oder Freunde des Bräutigams oder der Braut (vergl. ketuboth 12, a. Pirke Elies. cap. 12, Joh. 3, 29.). – Die Antwort auf unsern Wunsch, sowie auf ähnliche Wünsche war ebenfalls: „Euch auch, was Euch lieb ist!" –

464. Wer' frumm un alt!

Als gemütlicher Wunsch an die Jugend bei Geburtstagen und ähnlichen Gelegenheiten, besonders beim Niesen, vergl. 473.

465. Gut Jontev!

„Gut (er) Feiertag!" wie „vergnügte Feiertage!" Bei Beginn des Feiertages nach Vollendung des Gebets, oder auch beim Eintritt in das Zimmer für das gewöhnliche „guten Tag!" „guten Abend!" – „Jontev", verdorben aus jom tob, guter Tag, Festtag (1. Sam. 25, 8.) – Ebenso am Sabbat: „Gut Schabbes!" – Die Antwort darauf lautet stets: „Gut Johr!" oder auch: „Gut Schabbes un gut Johr!" indem man in reichlichem Maße den angewünschten guten Tag durch ein ganzes Jahr vergalt. (Vergl. Gittin 62, a.). – Die Unterlassung des Gegengrußes aber nennt der Talmud sinnreich und schön: „eine Beraubung des Armen." – „Der erste Gruß ist viele Tausend wert, drum grüße freundlich jeden, der begrüßt" (Goethe: Westöstl. Diwan).

466. Unser Harjet soll Euch gassern un chassern leschóne toowe!

Unter Frauen am Gedächtnistage (Neujahrstag), gleich dem unter Männer gebräuchlichen hebräischen Wunsch: „leschonoh taubo tikkoseiw (b)!" („Du mögest zu einem guten Jahr eingeschrieben werden!" nämlich in das himmlische Buch). „Unser Herrgott soll Euch (über Euch) verfügen und wiederholen zum guten Jahr!" – „Harjet" verdorben aus Herrgott. – „Gassern", von dem hebr. gasar, schneiden, entscheiden, beschließen, verfügen – decernere – mit deutscher Konjugation. Ebenso: „Hast Du ihn schon gegassert?" ihm das Neujahr angewünscht, sowie als ironische Metapher: „ich habe ihn gegassert", ihm den Text gelesen. _ „Chassern" ist entweder, wie wir es gegeben, vom hebr. chasar, zurückkehren, wiederholen (wie in: „ein Gelerntes chassern", repetieren, wofür man auch „tornen" sagte, von tornare, tourner, nieders. tornen, Wendung machen, umwenden), und hat also hier die Bedeutung: Gott möge am Gedächtnistage das Urteil zum Guten sprechen und es am Versöhnungstage wiederholen, oder es ist durch die Ähnlichkeit des Wortlautes verdorben aus „chasmenen" von chatham, besiegeln, wie chosmeinu leschonoh tauboh, „besiegele uns zum guten Jahre!" in dem Schlußgebet am Versöhnungstage, welches Wort sogar ebenfalls als ironische Metapher im Munde des Volkes gebraucht

wird: „ich habe'm e Chosmene gebe'", ihm einen tüchtigen Hieb versetzt. –
Die Antwort auf den Wunsch lautete: „Euch auch so viel!" oder „Euch auch , was Euch lieb is!" wie unter Männern: „wechén lemár!" „ und ebenso dem Herrn!" –
Über die beiden Bücher des Lebens und des Todes, welche am Gedächtnistage vor Gott geöffnet liegen und in welche jeder nach Verdienst eingeschrieben wird, siehe Erachim 10, b. Sohar zu Genes. fol. 73. col. 289. Sohar chadasch 19, a. – Daniel 7, 10. – Offenb. Joh. 20, 12. Vergleiche auch 2. B. M. 32, 32. Ps. 62, 29. –

467. Massel tov!

„Zum Glück!" bei jedem frohen Ereignis. – Ebenso: „Viele folgende!" „Ferner viel Simches!" (simchoth, Freuden), wie der Engländer sagt: many happy returns. – „Massal" heißt eigentlich: Planet, Stern; daher: massal tob, guter Stern Glücksstern, sowie anderseits „Schlimm-Massel" ein schlimmer Stern, Unstern, Unglück heißt, ähnlich dem rabbinischen bisch gaddo, temia massolo (Kohel. rab. 76. a. Dukes: „Blumenlese" S. 129. gibt das letztere durch „verstocktes Glück", es heißt aber „untergegangenes Glück" – Aruch s. v. – und ist um so treffender, als massolo ja eigentlich Stern heißt, entsprechend dem hebr. bo schemesch, die Sonne ist untergegangen; auch Ps. 37, 13., welche Stelle gewöhnlich gegeben wird „denn er sieht, daß sein Tag kommt" d. h. sein Unglückstag, wie das deutsche „seine Stunde", könnte heißen: „daß sein Tag untergeht"). – Schmeller: Bayerisches Wörterbuch, schreibt Schlamassal und leitet es, sonderbar genug, vom italienischen schiamazzo ab.

Man könnte sich auch versucht fühlen, das Wort deutschen Ursprungs zu nehmen, etwa als verdorben aus: Schlimmsal, wie Trübsal (vergl. 625.), indessen hatte man auch ein solchens Adjektiv davon. „schlimmasseltig“ (vergl. 540.). Dr. Jost (Klein‘s Jahrbuch, Jahrgang 1858. S. 76.) hält das Wort wirklich für ein deutsches und zwar für „Schlamassel“. –

468. Viel Massel's!

Viel Massal sei es! Zu vielem Glück gereiche, was Dir da begegnet ist, was Du da unternommen usw.

469. Zu Massel un zu Brōche!

„Zum Glück und zum Segen!“ (beráchah). – Oft ward der Wortlaut dieser Formel benutzt, um jeden Zank sogleich zu beschwichtigen, wenn jemand im Hause aus Ungeschicklichkeit ein wertvolles Gefäß zerbrach, gleichsam: „Zu Massel zerbrochen!“ wie im ähnlichen Sinne: „Auch zum Guten!“ (vergl. 987.); „Mein Newēres mit aweg!“ (meine Sünden – aberoth, s. 51. – mit hinweg! – vergl. das engl. away –), mit dem erlittenen Verluste nämlich; „Alles Bös‘ mit aweg!“ –

470. Mit Lieb sollt Ihr's tragen!

Zu jemand, der ein neues Kleid anhat: Mögen Sie das Kleid in Freuden tragen! Auch mit dem Zusatz: „Mit Lieb sollt Ihr's zerreißen!“ mit Bezug auf den Trauerriß, der über einen nahverwandten Toten in's Kleid gerissen wird: Mögen Sie das Kleid nur in Freuden zerreißen! (vergl. 450.). – Unter Männern war indes mehr eine hebräische Formel in Gebrauch: tithbala wetithcaddesch! es möge zerrissen und erneuert werden! – Unsere Redensart lautete zuweilen auch, wenn scherzhaft und verblümt an ein junges Weibchen gerichtet: „Mit Lieb sollt Ihr tragen!" – Über den Ausdruck: „Mit Lieb" vergl. 462. –

471. Wohl bekomm's!

Beim Genuß von Speisen und Getränken, entsprechend unserem: „gesegnete Mahlzeit!" – Die Antwort war: „Wohl gesche'ch!" (geschehe Euch). –Auch scherzhaft bei Wahrnehmung oder Vernehmung einer verdienten Strafe, die jemand erhielt. –

472. Lechájim!

„Zum Leben!" beim Zutrinken. – Die Antwort lautet: „Lechajim toowim!" (tōbim) zum guten Leben! (vergl. die Bemerkung 465.). – Im Talmud (Sabbat 67. Jalkut achare moth 587.) wird die Frage aufgeworfen, ob das Zutrinken nicht als Nachahmung heidnischer Gebräuche (das Zutrinken war bei den Griechen Sitte) verboten sei. Es wird indessen erlaubt, und Rabbi Akiba brachte bei einem Freudenmahl seines Sohnes den Toast aus: „Wein und Leben in den Mund der Rabbinen! Wein und Leben in den Mund ihrer Schüler!" –

473. Asusse!

„Gesundheit!“ beim Niesen eines andern; bei Kindern auch mit dem Zusatz: „Frumm un alt! Wohlgestalt! Wer‘ hundert Johr alt!“ (frumm, fromm, hat im Jüdischdeutschen immer die Bedeutung: gottesfürchtig, religiös). Die Antwort darauf war entweder hebräsich: boruch tihje! „sei gesegnet!“ oder deutsch: „Wohl gescheh'ch!“ (454.). –
Asuso, asutha, aswatha, Gesundheit, von asi, heilen (Aruch s. v. asia). – Über den Brauch, beim Niesen eines andern ihm Gesundheit zu wünschen, heißt es in Pirke R. Elieser 52.: „Seitdem Himmel und Erde erschaffen worden, war kein Mensch krank, sondern überall wo er war, auf dem Wege oder auf dem Markte, nieste er und seine Seele entfloh, bis Jakob kam und deshalb betete. Er sprach: „Herr aller Welten! nimm mir meine Seele nicht, bevor ich meinen Kindern und meinen Enkeln meinen Willen kundgetan!“ und er fand Erhörung. So heißt es (1. B. M. 48, 1.): „Nach diesen Begebenheiten wurde dem Joseph gemeldet: Dein Vater ist krank.“ Das hörten alle Fürsten der Erde und erstaunten darüber; denn so was war nicht geschehen, seit Himmel und Erde erschaffen worden. Deshalb muß man beim Niesen „zum Wohlsein!“ (chajim, Leben) sagen, weil dieser Tod sich in Leben verwandelt hat, wie es im Hiob heißt (Hiob 41, 9.): „Sein Niesen leuchtet wie das Licht.“ – (Vergl. dieselbe Stelle, jedoch mit einigen Abweichungen, bei Chaskuni zu 1. B. M. 48,1. Dann Aruch s. v. itusch zur Stelle aus Berachoth: „Das Niesen ist gut für den Kranken ...“ Bis Jakob nieste man und starb ... Daher kommt es, daß man, wenn jemand niest, ihm „zum Wohlsein!“ (chajim tobim) wünscht.“ Ferner Jalkut chadasch Arti-

kel mitha 73.) – Auch die Griechen riefen dem Niesenden ein Ζεν σωσον oder ζηθι zu und hielten das Niesen, je nachdem es frühe oder spät, rechts oder links stattfand, für ein gutes oder böses Omen. (Casaubon. ad Athenaeum II. 25.). Der alte Jude sah es gern, wenn das jüngste Kind am Abend nach Ausgang des Sabbats nieste: „es bedeutet eine gute Woche." –

474. Gott behüt'!

– Dich vor allem Übel, besonders bei dem Niesen eines Kindes, überhaupt bei Vernehmung eines Unglücks (s. folgendes).

475. Chas wescholem!

„Verschonung und Heil!" – Zur Abwehrung eines Übels, eines Unglücks, dessen jemand erwähnt, sowie zur Verneinung irgendeiner Sache, die wir für unheilvoll halten, entsprechend dem deutschen: „Verhüte Gott!" „Gott bewahre!" „Gott vergäum' es!" (gotisch, verhüt' es. Stadler bei Eiselein). – „Chas" von ehus, schonen, Erbarmung haben, vergl. Matth. 16, 22. Ιλεως σοι. – „Weschalom", und Frieden, Heil. – Ähnliche Ausdrücke sind: Unser Harjet soll mazzil un meschammer sein!" unser Herrgott soll schützen und bewahren! – „Rachmonoh lizlon!" (chaldäisch), die Barmherzigkeit schütze! – „Hinneh loo jonum!" (Ps. 121, 4.) „Siehe, er schläft nicht! ... der Hüter Israels," Gott wache! – (Eine scherzhafte Anwendung dieses Ausrufes 542.). – Als Ausruf der Verwunderung findet sich bei denTalmudisten der Ausdruck: „Herr Abraham's!“ (Sabbat 22, a. Erubin 75, b.). –

476. Unser Harjet bewahr‘ uns vor Nissojen!

Beim Venehmen, daß jemand in einer außerordentlichen Gefahr, in einer leicht zur Sünde verlockenden Lage sich befand: „Unser Herr Gott bewahre uns vor Versuchung!“ (nissajon, neuhebr. vom bibl. nasseh, versuchen). – Vergl. Berachoth 60, b. Zu dem täglichen Gebet gehört auch der Spruch: „Führe uns nicht in die Hände der Versuchung!“ Vergl. Matth. 6, 13.

477. Attoh choonen!

Als Abwehrungsformel beim Vernehmen, daß jemand wahnsinnig geworden; auch oft scherzhaft, wenn jemand dumme Streiche macht: „Attah chōnen!“ „Du verleihst gnädig!“ So beginnt nämlich der dritte Spruch im täglichen sogenannten Achtzehn-Sprüche-Gebet (schemōneh esreh): „Du verleihst gnädig dem Menschen Verstand.“ –

478. Gott soll's zum Guten wenden!

Auf die Frage, wie es einem Gefährlichkranken gehe. – „Gott besser's!“ –

479. Rephúe schleeme!

„Zur vollen Genesung!“ (repuah schelēmah), zu jemand, der eben Medizin genommen. – Hatte ein aperientisches Mittel seine gute Wirkung getan, so hatte der kräftige Volkswitz den Reim: „Rephúe schleeme! – Stinkt wie e Beheeme!“ (behémah, Vieh). – Ein dem rabbinischen entlehnter Ausdruck für rephuah ist teruphah: „es is kann Teruphe mehr für ihn“, es ist aber das griechische θεραπεια (cf. Mus. aruch s. v.). –

480. Boruch Roophe Choole!

„Gelobt sei, der die Kranken heilt!“ Einem Genesenen, den man zum erstenmale auf der Straße erblickt. „Baruch rōphe chōle“ ist der achte Spruch im täglichen sogenannten Achtzehn-Sprüche-Gebet (schemōneh esrēh), da es eigentlich cholim (im stat. absol.) heißen sollte. (Vergl. Berachoth 59.). – Beim Vernehmen eines Unglücks, besonders bei der Nachricht vom Tode eines Menschen ist der vorschriftmäßige Spruch: „baruch dajjan haëmeth!“ „Gelobt sei, der in Wahrheit richtet!“ da man die Gottheit ebensosehr für das Übel als für das Gute zu preisen habe. (Berachoth 59. Orach chajjim 222, 3. – Es ist mehr als lächerlich, es ist widerlich, daß Franz Hoffmann in seiner so wohlmeinenden Erzählung „Schmulche-Leben“ den Spruch „Boruch Dajin emes“ bei allen glücklichen Ereignissen sagen läßt (S. 66. 108. 116.), während es doch da heißen müßte: „baruch hattob wehammetib!“ gelobt sei, der gütig ist und Gutes erweist! – Ebenso irrtümlich läßt er daselbst (S. 42.) den Schnorrer am ersten Tage des Laubhüttenfestes „Tefillin legen“, die Gebetriemen um Kopf und Arm winden, was doch nur an Wochentagen geschieht). –

481. Alles Bös‘ weiter hinweg!

Bei einem überstandenen Übel. Möge alles Böse ferner von dir, von uns wegbleiben! Auch: „Alles Bös‘ ins jam haggōdel!“ (haggadol, in’s große Meer. Vergl. Micha 7, 19.). – Im Jüdischdeutschen lautet es „aweg“, „eweg“, vergl. das engl. away. – Entsprechend unserer Redensart ist die anderseitige bei einem glücklichen Ereignisse: „Ferner viel Simches!“ (simchoth, Freuden, s. 467.).

482. Jisch kooech!

Als Dank für einen geleisteten Dienst, für eine erwiesene Gefälligkeit, für eine Ehrenbezeugung usw. Eigentlich: jejaschscher kōchacho! Er (Gott) möge Deine Kraft leiten, beglücken (vergl. Spr. Sal. 3, 6. 11, 5.). Bei den Rabbinen häufiger: jejaschscher chélecha (z. B. Jalkut schelach lecha f. 224, c.), was indes dasselbe ist.

483. In Simches will ich’s verschulden!

Als Dank für einen Dienst, eine Freundlichkeit, die uns in einem Leide erwiesen worden sind, besonders zu einem Beileidsbesuche: „in Freuden (simchoth) will ich’s wieder gutmachen, wettmachen.“ – „Verschulden“, für Schuld abtragen.

484. Du sollst aach'n Stuhl im Gan-Eeden haben!

Als gemütlicher, wenn auch scherzhafter Ausdruck des Dankes für eine freundlich erwiesene Gefälligkeit. – „Gan ēden". Garten der Lieblichkeit, das Paradies. – Vergl. Matth. 19, 21: „Und Du wirst einen Schatz im Himmel haben." – Ähnliches von einem nicht ganzen Stuhl im Paradies Taanith 25. (S. des Verf. „Buch der Sagen und Legenden jüdischer Vorzeit." Zweite Auflage. No. LVII.). – Ebenso und mit derselben Anwendung: „Ich laß Dir aach einen Mi schebērach machen!" – ich laß – vom Vorbeter in der Synagoge oder bei einer andern Gelegenheit, z. B. in früherer Zeit bei Hochzeitsmahlen u. dgl. – einen Segen für Dich sprechen. – Dieser Segensspruch beginnt mit den Worten: „Mi scheberach abothenu hu jebarech ..." „Der gesegnet hat unsere Väter, er segne N." usw; daher der Namen. Am achten Tag des Pesachfestes, sowie am Schlußfest des Laubhüttenfestes (schemini azereth) ward früher nicht nur jedem, der zu Thora trat, „aufgerufen ward", samt den Seinigen, sondern überhaupt jedem in der Synagoge Anwesenden einzeln (heute mehr, nach neuer Einrichtung, in Gesamtheit) ein Segensspruch zuteil, ein Mi schebérach gemacht, wobei denn die Worte eingeschaltet sind; „báabur schenadar matthenath jado..." „dafür, daß er gelobet eine Gabe seiner Hand ..." (der Gesegnete nennt hierbei eine kleinere oder größere Gabe, die er zu einem wohltätigen Zwecke an eine Stiftung, an die Armen, oder auch dem Vorbeter selbst zu geben verspricht). Daraus nun bildete sich das Volk wieder mancherlei Ausdrücke. So heißt der Tag selbst „Matnas jad" „heute ist Matnas jad" – „schnōdern" (von dem Worte schenadar; doch heißt es mitunter auch: „schejitten", daß er gebe) für geloben, „was hastu geschnodert?" usw. –

485. Gebenscht sei die Hand!

„Gebenedeiet sei die Hand!" oder auch: „Eine Bróche (berachah, Segen) in die Hand!" die dieses getan hat; insbesondere: die diese Züchtigung erteilt hat. Der Lehrer z. B. erzählt dem Vater, daß er sich genötigt gesehen, den Sohn abzustrafen. „Gebenscht sei Ihre Hand!" erwidert der Vater. – „Benschen", benedeien, benedicere, segnen, preisen; auch figürlich: „ich hab'n gebenscht!" durchgeprügelt, wie „ich hab' ihm das Bad gesegnet" (Adelung s. v. Bad. Schiller: Tell).

486. Seiner Néschome nix zu Gnaj geredt!

Von einem Verstorbenen, dem man ungern einen Fehler, ein Unrecht nachsagt: „Seiner Seele (neschamah) nichts zu Schimpf („gnaj". Mus. Aruch s. r. gan Artikel 4. nimmt das Wort für das gr. γανος, Anstrich) geredet" , gleichsam, es war nur sein Körper, der solches getan hat. Ebenso: „Seiner Neschóme nit zu nah getreten!" – „Ich mein' ihn nit, ich mein' die Wand." –

487. Schad' für den Mann, daß er fault!

Von einem Hingeschiedenen, dessen man lobend erwähnt. „Könnte man doch den Staub wegräumen über seinem Auge!" (Tanchuma Schemini 42, a. am Ende). – Hebräische Ausdrücke der Art sind ferner: „Seecher Zaddik livróche!" das Andenken des Gerechten zum Segen (librachah). „Olev haschschōlem!" Friede mit ihm! (alaw haschschalom; bei einer Frau: aléha), wie: „Friede seiner Asche!" Vergl. 443. –

488. Chezje!

Das deutsche Halbpart! wenn jemand einen Fund tut, von chezi, chezji, meine Hälfte. – „Dein Fund mein Halb!" (Eisenhart).

9.

Angenehm, unangenehm.
Willkommen, unwillkommen.
Überraschend, entrückt.
Gleichgültig, wertlos.

489. Is Das so arg? Für all mein' Newēres!

Als Einwurf, wenn jemand etwas tadelt, etwas nicht angenehm, nicht wohltuend, nicht wohlschmeckend usw. findet. „Ist das so arg? Für alle meine Sünden" – mag mir so etwas zur Buße auferlegt werden. – „Newēres" für Awēres, aberoth, Übertretungen, Sünden. Die Vorsetzung des n findet sich häufig, so Neschires für Aschires, aschiruth, Reichtum; wohl durch Hinüberschleifung des n von mein, ein, usw.

490. Man kann Kinder damit ausgebe'!

So gut, so kostbar ist etwas, daß man Kinder damit ausstatten, verheiraten kann. Vergl. 197. – „Ausgeben", vergleiche 1. B M. 29, 26. „daß man die jüngste ausgebe vor der ältesten."

491. Das soll mer kaan' Goj lerne'!

Scherzhafter Ausruf bei einer wohlschmeckenden Speise, besonders, wenn sie der jüdischen Küche angehört: „Man soll die Art ihrer Zubereitung keinen Nichtjuden (goj s. 373.) lernen" (lehren), damit nur der Jude dieses Hochgenusses teilhaftig bleibe. – Die Scherzrede erinnert übrigens an eine Anekdote, die wir nicht sowohl des Scherzes, als vielmehr des tiefen Ernstes wegen, der in ihr liegt, hier mitteilen wollen. An einem Sabbat während des Essens kam die Rede auf einen Mann, der sich durch besondere Verhältnisse hatte bestimmen lassen, aus dem Judentum zu scheiden. Man sprach für und wider. Nur einer der Tischgenossen schien unberührt vom Gespräch und ließ sich die Sabbatbohnen (weiße Bohnen, die als Suppe schon am Freitag in den Backofen „gesetzt" werden und wohlgeschmälzt eine Lieblingsspeise bilden) ungestört schmecken. Als nun gar auch die Kuchel (s. 66.) kam und er mit großem Behagen sein Teil genossen, da rief er tiefgemütlich und allen Ernstes aus: „Un so e Religion soll man verlassen!" –

492. Da hab ich Nāches davon, wie von mei'm ersten Hemd!

Auch: „..., wie von mei'm letzten Hemd!" – Von seinem ersten Hemd hatte man wohl ebensoviel Vergnügen, als man von seinem letzten, vom Totenhemd („Sarkenes", Zunz G. B. S. 441., a. vergleicht damit sargano sargia. Der hebr. Ausdruck für die Totengewänder ist tachrichim, vergl. Esth. 8, 15.) haben wird. – „Naches", nachath, Ruhe, Beruhigung, Zufriedenheit (Pred. 4, 6.), auch mit dem Zusatze ruach, Beruhigung des Gemütes, Vergnügen. Davon lautet im Jüdischdeutschen „dervun“; die Partikel da ist aus dem Demonstrativum der entsprungen (Schwenk: Wörterbuch der deutschen Spr. s. v. da. Vergl. auch 141.). – Letzt lautet „letscht“; letzt ist der Superlativ von lat, engl. late, spät und sollte ursprünglich letst heißen, wo dann s wie sch ausgesprochen ist. –

493. **Da freu‘ ich mich druf, wie der Chōsen uf die Kalle!**

– „wie der Bräutigam auf die Braut!“ ironisch, um zu sagen: ich freue mich gar nicht darauf. – „Chosen“, chathan, Bräutigam. – „Kalle“, kallah (Hohesl. 4, 8.), Braut. –

494. **Das is gut zum Charooses!**

Von einem wertlosen oder gar verdorbenen Dinge: Das taugt einzig zu dem Gemengsel, welches am Pesachabend zum Andenken an die Lehmarbeiten in Ägypten auf den Tisch gestellt wird und aus einer Mischung von allerlei Süßem, Bitterem und Sauerem besteht, wie auch in den Lehm allerlei getan wird. (Pesachim 114. Vergl. oben 62.).

495. Trag's in's Hekdesch!

Bei verächtlicher Zurückweisung eines Geschenkes, einer Gabe u. dgl.: „Willst Du Gutes damit tun, so bringe es in's Hospital, ich mag's nicht.“ – Die Talmudisten sagen (Sabbat 63. u. a.): „Nimm Deine Güte und wirf sie in die Hecken!“ – „Hekdesch“ von kadasch, heilig, geweiht sein – das geweihte sc. Haus , das Hospital.

496. Heb‘ Dir's uf Schabbes uf!

Von derselben Bedeutung, wie die vorige Redensart: Wenn das, was Du mir da geben willst, so gut ist, so heb' Dir's auf, den Sabbat damit zu ehren. Vergl. 514. u. 810.

497. Das is noch vom Dor-hammabbul her!

– „aus den Zeiten der Sintflut“, veraltet und wertlos.

498. Loo lōnu steht in Hallel!

„Nicht für uns steht im Preislied!“ – (Ps. 115., der an Festtagen in der Synagoge rezitiert wird, beginnt mit den Worten lō lānu: Nicht für uns). Zuvörderst, um irgend etwas abzuweisen; dann überhaupt, um etwas zu verneinen, zu verhüten, z. B. ein Kind verlange etwas ihm Schädliches, und man ruft einem andern zu, damit es das Kind nicht verstehe: „Beschajjes! loo lonu!“ „Behüte! (eigentlich: Bei chajjuth! beim Leben!) nicht für uns!“ d. h. ums Himmels willen nicht!

499. Een lōnu bi ba!

„Wir haben nicht (ēn lānu, hebr.) bi ba!" ebenfalls um etwas zu verneinen, s. v. a. „es ist nichts da!" „es ist nichts daran!" „da wird nichts daraus!" usw. – Die Silben bi ba scheinen nur leere Laute, ohne alle Bedeutung zu sein. Möglich indes auch, daß die Redensart aus der hebräischen ēn lanu peh léechol (wir haben nicht Mund zu essen, d. h. wir können uns darin nicht finden) entstanden und pi pa nur Schallverdoppelung ist.

500. Das kummt, wie vum Himmel gefalle'.

So überraschend. Vielleicht mit Bezug auf das Manna oder überhaupt auf die Sage, nach welcher manches vom Himmel gefallen sei, z. B. das Gebetstück boruch scheōmar im Frühgebet. – „Ich bin, wie vom Himmel gefallen".

501. Das is e alt Chiddesch!

– eine Neuigkeit (chiddusch, neuhebräisch, vom bibl. chaddesch, erneuen), die jeder weiß, eine bekannte Geschichte, „von der die Steine auf der Gaß' reden." – „Das hat schon Odom horischen (Adam der erste, harischon) an Chawe (Eva) erzählt, und Chawe hat darauf gesagt: eine alte Geschichte! – Von „Chiddesch" bildete man sich auch ein Verb mit deutscher Biegung „sich verchiddeschen", sich verwundern. – Wollte man die Frage: „Was get es Chiddesch?" was gibt es Neues? spaßhaft erwidern, so hieß es:

„Was get es Chiddesch? –
„Uf Wein macht mer Kiddesch“,
auf (über) Wein macht man kiddusch (s. 77.), spricht man den Segen an Sabbat und Feiertagen, was freilich ein alt Chiddesch ist. –

502. Da is schon lang Gras drüber gewachse‘!

– ist gleichsam längst begraben, also längst vergessen, gleichgültig geworden. Nicht unähnlich ist die rabbinische Redensart (Ber. rabba 60, a.): „Man hat schon den Becher des Trostes darüber getrunken“, sich über den Verlust getröstet.

503. Michuz lemáchne!

„Außerhalb des Lagers“ (lammachaneh), entfernt von dem bewohnten, besuchten Teil einer Stadt, überhaupt, dem Auge entrückt, z. B. „Wie kann man Dich besuchen, Du wohnst ja michuz lemáchne!“ Der Ausdruck ist übrigens biblisch, 4. B. M. 12, 14. 15. Vergl. auch Nizzachon p. 36. –

504. Schreib’s uf Keren Zwi!

„Schreib es auf das Horn eines Hirsches!“ wie: „Schreib es in den Schornstein!“ „Schreib es in’s Kamin!“ (Agric.), betrachte es als verloren. – Die Redensart, die schon im zweiten Alphabet des Ben Sira vorkommt, entspricht der talmudischen (Gittin 58, b. Nedarim 33, b.

ketuboth 77.): „Er hat sein Geld auf das Horn eines Hirsches gelegt,“ auf eine sehr gewagte Spekulation hingegeben. – Keren, Horn; zebi, Hirsch.

505. Du kannst das Wasser ausschütte‘!

Ursprünglich rücksichtlich eines Gefährlichkranken: es ist keine Hoffnung mehr da (vergl. 613.); dann überhaupt, z. B. bei einem Schuldner: es ist nichts mehr zu erwarten.

506. Das sen Dahnjes um ungelgte Eier!

„Das sind Sorgen um ungelegte Eier“, um etwas, was noch nicht ist, um Gleichgültiges. – Ebenso: „Der hot alsfort (immer) Dahnjes um ...“ von einem Menschen, der sich das ganze Jahr mit eiteln Sorgen plagt. – Anlaß zu der Redensart könnte der talmudische Disput im Traktat Beza gegeben haben, über die Frage, ob Eier, die an einem Feiertage gelegt werden, als Neugewordenes, an demselben Tage gegessen werden dürfen, oder nicht. Sie findet sich indessen auch, wenn auch anderslautend, bei Blum (s. Eiselein): „Kümmere Dich nicht um gelegte Eier!“ – „Dahnjes“ (mit dumpfer Aussprache wie das französische en), verdorben aus dem hebr. deágah, deágoth, Sorgen.

507. Es liegt noch im Wässerwasser!

Sinn: Es ist noch unentschieden; es läßt sich noch nichts Bestimmtes darüber sagen. – Um nämlich dem Fleisch das Blut zu entziehen und es so, der rabbinischen Vorschrift gemäß, koscher (gehörig, erlaubt) zu machen, wird es vor dem Salzen und Kochen einige Zeit in Wasser gelegt, gewässert. Solange es daher noch im Wässerwasser liegt, ist es noch nicht entschieden koscher. – So sagte man auch von einem Menschen, der sich noch nicht für eine Partei entschieden hatte: „Er liegt noch im Wässerwasser." Vergl. 314. „Ja und nein, es war ihm ungewiß" (Sabbat 116.). – „Der Hahn auf der Mauer!" (zwischen zwei Höfen – er kräht hinüber, kräht herüber, und weiß nicht, wohin er fliegen soll). –

508. Mein jo, mein lō!

„Mein ja, mein nein!" (lō, hebr.), es ist mir völlig gleichgültig, ob dieses geschieht, ob Du dieses tust usw. – „Das liegt mir am Herzen!" „Mach es süß oder sauer ein!"

509. Ich laß mir keinen Bart drum wachsen!

– aus Trauer über den Verlust. – „Das macht mir keine grauen Haare!" (Agric.) „Ich kehr darum die Hand nicht um!"

510. Kodesch gehuppt, kodesch gesprungen!

Bei dem „Dreimalheilig“ im Gebete keduschah wird nach rabbinischer Vorschrift ein wenig in die Höhe gehüpft. (Der Magen Abraham § 125. schreibt im Namen des Tanchuma: „Es heißt (Jesaias 6, 2): „Mit Zweien schwebt er“ (Der Seraph): Daher haben die Weisen vorgeschrieben, daß man, während man kadosch (heilig) sagt, auf den Füßen sich schwebend halten soll, aber nicht wie die tun, welche hüpfen und springen“.) Der Volkswitz benutzte dieses, um zu sagen, daß es einerlei sei, ob etwas so oder so geschehe, sagte er : „kodausch gehuppt, kodausch gesprungen!“ Hüpfen und springen ist so ziemlich einerlei. – „Gehupft wie gesprungen!“ (Eiselein). – „Huppen“ st. hüpfen, nieders. (Schwenk).

511. Schan-ban!

Zusammengezogen aus den Anfangsbuchstaben von:

Schadt's nix – batt's nix!

Wenn es nichts schadet, so nützt es auch nichts. – „Frummt es nit, so schadet's nit.“ (Eiselei). – „Baten“, „batten“, für helfen, nützen, sehr häufig, z. B. „Was kann's batten?“ „Das batt‘ viel!“ usw. (Vergl. Schmeller: Bayer. Wörterbuch). Von diesem baten kommt wohl auch der Komparativ besser (s. Hebel). Einige nehmen das Wort als verwandt mit passen, paß, das rechte Maß haben, angemessen sein (Schwenk s. v. passen). Uns scheint es mit batten, schlagen (fr. battre, woher „patschen“ – wofür Zunz keine Erklärung weiß – schlagen, ohrfeigen, engl. pat, pash, und woher selbst Schwenk „der Batzen“ ableiten will, was jedoch nach andern von der Aufschrift in pacem herkommt) zusammenzuhängen, was einschlägt, nützt, wie im Gegenteil verschlagen, es verschlägt nichts.

512. Geb'm Gottelkumm!

Wenn jemand die Ankunft einer Person uns meldet, die uns gleichgültig ist. – „Heiß Du ihn willkommen, wenn seine Ankunft Dir so wichtig ist.“ – Über „Gottelkumm“ s. 454. – Ähnlichen Sinnes hieß es auf die Bemerkung, daß jemand zu einer Gesellschaft usw. nicht komme: „So kommt e gut Johr.“ –

513. Laß Dir's wechseln!

– wenn jemand Dir etwas dafür gibt. – Nicht nur in bezug auf Dinge, sondern auch auf Mitteilungen, die sowohl für den Mitteilenden, als für uns ohne alles Interesse sind. A. z. B. erzählt an B., etwa noch mit viel Worten, daß irgend jemand, der B. und ihn selbst durchaus nichts angeht, ein gutes Geschäft gemacht, oder, daß eine vornehme Person ihn freundlich gegrüßt habe. „Laß Dir's wechseln!“ sagt B. – Ebenso in bezug auf einen Dritten: „Er soll sich's wechseln lassen!“ –

514. Mach Schabbes dervun!

In demselben Sinne und von derselben Anwendung. „Mach Schabbes davon!" Laß es Dir die Kosten einbringen, welche ein Sabbat erfordert. – Der Sabbat mußte natürlich, nicht nur weil man dem Frohsinn genügen, sondern mehr noch weil man denselben durch besondere Speisen und Getränke ehren wollte (vergl. des Verf. „Buch der Sagen und Legenden jüdischer Vorzeit" XIX. „Joseph, der Sabatehrer" und oben 496.), größere Kosten als ein Werktag verursachen. Dennoch heißt es schön (Pesachim 112.): „Laß Deinen Sabbat einen Werktag sein und bedarf der Menschen nicht." – „Dervun" für davon, s. 492. – „Sabbat machen" ohne den Zusatz davon heißt: die Arbeit einstellen und den Sabbat beginnen, z. B. „Hast Du schon Schabbes gemacht?" – Vergl. 618. – wie anderseits den Sabbat feierlich beschließen „Sabbat ausmachen" heißt. –

515. Hast's Zusehen gehabt!

Wenn jemand eine breite Erzählung von einem Mahle, von einer Festlichkeit macht, obschon es ihn gar nichts angegangen: Du nimmst wohl solchen Anteil, weil Dir zuzusehen erlaubt war. Vergl. das talmudische Gleichnis von den klugen und den törichten Dienern (Sabb. 153, b. Kohel. rab. 78, b.): „Ihr setzt Euch zum Mahle … Ihr aber, Ihr bleibt stehen und seht zu." –

10.

Begierde, Gefräßigkeit.
Sättigung.

516. Er is druf aus, wie der Toole uf e Nuß!

Soll wohl heißen: „Wie eine Dohle auf eine Nuß!“ – Sonderbarerweise hat der gemeine Mann aus Mißverständnis daraus Toole (toluj, der Gekreuzigte, s. 414.) gemacht und dann sich die Sage daraus gebildet, Jesus habe als Knabe gern mit Nüssen gespielt.

517. Laaft sich die Baan‘ aus dem Leib!

– um etwas zu erreichen; bewirbt sich sehr um etwas. – „Lauft drum herum, wie die Katz um den heißen Brei“, voll Begierde, und doch ohne Möglickeit, ihn berühren, erreichen zu können.

518. Das is e Korwen für 'n!

– „ist ein Opfer (korban, hebr.) für ihn", kommt ihm so erwünscht, wie einer Gottheit ein Opfer (vergl. 1. B. M. 8, 21. 3. B. M. 1, 9. u. v.), entspricht ganz seinen Bestrebungen, seinen Neigungen. „Das ist ein Braten für ihn!" „Das ist Wasser auf seine Mühle!" „Das paßt (dient) in seinen Kram!" – In bezug auf Süßigkeiten sagen die Talmudisten (Erub. 83, b. Megíl. 16.): „Für Leckerbissen ist immer Raum." –

519. Er is umbeschriee' e Liebhaber vun Allem!

– ist, unbeschrien, ein Lebemann. – „Umbeschrieen" (mit Umwandlung des n in m vor dem Lippenlaut), unbeschrien, unberufen. – Über beschreien vergl. 51. – Hier steht's natürlich ironisch. – „Er hat ein schwach Herzchen!" – „Hat alsfort (immer) Cheeschek!" (Luft, chēschek, hebr.). – „Das is e Wohltäjer!" (Wohltäger, der gern Wohltage hat, vergl. 425.). –

520. Das is e recht Olem-Hásse-Kind!

– „ein rechtes Dieser-Welt-Kind" (ōlam hasséh), den Genüssen dieser Welt ergeben, die irdischen Genüsse denen jener Welt (ōlam habbá), den himmlischen vorziehend. – Sabbat 33: „Lassen das ewige Leben und beschäftigen sich mit dem Leben der Stunde" (dem zeitlichen). – Über den Ausdruck „dieser Welt" zur Bezeichnung des Zeitlichen und Nichtigen vergl. auch 1. Kor. 1, 20. 2, 6. „Hat nicht Gott die Weisheit dieser Welt zur

Torheit gemacht?“ – Den Talmudisten galten besonders die Bewohner von Medusa* als üppige Menschen die von ihnen stets als ein Beispiel großer Verzärtelung angeführt werden. Vergl. Sabb. 32. Pesach. 52. „Wie die Frauen Mechusa's, die nur essen und nicht arbeiten wollen, die, wenn sie am Freitag nicht arbeiten, es nicht um des herannahenden Sabbats willen tun, sondern aus Verzärtelung; denn sie arbeiten ja an andern Tagen auch nicht.“ Chulin 58, b. „Sieben Jahre grollte ein Mückenweibchen dem Männchen und warf ihm vor: Du sahest einen Mechusiten, wie er sich badete und in Tücher hüllte, und setztest Dich auf ihn und sogst an ihm, und sagtest mir nichts davon.“ –

521. Vor Nāches laaft 'm der Gawer 'runter!

Vor Vergnügen (nachath, s. 492.) läuft ihm der Geifer herunter. – „Gawer“, Gaber, Geifer, Speichel. So dunkel auch noch der Ursprung des Wortes Geifer ist (s. Schwenk's Wörterbuch s. v.), so deutet doch die jüdischdeutsche Mundart auf die Verwandtschaft mit dem niedersächsischen sable, sever, seiver und dem englischen slaver, sowie eben auch das Geiferläppchen im Jüdischdeutschen „Schlawerchen“ heißt.

* Eine zum größten Teil von Juden bewohnte Stadt am Tigris nicht weit von Etesiphon, der Hauptstadt der Parther.

522. Ich hab'm recht den Brei um's Maul geschmiert!

– hab ihn recht lüstern danach gemacht. – Eiselein hat: Einem den Brei in's Maul schmieren.

523. Ich hab'm Holland un Brabant versprochen!

– ihm die größten Versprechungen gemacht, um seine Lust zu erregen und seinen Willen zu bestimmen. – Ebenso: „Er verspricht sich Holland und Brabant", macht sich die größten Hoffnungen. „Du darfst ihm Holland und Brabant versprechen, er tut's nicht", usw. –

524. Ich hab'm Kol-tov un Ki-tov versprochen!

– „alles Gute und daß es gut sei." (kol tob, ki tob, beides bibl. Ausdrücke). – Vergl. Erubin 100. „Der Hahn spricht schmeichelnd zur Henne: „Ich kauf' Dir auch einen Mantel, der bis auf die Erde geht." Nachher aber sagt er: „Jenem Hahn soll sein Kamm ausgerissen werden, wenn ich Dir nicht einen kaufe, sobald ich kann."

525. Is Dir's nit genug, stell Dir e Stecke' dabei!

Um jemand, dem eine Gabe, die man ihm reicht, nicht genügt, barsch abzuweisen. – Die Redensart mag aus der Nr. 80. angeführten: „E Posik un e Stecke'!" (s. die Erklärung daselbst) entstanden sein. Eiselein führt sie indes ebenfalls an als aus dem Volksmund: „Bistu nicht damit zufrieden, so setz ein Stecklein dazu!" indem er sie mit dem Sprichwort: Munera stare aut crescere debent zusammenhält und ihr die Deutung gibt, wer mit einem Geschenke nicht zufrieden sei, müsse demselben, wie einer Pflanze, das stare und crescere durch einen beigegebenen Stock verleihen.

526. Da darf aach kaan Tippelche' dran fehle'!

Er ist so habsüchtig, so gierig, daß auch kein Tüpfelchen fehlen darf, daß es ihm auch das Geringste, ein Pünktchen tut. – Leg's auf die Goldwag!" – Die Redensart wird indes auch zur Bezeichnung des Sorgfältigen und Pünktlichen gebraucht, dem es ebenfalls bei der Vollkommenheit einer Gabe auf das Kleinste ankommt. „Da fehlt nicht das Dupfel auf dem i." (Eiselein. Vergleiche auch 59.)

527. Sein' Aage' sen größer as sein Mage'!

„Seine Augen sind größer als („as" s. 201.) sein Magen." Er begehrt mehr als er vertragen kann. Zuvörderst in Rücksicht auf essen und trinken; dann überhaupt: „die Lust ist groß, das Fleisch ist schwach." – „Die Augen sind größer als der Bauch." (Lehmann und Geiler). His eyes are bigger than his belly.

528. Der eßt die Schul mitsamt dem Almemer uf!

Zur Bezeichnung eines ungewöhnlichen Fressers: „Er ißt die Synagoge samt der Emporbühne auf." Die Kirche samt der Kanzel. „Den Pfaffen samt der Kutte.“ (Schmid: Anhang zum Schwäb. Wörterbuch). – Die Bethäuser entstanden aus den Lehrhäusern; daher erhielten sie den Namen „Schulen“, wovon man dann wieder ein Verb bildete „schulen gehen“ für in's Bethaus, in die Synagoge gehen (s. 1029. Anmerk.); die eigentliche Schule der Kinder hieß „Cheeder“ (s. 769.). – „Almemer“, Almemar, die Emporbühne in der Mitte der Synagoge. Das Wort ist arabischen Ursprungs (almanbar), aus den Zeiten der Juden in Spanien, und bezeichnet den Ort zum Vortrag, auch bimah genannt (vom hebr. bamah, Erhöhung, woher wohl das griechische βωμος, wodurch die LXX das hebr. bāmoth stets geben; vielleicht verwandt mit Bühne). –

529. Sein Malech is e Fresser!

„Sein Engel (malach) ist ein Fresser“, es glückt ihm immer etwas Gutes zu essen zu bekommen; das Glück begünstigt ihn, daß er immer zu einer Gelegenheit, zu einer Stunde kommt, wo gerade ein Schmaus stattfindet. – Über die Redensart selbst vergl. 239. – Besonders den Gelehrten ermahnt der Talmud, kein Schmarotzer zu sein. – „Ein Gelehrter“ (Talmid chacham, insbesondere der dem Studium des Gesetzes obliegt), heißt es Pesachim 49., „der aller Orten sein Mahl hält, beschimpft sich, den Namen Gottes, den Namens seines Vaters und seines Lehrers und selbst den Namen seiner Kinder; denn auch der Sohn wird heißen: Sohn des Ofenheizers, Sohn des Schenkentänzers, Sohn des Tellerleckers (melachech pinche) usw.“

530. Das is e Achel-Peter!

– „ein Freß-Peter“, Fresser, „Nimmersatt“, vom hebr. achal, essen, woher auch ein Verb mit deutscher Endung: „Er achelt gern ebbes (etwas, s. 251.) Gut's“ – „Er läßt sich nicht zweimal bitten.“ „Der nimmt einem den Bissen vom Mund weg!“ (aber auch umgekehrt: „Der gibt einem den Bissen vom Mund weg“). „Er hot e Mage‘ wie e Strump‘.“ „Wenn der zu esse‘ seht, is aller Chusch (chusch, neuhebr., Sinn) weg.“

531. Achele‘, bachele‘, bōche,
– Is sein‘ beschte Melōche!

„Essen, trinken und schlafen ist seine beste Arbeit“ (melāchah, hebr.). – „Acheln“, s. 530. – „Bacheln“, wohl wie pokulieren, bechern, vom latein. poculum, Pokal, franz. bocal, ital. boccale. – „Bōchen“ für „Bōfen (mit ch statt f, wie Nichte für Nifte, ruchlos für ruflos, tauchen für taufen); bōfen selbst aber ward sehr häufig im verächtlichen Sinne für „schlafen“ gebraucht: „Der bōft den ganzen Tag!“ „Geh bōfe, hab ich Ruh“, „verboft sein“, usw. – Für stark trinken ist der gewöhnliche Volksausdruck, der mitunter auch auf den Christen übergegangen ist: „schaskenen“, „er schaskent zuviel“, „er is e großer Schaskener.“ Das Wort scheint mit deutscher Endung aus den beiden hebr. Verben für trinken: schathah und schakah, gebildet zu sein. –

532. Ich bin so satt, wie vun der Purim-Sude!

– „wie vom Purim-Mahle (seüda), als hätte ich am Purim-Mahle gesessen, das bei den Alten sehr reich gefeiert ward. Vergl. 193.

11.

Körperliche Beschaffenheit. Nettigkeit. Alter.

533. Wie aus dem Gesicht geschnitten!

In bezug auf Ähnlichkeit besonders des Kindes mit dem Vater. – „So gleich, wie aus der Haut geschnitten!!" (Agric.). „Wie ein Tropfen dem andern". He is as like his father, as if he had been spit out of his mouth. – „Er kann den Vater, die Mutter nit verleugnen." – Ebenso in bezug auf die typisch-jüdischen Gesichtszüge: „Er kann den Jid nit verleugnen." – „Er darf sich in e Chasserhaut (Schweinshaut, chasír) einwickeln, guckt der Jid heraus", sowie anderseits: „Er darf sich in e Prooches (parocheth, der Vorhang vor der heiligen Lade) einwickeln." – Sehr witzig heißt es von einem Getauften, dessen Züge jedoch den Juden nicht verkennen lassen: „Er is in der Montur desertiert". – Den typisch-jüdischen Ausdruck im Gesichte nannte man auch mitunter satirisch den Zelem Elokim (Genes. 1, 27. „das Ebenbild Gottes"): „Der Zelem Elokim liegt uf'm" (Elokim für elohim, weil der fromme Jude den Namen Gottes, besonders im Hebräischen, nicht gern im gemeinen Leben in der vollen Form ausspricht, vergl. 408.), vielleicht mit einer Anspielung auf die mystisch-kabbalistische Erklärung des zelem Elohim (vergl. die Stellen darüber im Jalkut Reübeni f. 10. col. c. besonders die aus dem „Buche

Salomo's" –). – Zur Bezeichnung einer vollen Ähnlichkeit hatte man auch den Ausdruck: „Os – bos! ganz derselbe (die- , dasselbe)!" Es ist wohl das hebr. Oth beóth, Kennzeichen an Kennzeichen. –

534. Er is e Newére, wenn man ihn anguckt!

„Es ist eine Sünde (Newere für aberah, s. 489.), ihn anzusehen", weil man ihm durch einen neidischen Blick leicht schaden könnte. – „Kein böses Auge, kein übel Auge sollte das Kind ansehen!" (Eisel.).

535. E Ponim wie e Schunre!

„Ein Gesicht, wie eine Katze", so verzogen, so häßlich. – Panim, hebr. Gesicht. Schunra, im Talmud und im jerusalem. Targum häufig, die Katze (s. Aruch s. v. schunar). Das Wurzelwort schunar mag mit unserem scharren, schnurren, verwandt sein. – „Ein Gesicht wie ein ausgeschnittener Kürbis!" –

536. E Ponim wie e Matze!

Eine Fratze, wie eine Matze, so „gestuppelt", getüpfelt (stüpfen, stechen, punktieren, engl. stipple), so pochennarbig. – In Mainz und Umgebung hat man die Redensart: „E Ponim, wie von Flohnem!" (Flohnheim, einem Dorfe in der Nähe). –

537. Die Kalle kann mir nit gefalle'!

Von einer häßlichen Braut (kallah). – Mitunter auch metaphorisch von einer Sache, einem Zustande usw. –

538. Das is e Schlimmassel-Ponim!

– „ein Unglücksgesicht", dessen Erscheinen Unglück verkündet, unleidlich. – „Schlimmassel" s. 467. – Ebenso in Rücksicht auf den Abglanz des Seelenlebens: „Die Dummheit liegt ihm auf dem Gesicht", „die Chutzpe" (Frechheit, 371.), „die Chochme" (Weisheit), „der Lamden" (Gelehrte, von lamad, lernen), „der Dalles" (Armut, 22.) usw. „guckt ihm aus dem Ponim heraus." – Vergl. bei den Talmudisten: „Aus dem zusammenziehen Deiner Lippen erkennt man, daß Du ein Gelehrter bist." (Jalkut Schemini 537.). – „Aus Deinen Augenwimpern erkennt man, Daß Du der Sohn einer Witwe bist!" (der keinen Vater mehr zu fürchten hat. Jalkut Jithr. 277.). – „Man guckt's ihm an, was hinter ihm steckt." – „An den Wänden Deines Hauses, erkennt man, daß Du ein Köhler bist!" (Berach. 28.). – „Sein Gürtel deutet darauf hin." (Chulin 108, a.).

539. Vor der kann Meschiach nit kumme'!

Sie ist so häßlich, so abschreckend, daß ihretwegen der Messias (meschiach, der Gesalbte) nicht kommen kann; selbst diesen schreckt sie zurück. – „Man kann sich vergucken (versehen) an ihr." – „Wenn die in den Maan (Main) guckt, verrecke die Fisch." –

540. Die bleibt aach jontevtik!

Sowohl überhaupt: „Sie bleibt unberührt, kommt nicht an den Mann“, als insbesondere beim Tanze: „Sie bleibt sitzen.“ – Das „Jontevtige (als Adjektiv gebildet von „Jontev“, jom tob, guter Tag, Festtag, s. 465., also das Festtägige) ist, mit besonderem Bezug auf das Pesachfest gebraucht, dem „Chomeztigen“ (von chamaz, gesäuert, Sauerteig) entgegengesetzt. Das Geschirr, welches den Pesach (Ostern) über gebraucht wird, wird am Ende desselben zurückgestellt und bleibt das Jahr hindurch ungebraucht, unberührt. –

541. Das is Bacherem's S'chōre!

Bachur, bechurim (Auserlesene) oder auch nach der Mehrzahl bachurim (Jünglinge) hießen ausnahmsweise die jungen Leute, welche sich dem rabbinischen Studium widmeten. Oft nun geschah es, daß ein reicher Mann, der eine häßliche Tochter hatte, einen solchen „feinen Bacher einsetzte“, ihn zum Schwiegersohne wählte, einerseits um seiner Tochter auf eine noble Weise los zu werden, und anderseits in der Hoffnung, mit der Zeit der Schwiegervater eines berühmten Rabbi zu sein, was für sehr verdienstlich gehalten ward (ketub. 111.). Auch heißt es bei den Talmudisten (Schebuoth 30.): „Die Frau eines Gelehrten ist einem Gelehrten gleich zu achten.“ Ebenso (Pesachim 49. a.): „Der Mensch verkaufe lieber alles, was er besitzt, um seine Tochter nur an einen Gelehrten zu verheiraten. Weinstock und Traube – schön und lieblich.“ – Daher sagte man denn von einem reichen, aber häßlichen Mädchen:

„Das is Bacherem's S'chōre! (sechōrah, Ware)." – „Studentenfutter". –

542. Hinneh loo jōnum,
Was e Ponim!

„Gott bewahre, was ein Gesicht!" – „Hinneh etc." s. 475. – „Panim", Angesicht. – Rücksichtlich der plötzlichen Veränderung des Gesichtes vor Schrecken, vor Zorn etc. haben die Talmudisten den Ausdruck: „ein Gesicht bekommen, wie der untere Rand eines Topfes" (Sabbat 31.). –

543. Wo mehr Flaasch is als Baan,
Is kaan Brōche dran!

Von einer fleischigen Person; „Wo mehr Fleisch als Bein ist, ist kein Segen (berāchah) daran."

544. Das is e grüner Meschiach!

Der Ausruf gilt einem Menschen von grünlicher Gesichtsfarbe. Der Ausdruck selbst aber „grüner Meschiach" (Messias) soll nach der Volksdeutung von einer Anekdote herrühren, indem die Eltern eines Mädchens, welches heimlich von einem Jäger Besuch erhalten hatte, denselben, um den Ruf ihrer Tochter zu retten, für den Messias ausgegeben, der ihr Kind heimgesucht. – Wahrscheinlich jedoch gründet sich der Ausdruck auf Jes. 53, 3., welcher Vers von einigen auf den Messias bezogen wird und wonach derselbe als „ein Mann der Schmerzen, gezeichnet durch Krankheit“ geschildert wird (vergl. Midrasch Jalkut zu Jes. 53, 5,). Eigentümlich ist es, daß nach der Mythe auch ein grünlicher Vogel es ist (der Grünspecht, hebr. racham, chald. jerakreka, targ. Jonath.: scherakreka. Nach andern indessen ist es der ägyptische Erbgeier. Vergl. Levysohn: Zoologie des Talmuds S. 168.), der, erhöht sitzend und pfeifend, einen segensreichen Regen verkündet, wenn er hingegen einmal unmittelbar auf der Erde sitzt und sein schrikrik hören läßt, die Ankunft des Messias anzeigen soll. (Chulin 63. Jalkut zu Sechar. 10, 8.) – „Das is es grüne Bier!“ (Birne). – Von einem schwächlichen Kinde hieß es: „Das is e Nevelche‘! (von nabal, unreif, abgefallen, Aruch s. v. verwandt mit dem bibl. nabal, welken, also eigentlich: ein unreif gebornes Kind). –

545. Das is e Gottschlag!

– ein von Gott geschlagener, ein verkrüppelter, oder auch ein sehr kindischer Mensch. In dem Worte liegt zugleich ein Wortspiel mit dem Namen Gottschalk. Vergl. auch das altd. „Gote-Leit“ für: durchaus verhaßt (Ziemann mittelhochd. Wörterbuch).

546. Da is e langer Gōkel!

Mit Hindeutung auf das seltsame Schaukeln, das lächerliche Hin- und Herbewegen des langen, schmächtigen Körpers, welcher Begriff auch den Wörtern Geige und Gaukelei zugrunde liegt (vergl. Schwenk: Wörterbuch der deutsch. Sprache), sowie dem jüdisch-deutschen Ausdruck gakeln für schlecht schreiben: „Das is e Gegakel!“ – „Lang Geige!“ (Eiselein). „Er gakelt daher, wie eine lange Stang“ (schwäbisch). Auch Ziemann hat ein „gageren“ für hin und her wanken. – Der Begriff des Lächerlichen, Törichten (giege, Geck) scheint indes erst der zweite zu sein, und nicht wie Eiselein es nimmt, der es mit Hamlet’s Flöte, auf welcher jeder sein Spiel treibt zusammenstellt. – „Das is eine Bohnenstang! eine Hopfenstang!“ – Ein anderes ist: „Kerze’g’rad“ von schlankem Wuchs. – „Ein Mann, wie ein Baum“, von einem kräftigen, männlichen Wuchse.

547. Das is e Hōregche‘!

Von einem sehr kleinen Menschen oder Tiere. Eigentlich: ein Erschlagenes (harug, mit der deutschen Endung chen), oder zum Schlachten Bestimmtes, so wie Sechar. 11, 7. die Schlacht-Schafe auch arme (elende) Schafe genannt werden. –

548. Der kann in einer Haselnuß kodesch huppen!

– ist so klein, ein solcher Knirps, daß er in einer Haselnuß kodesch hüpfen kann. Über „kodesch huppen“ s. 510. – Ebenso: E Kerlche‘ wie e Schabbes-Minche-Datscherche‘! – Am Sabbat sollen vorschriftsmäßig drei Mahlzeiten stattfinden: die von Sabbatabend, die am Sabbatmittag und die nach dem Vespergebet (minchah, eigentlich: Speiseopfer, weil das Vespergebet das ehemalige Speiseopfer im Tempel vertritt). Bei den ersten Hauptmahlzeiten spricht der Hausherr den Segen über zwei Sabbatbrote („Datscher“ , s. 586., zum Andenken an die zwei Reihen der Schaubrote im Tempel); zu dem Vespermahle bedarf er nur eines, das dann auch gewöhnlich mittags als zweites Brot dient, aber unangeschnitten bleibt, und weil das Vespermahl in der Regel nur vom frommen Hausvater abgehalten wird und zwar ziemlich frugal, etwa ein Stückchen Fisch oder etwas Obst, so wird dazu auch statt eines Datschers nur ein Datscherchen gebacken, klein und schmächtig. – (Auch das Mahl nach Sabbat-Ausgang wird für verdienstlich gehalten und heißt: „Der Königin das Geleit geben“ melaweh malkah – sein.)

549. Finger, wie e Meleedeste!

– wie eine Hebamme sie haben muß, lang, dünn und zart. – „Meleedeste“, verdorben aus dem hebr. mejalledeth (Geburtshelferin), mit deutscher Endung.

550. Kadme–weásle-Baan!

Säbelbeine. – kadmo – weáslo sind zwei Akzente des spätern Hebräismus von einer den Klammern ähnlichen Gestalt ().

551. E Kol, wie e Reibeise'!

Eine Stimme (kol, hebr.), so grell, wie ein Reibeisen schrillt.

552. E Kol, wie e Wergelholz!

Eine Stimme, so rauh, wie ein Welgerholz (Wälgerholz, von walgen, walgern, wälgern, rollen) knarrt. Es ist eigentümlich, daß die alten Juden fast ohne Ausnahme Wergelholz statt Welgerholz sagten, eine Versetzung und Verzerrung wie in „Vrimlessupe", Nudelsuppe, aus dem franz. vermicelle, das sich in den Kommentaren mit hebr. Buchstaben geschrieben befindet (vergl. Zunz G. B. S. 444. a.): Auch das bekannte „Zwêrschel" (Zwêrschelsuppe, Eiergerstsuppe) mag mit diesem wergel zusammenhängen, vielleicht zugleich mit Anlehnung an zwerch (quer, wie „Zwehl" – Tischtuch, eigentlich: Handtuch – für Quehle). –

553. E Bauch wie e Parnes!

– wie ein Gemeindevorsteher, so feist und wohlbeleibt. – Parnes, neuhebr., eigentlich: Nährer, Pfleger, sowie parnasah, Verpflegung, Nahrung; dann – wie das bibl. rōēh, Hirt, Fürst – Vorsteher, Gemeindevorsteher. – (Mus. Aruch stellt es mit dem griech. πυρνος, Brot, Speise, zusammen). – Vergl. auch 225.

554. Guckt aus wie e Brandspiegel!

– so heiter, so strahlend vor Gesundheit. – Der Ausdruck „Brandspiegel“ war dem Volke umso geläufiger, als ein in jüdischdeutscher Mundart geschriebenes Sittenbüchlein diesen Namen führte (Sepher hammáreh oder der Brandtspiegel, von R. Mosche Henoch. Basel 1602. 4. Prag 1610. 4. Frankfurt a. M. 1677. 4.). – „Guckt aus, wie das Leben!“ – „Schöner als von neuem!“ –

555. Geputzt, wie Schippe‘-Malke!

Von einem sehr geputzten Weibe: sie ist aufgeputzt, wie die Schippenkönigin im Kartenspiel. Auch mit dem Zusatz: „Mit Blumen un allerlei Geseeres rōës!“ (geseroth raoth, schlimmen Verhängnissen; vergl. „gassern“ 466.). – Ebenso von einem Manne: „Geputzt, wie Schippe‘-Meelech!“ wie der Schippenkönig. – Mēlech, malkah, König, Königin. – Oft hieß es auch: „Geputzt, wie die Malke-Schwo!“ (wie die Königin von Saba, s. 1025.). – Anderseits sagte man von einem in Rücksicht auf Reinlichkeit nachlässigen Weibe, deutlich genug: „Das is e

Saubeele" „Saulies." – („Beele" s. v. a. Bella. Vielleicht auch mit einem Anklang an Saubeller). – „Besulwert un beschmiert!" (von sühlen, süln, solgen, sulwern = sich im Kote wälzen. Schwenk und Ziemann). – „Beseewelt" (von sēbel, chald. und neuhebr. Mist, Dünger).

556. Es steht'm, wie dem Hund das Arba-Kanfes!

Arba kanphoth, der viereckige Brustlappen mit den Schaufäden. – Ähnlich: „Es steht ihm, wie dem Esel die Inful." (Lehmann).

557. Guckt aus, wie e Bar-Mizwo-Jüngelche'!

Von einem schon bejahrten und doch seinem Äußern nach jugendlichen Manne: „Er sieht aus, wie ein Konfirmand", noch so frisch und so nett, so rein und fein. – „Bar mizwah", Sohn des Gebotes, wird der Knabe mit dem Antritt seines dreizehnten Jahres genannt, weil er da wissentlich seine Verpflichtung hinsichtlich der religiösen Gebote übernehmen soll, was besonders öffentlich dadurch seine Weihe erhält, daß er zum erstenmal zur Thora „aufgerufen" wird (vergl. 110.). So heißt es Ber. rab. cap. 63.: „Rabbi Eleasar sagte: Der Vater muß sich mit seinem Sohne bis zu dessen dreizehntem Jahre abgeben, dann aber sagen: Gelobt sei (Gott), der mich von der Verantwortlichkeit für diesen erlöst hat!" (Vergl. auch Berachoth 24, a. Joma 82, a.). Auch von Jesus heißt es, daß ihn seine Eltern, nachdem er sein zwölftes Jahr zurückgelegt , zum erstenmal mit gen Jerusalem nahmen (Luk. 2, 42.). Die Feier der Bar-mizwah wurde so hoch gehalten, daß das Mahl an derselben für ebenso verdienstlich als das Hochzeitsmahl geachtet ward. (S. Jalkut Chadasch likutim No. 29.). – Aus diesem „Bar-Mizwo-werden“ bildete man erst in neuerer Zeit an vielen Orten die sogenannte Konfirmation der Knaben sowohl, als der Mädchen. – „Jüngelchen“ ist die Verkleinerung von Junge, wie Wägelchen von Wagen, Züngelchen von Zunge, und überhaupt bei den Wörtern, die auf einen Gaumlaut enden.

558. Er is kaan Jüngling mehr!

– ist schon bei Jahren (Adelung). Aber auch von Frauen hieß es: „Sie is kaan Jüngling mehr!“ so daß Jüngling als generis comm. gebraucht ward, wie Liebling, Zwilling. – „Er hat die Kinderschuh ausgetreten.“ „Er ist der Rut entwachsen.“

559. Aus Kinder‘ werden Leut‘!

Als Antwort auf die geäußerte Verwunderung, daß jemand, den man seit seiner Kindheit nicht gesehen, so groß, so stark, so tüchtig geworden sei, oder auch als Ausdruck der eigenen Verwunderung: „Ja, ja, aus Kindern werden Leut‘!“ – (Auch bei Agric.). – Vergl. das rabbinische, unter den Gelehrten gebräuchliche: „Gedojim náasim tejoschim“ („aus Zicklein werden Böcke“ Jalkut Ruth 596. Tanchuma Schemini 42, b.). – Ebenso, doch meistens scherzhaft: „Unkraut wächst!“ („– wächst über Nacht!“).

560. Der hat schon unter dem blauen Meelech gedient!

– hat schon unter dem blauen König (mēlech) gedient – so alt ist er, oder auch: so durchgepeitscht, wie man sagt, so durchtrieben. – Unter dem „blauen König" ist wohl der alte Fritz verstanden, dessen Soldaten blau gekleidet gingen.

561. Das is e alter Schoote!

– „ein alter Narr!" mit Betonung des Adjektivs „alter". Die Narrheit ist schon gar lange bei ihm eingebürgert und hatte Zeit zu wachsen. Auch mit dem Nebensinn: Das Alter ist nur durch Weisheit ehrwürdig. (Vergl. kiddusch. 32, b.) „Ein Greis ist, wer sich Weisheit erworben hat" und (Berachoth 39, a.) „Wenn keine Weisheit da ist, ist auch kein Alter da" sowie den Spruch des Rabbi Méir (Pirke Aboth 4, 27): „Sieh nicht auf die Kanne, sondern auf das, was darin enthalten ist! Es kann eine neue Kanne voll alten Weines sein, und eine alte, worin sich nicht einmal Most befindet." – „Der Alte macht uns Schande." – „Dem Alten war seine Narrheit von Nutzen" (ketub. 17.). – Ein anderes ist es, wenn es von einem schon bejahrten Manne, der noch Jugendliches treiben will, heißt: „Er ist ein alter Narr!" „Dem kommt noch der Kikeriki!" – „Schōte" (neuhebr.), Narr, verwandt mit dem biblischen satah, abweichen, abirren (s. 119.). –

562. Er hot zu viel Aphikoomen gesse'!

Aphikómen (eigentlich epi komon, griech., vergl. darüber, sowie über die Wortbedeutung Spencer: de legib. Hebr. L. III. cap. IX. p. 91.; Landau's Anm. zu Aruch s. v.) heißt das Stück Matze, das nach rabbinischer Vorschrift am Pesachabend als Nachtisch gegessen wird. „Wer viel Aphikomen eßt, der lebt lang'" – und fragte nun jemand: „Woran ist N. gestorben?" so hieß es, wenn derselbe alt geworden war, mit Recht: „Er hat zuviel Aphik. gegessen" – nämlich am Alter.

563. Des sen Bilbulim!

Wenn das Alter heranrückt und man bald über dieses, bald über jenes Weh, welches in seinem Gefolge sich zeigt, klagt, so heißt es: „Das sind Bilbulim", Neckereien des Alters, absichtlich gegebene Anlässe zu Streitigkeiten; das Alter macht sich geltend. Vergl. 769. – „Bilbulim", neuhebr., von balal, Verwirrung, Bestürzung. Vergl. 381.

564. Er is wurmstichig!

Sowohl von einer kränklichen Beschaffenheit überhaupt, als von beginnenden Zeichen des Alters. Ebenso: „Is schon arg verkrumpelt!" von der Zeit usw. zerknittert, runzelig gemacht. („Verkrumpeln", ursprünglich von Kleidern, Büchern, vergl. engl. to crumple und das deutsche krämpen, krimpen, verkrimpfen = schrumpflicht machen. Ziemann: Mittelhochd. Wörterbuch.).

565. E schön Alter is – achtzehn Johr!

Als Gegenbemerkung gegen die Äußerung, daß jemand, der in hohen Jahren noch rüstig ist, ein schönes Alter habe. – Vergl. Pred. 12, 1. „Die Jahre, wo Du sagst: ich habe keinen Gefallen daran!"

566. Werd mer grau un alt, Einem nix mehr gefallt!

Vergl. 2 Sam. 19, 35.: „Ich bin heute achtzig Jahr alt, wie sollt' ich noch einen Unterschied kennen zwischen gut und schlecht, oder schmecken, was ich esse und trinke, oder hören auf die Stimme der Sänger und Sängerinnen?" – wozu der Talmud bemerkt (Sabbat 152.): „daraus erkennen wir, daß im hohen Alter die Verstandeskraft abnimmt, die Lippen springen und die Ohren schwerhörig werden." – Ebendaselbst heißt es ferner: „Wehe über das eine, das dahingegangen und nicht wiederkehrt!" – die Jugend nämlich. „Besser sind zwei als drei", die beiden Füße des Jünglings nämlich, als die Füße und der Stab des Greises. „Der Greis geht gebückten Hauptes, als suche er etwas, das er verloren." „Die Jugend ist eine Rosenkrone, das Alter eine Nesselkrone." – „Wird man grau und alt, gibt's allerlei Gestalt." (Eiselein). Rücksichtlich der Last für andere sagt ein rabbinisches Sprichwort (Jalkut Bechuk. 677.): „Ein greiser Mann im Hause – Grube (pachtha, Jer. 48, 43.) im Hause; eine greise Frau im Hause – Schatz im Hause."

567. An alte' Schu' is alsfort zu flicke'!

„Das Alter ist ein Hospital aller Krankheiten" (Lehmann). „Alte Stiefel dürfen viel Smierens." (Agric.) – „Alsfort" s. 201. –

568. Die braucht kaan Stiel mehr auszubeiße'!

– so alt ist sie schon. – Nach einer mystisch-kabbalistischen Vorschrift sollen Frauen, die guter Hoffnung sind, den Stiel des am Laubhüttenfest zum Feststrauß gebrauchten Esrog (ethrog, die bekannte zitronenartige Frucht des Paradiesbaumes, pomum Adami Linn.) ausbeißen, um dadurch eine glückliche Niederkunft zu erlangen. (S. Zeénah Ureénah zu 1. B. M. 3, 6., wo zugleich ein dabei zu sagendes Gebet angeführt wird). Wenn nun eine schon bejahrte Person heiratet, so braucht sie aller Wahrscheinlichkeit nach keinen Stiel mehr auszubeißen. –

569. Ich hab' sein Wimpel nit gesehn!

Als Antwort auf die Frage, wie alt jemand sei: ich weiß es nicht. – Es war und ist großenteils noch Brauch, jedes Knäblein nach vollendetem ersten Jahre nebst einem für die Umwindung der Gesetzrollen bestimmen langen und schmalen Stück Linnen, auf welches des Kindes Namen und Geburtstag, sowie Wünsche für sein künftiges Wohl geschrieben sind, an einem Sabbat in die Synagoge zu tragen. Die also beschriebenen und in der Synagoge zurückgelassenen Windeln konnten daher zugleich als

Kirchenbuch dienen. – Noch häufiger und passender war die Redensart bei einem Mädchen: „Ich habe ihre Wimpel nit gesehn". „Hastu ihre Wimpel gesehn?" (daß Du ihr Alter so genau weißt) usw., da bei Mädchen der Brauch nicht stattfindet, und man also nicht einmal nachsehen konnte, wie alt sie sei. – Das Wort „Wimpel" (von der wallenden Bewegung) bezeichnet eigentlich mehr die lange und schmale Fahne auf Schiffen, die zu Schmuck und Signalen dient. –

570. Der (die) gehört unter's alt Eise'!

– ist verbraucht und wertlos geworden. – Ebenso: „Ich laß mich noch nit unter's alte Eisen werfen." –

12.

Vertrautheit und Gesinnungsgenossenschaft. Häusliche Einigkeit und Zwietracht.

571. Wajjakhel un Pekude!

Von zwei Menschen, die stets zusammen gesehen werden, unzertrennlich sind. Wajjakhel und Pekūde sind zwei Abschnitte in dem Pentateuch (2. B. M. 35 – 40.), die im einjährigen Zyklus an ihrem Sabbat in der Synagoge stets zusammen gelesen werden, immer, wie man sagt, zusammen gehen.

572. Safria un Mezoore gehn mit einander!

Ebenfalls zwei Perikopen des Pentateuchs (3. B. M. 12 – 15.), die stets zusammen gelesen werden, die aber beide die Vorschriften bei Unreinigkeiten, als Aussatz, Blutfluß usw. enthalten. Daher das Sprichwort gemeinen, widrigen Menschen gilt, die zusammenhalten. – „Faule Eier und stinkende Butter gehören zusammen." (Agricola). – Der Ausdruck „gehen" für an der Reihe sein, gelesen werden, wird auch von einem einzelnen Abschnitt gesagt: „Was für Sidre (sidrah, Reihe, Ordnung) geht heute?" –

573. Sen aan Tōches un aan Gebackes!

– sind auf's innigste vertraut, wie verwachsen miteinander, jedoch mit einiger Verächtlichkeit, von einer Vertrautheit, die mehr in Äußerem ihren Grund hat, mehr Schein oder Eigennutz ist. – „Tōches (tachath), der Untere, inferior, nates. – „Aan Gebackes", ein Backen.

574. Das is e Gesoodes un Berothes.

– „ein Heimlichtun und Beraten!" besonders von zwei Personen, die, so oft sie zusammenkommen, die Köpfe zusammenstecken und zu flüstern haben. „Gesōdes", mit deutschen Endungen vom hebr. sōd, Beratung, Geheimnis. Ebenso als Verb: „Was hastu mit'm zu soodesen?" – „Berōthes", des Gleichklangs wegen für Beraten, indem in dem ganzen Ausdruck zugleich ein Anklang an „gesotten und gebraten" liegt. –

575. Polnische Fuhrleut'!

Den ganzen Tag sind sie zusammen, und dennoch haben sie abends immer noch zu besprechen und zu überlegen.

576. Das is e Mischpōche!

„eine Familie (mischpachah, hebr.), Sippschaft!" im üblen Sinn. Die passen zusammen. – „Pack schlägt sich, Pack verträgt sich." – Ebenso: „Das is e Chavruse!" Gesellschaft (chabrutha, chaburatha, chaldäisch von chaber, s. 578. u. 230. Daher: „Einem die Chavruse aufsagen“, die Freundschaft, Genossenschaft kündigen). –

577. Schander debander. Aaner wie der Ander!

Diese sehr verbreitete Sprichtwort, dessen Sinn unbezweifelt ist: „Beide taugen nicht“, scheint uns, wenn es anders nicht bedeutungslose Klänge find – verdorben aus: „Gendre du pendard, einer wie der ander‘“, der Eidam des Galgenstricks gleicht dem Schwiegerpapa. Vielleicht hat es auch ursprünglich geheißen: „Schande der Bande! …“ „Gleich und gleich gesellt sich gern.“ – „Sag mir, mit wem Du umgehst, und ich will Dir sagen, wer Du bist.“ – „Sein Genosse entscheidet über ihn“ (Abodah Sar. 29.). – „Buhldirnen glätten einander die Haare“ (Sabbat 34.). – Ein rabbinisches Sprichwort sagt: „Nicht umsonst geht der Rabe zu der Krähe (sarsir), sondern weil sie seiner Gattung ist“. – (Ber. rab. f. 37), und zwar soll das Sprichwort in folgender Anekdote seinen Ursprung haben. „Ein fremder Vogel“ – heißt es daselbst – „eine Krähenart mit Namen sarsir, kam einmal nach Palästina. Man brachte den Vogel vor den Schriftgelehrten Chije aus Babylon und legte ihm die Frage vor, ob derselbe zu den unreinen oder reinen Vögeln gehöre. – „Setzt ihn“, sagte Chije, „auf das Dach und sehet zu, welcher Vogel sich zu ihm gesellt; von dessen Gattung ist er.“ – Man tat so, setzte den Vogel auf das Dach, und bald kam ein ägyptischer Rabe daher geflogen und ließ sich neben ihm nieder. – „Der Vogel ist unrein“, sagte Chije jetzt, „er gehört zur Gattung des Raben, und es heißt ja (3. B. M. 11, 15.): „und den Raben nach allen seinen Arten.“ – Seitdem nun kam das Sprichwort auf: „Nicht umsonst geht der Rabe zur Krähe, sie ist von seiner Art.“ – (Baba. k. 92. lautet das Sprichwort: „Nicht umsonst geht die Krähe zum Raben.“ Ebenso Jalkut toled. 116. Schoft 67., woselbst noch ein anderes Sprichwort ähnlichen Sinnes angeführt wird: „Die verdorrte Palme gesellt sich zum leeren Schilfe“ mit verschiedenen Belegstellen aus der Schrift. Vergl. nach Sirach 13, 16.: „Ein jedes Tier gesellt sich zu seiner Art, und so auch der Mensch zu seinesgleichen, sowie das rabbinische (Erub. 9.): „Art hat Art gefunden und regt sich nun gegenseitig an.“ – Nach einer Mitteilung des Gerichtschreibers Ineichen in der Zeitschrift „Schweiz“ sagt man auch im Luzerngebiet: „Einerlei Vögel sitzen auf einerlei Ast“). –

578. Chawerlappes!

Zur Bezeichnung von Lumpengenossen und wahrscheinlich zusammengesetzt aus dem hebr. chaber, Genosse und dem altdeutschen Lappe („Jedem Lapp gefällt seine Kapp“. Agricol. „Die Welt ist voller Lappen und Dildappen.“ Mergeln.). – Ebenso: „Bruderander!“ – „Sie sind miteinander Chawerlappes, Bruderander“. – „Gevatter Schneider und Handschuhmacher“ (Schiller). – „Der is gleich mit jedem Chawerlappes!“ ein Allerweltsfreund. – „Meißel spaltet den Stein, Zöllner kennt den Genossen“ (Abodah Sar. 22, b.).

579. Aan Gannev haaßt den andern Ach-brosch!

„Ein Dieb (gannab, hebr.), heißt den andern Spitzbub" (Ach-brosch, s. 296.). – „Ein Esel heißt den andern Langohr." –

580. Das is e Mooschev!

Sowohl von Personen, als von Dingen: Das ist schlechtes, nichtswürdiges Zeug, Kehricht (in Frankfurt: Kehrschel, Kehrsel, „Kehrschelbauer"), „Häcksel!" – „Mooschev" (mōschab) heißt eigentlich Sitz, woher dann im Neuhebr. beth-mōschab, Sitzhaus, gebildet ward, zur Bezeichnung des Abtritts, ähnlich dem beth-kisse (s.1014.). Das Volk nahm nun aus Mißverständnis das Wort mauschov für Kot, Dreck. – Ebenso: „Das is e Psooles!" Abgang, Bodensatz, Schlaken (psōleth , vom chald. und neuhebr. pasal, verwerfen, Mus. Aruch s. v.). –

581. Was das Jam haggōdel ausgeworfen!

Ebenfalls sowohl in bezug auf Menschen, als auf Dinge: „Ein Auwurf des großen Meeres", ein buntes Unter- und Durcheinander. – „Krethi und Plethi" (2. Sam. 8, 18. 15, 18.). – Der Ausdruck an sich, „das große Meer" (jam haggadol) ist biblisch (4. B. M. 34, 6. 7.) für das mittelländische Meer (vergl. auch 481.). Die Redensart selbst aber hat wohl Bezug auf die Erklärung von 2. B. M. 14, 30. „Und Israel sah die Ägypter tot am Ufer des Meeres", das Meer habe alle Ägypter sogleich wieder an's Ufer ausgeworfen, damit jeder Israelite seinen ägyptischen Zwingherrn erkenne und von aller Furcht befreit Gott preise (Jalkut zur Stelle No. 239.). –

Von derselben Bedeutung: „Hakkel bakkel!" (hakkól bakkól, hebr., Alles in Allem). –

582. E ganzer Wagen voll Schbeeses-zu-Nacht!

– voll Sabbat-Ausgang (Schbeeses, verdorben aus schabbathoth, schabthoth, plur. von schabbath, oder auch von dem talmudischen schbithah, schbithath), nichts Sabbatliches, Feiertägiges, nur Überbleibsel davon. – Vergl. 814. – Ebenso: „Das is Aschpes!" – aschpoth, hebr. Kot, Mist). – Wollte man im Gegenteil einem Einwande, daß in einer Gesellschaft Ungehörige sich befinden, begegnen, so hieß es: „Chelbene gehört aach darunter!" – Chelbenah nämlich, Galbanum (2. B. M. 30, 34.), – ein stark und widrig riechendes Gummi Syriens, ward ebenfalls unter das Rauchwerk im Tempel getan, welcher Beimischung der Talmud die Deutung gibt, daß unter den Frommen auch der Sünder geduldet werden müsse (vergl. keritoth 6.). – Die Formel „zu Nacht" (vergl. „heut zu Tag") findet sich in noch manchen ähnlichen Ausdrücken. So heißt der Abend vor dem Rüsttag des Osterfestes „Chomez-battel zu Nacht" (s. 370.) und der Abend nach dem Osterfeste „Rumpel – zu Nacht", weil gewöhnlich gleich nach Ausgang des Pesachfestes alles festliche Geschirr, um eine Vermischung des „Jontevtigen" mit dem „Chomeztigen" (s. 540.) zu verhüten, hinweggeräumt wird, was denn oft Veranlassung zu großem Gerumpel (Lärm) gibt; daher auch diese Wegräumung selbst einfach durch „rumpeln" bezeichnet ward: „Hastu schon gerumpelt?" –

583. Das is e Zor-wechór!

Zur Bezeichnung jedes schlechten, unnützen Zeuges, sei es von Menschen soviel als: „Das ist ein Gesindel!“ oder von Dingen, z. B. von den Knochenzugaben des Metzgers: „Nix als Zor-wechór!“ – die Ausdrücke selbst mögen den beiden Namen der midianitischen Könige Zur und (we-) chur (4. B. M. 31, 8.) entlehnt sein; vielleicht auch sind sie ursprünglich in ihrer wörtlichen Bedeutung genomen: Fels und Schlucht. Auch könnte unter chōr (nach 2. König. 6, 25. 18, 27.) Kot verstanden sein. –

584. Lauter Bawel!

Ausschuß, schlechtes Zeug – „Bawel“, so lautet's im jüdischdeutschen Dialekt. Auch der Engländer hat bable, bawble, bauble, für Spielwerk, Kinderei, Lumpending. Adelung unter „schofel“ (schlecht, armselig) hat Pofel (auch in Ziemann's mittelhochd. Wörterbuch); Eiselein hat „Brack und Bafel“. Vielleicht, daß es metaphorisch von dem hebr. babel kommt, wie auch schofel, das Schwenk und A. von schaben ableiten, reines hebr. ist (schophel, niedrig; daher „Schifles“ – schiphluth – Niedrigkeit, auch von der Gesinnung, vergl. 394.). Es könnte indessen der Ausdruck „Bawel“ auch mit dem griechischen βαβαλον, βαμβαλον, pudenda, zusammenhängen, wie in der Tat das englische Wort auch diese Bedeutung hat. –

585. Chalderapes!

Ein Ausdruck, den man besonders häufig von den jüdischen Kleiderhändlern in Frankfurt hört, und zwar ebenfalls sowohl in bezug auf Dinge, als auf Menschen: „Lauter Chalderapes!" „Chalderapes – Gezeug!" – Vielleicht ist es das französische châles râpés (dérâpés), wie das habits râpés, abgeriebene Tücher, abgeriebenes Zeug. Indessen hört man auch und zwar noch häufiger und auch anderswo „Falderapes" sagen, was an „fallt herab, Abfall" anklingt.

586. Das is e Erev-rav!

„Erev-rav" (ereb rab 2. B. M. 12, 38.(, „eine Menge allerlei Leute" (Mendelsohn), „viel Pöbel-Volk" (Luther), mixtura magna (vulg.), hieß das zusammengelaufene Gesindel, welches sich den Israeliten beim Auszug aus Ägypten anschloß (vergl. 4. B. M. 11, 4. „asaphsuph"), und welchem die Sage auch alle Veranlassung und Aufreizung zu Ungehorsam, Widerspenstigkeit und Abfall auf dem Zuge durch die Wüste zuschreibt. Vergl. Beza 32, b.: „Ihr stammt gewiß, da ihr so hartherzig seid, von dem Erev rav ab, welches sich den Israeliten angeschlossen. – Wer kein Mitleid mit der Not anderer zeigt, der ist nicht aus dem Samen Abrahams". – (Vergl. 5.). –

587. Ich kaaf den Chilek nit teuer!

„Ich kauf den Unterschied nicht teuer", wenn von zwei Personen die Rede ist und jemand der einen vor der andern den Vorzug geben will: „Beide geben sich nichts heraus". – Auch in bezug auf Dinge. – Ebenso: „Ich fall' um den Chilek nit die Trepp' hinunter", der Unterschied bringt mich in keinen solchen Eifer, daß ich, um ihn zu erlangen, Hals über Kopf die Treppe hinabstürzen sollte. – „Chilek" (chiluk, neuhebr. verwandt mit dem bibl. chalak, teilen) Unterschied; daher das alte: „Chilek sagen", einen talmudischen dialektischen Vortrag halten (vergl. 327.), zu welchem sogar in alter Zeit öffentlich eingeladen ward, indem ein Diener des Rabbinat's durch die Judengasse ging und laut: „zum Chilek" rief. –

588. E Pilsel wie e Balbóëste!

„Eine Magd, wie eine Herrin!" beide taugen nichts. Die Nachlässigkeit und Leichtsinnigkeit der Herrin macht auch die Dienerin nachlässig und leichtsinnig. – Hackeney–mistress, hackeney–maid. Like mistress, like maid. – „Wie der Baum, so die Birn; wie die Frau, so die Dirn". (Eiselein). „Wie die Glieder so auch das Haupt". (Schiller). – Vergl. 672. – „Pilsel" ist verdorben aus dem französischen pucelle, pulcelle. – „Balbóeste", deutsch gebildet vom hebr. báalath-habbajith, die Hausherrin. –

589. Er eßt Rettig un sie Radiescher!

In bezug auf Unsittlichkeit: wie der Mann, so die Frau. Er findet seinen Spaß am Rettich, sie an Radieschen. – Vergl. das talmudische (Sotah 10.): „Er in Kürbissen, und seine Frau in Gurken.“ (Eine merkwürdige Erklärung hiervon hat Aruch s. v. kara). – In demselben Sinn, wohl nach einem besondern Fall: „Itzig (Isaak) un Olg (Olga)! er is, wie sie, un sie is, wie er!“ Ein rabbinisches Sprichtwort sagt (Sotah 48.): „Wenn Zerstörung über das Haus kommt, fängt sie bei der Schwelle an“ (durch Mangel an Häuslichkeit). – In Rücksicht auf die Notwendigkeit eines religiös-sittlichen Lebens in der Ehe hat man von Akiba das mystisch spielende und doch so sinnige und ernste Wort (Sotah 17. Vergl. Pirke R. Elies. cap. 12.): „Wenn Mann und Frau ein frommes Leben führen, so ruhet Gott zwischen ihnen; scheidet aber Gott aus ihrer Mitte, so verzehret sie das Feuer“, indem das hebr. Wort isch (Mann) aus den Buchstaben aleph, jod, schin, und das Wort ischah (Frau) aus den Buchstaben aleph, schin, he besteht; ohne die Buchstaben jod, he also (jah, Gott) bleibt bei beiden aleph, schin (aesch, Feuer). – „Dann aber“, heißt es weiter, „ist das Feuer des Weibes intensiv verzehrender als das des Mannes“, – bei ischah nämlich bleiben die Buchstaben aleph, schin dicht nebeneinander, bei isch hingegen bleibt, nach Ausscheidung des jod, ein kleiner Raum zwischen beiden.

590. Die können das Maanführe' spare!

Früher war es Brauch, und ist es wohl hier und da noch, das zu trauende Paar am Morgen des Hochzeitstages – nach einer vom Synagogendiener mit dem Rufe: „Zu Maan! zu Maan!" öffentlich geschehenen Einladung dazu – in den sogenannten Schulhof, in den Hof der Synagoge mit Musik zu führen, dort auf eine Bank (in der Regel eine dazu schon erbaute steinerne Bank, daher „der Maanstaan" genannt) nebeneinander zu setzen, sie mit Weizenkörnern, (worunter oft kleine Münze, die beim Niederfallen den Armen verblieb, gemischt war) – zum Zeichen des künftigen Segens – unter dem Zurufe: „seid fruchtbar und vermehret euch!" (perú urebú, 1. B. M. 1, 22.) zu bewerfen und so miteinander gemein, d. i. vertraut zu machen. Daher die Ausdrücke „zu Maan (Mein) gehen", „zu Maan führen", und woher auch das bekannte Scherzliedchen: „Zu Maan! zu Maan! Die Kalle (kallah, Braut) is klaan; der Chōsen (chathan, Bräutigam) is groß" etc. – Von einem Brautpaare nun, das schon lange Bekanntschaft hatte, schon längst mehr als gewöhnlich vertraut war, hieß es daher mit Recht: „Die können das Maanführe (Meinführen) sparen". – Über den Grundbegriff von mein in gemein vergl. Schwenk: Wörterbuch der deutschen Spr. s. v. gemein. Es scheint indes, als ob mein in Mein-eid damit verwandt sei, so daß sich an dem Begriff: nichts Besonderes, Gewöhnliches, der des Schlechten, Falschen anschloß. – Hinsichtlich des Brauches, das Hochzeitspaar mit Weizenkörnern zu bewerfen, erinnert sich der Verfasser gelesen zu haben, daß derselbe auch bei einigen russischen Volksstämmen stattfinde. –

591. Der hot aach schon Challe genumme'!

Ebenfalls von einem zu trauenden Paare, das schon im Brautstande zur Vermutung einer ehelichen Vertautheit Anlaß gegeben. – Challah heißt die Gabe, welche von jedem Teige als Erstling geopfert werden mußte, und zu deren Erinnerung heute noch jede fromme Hausfrau besonders vom Teige des Sabbatbrotes eine Handvoll nimmt und verbrennt. (Ein Stückchen Challah-Brot, d. h. ein Stückchen von einem Brote, von welchem Challah genommen worden, ward vom Volke besonders gern auf den Weg mitgenommen). – So ward die Redensart auch an andere Verhältnisse angewendet, z. B. von jemand, der bei jeder Gelegenheit zuerst seinen Vorteil zu erhaschen weiß, von einem Obern, der von allem zuerst eine Abgabe erhalten muß: „Der muß überall zuerst Challe nehmen?" –

592. Der hot aach schon Schechjone gemacht!

– Schehechijanu (der uns beim Leben erhalten) heißt ein Segenspruch, der vor jedem neuen Genusse ausgesprochen wird, z. B. wenn man neues Obst zum erstenmal ißt, ein neues Kleid anzieht, beim Wiedererscheinen eines Festtages usw. („Gelobt seist Du, Gott, der uns beim Leben erhalten und uns diese Zeit hat erreichen lassen!" Vergl. 288.) – Die Redensart ward daher sowohl allgemein gebraucht: „Er hat auch schon davon genossen!" als insbesondere und in verblümtem Sinn von einem Bräutigam. –

593. Mit vollem Bauch zur Megille gehen!

Eine ähnlich verblümte Redensart von einer Braut, die, ohne vorher enthaltsam gewesen zu sein, zur Trauung geht. – Megillah ist der Brief Esthers, welcher am Abend des Purimfestes in der Synagoge vorgelesen wird. Am Tage vor dem Purimfeste ist der Fasttag Esthers. Wer nun an diesem nicht gefastet hast (etwa wie immer, wenn der Tag auf einen Sabbat fällt), der geht mit dem vollen Bauch zur Megille. – „Er hat ihr was mitgebracht, sie hat zu tragen dran." – „Es ist Hoch-Zeit" (hohe Zeit). –

594. Schōlem weschalwe! Kaaner sagt: Schwarz Appel Dein Aag!

Zur Schilderung einer herzinnigen Einigkeit: „Ruhe und Frieden" (schalom weschalwah, vergl. Ps. 122, 7.) herrschen so, daß keiner den andern im mindesten verletzt, keiner zum andern sagt: „Schwarz ist der Apfel Deines Auges!" Vergl. bei Feelding: He would not say to one: black is the white of your eye. –

595. Er hot sich an einen goldnen Galgen gehenkt!

Von einem Manne, der ein böses, widerliches Weib um ihres Geldes willen geheiratet hat. – „Er nahm sich ein Weib, as weh seinem Leib!" (Simchath Nephesch). „Drei", sagen die Rabbinen (Baba M. 82.), „schreien und finden kein Gehör: Wer Geld besitzt und es ohne Zeugen (Sicherung) verleiht; wer sich selbst einen Herrn erkauft (nach einer Erklärung: dadurch, daß er seinen Kindern seine Güter schon bei seinem Leben übermacht) und der, dessen Frau Herrin über ihn ist.“ –

596. Rechajim bezawwōrau!

Von einem noch nicht lange verheirateten Manne, etwa auf die Frage, warum er nicht mehr so fröhlicher Laune sei, so wenig mehr zur Gesellschaft komme usw.: „Er hat einen Mühlstein am Hals!“ hat ein Weib, hat Haussorgen. – „He that has wife and children, wants no business. –„ Der Ausdruck ist talmudisch (kiddusch. 29, b.): „Wer einen Mühlstein am Halse hat, kann sich dem Studium des Gesetzes nicht gehörig mehr widmen“, wobei noch ein Unterschied zwischen den Babyloniern und Palästinensern gemacht wird, indem jene durch den Besitz von Haus und Feld weniger von Nahrungssorgen gedrückt wären. (S. Aruch s. v. rechajim. Vergl. auch Lukas 17, 2. Markus 9, 42. – Bei den Griechen hieß μυλος, M., der obere, und μυλη, f., der untere Mühlstein –). Anderseits sagen die Talmudisten (Jebam. 62, 63., mit Anlehnung an biblische Stellen): „Wer keine Frau hat, lebt ohne Freude, ohne Segen, ohne Gutes. Wer keine Frau hat, ist kein Mensch.“ Indessen geben sie ebendaselbst den Rat: „Springe zu und kaufe den Acker; gehe langsam und führe eine Frau heim.“ –

597. Weh – dobak beïschtau!

„Weh, er hänge an seinem Weibe!“ – Wörtlich heißt es (1. B. M. 2, 24.): „Und er hänge an seinem Weibe.“ Der Volkswitz nahm die hebräische Konjunktion we (und) für das deutsche Weh, um so das Schlimme der Ehe zu bezeichnen. Auch mit dem Worte dobak (er hänge) erlaubte er sich ein Wortspiel: „Welcher Dobak (Tabak) ist der schlechteste?“ – „Der W-Dobak.“

598. Das is e schöne Chasne!

„Chasne“ (chathunah, Hohesl. 3, 11.), Hochzeit. – Zur Bezeichnung eines jeden tollen Lärmes, besonders wenn er mit Streit und Zank verbunden ist. – Da der alte Jude aus mancherlei Gründen das Wirtshaus nicht besuchte, so war eben eine Hochzeit, bei welcher es ohnedies nach rabbinischer Vorschrift Pflicht ist, zur allgemeinen Freude und zur Freude des Brautpaares nach Kräften beizutragen, fast die einzige Gelegenheit, um einmal über die Schnur zu hauen. Die Feiertage gaben ihm um so weniger Gelegenheit, als beim Juden die Nacht nicht mehr zum vergangenen Tage zählt und daher die Ruhe und Festlichtkeit des Sabbats usw. sich nicht in die Nacht hineinzieht. – Aber auch die „Lieferung“, die Übergabe des Heiratsgutes, was in der Regel kurz vor der Trauung geschah, gab mitunter, besonders auf dem Lande, zwischen beiden Parteien Veranlassung zu Zank und Streit, und schon bei den Rabbinen (Sabbat 130.) heißt es: „Es gibt keine kethubah (eheliche Verschreibung, Überantwortung) wo kein Zank stattfindet.“ –

599. Wenn er sagt Borchu, sagt Kahel Jisbōrech!

So lautet eine zurechtweisende Überschrift im Gebetbuche, daß die Gemeinde (kahal, hebr.) auf den Spruch borchu (preiset!...), welchen der Vorsänger sagt, mit dem Spruche Jisborech (es werde gepriesen...) antworten soll. Der Volkswitz benutzte dieses, um dadurch einen Mißklang zu bezeichnen, sowohl überhaupt zwischen einem Vorgesetzten und seinen Untergebenen, als besonders zwischen dem Hausvater und seinen Angehörigen. „Wenn er sagt blau, sagen sie grau!" –

600. Wenn er sagt jo, sagt sie loo!

„Wenn er ja sagt, sagt sie nein! (lō, hebr. vergl. 508.). „Wenn er hinzieht, zieht sie her." Altdeutsch: „Sie dant hin, ich dant her." (Eisel.). „Zank und Hader", sagt ein talmudisches Sprichwort (Sanhedr. 7, a. Anders bei Dukes: „Blumenlese" S. 149), „gleicht einem Wasserstrahl, der durch eine Spalte hervorgedrungen; je länger es anhält, desto größer wird die Spalte." – „Ist ein fremder, unheimlicher Halbton einmal...wiederkehrend durchgedrungen, so schwillt er immer feindlicher an." (Jean Paul). „Als die Liebe noch gewaltig war", sagt ferner ein rabbinisches Sprichwort, „genügte uns die Breite eines Schwertes zum Ruhesitze; jetzt, da sie nicht mehr so gewaltig, reicht für uns ein sechzig Ellen breites Ruhebett nicht mehr hin." Sanhedr. 7, a. Jalkut Terumah 369. Jes. 370.).

13.

Glück und Unglück.
Not und Mißgeschick.

601. Das Cholaas hat sich gebrochen.

Wenn nach anhaltendem Mißgeschick endlich einmal wieder das Glück lächelt: „Die Krankheit (cholàath, vom bibl. chalah, krank sein) hat sich gebrochen“, es ist eine glückliche Krise eingetreten.

602. So soll's kol Jisréol gen!

...wie es dem geht, so gut. „Kol Jisróel“, ganz Israel.

603. Er hot es in seiner Mämmes Kindbett nit besser gehabt!

Auf die Frage: Wie geht es dem und dem? – So wohl als jetzt war ihm noch nie. – „Ein Leben wie im Himmel“. „Herz, was begehrst Du!“ – „Mämme“, altdeutsch für Mama.

604. Das is Jontev in allen Gassen!

Etwa ebenfalls auf die Frage: Wie geht's dem? Wie geht's der und der Familie? „Da ist Festtag in allen Gassen;" („Jontev"; verdorben aus jom tob, guter Tag, Festtag). Da herrscht überall Lust und Feude. Vergl. den rabbinischen Spruch (Schir rab. 12, a.): „Wird das Passafest im Hause gefeiert, so bricht der Jubel durch bis auf die Straße." –

605. Der genießt noch Sechús Owes!

Von einem Menschen, der selbst wenig Verdienst hat, dessen Eltern oder Großeltern aber sehr brav waren: „Er genießt – bei seinem Glücke – noch das Verdienst seiner Eltern". – Vergl. das biblische (2. B. M. 20 ,6.): „Der Gnade erzeigt bis in das tausendste Geschlecht." So auch der Wunsch: „Sechús Owes – das Verdienst der Väter, der Patriarchen – soll uns beistehen!" – „Heil dem Menschen", sagen die Talmudisten (Berach. Jerusch. 19, a. Jalkut tehil. 855.), „dem das Verdienst seiner Eltern beisteht; Heil dem, der einen Nagel hat, daran zu hängen!" – Über sechuth s. 463. – „Owes", aboth, die Väter.

606. Er hot's Massel vom Goj!

– „das Glück von einem Nichtjuden!" – „Massal", Planet, Stern, Glück. – „Goj", biblisch der Fremde, der Nichtjude; dann auch der nicht streng religiöse Jude. – So auch: „Red' Du vom Goj sein' Massel!" vom Glück eines Nichtjuden, eines schlechten Juden, darüber ist nicht zu verwundern. – „Je größer der Goj, je größer das Massel“. – Der altgläubige, fromme Jude erwartet auf dieser Welt kein volles Glück. Vergl. das rabbinische (Chagigah 9, b. Jalkut Beschuk. 670. u. a.): „Armut steht der Tochter Jakobs schön, wie ein roter Zügel (andere: Rose) dem Kopfe eines weißen Rosses“. Ebenso Sohar Bamidbar 406. 407.: „Drei Fragen richtete ein Heide an Rabbi Elieser, darunter die eine: Ihr sagt, daß Ihr Gott näher seid, und doch werdet Ihr mehr als alle andern Völker von Leiden heimgesucht? – Hierauf antwortete R. Elieser: Eben deshalb, weil wir Gott näher sind, werden wir mehr von Leiden heimgesucht. Israel ist das Herz unter den Völkern; auch unter den Gliedern des Menschen ist es das Herz, welches den Schmerz größtenteils und hauptsächlich zu empfinden hat“. – Auch die Stelle Amos 3, 2.: „Ich habe Euch erwählt aus allen Geschlechtern der Erde, darum will ich heimsuchen an Euch all Eure Missetaten“ wird in diesem Sinne erklärt (Abodah Sar. 4. Jalkut Amos 540.). Vergl. auch kiddusch. 40.: „Der Fromme gleicht in dieser Welt einem Baume, der an einem reinen Orte steht, von dem aber ein Zweig hinüber reicht in einen unreinen Raum; wird der eine Zweig abgeschnitten, so steht der Baum ganz an einem reinen Orte. Also läßt Gott Leiden über den Frommen kommen, auf daß ihm jene Welt ganz zuteil werde, so wie es in Hiob (8,7.) heißt: „Dein Anfang wird klein sein, Dein Ende aber herrlich werden.“ Der Böse hingegen gleicht in dieser Welt einem Baume, der an einem unreinen Orte steht und von dem nur ein Zweig hinüberreicht in einen reinen Raum; wird der eine Zweig abgeschnitten, so steht der Baum ganz an einem unreinen Orte. Also läßt Gott dem Bösen in dieser Welt manches Glück zukommen, auf daß er zuletzt in die

Hölle fahre und ihre tiefste Stufe sein Anteil werde, so wie es in den Sprüchen Salomo's (14, 12.) heißt: „Gar mancher Weg gefällt dem Menschen, doch am Ende führet er zum Tode." – Noch allgemeiner und tiefsinniger spricht sich der Gedanke aus (Berach. 61, b. (auch Jalkut tehil. 725.): „Die Welt ist nur erschaffen für vollkommen Gute und vollkommen Böse, indem diesen der volle Genuß dieser Welt, jenen der volle Genuß jener Welt zuteil wird". – „Nicht jeder Mensch ist so glücklich, an zwei Tischen zugleich zu essen" (Berach. 5. – Ähnlichen Sinnes, wenn auch nicht desselben, sind die Worte Schillers in der Resignation; „Wer dieser Blumen eine brach, begehre die andere Schwester nicht!"). – „Es gibt eine Heiligkeit, die nur die Leiden geben und läutern; der Strom des Lebens wird schneeweiß, wenn ihn Klippen zersplittern" (Jean Paul). – Indessen kann unser Sprichwort auch einfach den Sinn haben: „Je ärger der Schalk, je besser das Glück!" „Je mehr Tück, so besser Glück!" (Agricol.), sowie das hebr. Wort ōni (āni) in der Bibel ebensowohl arm, hilflos, als demütig, fromm bedeutet, entsprechend dem rabbinischen Sprichwort (Ber. rab. 40, a.): „Das Schwein weidet mit zehn Jungen und das Lamm kaum mit einem!" sowie auch dem folgenden.

607. Der Narr hot's Massel!

„Glück und Weiber haben ihre Lust am Narren." (Lehmann). „Er hat mehr Glück als Verstand." „Luck for fools, and chance for the ugly."

608. Viel Mischte un wenig Simche!

„Viel Gastmahl und wenig Freude", was freilich nicht selten ist, besonders in den sogenannten vornehmen Kreisen, obgleich beide vereint sein sollten, wie es sich auch häufig in der Schrift findet, z. B. Esther 9, 22. „jemé mischte wesimchah, Tage des Mahles und der Freude."

609. Viel Melōche und wenig Brōche!

„Viel Arbeit (meláchah) und wenig Segen (beráchah). – Vergl. 799.

610. Es is e Wajhi dabei!

Sinn: Es ist ein Übel dabei, ähnlich dem Deutschen: „Es ist ein Aber dabei." – Die rabbinischen Ausleger nehmen an, daß jede Erzählung in der Bibel, die mit dem Worte wajhi (und es war) beginne, ein Übel, eine Not enthalten müsse (wahrscheinlich wegen der Ähnlichkeit des Worte mit waj hi, wehe ist's). Erzählte man daher von einem Glücke, das jemand zuteil geworden, etwa daß er eine bedeutende Stelle erhalten, eine reiche Braut bekommen, so konnte ein anderer, der die Sache besser wußte, die Bemerkung hinzufügen: „Es is nit so ganz koscher (vom bibl. kaschar, gehörig, richtig, rein, s. 313.), es is e Wajhi dabei." – (Vergl. Megill. 9. Midr. Tanchuma par. Schemini. Jalkut Esther 1044. Vergl. auch Tanchuma par. wajjesch., wo auch Beispiele aus der Bibel eingegangen und die jedesmalige Not dargetan wird.). –

611. Mer maant ordentlich, der Soten hätt' sein Spiel!

Wenn etwas nicht gelingen will, etwas Verlornes, Verlegtes nicht wiedergefunden werden kann usw.: „Man meint, der Satan (soton) habe sein Spiel dabei", „der Teufel hält die Hand darüber" (Eisel.), „es geht nit mit rechten Dingen zu" (s. 152.), „the dews (deuce) must be in the dice." –

612. Wider Gott nit geredt, aber –

Wenn man irgendeinen schlimmen Ausgang voraussieht, ahnt, und doch durch sein Urteil der Gottheit nicht vorgreifen will, z. B. „Wider Gott nicht geredet, aber ich habe Sorg', er kommt nicht wieder auf." – Ähnlich sind die Redensarten: „Gott zuvor!" – „Selbst der Dieb", heißt es Berach. 63., „beim Beginn des Einbruchs, ruft den Barmherzigen an." – „Gottes Allmacht ist allzeit ausgenommen." (Eiselein). „Von Gott is alles möglich." (Ps. 115, 3. Hiob 42, 2.). „What god will, no frost can kill."

613. Ich will mein Maul nit zu Bösem auftun, aber –

Wenn die vorige Formel der Gottheit nicht vorgreifen will, so dient diese dazu, um das Schlimme, welches man voraussieht, durch die Vorhersagung gleichsam nicht selbst herbeizubeschwören, um, wie das deutsche Sprichwort sagt, den Teufel nicht an die Wand zu malen. – „Wenn man den Satan ruft, kommt er." – „Verflucht, wer mit dem Teufel spielt!" (Schiller: Wallenstein). –

Ebenso: „Mein Maul soll lügen, aber" – „Ich will Dir Dein Massel (Glück, s. 741) nit versagen (durch sagen verlustig machen), aber ..." – „Nicht Wahrsagung reden soll mein Mund, aber ..." (Schiller: Braut von Messina). – Vergl. das talmudische (Berach. 60, a. Jalkut Jes. 254.): „Der Mensch tue den Mund nicht auf für den Satan." – „Neque date locum diabolo" (Ephes. 4, 27.). – Daher so manche verhütende Redensart, wie z. B. wenn ein Kind am Tisch noch einiges verlangt: „Du hast genug für diesesmal", „Du bekommst nicht mehr für heut'" usw. – Überhaupt aber – so wenig Scheu die Talmudisten auch hatten, die Sache bei ihrem Namen zu nennen – hütete man sich, soviel als möglich, das Böse oder auch nur Häßliche auszusprechen (Pesachim 3, a.: „Man lasse kein häßliches Wort aus seinem Munde kommen", auch eine reine, richtige Sprache – laschon nekijah – wird daselbst empfohlen), und umschrieb es entweder oder deutete es auf eine andere Weise an, ja wählte selbst den entgegengesetzten Begriff zur Bezeichnung. „Stets", heißt es bei den Talmudisten, „spreche der Mensch eine anständige Sprache." So wird mit dem Ausdruck: „ein andres Ding" (dabar acher) mancherlei bezeichnet, was man nicht gereadezu nennen wollte, „Gott segnen" steht für „Gott lästern", „lichtreich" (saggi nehór) für: „blind" usw. – Auch das Volk nahm dieses mitunter an und beachtete es auf seine Weise. So z. B. den an sich komischen Ausdruck: „Ascher jozar-Papier" – („aschér jāzar...", „der den Menschen mit Weisheit gebildet und ihn mit Öffnungen und Durchgängen geschaffen", ist der zweite Spruch im Morgengebet, mit welchem zugleich, bei Gelegenheit, nach rabbinischer Vorschrift der Gottheit für die so wunderbare, weise und heilsame Einrichtung des menschlichen Körpers gedankt wird). –

Vergl. auch Pesachím 4: „Rav Cahana war erkrankt. Da schickten die Rabbana zu Rav Josua, dem Sohne Rav Jdi's und ließen ihm sagen: „Geh und sieh, wie er sich befindet." – Er ging und fand, daß er gestorben. Da zerriß er sein Gewand, drehte den Riß nach hinten und kam weinend zurück. „Ist er gestorben?" riefen sie. „Ihr habt's gesagt", antwortete er, „ich hab's nicht gesagt." „Wer ein schlimmes Wort ausbringt, ist ein Tor" (Spr. Sal. 10. 18.). – Dadurch sind denn auch manche Gebräuche entstanden, deren spätere Erklärung, weil man ihren ursprünglichen Grund vergessen hatte, oft gar seltsam lautet. Wir rechnen z. B. hierher den Gebrauch, wie er in der jüdischen Gemeinde Frankfurts bestand, am Morgen darauf, wo jemand in der Gemeinde gestorben, das Gebet Adon olam in der großen Synagoge nicht laut zu sagen, um so für alle mittelbar anzudeuten, was man unmittelbar nicht aussprechen wollte, daß nämlich ein Mitglied der Gemeinde gestorben sei. Ebenso, als Zeichen für die Nachbarn, das allgemein gebräuchliche Wasserausschütten aus dem Hause, worin jemand soeben verschieden (vergl. 505.), worüber man später faselte, daß es deshalb geschehe, weil ein Rabbi gesehen, wie der Todesengel in dem offen dagestandenen Wasser sein Schwert abgespült habe, wenn auch ein solches Schwertabwischen des Todesengels schon in Pirke R. Elies. cap. 43. sich vorfindet. (Vergl. Sepher minhagim 13, b., woselbst zugleich berichtet wird, daß man vor Zeiten ein Horn geblasen habe, wenn jemand gestorben sei, „denn man sagt nit gern eine böse Nachricht mit dem Maul.") Bei der Wahl des Zeichens aber scheint man sich an den Vers angelehnt zu haben (4. B. M. 20, 1. 2.): „Als Miriam starb, da hatte die Gemeinde kein Wasser mehr." – Vergl. auch 747.

614. Was davun kummt is Reewech!

Etwa auf die Frage: „Wie es stehe?“ bei einem Kranken, bei einer Unternehmung usw. „Was davon kommt, was gerettet wird, ist Gewinn“ (rēwach, Erweiterung, Vorteil, Gewinn). „Was man aus dem Schiffbruch rettet, ist Gewinn.“ (Eisel.). „Wenn das glatt abläuft, will ich's loben.“ –

615. Wer soll vor den Riß trete‘!

Bei einer großen besonders allgemeinen Not, etwa bei dem Tode eines bedeutenden Mannes: Wer soll Hilfe bringen, wer den Verlust ersetzen. – Eiselein führt diese Redensart, die sich auch bei Luther findet, an und fügt hinzu: „Diese Redensart ist äqual der bekannten: sich in die Luke stellen, vor die Luke treten; daher jene gewiß irren, welche sie von der speziellen Tat des Marcius Curtius in Rom, der sich als Opfer in eine gähnende Kluft gestürzt, herleiten wollen. Hierin hat Eiselein gewiß recht; ihm selbst aber ist entgangen, daß diese Redensart biblisch und wohl ein von einer Belagerung hergenommenes Bild ist. Ps. 106, 23. „Wäre nicht Moses, sein Auserwählter, vor ihm in den Riß getreten.“ Vergl. Ezech. 13, 5. 22, 30.

616. Das Blättche' hot sich gewend't!

Das Glück will ihm nicht mehr so wohl. – Vergl. das rabbinische (Jalkut Ruth 610.): „Das Rad (des Glückes) hat sich gewendet", entsprechend der andern talmudischen Redensart (Sabbat 151.): „Ein Rad (galgal) kreiset durch die Welt", weshalb auch Linsen, ihrer Radgestalt wegen, als Trauer- und Trostgericht gelten (vergl. Pirke R. Elies. cap. 35. Baba bathr. 16, b. „Jakob hatte (1. B. M. 35, 34.) Linsen gekocht, seinem Vater zur Tröstung, da an demselben Tage Abraham gestorben war"). – „Die Welt ist eine Leiter, der eine steigt hinauf, der andre herunter" (Simchat Nephesch). „Diese Welt gleicht dem Rad mit den Eimern; der volle wird leer, und der leere wird voll" (wajikr. rab. 154, a. Jalkut Behar 665.). – „Des einen Tod ist des andern Brot." „Gehet eine Sonne auf, gehet eine Sonne unter". (Midr. petirath Mosche, bei Jellinek I. S. 121., nach Pred. 1, 5., mit Anwendung auf Moses und Josua. Moses mußte sterben, als die Zeit für Josua gekommen war. Kohel. rab. p. 61., col. d. wird dem Spruch indessen, mit Anführung noch andrer bibl. und talmudischer Beispiele, die Deutung gegeben: Noch ehe die Sonne eines tüchtigen Mannes untergegangen, hat Gott schon die eines andern aufgehen lassen. Vergl. 918. und 946.) – So heißt es auch in Tanchuma (par. wajischlach f. 12, c. und Ki Sissa f. 31, b.): Eine Matrone frug R. Jose bar Halephta: „In wieviel Tagen schuf Gott seine Welt?" – In sechs Tagen, antwortete er; denn also steht geschrieben: in sechs Tagen erschuf Gott etc. – „Und von da bis heute", frug die Matrone weiter, „was tat er?" – Er machte Leitern, antwortete Jose, und ließ den einen hinauf und den andern heruntersteigen. – Ebenso Tanchuma Schemini (im Anfange, mit vielen Belegstellen aus der Schrift): „Die Freude ist nicht bleibend bei dem Menschen, und nicht jeder, der sich heute freut, freut sich auch morgen, sowie nicht jeder, der heute im Leide ist, auch morgen im Leide ist. Ja selbst bei Gott, wenn man so sagen darf, ist die Freude nicht bleibend. Als Gott den Adam erschaffen, da freute er sich seines Werkes (Ps. 104, 31.), ja möchte man sagen, rühmte sich desselben und tat stolz darauf: „Der Herr sah alles, was er gemacht, und siehe, es war sehr gut!" Da gab er Adam ein leicht zu haltendes Gebot, Adam hielt es nicht, und nun hieß es: „Staub bist Du, und zu Staub sollst Du zurückkehren!" So bei Gott, um wieviel mehr bei dem Menschen! – „Die Simchah (Freude) und das Trauern", heißt es im Simchat Nephesch (S. 22, b.), „sind nahe beieinander, wie Tag und Nacht." – „Hier wird gefreit und anderwo begraben, und oft kommt gar das eine zum andern." (Schiller: Tell). – „Auf den ewigen, alten Säulen, wanket das Gück und will nicht weilen." (Schiller: Braut von Messina). – Aber auch im allgemeinen Sinn findet unsere Redensart ihre Anwendung für: die Umstände haben sich geändert, z. B.: „Das Blättchen hat sich gewend't, jetzt bin ich Herr!" – „Die Blume wird gar bald dürr; das Blatt wendet sich gar bald." (Geiler bei Eiselein). Vergl. auch das bibl. chalaph, wechseln, wandeln, vom rasch aufblühenden und bald wieder welkenden Grase, Ps. 90, 5. 6. –

617. Es war e Chōlem!

– „ein Traum“ (chalom, hebr.), von einem schnell wieder vergangenen Glücke, einem rasch vorübergegangenen angenehmen Besuch, usw. Vergl. 1. B. M. 41, 7. 1 König. 3, 15. „Und siehe, es war ein Traum!“

618. Der hot früh Schabbes gemacht!

– hat frühe den Laden geschlossen, frühe das Geschäft eingestellt. Von einem Manne, der bald, nachdem er sein Geschäft kaum eröffnet, fallierte, besonders wenn er großartig begonnen.

619. Vor lauter Hoffnung wer‘ ich noch meschuche!

Das Geschick, die Menschen, machen mir soviel Hoffnungen, daß ich vor lauter Hoffnung noch toll (meschugga, hebr.) werde. – „Hoffen und Harren macht manchen zum Narren.“ „In die Länge gezogene Hoffnung macht das Herz krank.“ (Spr. Sal. 13, 12.). „Daß nach der Zukunft immer wieder eine ist, das hat schon manchen Menschen alt gemacht.“ (Bettina). „Vom heutigen Tag, heutiger Nacht verlange nicht, als was die gestrigen gebracht.“ (Goethe: Westöstlicher Diwan). „Besser *ein* Vogel im Netz, als hundert fliegende.“ (Jalkut kohel. 971.).

620. Ich oomere schon lang!

In der Schrift heißt es in bezug auf das Wochenfest (3. B. M. 23, 15.): „Und ihr sollt zählen vom andern Tage des Sabbats, vom Tage, da ihr das Omer (die erste Garbe, s. 973.) der Wendung gebracht, sieben volle Wochen.“ Das ehemalige Landvolk in Palästina, dem es ohnedies an einem Kalender gefehlt hat, mochte, um nicht irre zu werden, jeden verflossenen Tag der „Omer-Zeit“ sich angemerkt und wirklich gezählt haben, damit es nach Verlauf der sieben Wochen der Gerstenernte das Wochen- oder Erntefest zur Zeit feiere. Diesem allmählich zur Gewohnheit gewordenen täglichen Zählen gab nun die spätere Mystik einen anderen Grund und heiligte es, so daß von vielen heute noch, trotz unsern guten Kalendern, der Verlauf der 49 Tage bis zum Wochenfeste täglich abends gezählt oder, wie das Volk sich ein sonderbares Verb gebildet hat, geoomert wird. Auf die erinnernde Frage daher: „Hastu schon geoomert?“ hörte man oft, besonders wenn die Umstände des Befragten nicht die besten waren, die Antwort: „Ich oomere schon lang‘!“ ich zähle und harre schon lange auf eine bessere Zeit.

621. Die Dahnjes essen mich noch uf!

„Die Sorgen (Dahnjes, mit dumpfer Aussprache, wie das französische en, verdorben aus dem hebr. deágah, deágoth; auch in Zusammensetzungen, wie „Dahnjes-Parnō se“, deágoth parnasah, Nahrungssorgen) zehren mich noch auf“. – „Sorge im Herzen des Menschen beugt es nieder“. (Spr. Sal. 12, 25., in bezug auf welche Stelle es im Talmud, Joma 74., heißt: „Das Gemüt des Sorgenvollen erhält nicht eher Ruhe, als bis es Staub ist"). – „Sorgen macht graue Haare und altert ohne Jahre". – „Das macht mich um ein Jahr älter!" – „Ich weiß nit, wo mir der Kopf steht!" – „Ich möchte vor Ungeduld die Wand hinaufkriechen!" – „Die Haare stehen mir zu Berg!" – „Keine ärgere Sorg als Feldsorg!" wenn man wegen eines fernen Verwandten, von dem man lange nichts gehört, in Verlegenheit ist, sowie es anderseits bei dem plötzlichen Eintreffen einer traurigen Nachricht aus weiter Ferne bedauernd heißt: „Weite (ferne) Freund' sen all gesund!" –

622. Woher nemme', wenn nit ganneve'!

Als Antwort auf eine Anforderung, etwa der Frau an den Mann: „Woher nehmen, wenn nicht stehlen?" (ganneven, s. 299.). Ich weiß mir auf rechtlichem Weg nicht mehr zu helfen. – „Ich kann's nit aus dem Finger zuckeln!" (saugen). – „Ich kann nit hexen!" –

623. Es is mir mies vor mein' Chajjes!

Mein Leben ist mir zuwider, vor den vielen Widerwärtigkeiten habe ich einen Ekel am Leben. Vergl. 1. B. M. 27, 46. – „I wept, when I was born, and every day shows me why." „Mies", verdorben aus mius (vom bibl. māas), Ekel, Überdruß erregend. „Chajjes" (chajjuth), Leben. – „Ich möcht' davonlaufen!" „Möcht' mich umschmelzen!" „Möcht' mich verwechseln!" „Kein' Ruh und kein' Rast!" – „Wer Ruh haben will, muß aus dem Staan gesprunge' sein!" – „Es tut Not, ich verkriech' mich in ein Mausloch!" – „Weh daheim un weh draußen!" – (Megil. 15. „Weh im Feld und weh in der Stadt!"). – „Wie bin ich meschullemt!" bezahlt, heimgesucht (part. pual von schallem mit deutscher Endung), besonders wenn jemand sein Hauskreuz hat. – In bezug auf unsere Überschrift indessen erzählt man, um darzutun, daß es mit dem Ausruf doch nicht immer so ernst gemeint sei, eine Anekdote, die wir ebenfalls mitteilen wollen. Eine schon bejahrte Frau sagte zu einer andern: „Es ist mir mies vor mein' Chajjes, ich wollt', ich wär' gestorben!" – „Ich glaub' Dir's nit", erwiderte die andere. – „So wohr soll ich hundert Johr alt were!" rief beteuernd die erste. –

624. Das haaßt mer: Aam das Gan-Eden gewisse'!

Wenn jemand scheinbar schon nahe am Ziele war, und am Ende sich doch vom Glück getäuscht sieht, so heißt man dies: „Einem das Paradies (gan ēden, Garten der Lieblichkeit) gewiesen", gezeigt, und doch nicht hineingelassen. Vergl. des Verfassers „Buch der Sagen und Legenden", No. XI. Die Sage von Josua ben Levi und dem Todesengel. – Vergl. auch 5. B. M. 32, 52 us 34, 4., sowie Midr. Jalkut zur letzten Stelle.

625. Das is e Schlemiel vun Sunntik!

– „ein Unglücksvogel von Sonntag" (Sunntik, Sunntig, auch bei Hebel), ein rechter Pechvogel, dem alles mißglückt. „Wenn's Hirsenbrei regnet, hat er kein Löffel." „Wenn er auf den Rücken fällt, bricht er die Nas' entzwei". (Geiler). „Wenn's Massel (Glück, massal) zu'm kummt, is er nit derhaam" (daheim, s. 41.). – „Schlemiel von Sonntag", wohl als Gegensatz zu „Sonntagskind", (vergl. Adelung), und zwar beide, nach unserm Dafürhalten, mit Bezug auf den talmudischen Ausspruch (Sabat 156.): „Wer am Sonntag geboren ward, dem ereignet sich entweder alles zum Guten, oder alles zum Schlimmen; denn am Sonntag ward Licht und Finsternis geschaffen". – Das Wort Schlemiel (weiblich: Schlemielte) oder, wie z. B. Chamisso, schreibt, Schlemihl, welches gemeiniglich für ein hebräisches Wort genommen wird, das durch Berührung mit Juden allmählich in die deutsche Volkssprache und Literatur eingedrungen sei (ähnlich z. B. dem Worte „schofel", welches manche sonderbar genug vom deutschen schaben ableiten, s. 584.) bietet für die Erklärung große Schwierigkeit, so unbezweifelt gewiß seine Bedeutung ist. Einige stellen es mehr oder minder witzig mit dem hebr. Eigennamen Schelumiël (4. B. M. 1, 6. 2, 12.) zusammen, dem das deutsche „Gottfried" entspricht. Uns scheint es indessen deutschen Ursprunges zu sein von schlem, schief, quer, (woher: schlimm), einer, dem alles quer geht, so daß es eigentlich schlemel hieße (vergl. Schlingel, Schliffel). In der Tat hörte man, besonders von dem süddeutschen Juden, in derselben Bedeutung auch den Ausdruck: Schlemóchem, Schlemóchemte, was sich dann erklären ließe durch Schlem-och-ihm, da och ihm! (ach ihm) für: weh ihm! Sehr gewöhnlich war, wie das polnisch-jüdische „och Schemí!" (schemi, hebr., ach meinem Namen!). –

626. E Kindbett un e böse Bruscht!

Zur Bezeichnung eines doppelten Wehes, wovon jedes allein schon hinlänglich zu schaffen macht. – „Meschulle un gepatterscht!" („Meschule", s. 198. „gepatterscht", ein gemeiner, verächtlicher Ausdruck für das hebr. meübereth, gravida, deutsch gebildet vom hebr. peter sc. rechem – 2. B. M. 13, 12. – Mitunter auch im Sinne des, sogar anklingenden, latein. parita, parta est „sie hat gepatterscht"). – „Auch eine schöne Gegend!" – Die Rabbinen haben dafür den Ausruf: „Dorn auf Distel! Zugabe zu einem vollen Hause!" (so nach der zweiten Leseart Ber. rab. par. 67. am Ende. Die erste, sowie Jalkut told. 117. lautet: „Schmerz auf Schmerz! Zugabe" etc.). –

627. Makkes un faule Fisch!

Ebenfalls zur Bezeichnung eines zwiefachen Übels oder Schadens. Es trägt z. B. jemand ein kostbares Gefäß, fällt und zerbricht es und verletzt sich auch noch selbst, so heißt dieses: „Makkes (makkoth, Schläge, hebr.) und faule Fische". – Die sehr verbreitete Redensart beruhet wohl auf dem folgenden Gleichnis, das im Zeénah Ureénah par. Bo S. 72, d. vorkommt (nach Mechiltha par. Beschalach 20, b. Jalkut Bo 225. Vergl. des Verfassers „Fellmeiers Abende" No. XXII.): „Ein Herr befahl seinem Diener, auf den Markt zu gehen und Fische zu kaufen. Der Diener ging und kaufte tote Fische, die schon übel rochen. Darüber erzürnte sich der Herr und sagte zum Diener: „Du hast die Wahl: entweder issest Du selbst die Fische, oder erhältst hundert Schläge, oder Du zahlst hundert Gulden". Der Diener wählte die Fische zu essen. Aber als er schon einen Teil gegessen hatte, widerstand es ihm, weiter zu essen und er bat, man sollte ihm das Essen erlassen und lieber die Schläge geben. Doch auch diese konnte er nicht bis zu Ende aushalten und nun rief er, man möchte aufhören, er wolle lieber hundert Gulden Strafgeld geben. So hat er alle drei Strafen erlitten, hat faule Fische gegessen, Schläge erhalten und hundert Gulden bezahlt". – Indessen könnte die Redensart auch aus Polen oder Rußland gekommen sein, wo es zu einer sehr beliebten Menschenquälerei gehörte, nebst Schlägen und bei Entziehung aller andern Kost, nur faule und gesalzene Fische zu reichen, um so die Entbehrung des Getränkes noch qualvoller zu machen. Auch die Hunde zu Kamschatka erhalten bekanntlich faule Fische zur Nahrung und Schläge in Menge.

628. Kaan' Zettel und doch getroffe'!

Wenn jemand, obgleich nicht im mindesten bei einer Sache beteiligt, dennoch bei deren üblen Folgen mitbüßen muß. Wenn ein deutscher Jude z. B. in seinem Geburtslande nicht als Deutscher gelten soll und von einem eindringenden Feinde doch als Deutscher behandelt und mißhandelt wird, so heißt dieses: „Kaan' Zettel (in der Lotterie) un doch getroffe'!" –

629. Das is'm aach in der Wieg nit vorgesunge' worde'!

– daß er einst in solche Not geraten werde. Er ward in glücklicheren, hoffnungsvolleren Umständen geboren.

630. Es geht'm mies!

Auf die Frage: „Wie geht es dem?..." Es liegt nahe „mies" als das neuhebr. mius, widerlich, widerwärtig (vom bibl. maos, verachten) zu nehmen, wie in: „Es ist mir mies davor!" (623.) „Mach Dich nit so mies!" (261.) Indessen ist es hier wohl das deutsche miß. Vergl. (Liedersammlung bei Eiselein): „Wer ist er, dem es nie mißegie?"

631. Er sitzt un blast Trübsal!

Ebenfalls auf die Frage: „Wie geht es ihm?" – Er seufzt und stöhnt, befindet sich in keinen freudigen Umständen. Vergl. 406. – „Der singt kein schön Lied". – In Frankfurt, wie wohl auch anderswo, hat man noch manche hierhergehörende lokale Ausdrücke, z. B. „Er hat sein' Lascht (Last), wie Schimmel's (auch: Kimmel's) Hund!" (von welchem es noch einige Redensarten gibt). – „Er hot sein' Ladung wie"...usw. –

632. Es is'm wind und weh!

„Mir ist wunn und we!" (Geiler). Eiselein will es von einem winnen, soviel als leiden, ableiten. Uns scheint es einfach von winden herzukommen und seine erste Bedeutung, gleich wund, gewunden, verdreht, schief, seine zweite aber übel, arg zu sein. Daher auch „windschief", gewunden schief. Auch von schlimm war die erste Bedeutung schief (Vergl. Schwenk s. v. schlimm). Bei Hebel: Windeweh.

633. Er is newich e Rachmōnes!

„Er ist leider zum Erbarmen", so hart hat ihn das Schicksal getroffen. – „Rachmōnes", rachmanoth, wie das bibl. rachmim, Barmherzigkeit, Erbarmen, Erbarmung. (Vergl. 475. rachmonoh). – „Newich" oder „Nebich", das wir durch „leider" gegeben, ist ein sehr schwieriges Wort. Es hat oft den Sinn von: „Gott bewahre!" „leider!", oft aber auch drückt es bloß eine gemütliche Teilnahme aus, ohne deshalb auf ein großes Unglück zu deuten. So heißt es z. B. in der Sage von Joseph, dem Sabbatlehrer (s. des Verf. „Buch der Sagen und Legenden" XIX.): „Das war dem guten Joseph nebich eine große Freude, daß er einen solchen Fisch auf den Schabbes könnt bekommen." Zunz (gottesdienstl. Vorträge S. 441, c.) hält das Wort für polnischen Ursprungs und schreibt „nebbach", wie wir's weder gedruckt gefunden, noch aussprechen gehört haben. Andere nehmen es, was auch uns wahrscheinlich dünkt, für zusammengezogen aus: „nit bei euch!" altdeutsch: „ne bi uch!" wie das gleichbedeutende hebr. lo aléchem! (Klagel. 1, 12.), um bei dem Zuhörer das Anklagen eines Übels zu verhüten (s. 641.), lō lanu! (ebenfalls hebr., nicht bei uns! (s. 498.) und das chald. bar minon! fern von uns! um es von sich und dem Zuhörer abzuhalten, sowie auch der Römer sein quod absit, absit omen, hatte. – In dem Sinne der herzlichen Teilnahme befindet sich über „Nebich" oder „Näbich", wie es dort geschrieben ist, ein sehr liebliches Gedicht in Frankel's Libanon S. 289. von Jos. Wertheimer, dessen erste Strophe lautet:

„Ein Wörtchen geht von Mund zu Munde –
Sein Ursprung ist uns unbekannt;
Doch Zeugnis gibt's vom Bruderbunde,
Der mild dem Leid sich zugewandt.

Wo sich ein menschlich Weh verschließet,
Die Pilgerfahrt wird schwer und schwül,
Das Wörtchen von der Lippe fließet,
Und „Näbich“ sagt das Mitgefühl.“

634. Es is e Schiwer-Lev!

– „herzbrechend“, zu sehen, zu hören (scheber leb, vergl. Jes. 65, 14.: scheber ruach, Brechung des Gemütes). – Der Ausdruck liegt dem Verfasser um so mehr im Gedächtnis, als er oft in seiner Kindheit damit geneckt ward. Seine selige Mutter nämlich hatte Besuch, und allerlei Süßigkeiten standen auf dem Tische. Da sagte die Tante, die eben zum Besuche da war: „Gib dem Kinde auch etwas, man darf kein Kind zusehen lassen, es is e Schiwer-Lev“. – „Das Kind muß warten lernen“, sagte die sinnige, verständige Mutter. Aber das Warten dauerte dem Kinde gar zu lange, und da rief es endlich: „Gib dem Kinde auch ein bißchen Schiwer-Lev!“ –

635. Er is newich das Kappore-Hinkelche'!

Von einem armen Teufel, der bei jeder Gelegenheit alles ausbüßen, alle Unannehmlichkeiten übernehmen muß, dem „alles in die Schuhe geschüttet“, „alles eingebrockt“ wird: „Er ist leider das Versöhnungshuhn“, das vor dem Versöhnungstag zum Stellvertreter genommen wird. (s. 196.), der „Sündenbock“, dem man alles aufladt, der „Prügeljunge“. –

636. Er kreischt Chaj-wekájem!

Etwa auf die Frage: „Wie geht es N.?“ – „Er schreit: Lebendiger und Beständiger!“ er befindet sich in großer Not, ruft den Himmel um Hilfe an. – Chaj wekájem ist der Anfang eines Rufes an Gott in einem Gebete am Gedächtnistag. – Ebenso hieß es, wenn jemand über irgendeine Gewalt klagte, wo man ihm nicht helfen konnte: „Was soll ich Dir tun? Kreisch Chaj wekajem!“ gleichsam: „Ruf zum Himmel, wenn Du Dir sonst nicht helfen kannst“, oder auch gewissermaßen mit einiger Bitterkeit: „Was willst Du machen? – Kreisch'st Chaj wekajem!“ „Renn‘ mit dem Kopf wider die Wand!“ „Kriech‘ die Wand hinauf!“ –
„Kreischen“, rufen, schreien, althd. kreien (crier) „Laß ander Lüte Dich loben und auskreien“. (Geiler). – Im Jüdischdeutschen hatte man noch ein aus dem Hebräischen deutsch gebildetes Wort dafür: „zeknen“ von záak, schreien. –

637. Der kann aach Schwíje-Aníje singe‘!

– kann singen: „Gefangen! Jammer!“ im besonderen Falle, von einem Festgenommenen; im allgemeinen: er hat Ursach ein Jammerlied anzustimmen. – Die Ausdrücke „schebijah, anijah“ sind aus den Klageliedern am Gedächtnistag der Zerstörung Jerusalems.

638. Das is e Eecheh!

Bei Erzählung eines Unglücks, welches eine Familie schwer getroffen hat: „Da ist ein Jammer!“ oft mit dem Zusatz: „Der Stein möcht’ sich erbarmen!“ („Was auch den Stein des Felsen muß erbarmen.“ Schiller: Tell). – „Echah“ (wie) beginnt das Klagelied Jeremias, welches am Zerstörungstag Jerusalems in der Synagoge vorgetragen wird, und so bezeichnete man mit dem Worte sowohl das Klagelied selbst: „Eechoh vortragen“, als auch jeden Jammer. So nannte man z. B. ein dunkel und düster brennendes Lichtchen ein Echah-Licht: „Warum sitzest Du so bei einem Eechoh-Licht?“ – weil eben am Abend während der Absingung des Klageliedes nur ganz notdürftig Licht in der Synagoge brannte. – Zuweilen auch mit dem Zusatz: „Wer (man) tut e Mizwe (mizwah, Gebot) an ihr, an ihm!“ tut ein verdienstlich Werk, erfüllt ein göttlich Gebot, wenn man sie unterstützt, besucht, tröstet usw. Das tröstende Wort, besonders der Beileidsbesuch bei Trauernden (menachem abelim-sein) wird von dem Juden für sehr verdienstlich, für „eine große mizwah“ gehalten. Sagt doch auch Goethe (Westöstlicher Diwan: Buch der Sprüche):

„Wenn der schwer gedrückte klagt:
Hilfe, Hoffnung sei versagt,
Bleibet heilsam fort und fort
Immer noch ein freundlich Wort.“ –

639. Die mir wollen!

oder wie es im Jüdischdeutschen lautet: „Die mir welle'!" allen denen, die mir Böses anhaben wollen, mag es so ergehen, wie dem. Vergl. Richter 5, 31. – Andere Ausrufe zur Bezeichnung einer sehr mißlichen Lage sind auch: „Das is e Mieskaat!" (Mieskeit, Häßlichkeit, Widerlichkeit, s. 261.) – „Das is e Jelōle!" – (jelalah, hebr. Wehklage, Jammer). – Alle diese Ausdrücke hörte man zugleich oft verbunden mit dem deutschen Klageruf: „Weh geschrien!" (Adelung s. v. weh). – Mitunter auch, gleichsam zur Rechtfertigung Gottes und je nachdem, ob einzeln, persönlich, oder allgemein, mit dem hebr. Zusatze: „báawoonoos" „báawoonooseenu", „báawoonooseenu horabbim", um der Sünden willen, ob unsern Sünden, ob unsern vielen Sünden. – Ebenso hörte man oft auch, auf den Ausspruch: „Es geht besser!" Ein echtes „besser" muß nämlich eine Steigerung von gut sein und einen höhern Grad des Guten bezeichnen, darf aber nicht den Sinn haben: nicht mehr so schlimm. –

640. Das soll mer kaam Goj wünsche'!

Es ist ein so großes Übel, daß man es auch einem Nichtjuden, einem feindlichgesinnten Menschen nicht wünschen soll, also im Gegensatze zu dem vorhergegangenen Ausdrucke. – Goj s. 491. – Rücksichtlich des Mitleids selbst mit dem Feinde ist es sehr bezeichnend, daß das Lob- und Danklied Hallel in den letzern Tagen des Pesachfestes deshalb nicht vollständig gesagt wird, weil dieses doch immer Menschenleben, wenn auch das Leben der feindlichen und grausamen Ägypter gekostet hat. – „Das Werk meiner Hände“, sagen die Kommentare, spricht Gott, „meiner Hände Werk ist in’s Meer gesunken, und Ihr wollt Loblieder anstimmen!“ (S. Jalkut zu Spr. Sal. 24, 17. Vergl. auch Sanhedr. 39.) –

641. Dem Staan sei es geklagt!

Eine Formel, die bei Erzählung eines Übels, an welchem man leidet, eingeschaltet wird, zur Versicherung, daß man dasselbe dem Zuhörer, wie man sagt, nicht „anklagen“, nicht durch das Klagen von sich weg und an ihn bringen, ihm antun wolle, wie im ähnlichen Sinne das hebr. lo alécha! lo aléchem! nicht bei Dir! nicht bei Euch! (vergl. 633.). Ebenso: „‘m-Staan’s-gesagt!“ verkürzt aus; Dem Stein sei es gesagt!“ – „Ich kann, ‘m-Staans-gesagt! fast gar nit mehr fort“. – Aber auch umgekehrt als persönliche Abwehrungsformel, um das vielleicht beabsichtigte Abtun eines Übels, über welches jemand klagt, von sich abzuhalten:

„Klag’s dem Staan,
Un behalt’s allaan!“

sowie, wenn von einer dritten Person die Rede ist: „Er leidet, seines Zeichens, an…“ „bei ihm (bei ihr) soll’s bleiben!“ – Der Talmud hat (Megil. 6.), zur Abwehr eines drohenden Übels die Formel: „Die Ziegen im Schlachthaus sind fetter als ich“ (s. No. 741.). – Der Glaube übrigens, daß man durch Klagen das Übel an einen andern bringen könne, ist alt und kommt bei vielen Völkern vor, bei Griechen und Römern als ein Zusingen επαδειν, incantare, incantando afferre. Im Talmud (Sanhedr. 104.) heißt es: „Das Anklagen (kablana, vom chald. kabal klagen, d. h. die Verhütungsformel) kommt schon in der Bibel vor; denn schon Jeremia sagt (Klagel. 1, 12.): Nicht euch (lo aléchem), die ihr des Weges geht (geschehe solches.)" Hierzu bemerkt der Kommentar: „Das Anhören der Klage über ein Übel ist gefährlich, weil es übergehen kann, und wer hierauf hält (und sich einer Abwehrungsformel bedient), übertritt nicht das Verbot der Zauberei", was eben dafür zeigt, wie tief der Glaube daran im Volke Wurzel gefaßt hatte, so daß man sich, um mit dem Gesetze (5. B. M. 18, 10.) in Einklang zu bleiben, nicht anders helfen konnte, als zu sagen: es ist kein Aberglaube, keine Zauberei (vergl. 354.). Daher auch gegen die wirkliche Anwünschung eines Übels die im Volke gebräuchliche abwehrende Formel: „Dein Maul soll Dreck fressen!" d. h. soll verstummen (vergl. Baba bathr. 16. „Staub in den Mund Hiobs!" – kidd. 39.: „Der Mund, der Perlen sprudeln ließ, muß nun Staub lecken!" – im Grabe nämlich). – Mit unserer Redensart übrigens vergl. man noch die Stelle bei Terenz (Hecyra act. II. scene 1.): quae me omnino lapidem, haud hominem putas, wo also ebenfalls der Stein dem Menschen entgegengesetzt wird, freilich in andrer Hinsicht. –

642. Der kann aach Goomel bensche', wenn er dervun kummt!

Er kann Gott danken, wenn er davon kommt, er ist in augenscheinlicher Gefahr, Leben, Freiheit, oder auch ein anderes Gut einzubüßen. „Gōmel" (Vergelter, hebr.) heißt ein Dankspruch, der nach einer überstandenen Gefahr vorschriftmäßig in der Synagoge von dem Geretteten laut gesagt wird. So heißt es Berachoth 54. mit Anlehnung an Ps. 107.: „Vier haben besonders öffentlich Gott für ihre Rettung zu danken: Wer zur See gefahren; wer die Wüste durchzogen; wer von einer Krankheit genesen, und wer aus einem Gefängnis frei geworden". – „Benschen", benedeien, benedicere, segnen, preisen. – „Dervun" für davon s. 141. –

643. Er kann e Liedche davon singe'!

Auf die Frage: wie es ihm ergangen? Schlimm genug, er hat Not gehabt, daß er mit heiler Haut davon gekommen ist. „Er kann ein Geschichtchen davon erzählen". – Vergl. 2. B. M. 15, 1. u. a. –

14.

Gottlosigkeit.
Irrgläubigkeit.
Abtrünnigkeit.

644. Er is kaaner von den lamed-wow Zaddikim!

Auf die Frage: ob jemand frumm (religiös, s. 464.) sei: „Er is keiner von den sechunddreißig (lámed-waw) Frommen" (zaddikim, hebr.), auf welchen nämlich die Erhaltung der Welt beruhet. Vergl. Sukkah 45, b. „Die Welt kann nicht bestehen bei weniger als sechunddreißig Gerechten, die täglich frei vor Gott erscheinen dürfen." – Ber. rab. 35. hat nur dreißig; Chulin 92, a. hingegen fünfunddreißig in Israel und dreißig außerhalb Israel; Pirke R. Elieser cap. 25. hat nach 1. B. M. 18, 24. die Zahl fünfzig. –

645. Das is e Chōmez!

– „ein Sauerteig", ein sündhafter Mensch. – Der Sauerteig, der – bei seiner, wir möchten sagen, leidenschaftlichen Gärung – vor Darbringung des Pesachopfers aus dem Hause geschafft werden mußte (vergl. Pesachim 49, a.), galt frühe schon als ein Sinnbild der Sündhaftigkeit. Vergl. Matth. 16, 6. 1. Kor. 5, 7.: „Fegt den alten Sauerteig aus!" Sohar zu Exod. fol. 120. col. 477.: „Weshalb sollen wir am Pesachfest nur ungesäuertes Brot essen? Weil Israel um diese Zeit der Heiligkeit Gottes sich nähern soll; daher ist geboten, alles Gesäuerte hinwegzuschaffen, denn das chāmez stellt den jezer hará (die böse Lust) vor". Vergl. ebendaselbst fol. 17, col. 67. und zu Numer. fol. 103. col. 411.: „Warum ist am Pesachfest der Genuß alles Gesäuerten untersagt? Weil in der Säure der Geruch des Todes enthalten ist". – Die Grundbedeutung von chamez ist nämlich scharf sein, stechend. Daher es vom gärenden Sauerteig gebraucht wird, vom Essig, und bildlich vom herben Schmerze (Ps. 73, 21.), von der übermütigen Gewalttat (Jes. 1, 17. Ps. 71, 4.). So findet man bei den Rabbinen den Schlechten ebenfalls durch den Essig bezeichnet. Der unedle Sohn eines edlen Vaters heißt: „Essig, Sohn des Weines" (chōmez ben jajin, Baba M. 84, b. Jalkut Mischle 559.; auch chald.: chalo bar chamro, Baba M. 102. Chulin 105.), sowie hechmiz im Neuhebr. die Bedeutung hat: in Säuerung übergehen, schlecht werden (Berach. 17, a. „Cyrus ist in Säuerung übergegangen"). Vergl. auch noch das hebr. Simmah, Laster, Unzucht, und das griech. χιμη, Sauerteig. –

646. Das is e Klippe-tumme!

Keliphah (griech. χελυφη, Schale, Hülse; Mehrzahl – hebr. gebildet – keliphoth) – tumah (hebr. Unreinigkeit), „unreine Hülse." So werden kabbalistisch die unreinen Geister, die Dämonen genannt, weil sie den innern heiligen Kreis umschweben. Hier von einem irreligiös gesinnten, zugleich verschmitzten Menschen.

647. Der kann e ganze Kille versündige'!

Er ist so sündhaft, daß er eine ganze Gemeinde (kehillah, s. 652. Anm.) „versündigen“ kann, daß eine ganze Gemeinde um seiner Sündhaftigkeit willen büßen muß. – Trotz der Erzählung vom Gebete Abrahams für Sodom (1. B. M. 18, 23 – 33.), oder vielleicht auch gerade infolge derselben, herrscht der Glaube, daß eine ganze Gesamtheit sowohl durch das Verdienst eines einzigen in ihrer Mitte gesegnet, als auch durch die große Sündhaftigkeit desselben von Gott bestraft werden kann, was freilich im gewissen Sinne Wahrheit ist. – „Eines Mannes Übeltat büßet oft die ganze Stadt“. (Eiselein). – „Versündigen“ wird im jüdischdeutschen Dialekt nicht nur reflexiv, sondern auch faktitiv gebraucht für sündigen machen, in Strafe bringen. –

648. Der muß einmal brennen und braten!

– in der Hölle; er muß einmal für seine Sünden büßen.

649. Bei Dem werden die Fisch fett!

– wenn er Taschlich-machen geht (375.): Seine Sünden sind so groß und schwer, daß die Fische sich daran mästen können.

650. Das is Futter für's Gehnem!

Von sündhaften Menschen: Die sind einmal Futter für die Hölle, müssen einmal die Hölle füttern. Vergl. Ps.

49, 15.: „Ihr Wesen dient zum Fraß der Hölle“, und bei den Rabbinen (Jalkut Genesis 76.): „Diese sind nur geschaffen, um als Holz für die Hölle zu dienen.“ – „Die Übertretung der Verbote ist die Speise des Sammael“ sagt die Mystik (Reschith Chochmah S. 35, b.). –

„Gehnem“ (γεενναν, Math. 5, 22.), eigentlich ge hinnom (2. König. 23, 10. Jerem. 7, 31. 32. 19, 6.), das Tal Hinnom's oder Benhinnom's bei Jerusalem, in früheren heidnischen Zeiten dem Molochdienste geweiht, wo ein immerwährendes Feuer dem Götzen brannte und das Geheul der Geopferten die Seele mit Grauen erfüllte, mußte später gewöhnlich zum Richtplatze dienen, und dann in der Mythe seinen Namen für die Hölle abgeben. (Vergl. den chald. Paraphrast zu Jes. 33, 14.). andere (Tischbi s. v. „ Aruch s. v. gē) erklären das Wort durch gēnōhem und gē ben nōhem: „Tal des Geheuls“, „Tal des heulenden Knaben“, sowie auch die übrigen mehr dichterischen oder gelehrten Benennungen der Hölle (Erubin 19. zählt sieben auf) verschiedene Erklärungen erhalten haben. Darunter: Emek habbacha (nach Ps. 84, 7. s. daselbst Midr. tehillim) „Jammertal“; topheth (nach 2. König. 23, 10.) und tophteh (Jes. 30, 33.) – nach einigen von der bei der Opferung, zur Übertäubung des Geschreies der Geopferten geschlagenen Handtrommel (toph, vergl. Redak zur Stelle); nach andern von patah, bereden, verführen, „weil (wie es in Nischmath chajim fol. 32. heißt), wer sich von seinem bösen Triebe, seinem jezer hará verführen läßt, der Hölle verfällt.“ – (Gesenius gibt es s. v. durch: „Brandstätte“). – Schön sagt auch Beschaj zu par. Nizzabim fol. 220.: „Die Hölle heißt auch alukah (nach Spr. Sal. 30, 5.), d. h. Blutegel, weil die Hölle die Seele aufzehrt, wie der Blutegel das Blut, welches ja die Seele ist, aussaugt.“ – Vergl. auch noch Tractat Gehinnom im Eingang in Jellinek's Bet ha-Midrasch. Erster Teil. S. 147. –

651. Laaft vum Tisch, wie das Chasser vum Trog!

„Läuft vom Tisch, wie das Schwein (chasír, hebr.) vom Trog“, ohne Dankgebet für das Genossene. – „Er läuft zum Tisch, wie die Sau zum Troge.“ (Agricola). „Ad mensam residens et cibo non benedicens, hic residet ut sus et surgit ut alter asellus.“

652. Er macht dem Landsmann sein Nachbrōche!

Enthält denselben Tadel. Sein Segenspruch (beráchah), mit welchem er für das Genossene dankt, ist der des „Landsmanns“, d. h. des Landjuden, nämlich ein gedehntes und behagliches ah! – „Nachbrōche“, im Gegensatz zur „Vorbrōche“ oder zum Segen, der vor dem Genusse gesprochen, „gemacht“ wird. – „Landsmann“ für Landjude, s. 417. – Der Landjude galt dem städtischen Juden, dem „Killemann“ (kehillah, Gemeinde*), für so unkultiviert, für so zurück in Herzens- und Geistesbildung, in Sitte und Wissen, besonders in Rücksicht

* Zur Bildung einer Gemeinde bedurfte es wenigstens zehn Familienväter ode Erwachsene, da dieses die zu gewissen Gebeten vorschriftmäßig erforderliche Zahl von erwachsenen Personen, das sogenannte „minjan“ ist – Die zum lauten, vereinten Vortrag des Tischgebetes nötige Dreizahl heißt „mesuman“ – „Mesumen benschen“, s. 892. – vom chald. samen, einladen, sowie das Tischgebet selbst dann birkath simun, „Dankgebet bei einer Einladung“, heißt (Aruch s. v.). Sonderbarerweise bezeichnet die Volkssprache mit dem Worte „Mesumen“ auch: bares Geld – „Was tu‘ ich mit Minien, hätt‘ ich Mesumen!“ (als Wortspiel in der beim Volke doppelten Bedeutung des letztern) – in offenbarer Verwechslung mit „momaun“ (mamon, s. Aruch s. v.), Mammon. –

auf religiöses Leben, daß man von diesem oft scherzweise den Segensspruch ausrufen hörte: „Baruch scheló asani Landsmann!“ gebenedeiet sei, der mich nicht zum Landjuden erschaffen! – „Landkonfekt.“ –

653. B'loo Tibul ub'loo Brōche!

„Ohne Eintunken und ohne Segen!“ Den Gebräuchen am Pesachabend entlehnt, wo nach dem Brauche Hillel's auch ein Stückchen Matze nebst bittern Kräutern gegessen wird, ohne daß man diese zuvor, wie im Anfang der Feierlichkeiten geschieht, in Salzwasser tunkt und über beides einen Segensspruch spricht. – Hier gilt besonders der Zuruf dem, der ohne die zeremoniellen Vorschriften zu erfüllen, ohne zuvor sich die Hände zu waschen und den Segen zu sprechen, sich zu Tisch begibt. – Dann überhaupt, auch im gewöhnlichen Leben: ohne alle Zeremonie, z. B.: „Er ging fort beló tibul ubeló berāchah.“ – Über die Pflicht, vor jedem Genusse einen Segensspruch zu sprechen, „Berāchah zu machen“, heißt es Sohar zu Levit. fol. 19. col. 73.: „Wer die Güter dieser Welt genießt, danke Gott dafür; unterläßt er dieses, so ist sein Besitztum wie gestohlenes Gut zu betrachten.“ – Vergleiche 288. –

654. Zaddik im Pelz!

„Der Fromme (zaddik, hebr.) im Pelz,“ von einem Menschen, der sich seine Frömmigkeit bequem macht. Wer z. B. nur dann die Synagoge besucht, wenn das Wetter günstig ist, oder erst nachdem er sein Frühstück genommen und sich ein bene getan, der ist der Zaddik im Pelz. – Anklingend, wenn auch verschiedenen Sinnes, ist das deutsche, „der Fuchs im Schafspelz."

655. Nemmt sich e Tüchelche' vor!

– findet leicht einen Ausweg, das Gesetz zu umgehen. Etwa als Antwort auf die Frage: „Wie darf er dieses tun, da es religiös verboten ist?" – Die Redensart mag daher genommen sein, daß mancher, der am Sabbat, aus purer Frömmigkeit, kein Geld anrührte, sich doch erlaubte, solches vermitteltst eines aufgehaltenen Tuches in Empfang zu nehmen, besonders wenn es ihm sonst hätte entgehen können. Indessen könnte sie auch einfach dem Sinne von „Deckmantel" entsprechen. So erzählt man als Anekdote: Bei einem sogenannten „Sēpher-Mahl.", wo am Freitagabend die neugeschriebene Gesetzrolle (sēpher, eigentlich: sēpher torah; vergl. auch 146.) für die Gemeinde des Ortes in ein mit Gold verbrämtes „Mäntelchen" gehüllt und mit hellem Glanz und kostbaren Gefäßen umgeben, zur Schau gestellt war, standen zwei Abgeordnete des Vereins, welcher das Sēpher auf seine Kosten hatte schreiben lassen, als Empfänger der Ehrengäste und zugleich als wachhabende Hüter. Auch der greise Rabbiner erschien. „Wie", sagte er lächelnd zu den beiden Hütern, „mit ganz neuen Buchstaben steht hier geschrieben: lo tignob! (Du sollst nicht stehlen!) und Ihr befürchtet, daß etwas genommen werde!" – „Wohl wahr, Rabbi!" antwortete man ihm; „aber es ist auch ein neu Mäntelchen darum."

656. Er nemmt sich die Darf!

Ebenfalls auf die Frage: „Wie darf er dieses tun?“ – Er nimmt sich die Erlaubnis selbst. –

657. Er hot Fisch gebotte‘!

Im besonderen: er erlaubt sich zwar noch nicht, Fleisch beim Nichtjuden zu essen, aber Fisch ist er bei demselben. Überhaupt: er ist nicht mehr so streng orthodox, er hat schon einen Schritt vorwärts, hat schon ein Gebot getan und wird wahrscheinlich noch mehr bieten.

658. E Loch in den Schabbes mache‘!

Überhaupt: den Sabbat verletzen; insbesondere: am Freitag abend in den Sabbat hineinarbeiten, reisen, fahren usw. Wer auf einer Reise z. B. am Freitag erst spät abends ankam, zu dem hieß es: „Du host aach e Loch in den Schaabes gemacht!“

659. Er denkt: Die Schul‘ laaft mir nit fort!

– aber das Geschäft, das er um der Synagoge willen nicht versäumen will. So auch: „Er denkt: Die Schul‘ bleibt stehn!“ – Über den Gebrauch des Wortes „Schule“ für Synagoge s. 528.

660. Er denkt: Tillim un Máamōdes – kaan Mode is!

Ein Wortspiel. Das tägliche Hersagen von Psalmen (tehillim, verkürzt: tillim) und stehenden Gebeten (maamodoth, vergl. Táanith 26.) ist keine Mode mehr.

661. Er denkt: Mein Bauch – fascht Du!

Er schont seines Leibes und läßt andere fasten. Der Witz liegt aber in der Lautnachahmung der beiden zusammengehörenden hebräischen Akzente: mahpach paschto. – Beiläufig sei bemerkt, daß die Akzente auch Trop heißen: „nach dem Trop lajenen“ (s. 164. und 1920.). Zunz, G. V. S. 442. hält das Wort für das griechische τροπος, oder vielmehr τροπη, Veränderung, Abwechslung. –

662. Er halt Táanis – Eßt – er!

Das Fasten (táanith, hebr.) Esther, am Tage vor dem Purimfeste, ward schon frühe leicht aufgenommen. Das Volk benutzte auch hier den Klang des Wortes, um seinen Witz zu machen, indem es aus Esther eßt (ißt) er machte.

663. Er hot e braate Buckel, uf aan Newére kummt's m' nit an!

Er hat einen breiten Rücken, der etwas tragen kann, so daß es ihm auf eine Übertretung mehr nicht anzukommen braucht. Eine Sünde mehr drückt ihn nicht. – „Er hat ein weites Gewissen." – „Buckel" für Rücken, Volkssprache, wie in: einen Buckel voll Schläge bekommen. „Newére" für aberah, Übertretung, s. 489.

664. Der hot seinen apartenen Schulchen-ōruch!

Er hat sein eignes Gesetzbuch, seinem Vorteil oder seiner Bequemlichkeit angepaßt; was diesen entgegen ist, ist für ihn kein Gebot. – Schulchan aruch, „der gedeckte Tisch", ist der Titel eines Werkes, worin alle rabbinischen Vorschriften geordnet zu finden sind. „Apart", besonders, vom franz. à part. – Ebenso: „Er akkordiert mit unserem Harjet!" (Herrgott). „Er macht mit unsrem Harjet Peschōre!" (pescharah, Vergleich. S. Aruch s. v. paschar). –

665. Der find't überall e Hetterche'!

Er findet überall eine kleine Erlaubnis, einen besonderen Umstand heraus, weshalb das ausdrückliche religiöse Verbot in seinem Falle, wie er sagt, keine Geltung habe. – Hetter (mit deutscher Verkleinerungsendung: Hetterchen), neuhebr.. (vom bibl. nathar, hattir, auflösen, losbinden), Erlaubnis, woher auch: mattir, muthor; s. 43. –

666. Er macht gar kaan Scháale mehr!

– macht keine Frage (scháalah, vom bibl. scháal, fragen) mehr, ob etwas erlaubt sei oder nicht, so gleichgültig hat ihn die Gewohnheit der Übertretungen gegen die rabbinischen Vorschriften gemacht. Vergl. das talmudische (Moed katan 27, b. Jalkut tehil. 764.): „Hat der Mensch eine Sünde begangen und wiederholt, so dünkt sie ihn wie erlaubt."

667. Er schlagt uf alle Poskim!

„Er schlägt auf alle Kasuisten", fragt nichts nach denselben. – „Poskim", s. 141. – Zugleich liegt der Volkswitz darin, daß bei talmudischen Disputationen der Eifer den Vortragenden oft so weit hinriß, in seiner lebhaften Gebärdensprache auf das vor ihm liegende Buch, welches gewöhnlich ein Kasuist war, mit der Faust zu schlagen.

668. Er is aus der Kutt gesprunge'!

Zuvörderst: Er hat den geistlichen Stand aufgegeben, und offenbar dem Mönchsleben entlehnt, wie: „die Kutte ablegen", „die Kutte an den Nagel hängen", für: das Klosterleben aufgeben. Dann überhaupt: Er ist nicht mehr so „fromm", so streng orthodox, wie früher, ist „neumodisch" geworden. – „Er hat den Kittel umgekehrt" (seine Religion verändert. Schmid: Anhang zum Schwäb. Wörterbuch). – „Er hat umgesattelt." – „Wer sich", sagt der Talmud (Pesachim 49.), „den talmudischen Studien gewidmet hatte und davon wieder abgegangen ist, der ist schlimmer als jeder andere". –

669. Das sen neumodische Schmues!

„Das ist ein neumodischen Geschwätz" (schemuoth, Vernommenes, Gerücht, Gerede), wenn etwa jemand einer biblischen Vorschrift eine andere als die rabbinische, eine rationelle Deutung geben will. – Das Neumodische wird dem Altmodischen oder, wie man noch häufiger hörte, dem Altfränkischen (nach Art der Franken, veraltet), besonders in bezug auf religiöses Denken und Tun, entgegengesetzt. So auch: „Das is noch Aaner vun der alte' Welt" (vergl. 446. – Eiselein: aus der alten Welt). – Auch in bezug auf den Christen sagte der alte Jude: „Laß mich gehn mit Chaddesch-Amōne-Schmues!" mit neugläubigem (chadasch-amānah, hebr.) Geschwätz. „An Toofel-Amōne is oft mehr Brōche als an Chaddesch-Amōne", an einem Altgläubigen (Katholiken) ist oft mehr Segen (berāchah) als an einem Neugläubigen (Protestanten). – (Das Wort „toofel" selbst wird von einigen für das bibl. tophel, fade, ungereimt, abgeschmackt, genommen (wie z. B. Sotah 20. „Wer seiner Tochter Thora – das Gesetz – lehrt, der lehrt ihr thiphluth, Abgeschmacktes, Verkehrtes); von andern gar für das bibl. tabal, tauchen, taufen, also: der Taufglauben; aber es hat hier nur die Bedeutung von alt, dem chadasch, neu entgegengesetzt, sowie in den ebenfalls volkstümlichen Redensarten: „wie toofel is er?" für: wie alt ist er? „sie is schon toofel", usw. Wir halten das Wort daher für metonymisch mit dem chaldäischen und besonders talmudischen tophal (mit einem teth, vergl. Aruch s. v. Artikel 1.), flicken, indem das Geflickte ja immer alt ist.).

670. Andacht – Andaucht!

Ein Wortspiel der Alten in der Neuzeit, um das „neumodische“ Wort Andacht, wie in Andachtsstunde, Andachtsbuch usw. herabzusetzen. Andaucht heißt nämlich im Munde des Volkes der Abzugskanal, s. 210. –

671. Wo der Rāv wird, schmad't sich die Kille!

Von einem Rabbinatskandidaten, der sich Neuerungen erlaubt oder sich zu denselben hinneigt: Wo der Rabbiner wird, tauft sich die Gemeinde!“ – „Rav“, der im Amt stehende Rabbi, Rabbiner. – „kehillah“, Versammlung, Gemeinde, s. 662. – „Schmadden“, vom hebr. schamad (s. 384.) mit deutscher Endung, seine bisherige religiöse Gemeinschaft vernichten, zu einer andern Religion übergehen, sich taufen. Bezeichnend ist die zweite Bedeutung, welche das so gebildete Verb „schmadden“ im Munde des Volkes mit der Zeit angenommen, da sie zugleich auf die Mittel zeigt, die man hie und da angewendet, um Proselyten zu machen. Es bedeutet nämlich auch: jemand durch Geschenke auf seine Seite bringen, verführen, bestechen, z. B.: „Den hastu auch geschmad't, daß er Dir es getan hat!“ „Wodurch hastu'n geschmad't?“ – So soll auch einmal ein polnischer Jude, der sich diese Proselyten-Macherei zunutze gemacht und, durch Deutschland ziehend, sich an verschiedenen Orten mehrmals hatte taufen und sich bezahlen lassen, natürlich ohne daß man von dem bereits Geschehenen etwas wußte, als dieses zuletzt nicht mehr ging, klagend ausgerufen haben: – „Wehe! noch ein Masse-umatten (Handel, Geschäft, s. 119.) gab es in Deutschland, und der geht auch nicht mehr!“ –

672. E Rāv wie e Kahel!

„Ein Rabbiner, wie eine Gemeinde“ (kahal, Versammlung), beide nicht streng orthodox, beide „neumodisch“; überhaupt: Beide taugen gleich viel, sind von gleichem Werte. Vergl. 588. – So in umgekehrtem Verhältnis: „Wie der Abt, so die Münche“. (Eisel.). Ähnlich ist auch das talmudische (Erachim 17, a. Jalkut tehil. 697.): „Das Zeitalter gemäß dem Herrscher (dor lephi parnes), und der Herrscher gemäß dem Zeitalter“. – Vergl. 839. –

673. Das is e Goj! kaan Jontev und kaan Schabbes!

– hält keinen Festtag und keinen Sabbat! kein Tag ist ihm heilig. – „Goj“, bibl.: der Fremde, der Nichtjude; dann der nicht religiöse Jude. – So bezogen sich auch die scheinbar so gehässigen und, dank der humanen Bildung und freiern Erziehung, beihnahe vergessenen Benennungen eines Nichtjuden oder einer Nichtjüdin mit Schekez, schikzah (Greuel) nicht sowohl auf den Nichtjuden als Nichtjuden an sich, sondern nur insofern als derselbe die rabbinisch so strengen Reinigungsgesetze unbeachtet ließ, wie ebendeshalb auch der jüdische Idiot (am háarez, s. 161.) so benannt wird (Pesachim 49, b.). – „Jontev“, verdorben aus jom tob, guter Tag, Festtag.

674. E Wort lōschen-hakkodesch is bei'm e Mamser ben Hannidde!

„Ein Wort hebräisch ist bei ihm ein unechtes Kind", so wenig gekannt und anerkannt, so verachtet und verabscheut ist das Hebräische bei ihm. – Lāschon hakkōdesch, die heilige Sprache, heißt die hebräische, weil die heilige Schrift darin verfaßt ist. – Mamser ben hanniddah ist eigentlich ein in menstruis empfangenes Kind. – (Merkwürdig ist hierüber ein Ausspruch bei den Talmudisten (Jer. kidd. 30, b.): „Die meisten Mamserim, spurii, nothí, sind klug"). –

675. Ich geb kaan Pfenning für sein' Jüdischkaat!

Er ist so wenig Jude, daß seine „Jüdischkeit", sein jüdisch-religiöser Sinn, kein Pfennig wert ist.

676. Das is e Goj gomur!

– „ein vollkommener Nichtjude". – „Goj", s. 640. – „Gamur" (von gamar, hebr., vollenden) vollendet, vollkommen. – So heißt es Sohar Beresch. f. 83. col. 327.: Es gibt drei Klassen unter den Menschen: Vollkommene Gerechte (zaddikim gemurim), vollkommene Frevler (reschaim gemurim) und solche, die in der Mitte stehen" (benunim). Ebenso Rosch haschanah 16, b. – So wird z. B. Jalkut Rubeni f. 73. col. 3. derjenige, der das Tierische in sich besiegt, ein zaddik gamur genannt. – Vergl. auch Hebr. 12, 23. διχαιων τετελειωμενων. –

677. Das is e Koofer!

– „ein Leugner, der an nichts glaubt.“ – („kōpher“, von kaphar, leugnen, neuhebr., verwandt mit dem bibl. kaphar, bedecken, verhehlen. Ebenso: „sich zur kephiroh ansagen“, zur Ableugnung, zum Übertritt zu einer andern Religion, s. 394.) – Noch stärker ist: „koopher beïkkor“, „ein Ableugner der Grundlehre des Glaubens“, nämlich der Einheit und Einigkeit Gottes (ikkor, Stamm, Daniel 4, 12. 20.). So heißt es Erachin 15, b.: „Wer andere um ihren guten Ruf zu bringen sucht, sündigt nicht weniger, als hätte er die Grundlehre des Glaubens abgeleugnet.“ Vergl. Timoth. 5, 8. „So aber jemand die Seinen nicht versorgt, der hat den Glauben abgeleugnet.“ –

678. Das is e Min!

oder auch: „Das is e Apikoores!!“ – Beide Ausdrücke, sehr häufig bei den Rabbinen zur Bezeichnung eines Irrgläubigen, Heterodoxen. Vergl. z. B. Abodah sarah 26. Sanhedrin 38, b. 99, b. „Derjenige ist ein Apikōros, der einen Weisen (Rabbaniten, Talmid chacham) verachtet.“ – Apikōros ist offenbar, Epicurus, ein Epikuräer, wenn auch einige es von dem aramäischen hephkor, (frei, ein frecher, ungezügelter Mensch) ableiten wollen. Auch Min soll nach Tischbi (53, b. 73, a.) und andern soviel sein als Manäer, Anhänger des Manes oder Manu, Manichäer; nach andern ist es das bibl. min, Abart, Sektierer (Vergl. darüber die Abhandlung zu Schlesinger’s Akarim). – Daher auch Mines für Verstellung s. 308. –

679. Schmad' Dich lieber gleich!

Tritt lieber gleich aus dem Judentum, wenn Du schon so weit in Deiner Abtrünnigkeit, in Deiner Übertretung des Gesetzes gehst. – „Schmadden" s. 671. – „Stürz' die Schüssel um!" (Baba Bathra 16.: „Hiob wollte die Schüssel umstürzen", ganz von Gott abfallen. Indessen heißt es ebendaselbst: „Der Mench wird ob seinem Schmerze nicht ergriffen", d. h. wegen der Worte bestraft, die er im Schmerze ausgestoßen). –

680. Es is kaan jüdische Ader an 'm!

So hieß es sowohl im allgemeinen in bezug auf jüdisch-religiösen Sinn, als auch im besondern in bezug auf Barmherzigkeit und Wohltätigkeit, da der Jude und wohl nicht mit Unrecht einen besonderen Grad von Mitleid und Barmherzigkeit als charakteristisch sich zuspricht. Vergl. 5. – Daher auch die Redensarten: „Er hat ein jüdisch Herz." „Laß mir mein Ruh mit dem Goj sein Rachmōnes!" (Laß mich in Ruhe mit der Barmherzigkeit – rachmanoth, 633. – eines Nichtjuden – Goj, 673. -) „Ich habe" sagte ein Mann der Neuzeit, „einen christlichen Magen", esse mit dem Christen, „aber noch ein jüdisch Herz" usw. – Dieses zeigt, daß der Jude, zur Bezeichnung des Guten und Edlen, sein jüdisch anwendet, wie der Christ sein christlich; sie täten freilich beide gut, wenn sie beide dafür menschlich setzten, wenn auch gewiß zugegeben werden muß, daß besonders in den alten, finstern Zeiten selbst der ärmste, gemeinste Jude schon durch die als religiöse Pflicht geforderte Kenntnis der Bibel und wo möglich auch einiger rabbinischen Schriften vor der gewöhnlichen Rohheit des unwissenden Haufens geschützt ward. – Rücksichtlich der Redensart an sich vergl.: „Es ist keine gute Ader an ihm.“ (Eiselein).

681. Das is e Pósche!

oder auch: „Pósche Jisrōel“, ein Abtrünniger, ein Abtrünniger Israels (poschéa, poschim, Jes. 1, 2. 28.). –

682. Steig aus und schmad‘ Dich!

Wenn dir die jüdischen Verhältnisse, das Judentum und seine zeitliche Stellung, so zuwider sind, so steige aus dem gemeinschaftlichen Schiff, Wagen, und tritt über. Ähnlich dem in neuerer Zeit in Gang gewesenen: „Fall ab und werde deutsch-katholisch!“ – „Schmadden“ s. 671. Vergl. auch 1062.

683. Gib Dein Arōwes uf!

Von derselben Bedeutung: „Gib Deine Bürgschaft (araboth, wie das bibl. arubbah, Spr. Sal. 17, 18.) auf“, mit welcher Du für sämtliche Juden einstehen mußt, wenn Dir die jüdischen Verhältnisse und Zustände zur Last sind. – Die Redensart hat Bezug auf den bekannten talmudischen Spruch: „Alle Israeliten sind Bürgen für einander“, in dem Sinne, daß jeder, der einer Übertretung des Gesetzes wehren konnte und es unterließ, dafür einstehen müsse, weil die Israeliten einst das Gesetz solidarisch, gemeinverbindlich, übernommen hätten (vergl. Sotah 37.). Dieser Spruch der Rabbinen bewährt sich leider auch insofern, daß oft genug noch heute die Gesamtheit dafür büßen muß, wenn ein einzelner Jude eine Schlechtigkeit begangen. Vergl. 383.

684. Der is kaan Jid un kaan Goj!

– weder Jude, noch Nichtjude (Goj, s. 373.), gehört weder dem Judentum, noch irgendeiner andern positiven Religion an, hält nichts auf Religion überhaupt. – Schwerzweise auch mit dem Zusatz: „Was is er denn?“ – „Ein Fuhrmann!“ indem es einmal einen Fuhrmann gegeben, der eben nur seinem Geschäfte lebte, jahraus, jahrein seine Pferde trieb und sich nicht um Religion bekümmerte.

685. Der waaß nit, wu Gott wohnt!

Er hat so wenig religiöse Bildung, daß er seinen Blick nicht zum Himmel zu heben weiß. – Anderseits heißt es von einem allzu bigotten Menschen: „Er maant, er hätt‘ unsern Harjet (Herrgott) bei de Füß‘!“ – „Küß‘ nur die Tfille (tephillah, das Gebetbuch) nit uf!“ sowie es nicht minder kräftig von einem allzu bigotten Christen hieß: „Das is e Toole-Achler!“ (s. 414. und 530.), der das Kruzifix „ufesse“, aufküssen möchte.

686. Maane', sie hätte' sich selbst geschaffe'!

– so wenig kümmern sie sich um ihren Schöpfer. Insbesondre: so stolz tun sie auf ihre Schönheit. (Vergl. Taanith 20. – Des Verfassers „Buch der Sagen und Legenden." Zweite vermehrte Auflage. Nr. LIII.). – „Hewe' Gott nit vor Aage' un nit im Herze'!" –

687. Der fragt nix nach Gott un der Welt!

Er nimmt weder auf göttliches noch auf menschliches Gebot Rücksicht, weder auf die Vorschriften der Religion, noch auf die der Sittlichkeit und des Anstandes; „läßt", sagen die Talmudisten (Sanhedr. 113. a. Berach. 17.), sein Essen öffentlich anbrennen!" –

688. Dem guckt die Schmad zum Ponim heraus!

„Der Abfall sieht ihm zum Gesicht heraus", auf seinem Gesichte liegt die Abtrünnigkeit vom Judentum, so keck, so frech schaut er drein, oder auch nur: so frei. – Das demütige gedrückte Wesen war dem alten Juden schon durch innere und mehr noch durch äußere Veranlassung so zur Natur geworden, daß selbst der aufrechte, freie Blick ihn Abfall dünkte. Vergl. kiddusch. 31.: „Der Mensch darf nicht in aufrechter Haltung oder vier Ellen weit mit unbedecktem Haupte („barhaupt", „barhäuptig") gehen; denn es steht geschrieben: Die ganze Erde ist voll seiner Herrlichkeit", eine aufrechte Haltung aber, fügt der Kommentar hinzu, ist gleichsam ein Zurückdrängen der Gottheit. – „Schmad" s. 384. –

689. Er is unter Groß-Kahel 'gange'!

– ist unter die große Gemeinde (Kahal, Versammlung, Gemeinde) gegangen, ist aus dem engern Judentum heraus und in das weitere Christentum übergetreten. – Ähnlich: „Er hat sich auf die schwer' Seit' gelegt" (357.). – Nizzachon p. 36. hat dafür den Ausdruck „gehen chuz lamachaneh", aus dem Lager (vergl. 503.). –

690. Er hot sein Arōwes ufgebe'!

– hat seine Bürgschaft (araboth), mit welcher er als Jude für die Gesamtheit der Juden einstehen mußte, aufgegeben; hat den jüdischen Verband verlassen. Vergl. 683. – Ebenso umgekehrt, bei der Mitteilung, daß jemand sich getauft habe: „Was liegt dran! – Kaan Arōwes mehr!" So haben wir auch keine Bürgschaft mehr für ihn zu leisten. –

691. Das is e rechter Meschumed leháchis!

– „ein Abtrünniger zum Trotz", nicht aus Überzeugung, sondern nur, um ein Ärgernis zu geben, was freilich oft auch von dem gesagt ward, welcher der Orthodoxie nicht zu Gefallen leben wollte, was indessen in bezug auf solche, die vom Judentum abgefallen, mitunter nur zu wahr war. Gar manche judenfeindliche Schrift ging gerade von solchen Subjekten aus, so daß man die Stelle (Jes. 49, 17.): „Deine Zerstörer ziehen von Dir aus (macharibajich mimmech jezéu) auf sie anwendete, in dem Sinne : „Deine Zerstörer gehen von Dir selber aus." –

„Meschumad“ von schamad, s. 384. – „Leháchis“ (im Munde des Volkes: lehàchlis), um zu ärgern.

692. An Dem is die Schmad verloren!

Er ist schon längst so wenig Jude mehr, daß die Taufe an ihm verloren ist, daß der die Taufe nicht nötig hätte. – Vergl. auch: „Da ist Chrisam und Tauf an ihm verloren.“ (Geiler und Luther bei Eiselein.)

693. An Dem hewe‘ mir nix verlore‘, un sie nix gewunne‘!

Von einem gleichgültigen oder gar schlechten Menschen, der vom Judentum zum Christentum übergetreten ist: „Wir haben nichts verloren etc.“ –

KAPITEL DREI

Klugheitsregeln und Erfahrungen.

1.

Sitten und Gebräuche. Umstände und Verhältnisse.

694. Die ganze Welt is aan Mookem!

– ist ein Ort (makom, hebr.), eine Stadt". Die Verhältnisse und Umstände sind sich überall so ziemlich gleich. – „Überall backt man das Brot im Ofen". (Eisel.). „C'est partout comme chez nous." – „In every country the sun rises in the morning". – „Die Welt ist vollkommen überall, Wo der Mensch nicht hinkommt mit seiner Qual". (Schiller: Braut von Messina). –

695. Was mer Alles erlebe' muß

„Nei, was mueß me für Sache erlebe!" (Hebel). Als Ausruf bei außerordentlichen Ereignissen, Taten usw.

696. Es is Alles schon e'mal da gewese'!

Gleichsam als Antwort auf die vorige Redensart: es ist über nichts zu verwundern. Vergl. Predig. 1, 9. „Nichts Neues unter der Sonne". Der Midrasch (Jalkut kohel. 567.) versucht deshalb darzutun, daß selbst das auffallend Neue und Wunderbare bis zur Auferstehung der Toten hin schon einmal dagewesen sei.

697. Wie es sich jüdelt, so christelt's sich!

Überhaupt: Die Menschen sind in Begierden, Leidenschaften usw. sich gleich, welcher Religion sie auch angehören mögen; im besonderen: Neben- und untereinander Lebende ahmen sich gegenseitig nach. Daher läßt sich's mit Recht auch umgekehrt sagen: „Wie es sich christelt, so jüdelt's sich".

698. Aschkenes wird fehle'!

„Der Deutsche wird seine Art und Weise nicht verleugnen" – Zuvörderst im allgemeinen, in bezug auf des Deutschen Bieg- und Schmiegsamkeit und Mangel an Einheit. – „Wir Deutschen sind halt Deutsche!" (Luther). „Des Deutschen Nationalität ist, daß er keine hat". (Lessing). – Aber auch leider im besonderen, in bezug auf den schweren Kampf, den der deutsche Jude hatte und noch großenteils hat, um sich endlich als vollberechtiger wie vollverpflichteter Deutscher anerkannt zu sehen. Es ist dieses um so auffallender, als im großen und ganzen eine so merkwürdige Ähnlichkeit zwischen der göttlichen Bestimmung des deutschen Volkes und Israels stattfindet. Die Juden leben zerstreut; auch die Deutschen leben am zerstreutesten unter allen Völkern. Israel ist der Träger des göttlichen Lichtes; auch das deutsche Volk ist der Träger der geistigen Kultur für die Menschheit. Israel wird in der Schrift ein auserwähltes Volk, ein Priesterreich genannt; auch die einzelnen Stämme des deutschen Volkes, darf man wohl sagen, haben von der himmlischen Weisheit den Apostelruf erhalten, so wie das deutsche Volk in seiner Gesamtheit ein wahres Weltvolk, ein Völkermessias ist, der deutsche Arbeit und deutsche Bildung, deutsches Gemüt und deutschen Idealismus nach aller Welt Enden zu tragen hat, weshalb auch, wenn wir anders die göttliche Bestimmung des deutschen Volkes richtig erkannt haben, dasselbe nur insoweit einen Einheitskörper bilden soll und bilden wird (Schillerfeier!), als alle deutschen Stämme von demselben Volksgeiste durchdrungen sein sollen, in welchem allein sie sich wahrhaft als ein Brudervolk fühlen, und welcher auch den deutschen Juden längst schon und gottlob immer mehr vor allen andern Juden kennzeichnet. –

„Aschkenas“ (1. B. M. 10, 3. ein Sohn Gomer's und ein Enkel Japhet's, vergl. Jerem. 51, 27. ein nordasiatisches Volk) galt den alten Juden als Deutschland (Ber. rab. par. 37. Jalkut Noach 61.), sowie sie unter „Zarphes“ (zorphath, 1. König. 17, 9. 10. Obad. 20.) Frankreich, und unter „Sephard“ (Sepharad, Obad. 20.) Spanien verstanden (daher die von den aus Spanien vertriebenen Juden abstammenden, sogenannten portugiesischen Juden Sephardiim heißen, indes die deutschen Juden von jenen Aschkenasim genannt werden). –

699. Berge kumme' nit zusamme', aber Menschen!

Daher ist es nicht zu verwundern, wenn weit voneinander entfernte Menschen und Sitten sich begegnen und sich mischen. – Das sinnige Sprichwort, das man gewöhnlich hörte, wenn entfernte Freunde sich unverhofft an einem dritten Orte trafen, war besonders in chaldäischer Sprache gebräuchlich (turo beturo lo poga, enosch béenosch poga), was für sein Alter zeigt. Es soll auch bei den Arabern vorkommen (vergl. „Rabbinische Blumenlese" von Dukes S. 18.), und es ist vielleicht von diesen zu den Juden übergegangen. Eiselein hat: „Berg und Tal kommen nit etc."

700. Worum gehn die Gäns' barfuß!

Als Antwort auf die Frage: „Warum etwas so und so sei? – „Warum gehen die Gänse barfuß?" – Weil ihre Eltern auch barfuß gegangen sind. Sitten und Gewohnheiten erben sich fort. –

701. Worum sagt mehr Jekum-Purkan zwaamol? Weil's zwaamol steht!

Jekum purkan (es erstehe eine Erlösung) ist der Anfang zweier sabbatlichen Gebetsstücke in chaldäischer Sprache, wovon das eine – für uns sonderbar genug – dem Wohle der babylonischen und palästinensischen Rabbinen und Hohenschulen gilt, die nicht mehr existieren; das andere geschieht für die Gemeinde. „Warum", fragt nun der Volkswitz, „sagt man Jekum Purkan zweimal?"

da das eine doch überflüssig ist – und er antwortet sich selbst: „Weil es zweimal steht!" Der Mensch hängt am Herkömmlichen und nun einmal Eingeführten; stände es im Gebetbuche dreimal, würde man es dreimal sagen. – Über diese Macht der Gewohnheit hatten die Rabbinen manches hübsche Sprichwort, die zum Teil ins Volk übergegangen sind, z. B. (Berachoth 43, b.): „Hänge dem Schwein das beste Futter an den Hals, es wühlt es im Kot herum". – (Tanchuma Balak am Ende, Jalkut Ber. 145.): „Wirf den Stock in die Luft, er fällt zum Ursprung (zur Erde) zurück". – (Megillah 7, b.): „Laß den Bauer König werden, der Korb kommt ihm nicht vom Hals herunter." – „Alte Kleider legt man ab, aber nit alte Gewohnheiten". – „Alte Schuhe verwirft man leicht, alte Sitten schwer". (Eisel.) – Über das Verderbliche der Macht der Gewohnheit heißt es im Simchat Nephesch S. 22, b.: „Minhag macht gehnem" d. h. Die Konsonanten des Wortes Minhag (Gebrauch, Gewohnheit, neuhebr., vom bibl. nahag, führen, treiben) bilden durch Versetzung das Wort Gehnem (Hölle, s. 650.), „die schlimme Gewohnheit führt manchen in die Hölle, weil er von derselben nicht lassen will". – Indessen steht der Minhag als Gebrauch auf religiösem Gebiete bei den Rabbinen und so auch bei dem Volke in hohem, fürstlichem Ansehen. – „Es erben sich Gesetz und Rechte wie eine ew'ge Krankheit fort; Sie schleppen von Geschlecht sich zum Geschlechte, Und rücken sacht von Ort zu Ort". (Goethe: Faust).

702. Wie Aaner gehoolekraascht is, so haaßt er!

In früheren Zeiten war es allgemein gebräuchlich, dem neugeborenen Kinde, nachdem es vier Wochen alt geworden, an einem Sabbatnachmittage seinen deutschen (profanen, chōl) Namen zu geben, neben dem hebräischen (heiligen, kadosch, s. 674.), den der Knabe schon bei der Beschneidung erhielt. Dasselbe geschah dadurch, daß man die Wiege samt dem aufgeputzten Kinde von dazu eingeladenen, verwandten und befreundeten Kindern feierlich und festlich umstellen und, nachdem man einige bestimmte Verse aus dem Pentateuch laut hergesagt, dieselbe dreimal in die Höhe heben ließ unter dem jedesmaligen Rufe (Krisch, kreischen, althd. kreien, crier): „Chōl – kreisch! wie soll das Kindchen heißen? – N.“ – worauf unter die Kinder allerlei Süßigkeiten verteilt wurden. Aus diesem „Chōl – kreisch“ bildete sich dann das Substantiv: „die Hōlekraasch“, sowie das Verb: „hōlekraaschen“ (kreischen). – Sinn und Anwendung unseres Sprichworts ist also: der Namen, den einer einmal als gut oder böse usw. erhalten hat, der bleibt ihm ob mit Recht oder Unrecht, weil die Menschen im allgemeinen zu träge sind, ihr einmal gefälltes Urteil zu ändern, zu berichtigen. Zugleich soll aber damit auch die Macht der öffentlichen Meinung angedeutet werden. „Nennen Deine Genossen“, sagt ein rabbinisches Sprichwort (Baba k. 92, b.) „Dich einen Esel, so lege Dir einen Sattel auf“ (sonderbar gibt Nork in seinen „Rabb. Parallelen“ S. 38. diese Stelle durch: „Verlangt jemand Deinen Esel, so gib ihm auch den Sattel dazu“), und noch treffender (Ber. rab. 40, b. Jalkut lech lecha 79.): „Sagt Dir einer: Du hast Eselsohren! kümmere Dich nicht darum; sagen's dir zwei – so nimm eine Larve vor!“ (so der Glossar zu Jalkut 1. c., der „prome“ – das latein. forma – durch das hebr. maswe erklärt. Andere lesen pruche, prumbe – das griech. phorbeia – und erklären es ebenfalls durch Halfter oder Sattel). – Besonders wird Gewicht darauf gelegt, wenn die Volksstimme eine dauernde ist, so daß es heißt (Moed kat. 18.): „Auf niemand ruht ganz ohne Schuld ein allgemeiner, dauernder Verdacht“. – „Man redet nit allweg von einem Ding, es sei denn etwas Wahres daran“ (Agric.) – „Gemein Geplär ist nie ganz leer“. –

703. Unser Harjet hot e Narre'haus!

Jeder hat seine Torheit, sein Steckenpferd, seine „Grütze.“ – „Gott hängt jedem ein Kläpperlin (Klapper, Pritsche) an.“ (Agricola). „Unser Herrgott hat allerlei Kostgänger.“ – „Die Welt ist Narren übergeben“ (Sanhedrin 46.). – No man is always a fool, but every man sometimes. – „Harjet“, Herrgott.

704. Es get kaan Worum, es hot sein Dorum!

Nichts geschieht ohne Ursache, oder auch: für alles läßt sich ein Grund finden. Auch bei Schmid: Schwäb. Wörterbuch. Anhang: „Es ist kein Warum, es ist auch ein Darum.“ – „Und alles ist Frucht, und alles ist Samen.“ (Schiller: Braut von Messina). –

705. Mer redt vun 'm Ding so lang, bis es wahr is!

Z. B. von Unternehmungen, von einzugehenden Verbindungen usw. „Man spricht von der Kirchweih, bis sie kommt." (Kirchhofer).

706. Wie e Kadisch, so e Borchu!

Kaddisch (Heiligung) und borchu (preiset) sind Gebetstücke, welche vom Vorbeter unmittelbar nacheinander laut hergesagt oder auch, z. B. an Festtagen, gesungen werden. Der besondere Sinn der Redensart ist daher: Beide waren gleich schlecht vorgetragen. Der allgemeine, hierhergehörige Sinn gilt Umständen und Verhältnissen, die sich in ihrer Unvollkommenheit, Unannehmlichkeit usw. völlig entsprechen.

707. Vorne getrummelt un hinte' kaan Reekem!

„Vorn getrommelt und hinten keine Soldaten", viel Lärm und nichts dahinter. – „Viel Geschrei und wenig Wolle." – „Du hast dich in einen mächtigen Strom gestürzt und mit selbsteigener Hand eine Scherbe heraufgebracht!" (Baba k. 71). – Parturiunt montes etc. – Spr. Sal. 25, 14. „Wolken und Wind, doch kein Regen." – Auch das Wort Schammai's (Aboth 1, 15.) gehört hierher: „Sprich wenig, und tue viel." – „Die guten Menschen", sagen die Rabbinen ferner (Baba M. 87. mit Hinweisung auf Abraham und Ephron, 1 B. M. 18, 4 – 8 und 23, 11 – 16.) „versprechen wenig und tun viel; die schlechten hingegen versprechen viel und tun selbst das Wenige nicht." –

„Trummeln" für trommeln, oberd. – „Reekim", Soldaten, vielleicht vom hebr. rek, leer, leichtfertig, wie durch „Leezen", Spötter, Verächter, der Musikant bezeichnet wird (s. 243. – Vergl. auch Tanchuma f. 18. Midr. tehillim, Ps. 137. Matth. 5, 22. wo Raka als Schimpfwort gebraucht wird, welches indessen Gesenius von rakak ableiten will: „ein Anzuspuckender", s. dessen Wörterbuch. s. v. topheth). Doch kommt es wahrscheinlicher vom hebr. ruk, herik, das Schwert ziehen (2. B. M. 15, 9.), Krieger ausziehen lassen, rüsten (1. B. M. 14, 14.), wie im ähnlichen Sinne „Schalef" gebraucht wird (s. 215.). Ähnlich klingt das altdeutsche „Recke." –

708. Schnor min Haschnor lacht unser Harjet!

„Betteln vom Bettler macht unsern Herrgott lachen." Wenn ein armer Teufel bei einem äußerlich großtuenden, aber in Wirklichkeit noch ärmeren Teufel bettelt, da muß Gott selbst über diese menschliche Verkehrtheit lachen. – „Schnorren", betteln, s. 213. – „Min" (hebr.), von. – „Ha", hebr. Artikel. – „Harjet", Herr Gott. – Ebenso hörte man oft: „Gannev min Haggannev lacht unser Harjet." „Dieb (gannab) vom Dieb..." Vergl. bei Agricol.: „Treugt ein Jude den andern, ein Pfaffe den andern, ein Weib das andre: so lacht Gott im Himmel."

709. Mit den Meées kumme' die Geées!

„Mit den Hunderten (meoth, hebr.) kommt der Stolz" (geüth). – Auch: „Mit den Meées kummen die Deées (deoth, die Meinungen, Einbildungen, s. 185.) Gar oft wird der plötzlich reich Gewordene, der parvenu, andern Sinnes und Wesens. Ähnlich: honores mutant mores. Honours change manners.

710. Achare Dargo – T'wír!

Dieses sehr witzige Sprichwort gehörte mehr gelehrten Kreisen an und ist, wie manche andere, aus diesen erst in's Volk gedrungen. Dargo und tewír (tebír) sind nämlich die Namen zweier sich folgenden hebräischen Akzente (vergl. 661.), wovon jenes im Chaldäischen eigentlich Stufe, Stiege, und dieses Bruch bedeutet. Also: „Nach (achare) Stiege, (kommt) Bruch". Hochmut kommt vor dem Fall. – (Vergl. Tachkemoni des Alcharisi 71. b.). – „Aber hinter den großen Höhen folgt auch der tiefe, der donnernde Fall." (Schiller: Braut von Messina).

711. Achare Moos – Kedooschim!

Achare mōth und kedōschim sind Anfang und daher Namen zweier sich folgenden Abschnitte aus den wöchentlichen Vorlesungen des Pentateuchs (Levit. 16, 1. und 19, 2.). Hier werden die Worte in ihrer wörtlichen Bedeutung genommen: „Nach dem Tod – die Heiligen!" – So mancher, der im Leben gar nicht so heilig war, wird doch nach seinem Tode zum Heiligen gestempelt. (Vergleiche Machbereth Immanuel S. 127. der Berliner Ausgabe). –

712. Wer viel Kuchel eßt, muß viel Branntwein trinke'!

Sinn: Jenachdem man gehandelt, muß man für die Folgen einstehen. – „Kuchel" (Kuchen) oder wohl richtiger „Kugel" (von der Gestalt) ist eine Mehlspeise, eine Art Pudding, die am Sabbat gewöhnlich gegessen wird und gut verdaut sein will (vergl. 66.) – Bei den norddeutschen Juden lautet das Sprichwort: „Iß keine Kugel, brauchst Du keinen Branntwein!" – „Wie man's treibt, so geht's". – „Es tuchet sich, wie man's gesponnen." (Agric.).

713. Wie Du mir, so ich Dir!

Bei den Rabbinen heißt es: „Mit dem Maße, womit ein Mensch (andern) zumißt, mißt man ihm (im Himmel) wieder zu" (Sanhedrin 100, a. Sotah 11, b. Targum Jer. zu 1. B. M. 38, 26. Jalkut Schem. 226. und häufig. Vergl. Matth. 7, 2. Luc. 6, 38.), indem (Sotah 1. c.) die Bibelstelle (2. B. M. 18, 11.): „Mit der Sache, womit sie gefrevelt haben, kam man über sie" erklärt wird: „in dem Topfe, worin sie gekocht haben, wurden sie wieder gekocht" (das Textwort sud kann beides heißen: kochen, sieden, und übermütig sein, freveln), die Ägypter haben in Wasser die neugeborenen Knaben der Israeliten umkommen lassen, und mußten in Wasser wieder selbst umkommen. Ebenso Sotah 9. Simson hatte sich mit seinen Augen vergangen, indem er zu seinem Vater sprach (Richter 14, 13.): „Sie gefällt nun einmal meinen Augen, darum wurden ihm die Augen ausgestochen." – „Wie es in den Wald hineinschallt, schallt es wieder heraus." – „Wurst wider Wurst." – „Wer ausgibt, muß auch einnehmen." –

„Äffestu mich, so äff' ich Dich." (Eisel. S. 12.). – „Claw me and I'll claw thee." – Dagegen heißt es Spr. Sal. 24. 29.: „Sage nicht, wie er mir getan, so will ich ihm wieder tun, ich will dem Mann vergelten nach seinem Werk" (vergl. Spr. Sal. 20, 22. 3. B. M. 19, 18.), weil die Vergeltung eben der Gottheit überlassen bleiben soll. –

714. Wer in die Heech speit, Dem fallt der Speichel in's Ponim!

Übermut schadet sich selbst. – „Heech", Höhe, vergl. das engl. high. „Ponim", hebr., Gesicht. – Das Sprichwort kommt im Midrasch vor, Kohel rab. 75, b. Vergl. auch 837. – Ähnlich sind: „Wer über sich howet, Dem fallen Spän' in die Augen." (Eisel. nach Brand). „Look not too high, lest a chip fall in thine eye." – „Piss not against the wind." –

715. E Kippe is e Klippe!

Eine Kumpanei ist eine Teufelei. – Eine Geschäftsverbindung tut selten gut, und selbst Freunde bleiben, wenn sie Teilhaber eines Geschäftes sind, selten einig, so sehr beherrscht die Selbstsucht den Menschen. – „Kippe", kippah oder vielmehr kūphah (so nicht nur in den talmudischen, sondern auch in den jüdischdeutschen Schriften), eigentlich: ein Behältnis, Büchse (Aruch. s. v.), dann später: eine Gesellschaft, die zu irgendeinem Zwecke eine gemeinschaftliche Büchse, Kasse hat. – Vergl. das lateinische cupa und das deutsche Kufe, Küpe. – „Klippe" nehmen wir als das neuhebr. kelipha, wie in:

„Das is e Klippe-tumme!“ (646.), unreine Hülse, eine kabbalistische Benennung der unreinen Geister, der Dämonen, welche den inneren heiligen Kreis umschweben, sich aber zu verkörpern trachten (vergl. Schepha tal. fol. 80, col. 3.). Indessen könnte man es in unserem Sprichwort selbst als das deutsche Klippe nehmen, eine Ursache zum Verderben. – „Kumpanei – Lumperei!“ (Eisel.). „Gesamtgut, verdammt Gut!“ (Eisenhart bei Eisel.). – In dem Sinn unseres Sprichworts heißt es auch im Mibchar happeninim des Salomo Ben Gabirol 48: Einst sagte jemand zu seinem Freunde: „Ich liebe Dich.“ Da antwortete ihm dieser: „Und warum solltest Du mich nicht lieben? – Du gehörst nicht zu meinen Glaubensgenossen, bist kein Verwandter, kein Nachbar von mir, und auch mein Brot habe ich nicht durch Dich!“ –

716. E Kippe-Tippe is nit kalt un nit warm!

Offenbar nach dem talmudischen (Erubin, 3. Baba bathr. 25.): „kidro deschutphei lo kriro welo chamimo“, der Topf einer Kompanie ist nicht kalt und nicht warm. (Die Wörter keriro, chamimo, chald., Kälte, Wärme, sind ebenfalls in die Volkssprache übergegangen: „Das is e Krire!“... „e Chamime!“) Nicht nur daß jeder zu sparen und abzuzwacken sucht, jeder verläßt sich auf den andern, und daher fehlt es an der gehörigen Tätigkeit, am vollen Leben. –
„Kippe“ s. 715. – „Tippe“, Topf; vergl. das oberdeutsche „Duppen“, „Tupp“, sowie das engl. deep, tief, was die Grundbedeutung von Topf ist. –

717. Die Freunde tun's aam!

Die Freunde sind mit unsern Verhältnissen vertraut und können am leichtesten, willkürlich oder unwillkürlich, „Einem es tun", uns schaden, gleich dem bekannten: „Herr, behüt' mich vor meinen Freunden! Vor meinen Feinden will ich mich selbst behüten." So heißt es auch in „Sittensprüche der Philosophen" des Honein ben Isaak (arabisch, st. 873.; in's Hebr. übersetzt von dem berühmten Al-Charisi 1220 – 38) II. 19.: „Ich kann mich hüten vor meinen Feinden, kann mich aber nicht hüten vor meinen Freunden." – Im Talmud (Joma 18.) wird als Sprichwort in dieser Hinsicht angeführt: „Ist Dein Schwestersohn Steuereinnehmer, so gehe nicht vor ihm vorüber, wenn er sich auf der Straße zeigt." – „Der Mann, auf den ich baute, hob die Faust auf und stellte sich gegen mich!" (Sanhedr. 7, a. Jalkut zu Ps. 41, 10.). –

718. Der Freund hot wieder 'n Freund!

Als Ermahnung, bei Anvertrauungen selbst gegen einen Freund vorsichtig und verschwiegen zu sein, da dieser wieder einen Freund haben kann, dem er das Anvertraute mitteilen zu dürfen glauben mag. – Die Phrase kommt wörtlich im Talmud vor (Erachim 16. ketuboth 110.): „Dein Bekannter hat einen Bekannten, und der Bekannte Deines Bekannten hat wieder einen Bekannten." –

719. E Gascht uf e Weil,
Guckt uf e Meil'. –

Ein Gast bemerkt in einer kurzen Zeit oft weit mehr, als wir uns denken. – „Gascht", das im jüdischdeutschen Dialekt gewöhnlich die Bedeutung von Bettler hat (s. 239. 241.), steht hier in seiner eigentlichen Bedeutung.

720. Fremden muß mer Kōwed antun!

Oder auch: „An Fremde muß mer nōheg Kōwed sein" (nōheg, führen, verwenden; kābod, Ehre). Sowohl als allgemeine Lebensregel, als auch im besonderen, als freundliche Entgegnung, wenn ein Fremder sich eine Ehre verbitten will. – „Dem Fremden soll man die Ehre lassen". (Eisel. nach Pauli).

721. Wer wird sein eigen Ponim verschände'!

Ein Glied seiner eignen Familie herabsetzen, hieß sein eignes Gesicht (panim) „verschänden". – „Wer sich die Nase abschneidet, der schändet sein Gesicht". (Adelung). – Kein Stamm hält wohl so sehr auf Familie als der Jude, und es wird gerühmt, wenn jemand „ein rechter Mischpōchoh – (Familien-)halter" ist, wenn jemand besonderen Sinn für das Wohl und die Ehre der einzelnen Familienglieder zeigt. In Rücksicht auf die Frau heißt es im Talmud (Baba M. 59, a.): „Stets lasse man sich die Ehre seines Weibes angelegen sein; denn aller Segen, welcher in das Haus einzieht, wird nur um der Hausfrau willen gespendet". – „Auch hüte allzeit sich der Mann, seine Frau zu kränken, und weil die Tränen ihr so nahe, um so leichter ist ihre Kränkung". – „Und ist Deine Frau klein, so bücke Dich zu ihr, und höre auf ihr Wort". – Ebenso an einer andern Stelle (Jebamoth 62, b.): Wer seine Gattin liebt, wie sich selbst, und sie ehrt noch mehr als sich selbst, von dem sagt die Schrift (Hiob 5, 24.): „Und du sollst erfahren, daß Deine Hütte Frieden ist." – Vergl. auch die 806. angeführte Stelle. – Unsrer Redensart ähnlich sagt auch der Engländer: „It is an ill bird, that fouls her own nest." – „Who hath horns in his bosom, let him not put them on his head." –

**722. Wer red't uf sein Amt und sein' Mischpōche,
An Dem is kaan Massel un kaan Brōche!**

Wenn das vorige Sprichwort die Ehre der Familie bewahrt haben will, so fügt dieses noch die Ehre des Amtes hinzu. – „Reden auf jemanden", ihm Böses nachreden (Adelung), wie im hebr. dibber b... und al. – „Mischpachah", Familie. „Massal" (s. 467.), Glück. „Berachah", Segen. – „Man muß keinen Stein in den Brunnen werfen, aus dem man trinkt" (s. 499.). –

**723. Gevatterschaft is e Ehr,
Macht den Beutel leer!**

Das Sprichwort fand bei den Juden um so mehr Anwendung, als es gebräuchlich war und ist, daß der Gevatter nicht nur den Paten und die Wöchnerin, sondern auch die dienende Umgebung nach Kräften zu beschenken hat. Anderseits galt Gevattersein für ein sehr verdienstliches Werk, so daß sich an größeren Orten in der Regel sogenannte „Gevatter-Kippes“ (s. 715.) bildeten, d. h. Vereine, um Armen, besonders auf Dörfern, wenn es ihnen daran fehlen sollte, einen Gevatter zu stellen, und zugleich die üblichen Geschenke und noch mehr zu geben, und eben deshalb scheint man auch, gleichsam als Gegengewicht gegen unsere Redensart, den Glauben verbreitet zu haben, daß Gevattersein Glück und Reichtum bringe. – (Der Gevatter, der bei der Beschneidung das Knäblein emporhält, heißt im Neuhebr. Sandik, nach dem gr. oder latein. syndicus, Beistand. Jalkut zu Ps. 35, 1., Tischbi, Mus. Aruch und Or Esther s. v.). – Übrigens sagen auch die Schweizer: „Z‘ Hochsig goh, und z‘ Gevatter stoh, is en Ehr, Aber es macht den Geldsack leer“. –

724. Das Kind is gestorbe‘ die Gevatterschaft hat e End!

Sowohl im besonderen, als überhaupt: Wenn die bindende Ursache aufhört, läßt auch gewöhnlich die dadurch veranlaßte freundliche Rücksicht nach. Vergl. bei den Rabbinen (Ber. rab. 83, b.) ein ähnliches die Selbstsucht des Menschen anklagendes Sprichwort: „Stirbt der Sohn Deines Freundes: lad‘ auf! (den Schmerz, weine mit ihm) stirbt Dein Freund selbst: lad‘ ab!“ – Eigentümlich ist im Jüdischdeutschen Gevatterschaft sächlich: „Das Gevatterschaft“. –

725. Lischuoscho gewese‘!

Ebenfalls um das Vorübersein einer bisherig gefälligen und dienstfertigen Verbindung zu bezeichnen, indem der Volkswitz aus dem hebr. Textwort kiwisi (1. B. M. 49, 18. lischuothcho kiwithi, „auf Deine Hilfe hoffe ich“) das deutsche gewese‘ machte: „Auf Deine Hilfe – gewesen!“ –

726. Die rechte‘ Wehe‘ kumme‘ erscht, wenn die Kinder groß sen!

Wehen, in engerer Bedeutung, heißen die Geburtsschmerzen. – „Kleine Kinder, kleine Sorg; große Kinder, große Sorg“. (Geiler). – „Children are poor men’s riches, are certain cares, but uncertain comforts“. – „Die Gesēre wachst!“ (s. 555.). –

727. E frische Nuß läßt sich gut schäle‘!

Das Sprichwort befindet sich auch im Simchath Nephesch. – Vergl. Spr. Sal. 19, 18. „Züchtige Deinen Sohn, solange Hoffnung da ist“. – „Man muß den Baum biegen, weil er jung ist“. (Geiler). „Ist Dein Sieb taub geworden, klopfe darauf!“ (Jalkut wajischl. 135. Tanchuma 12, a.). –

728. Viel Töchter – Geht Einem aus das Gelächter!

Dem Juden mußte es, bei der Zerstreutheit seiner Glaubensgenossen und bei den äußern Hemmnissen und Beschränkungen rücksichtlich des Erwerbs und selbst der Verheiratung um so schwerer fallen, seine Tochter sozusagen, an den Mann, unter die Haube zu bringen, und daher hieß es. „Viel Töchter, geht einem aus das Gelächter", da hört das Lachen auf. – Vergl. 197. – So heißt es auch schon im Sirach (42, 9. Sanhedr. 100, b.): „Eine Tochter, die noch unberaten ist, macht dem Vater viel Wachens, und das Sorgen für sie nimmt ihm viel Schlafs. Weil sie jung ist, daß sie nicht möchte veralten…" Vergl. Pesachim 113. „Ist Deine Tochter herangewachsen, so schenke Deinem Sklaven die Freiheit und gib sie ihm zur Frau". – Ebenso (Niddah 31, b. Jalkut Jesch. 287.): „Kommt ein Knabe zur Welt, bringt er seinen Leib mit; ein Mädchen bringt nichts mit", da dem Knaben verschiedene Erwerbszweige offen stehen. – „Wenn ein Söhnchen kommt", sagt das Volk, „da herrscht im ganzen Haus Freud und Jubel; kommt aber eine Tochter, da geht's ganz still her". – „Wird ein Knabe geboren, so heißt es: N. (der Vater) hat einen Sohn bekommen; ist es aber ein Mädchen, so sagt man: Frau X. hat ein Töchterchen". –

729. Wenn e Tochter kummt, weine' die Wänd'!

In demselben Sinne, wie die vorige Redensart. Die Wände aber weinen, weil sie einst bei der Bestattung so mancher kostbarer Sachen und Sächelchen, die an ihnen umherstehen und hängen beraubt werden. – Vergl. „Wenn man anfängt bei de Wänd, hot es bald e End" (784.). – Der Talmud hat indessen auch den Ausspruch (Baba bathr. 141.): „Kommt zuerst eine Tochter, so ist das ein gutes Zeichen für die (kommenden) Söhne, und zwar nach einigen, weil sie dieselben pflegen kann; nach andern, weil so das böse Auge (der Neid, s. 534.) ferngehalten wird". –

730. Die Tochter schlagt der Mutter nach!

Unter den Kindern ahmt gewöhnlich die Tochter der Mutter nach. – „Nachschlagen" für nacharten, wie „aus der Art schlagen" für ausarten. – Vergl. Ezech. 16, 44.: „Siehe, alle, die das Sprichwort zu üben pflegen, werden über dich das Sprichwort sagen: Wie die Mutter, so ihre Tochter!" – So auch bei den Rabbinen (ketub. 62, b. Jalkut mischle 948.): „Das Lamm folgt dem Schafe nach; wie das Tun der Mutter, so das Tun ihrer Tochter". – „Junge Atzel (Ester) lernt ihr Hüpfen von der Alten". (Lehmann). „'Tis a chip of the old block." – Anderseits sagt der Engländer: „Many a good cow hath but a bad calf." S. Folgendes.

731. Der Wein stinkt nach dem Faß!

Das Kind gerät nach den Eltern. – So heißt es im Simchath Nephesch 46, a.: „Es wird kein guter Pelz gemacht aus schlechten Haaren", woselbst auch Ps. 58, 4. „Die Gottlosen sind verkehrt von Mutterleibe an, die Lügenredner irren vom Mutterschoße aus" in diesem Sinne erklärt wird: Aus einem verfluchten Bauch kommt kein Kind, an dem Segen ist. – Ebenso Jes. 48, 8. „Abtrünnig von Mutterleibe an! nennt man Dich – Vom schlechten Hunde ziehe selbst kein gutes Junges auf." (Schekal. Jer. VI.). – „Was das Kind auf der Gasse spricht, rührt vom Vater oder von der Mutter her." (Sukkah 56.). – „Art läßt nicht von Art", so wie anderseits: „Gut geboren is nit verloren." – Auch 1. Sam. 24. 14. „So wie das alte Sprichwort sagt: Vom Gottlosen geht Gottloses aus" wird in diesem Sinne angeführt. So Jalkut Samuel No. 134., woselbst jedoch bemerkt wird, daß sich im Leben alle vier Fälle finden: „ein frommer Vater und ein frommer Sohn, ein gottloser Vater und ein gottloser Sohn, ein frommer Vater und ein gottloser Sohn, und ein gottloser Vater und ein frommer Sohn", und wo zugleich zum Belege für jeden Fall, ein Sprichwort und ein Bibelvers angeführt werden, so für den letzten Fall als Sprichwort: „Auf dem Dornbusch wächst die Rose", und als Bibelvers (Jes. 55, 13.): „An der Stelle des Dornbusches steigt die Zypresse empor, und an der Stelle der Nessel die Myrte." – Vergl. noch Niddah 9. und Jalkut zu Hiob 14, 4.: „Wer kann Reines schaffen aus dem Unreinen?" – Die Schweizer sagen: „Wie der Acker, so die Rüebe, Wie der Aetti, so die Büebe." – „Der Apfel fällt nicht weit vom Stamm." – Pirke R. Elieser cap. 48. „Alles richtet sich nach dem

Samen: Aus Süßem Süßes, aus Bitterem Bitteres." – Die Talmudisten stellen übrigens den Satz auf: „Die meisten Söhne ahmen den Brüdern der Mutter nach" (Sotah 43. Baba B. 110. Schem. rab. par. 7.), und empfehlen daher, beim Heiraten zuvor die Brüder der Heimgeführten zu beachten. – Ferner werfen sie die Frage auf (Nedar. 81.): „Warum ist es so selten, daß die Söhne der Gelehrten wieder gelehrt sind?" und geben als Antwort: „Damit sie nicht sagen, die Weisheit (Thora) sei eine Erbschaft unter ihnen", und auch: „Damit sie sich nicht über das Volk erheben". –

732. Die Alte' sen wie die Junge'!

In bezug auf Frauen. Die alten Frauen sind, wie die jungen, eitlen Vergnügungen ergeben, lieben gleich diesen Putz und Tand. So auch bei den Talmudisten (Moed katan 9, b.): „Die Sechzigjährige läuft wie die Sechsjährige dem Laut der Atupha nach". – „Alte Geiß leckt auch gern Salz". (Eisel.) „Die Atzel (Ester) laßt ihr Hüpfen nit". (Agric.)

733. E Fraa is leicht zu überrede'!

Das bekannte rabbinische „Noschim dáaton kallaus", des Weibes Sinn ist leicht (vergl. Sabbat 33. Abodah Sar. 18. nebst Kommentar, sowie des Verf. „Buch der Sagen und Legenden" IX. „Beruriah, das Weib"). So heißt es auch Pirke Elies. cap. 13.: „Die Schlange sagte zu sich: Wenn ich es zu Adam sage (daß er von der verbotenen Frucht essen möge), so weiß ich, daß er mir nicht folgen wird; denn ein Mann ist immer schwer von seiner Meinung abzubringen. Ich will es der Eva sagen, des Weibes Sinn ist leicht, sie wird mir folgen". Vergl. 1. Timoth. 2, 14. „Adam ward nicht verführet, das Weib aber ward verführet". – „Die Weiber tragen lange Kleider und kurzen Sinn" (Simchat Nephesch). – „Eine Frau will lieber ein Maß und Scherz (tiphluth) dabei, als zehn Maß mit sittlichem Ernst" (perischuth. Sotah 20.). – Und dennoch heißt es anderseits (Pirke Elies. cap. 41.), zur Bezeichnung der Wichtigkeit der Frau: „Als Gott das Gesetz offenbaren wollte, da sagte er zu Moses: Gehe zuvor und sieh zu, ob die Töchter Israels die Thora annehmen wollen, denn die Männer pflegen sich nach der Meinung der Frauen zu richten". – So haben die Rabbinen auch, zur Bezeichnung der Feinheit und Umsichtigkeit der Frauen, die Sprichwörter (Megil. 14, b. Baba k. 92, b.): „Während die Frau spricht, spinnt sie", „Die Gans bückt sich und geht dahin, und doch spähen dabei die Augen umher", indem zugleich auf die Worte Abigail's (1. Sam. 25, 31.) hingewiesen wird, welche, auf die Zukunft denkend, zu David gesagt: „Wenn Gott es meinem Herrn wohlergehen läßt, so mögest Du auch Deiner Magd gedenken". – (Über die Bezeichnung „Gans" vergl. noch Berach. 20.: „Sie dünken mich nur weiße Gänse").

**734. E Fraa ohne Taam un ohne Rahm
Jagt den Mann von derhaam!**

Eine Nachahmung des französ. Sprichworts; Une femme sans rime et sans raison chasse le mari de la maison. – „Ohne Taam und ohne Rahm“, albern, abgeschmackt (táam, hebr., Geschmack, Verstand, s. 419.). „Derhaam“, daheim, s. 141. – „Drei Dinge triben den Mann von Hus; der Rauch, ein übel Dach und bös Wib“ (Geiler). Vergl. Spr. Sal. 19, 13. 27, 15. „Ein zänkisches Weib ist eine stets rinnende Dachtraufe“. –

**735. Es get nur aan böse Fraa uf der Welt –
jeder Mann maant, es wär‘ seine.**

Ganz entgegen lautet das englische Sprichwort: „There is one good wife in the country, and every man thinks he has her“. – „Es gibt nur zwei vollkommen gute Weiber auf der Welt, die ein‘ ist gestorben, die andre nicht zu finden“ (Auerbach). – Ein mehr unter den Gelehrten gebräuchliches Sprichwort war: „Ein Biederweib – wer findet es?“ (Spr. Sal. 31, 10.). Ebenso der Ausruf: „kenégdo!“ mit Hindeutung auf die Stelle im Talmud (Jebamoth 63.): Es heißt in der Schrift (1. B. M. 2, 18.): „ich will ihm eine Gehilfin machen, kenégdo“, verdient es der Mann, so ist die Frau ihm gegenüber (entsprechend), zur Hilfe; wenn nicht, so ist sie ihm entgegen, zum Kampfe.“ (Das Textwort kenégdo kann nämlich beides heißen. Luther und Mendelsohn geben dasselbe durch: „die um ihn sei“; dann ist die Kehrseite: die gegen ihn sei). – Indessen finden sich eben daselbst (Jebamoth 62. 63.) die Aussprüche: „Wer keine Frau hat, lebt ohne

Freude, ohne Segen, ohne Gutes... ist kein Mensch", indem zugleich Belegstellen dafür aus der Schrift angeführt werden. – Hatte jemand sich erst verheiratet, erkundigte man sich unter den Gelehrten nach dem Charakter des Weibes mit den beiden eben daselbst (Jebamoth 63.) als altes palästinensisches Volkswort angeführten Ausdrücken : „Māza oder mōze?" – mit Hindeutung auf die beiden verschiedenen Schriftstellen (Spr. Sal. 18, 22.): „Wer ein Weib gefunden (māza), hat ein großes Gut gefunden", und (Pred. 7, 26.): „Und ich fand (mōze) bitterer als den Tod das Weib." – Noch heißt es daselbst: „Was ist das Kennzeichen eines bösen Weibes?... Sie deckt dem Mann den Tisch und spitzt zugleich den Mund" (ihn während des Essens zu kränken) oder auch: „Sie deckt dem Mann den Tisch und wendet ihm den Rücken". –

736. Wer will freye'
Darf nit scheue'!

Als Entgegnung auf den Einwurf, daß eine fragliche Person oder ihre Verhältnisse nicht ganz nach Wunsch sind. –

737. Wenn mer e Ställche hot, kummt aach die Kuh!

Im Sinne eines talmudischen Spruches (Sotah 43. b. mit Anlehnung an 5. B. M. 20, 5 – 7.): „Erst baue der Mann sein Haus, pflanze seinen Weinberg, und dann führe er eine Frau heim." –

738. Cheen geht über schön!

„Anmut (chēn, hebr. s. 13. und 19.) geht über Schönheit.“ – „Ohne Grazie kann man nit gefallen.“ (Lehmann). „Wenn Venus ihr Gespil Grazie nit hat bi sich, so ist sie wie eine Burenmagd.“ (Lehmann). Vergl. Sotah 47.: „Drei Dinge besitzen Anmut (chēn): der Ort bei seinen Bewohnern, die Frau bei ihrem Manne und der Kauf bei dem Käufer“ (Midrasch Thora hat auch: „die Thora (das Studium des Gesetzes) bei denen, die sich ihr widmen“), – Auch ein altes Brautliedchen (s. 821.) gehört hierher, welches sich im Talmud (ketub. 17, a. Sanhedr. 14, b.) dadurch erhalten hat, daß man es auch einmal Rabbi Sera (im 4. Jahrhundert), als er mit der Rabbinatswürde bekleidet ward (semicha, weil es durch Auflegung der Hände geschah) zugesungen. Es lautet:

> „Ungefärbt, (die Augen, Ezech. 23. 40.)
> Ungeschminkt,
> Ohne Kunstgeflechte, –
> Und dennoch anmutsvolle Gazelle.“
> (jáalatz chēn. Spr. Sal. 5, 19.) –

In Rücksicht auf Anmut überhaupt heißt es bei den Rabbinen (Sukah 49, b. Jalkut tehil. 859.): „Von einem Menschen, der Anmut (chēn) besitzt, läßt sich annehmen, daß er gottesfürchtig sei“, ähnlich dem griechischen in Rücksicht auf Schönheit: καλος και αγαδος ανϑρωπος. – „In schönem Leib wohnt freundlich Weib“. – In Rücksicht aber auf Schönheit ohne Geistes- und Herzensbildung heißt es Spr. Sal. 11, 22.: „Wie ein goldner Nasenring im Rüssel einer Sau, so ein schönes, aber abgeschmacktes (sarath táam, s. 734. Andere: ‚sittenloses'; Luther: ,ohne Zucht'; in den alten jüdisch-deutschen Übersetzungen: ,aber der Othem stinkt ihr') Weib". Die Kommentare wenden den Vers auch auf den Gelehrten an, „der sich vom guten Weg abgekehrt" s. 688.) – „Schön getan ist schön."

Noch möge eine historisch interessante Stelle aus dem Talmud (Taanith 29. f. f.) hier Platz finden. „Der 15. Tag des Monats Ab", heißt es daselbst (chamesch – asar beáb, dem Monat August ungefähr entsprechend), so wie der Versöhnungstag, waren fröhliche Festtage in Israel. Da zogen die Töchter Israels hinaus in weißen Gewändern und zwar alle in geliehenen, um die nicht zu beschämen, die keine eignen hatten. Sie zogen hinaus und führten Tänze auf in den Weinbergen, und zwar am Versöhnungstag, weil er der Tag der Verzeihung und Vergebung, der Tag zugleich ist, an welchem die zweiten Gesetztafeln an Israel übergeben wurden; am 15. Ab aber zum Andenken an den Tag, wo dem Stamm Benjamin wieder gestattet ward, in die Gemeinde Gottes einzutreten (Richter 21, 20 –23.). Alles, was noch keine Frau hatte, zog ebenfalls dahin, und die Jungfrauen sangen: „O Jüngling! erhebe Dein Auge und schau, welche Du Dir wählen willst. Richte Dein Auge nicht auf Schönheit! richte Dein Auge auf edle Familie! Trügerisch ist Anmut, eitel die Schönheit, nur das gottesfürchtige Weib ist preisenswert" (Spr. Sal. 31, 30.). – Indessen heißt es weiter: Viererlei Klassen gab es da: Die Schönsten sangen: „Blicket auf Schönheit! Das Weib wird nur um der Schönheit willen genommen." – Die von edler Familie sangen: „Blicket auf die Familie! Die Frau wird nur um der Kinder willen genommen." (Durch edle Abstammung werden die Kinder geadelt, vergl. 931.). Die Reichen sangen kurz: „Schaut auf Geld!" – Die vom

Mittelstande (eine andere Leseart: die Häßlichen) und Armen endlich: „Kauft Euern Kauf ein um des Himmels willen, nur vergeßt nicht, uns mit allerlei Schmuck zu zieren". – (Beiläufig sei noch bemerkt, daß auch chamesch-asar bischwat, der 15. Tag des Monats schebat – ungefähr dem Februar entsprechend – halb als Freudentag gilt. Er ist der Neujahrstag für die Bäume. Vergl. Tur Orach Chajim 572., 5.).

739. Jedes Tippche' find't sein Deckelche'!

Ein Mädchen mag auch noch so häßlich sein, es findet seinen passenden, ihm entsprechenden Mann. – „Kein Hafen so schlimm, man findet einen Deckel darauf." (Agric.) – „Auf solchen Hafen, solcher Deckel." (Eisel.) – „Tippchen", s. 716. – Auch die Talmudisten haben ähnliche Ausdrücke zur Bezeichnung des ehelichen Lebens. So (Pesachim 112.) die Warnung, eine Geschiedene zu heiraten, deren Mann noch am Leben ist: „Koche nicht in einem Topfe, in welchem ein anderer schon gekocht hat." –

740. Kol Haschōles kōsches!

Neuhebr. (kol hathchaloth kaschoth) und wörtlich das deutsche: „Aller Anfang ist schwer." (Bei Eiselein mit dem Zusatz: sprach jener und stahl eineen Amboß).

741. Wenn's Massel nit will!

„Wenn das Glück nicht will"... hilft alles nicht. – Trotz dem strengen Glauben an den einen Gott, dessen Willen allein regiert, trotz dem so tief gewurzelten und so sehr bewährten Vertrauen auf Gott und trotz dem Ausspruch im Talmud (Nedarim 32, b.): „Auf Israel hat das Massal keinen Einfluß" (wodurch er freilich anderseits einen Einfluß der Sterne auf andere Völker einräumt, vergl. indes noch 883.), hörte man doch auch diesen Ausruf, der alles dem Glück, dem Zufall oder auch einer Art Vorausbestimmung anheimstellt, sehr häufig, sowie das hebräische: „hakkaul toluj bemassol" – Alles hängt vom Glück ab – das schon im Sohar vorkommt. – „Er verläßt sich auf sein Massel."* Vergl. bei den Talmudisten (Sabbat 156.): „Das Massal macht klug, das Massal macht reich." – „Nicht vom Massal des Tages (der Geburt) hängt's ab, sondern vom Massal der Stunde." – (Baba bathr. 98. Jalkut Habak. 562.): „Der Wein richtet sich nach dem Glücke seines Herrn", „Der Wein springt auf der Schulter seines Trägers um" (Aruch s. v. schewor), während der Träger ihn vom Verkäufer zum Käufer bringt, verduftet er, nimmt er Säure an. – Besonders (Moed kat. 27.): „Leben, Kinder und Nahrung hängt nicht vom Verdienst, sondern vom Massal ab." – „Fortune is all in all in the business", sagt der Engländer.

---

* So erzählt man von dem verstorbenen Amschel von Rothschild, daß derselbe, als ihm ein Knabe als Lehrling empfohlen ward, sagte: „Ich nehme nur einen Jungen in mein Geschäft, der Massel hat." – „Wieso wissen Sie das, Herr Baron?" frug der Empfehlende. – „Wenn er mir," antwortete der kluge Mann, „gleich gefällt, so hat er Massel." –

„Fortune gains the bride." „Wer's Glück hat, führt die Braut heim" (Eisel.). – „Dir steht die Stunde (das Glück) bei" (Pesach. 111. Vergl. auch 760.). – Am deutlichsten spricht sich der Sohar darüber aus. „Achtundzwanzig Tage", heißt es (Sohar Ber. col. 155. Vergl. Jalkut chad. Artikel schamajim 29.), „zählt der Mond, vierzehn Tage ist er in der Zunahme, vierzehn in der Abnahme. Wer in den Tagen der Zunahme geboren wird, der wird Fülle haben an Kindern, Reichtum, Nahrung, Freude und Glück; wer hingegen in den Tagen der Abnahme geboren wird, dem wird es an allem fehlen, weil sein Massal Ursache ist, so daß noch vor seiner Geburt also in der Höhe über ihn bestimmt ward; diesem Menschen wird die Nahrung schwer fallen, wie das Spalten des Schilfmeeres." (Über diesen Ausdruck s. 762. Hiermit steht wohl der Brauch, nur bei zunehmendem Mondlichte, im sogenannten „Neu-Chōdesch", Trauungen vorzunehmen, im Zusammenhang!). – Freilich versuchen philosophische Rabbinen, diese und ähnliche Aussprüche, wenn sie sich bei den Talmudisten oder gar in der Bibel finden, mit der Lehre von der Vergeltung durch Erklärung und Deutung in Einklang zu bringen. So sagt z. B. Maimonides in seiner Antwort an einen Proselyten (Igeroth wescháaloth uteschuboth p. 43, b. 44, a. Amsterdamer Ausgabe): „Daß alles Tun des Menschen keine Vorherbestimmung (gesérah) Gottes sei, ist eine Wahrheit ohne Makel, und eben deshalb erhält der Mensch Lohn für seine guten und Strafe für seine bösen Taten. Wenn aber unsre Lehrer sagen: „Alles steht in Gottes Hand, außer Gottesfurcht" (hakkol bidē schamajim, chuz mijirath schamajim), so soll das heißen, das alles, außer der Gottesfurcht, nach dem Gang der Welt und nach seiner Natur (nach den Naturgesetzen) sich vollbringe. Ebenso

kann, wenn Dir Dein Rabbi gesagt hat: „Die Tochter jenes ist diesem bestimmt (die Ehen werden im Himmel geschlossen, vergl. Moed kat. 18.) und das Geld jenes diesem“, damit kann keine Vorausbestimmung gemeint sein, sonst würde es in der Schrift nicht heißen (5. B. M. 20, 7.): „Er könnte umkommen im Kriege und ein anderer sie heimführen.“ – Der Sinn der Worte Deines Lehrers ist nur, wenn ein Jüngling und eine Jungfrau dem Gesetz gemäß leben und belohnt zu werden verdienen, so fügt sie Gott zusammen, daß sie in ihrer Verbindung ihr Glück, und ebenso anderseits, daß sie in ihrem beständigen Hader und Streit ihre Strafe finden.“ (Vergl. Sotah 2. „Dem Manne wird ein Weib gegeben nach seinem Tun“). – So zeigt sich auch in manchen Volksreden das Streben, Zufall und Vorsehung auszusöhnen, z. B.: „Es is e Massel von Gott“, „Es is es Massel min Haschschomajim“ (vom Himmel) usw. –
„Massel“, massel, Planet, Stern, Glücksstern, Glück. Ebenso wird Koochev (kōchab, Stern) gebraucht: „Wer kaan Koochev hot!“… „Der hot's Koochev.“ – „Sie hot e schwer Koochev“, von einer Mutter, deren Kinder alle im zarten Alter sterben. Vergl. auch 467. – Noch sei bemerkt, daß zuweilen, besonders in den kabbalistischen Schriften, unter Massal auch ein Engel oder Genius verstanden wird. Vergl. Megil. 6: „Wenn jemand von einer plötzlichen Angst befallen wird, und hat auch er selbst nichts (Schrecken, Erregendes) gesehen, so hat sein Massal etwas gesehen (Glossar: der Engel, den jeder Mensch im Himmel hat), wobei denn, wenn der Ort zu dem Gebete des Schemá nicht geeignet ist, als abwehrende Formel (s. 641.) angeraten wird: „Die Ziegen im Schlachthaus sind fetter als ich.“ – Vergl. ferner Jalkut Chadasch, Artikel teschubah Nr. 91. Alphabet – Midrasch des R.

Akiba, in Jellinek's Bet-ha-Midrasch III, S. 44.: „Als Moses das Massal des R. Akiba sitzen und vortragen sah..."

742. Wenn's Massel kummt, soll mer'm 'nen Stuhl stelle'!

Wenn das Glück (massal, s. 467.) kommt, soll man ihm Gelegenheit geben, sich zu setzen. – „Wenn das Glück anpocht, soll man ihm auftun." (Eisel.). Auch der Engländer sagt: „When fortune knocks, be sure to open the door." „Fortune is easily found, but hard to be kept." – Anderseits heißt es: „Wenn das Schlimm-Massel (Unglück, s. 467.) kommt, darf mer'm 'nen Stuhl stellen", da dieses nicht so bald wieder weggeht. Vergl. 748. – „Agues come a horseback, but go away on foot." „Man kann eher ein Fieber bekommen, als loswerden." „Man darf dem Unglück keinen Boten schicken." (Agric.)

743. Meschanne Mōkem, meschanne Massel!

„Wer den Ort (makom) verändert (meschanneh), verändert das Glück." Durch Veränderung der Örtlichkeit, des bisherigen Aufenthaltes, wird es uns möglich, andere Verhältnisse und dadurch auch Gelegenheit zur bessern Gestaltung unsrer Umstände zu finden, oder auch umgekehrt, das Verlassen einer Örtlichkeit, wo es uns bisher gut ging, kann sich zum Schlimmen gestalten, im Sinne des talmudischen (Sotah 45, a. Sanhedr. 27, a.): „Der Ort verursacht's" (hammakom gorem), und wie sehr schön der Sohar sich darüber ausdrückt. „Und der Herr sprach zu Abraham“, heißt es Sohar schlach lecha (S. 69, b. Sulzbacher Ausg.): „Ziehe hinweg aus Deinem Lande...“ damit sein Licht aufleuchten möge. Wer an einem Orte kein Glück hat, der mache sich auf und begebe sich an einen andern Ort und suche, und finde dort sein Glück. „Hat man Holz angezündet und keine Flamme will aufsteigen und leuchten, so rüttelt man es auf, und sogleich erhebt sich die Flamme und leuchtet umher.“ – Viele nehmen indessen den an sich sinnigen Spruch so, als ob der Ort selbst unter dem Einflusse eines guten oder bösen Sternes, eines wohl- oder übelwollenden Geistes stünde, dessen Einwirkung wir uns entziehen, indem wir uns nach einem andern Ort begeben, gleich dem Glauben an den Einfluß der Sterne in Rücksicht auf die Zeit, wo „gehandelt werden muß, schleunig, eh‘ die Glücksgestalt uns wieder wegfliegt überm Haupt“, nach dem Spruch des Seni: „Das Erste und Hauptsächlichste bei allem irdischen Ding ist Ort und Stunde.“ – In diesem Sinne rückte man auch die Bettstelle eines gefährlich Kranken, nachdem derselbe durch Namenveränderung (auch bei den Chinesen, erinnert sich der Verfasser gelesen zu haben, soll der Wunsch, sein Glück zu verbessern, oft zur Annahme eines andern Namens Veranlassung sein) gebenscht (gebenedeiet, gesegnet, s. 642.) worden, ein wenig von ihrer bisherigen Stelle. – Vergl. Rosch haschanah 16, b.: „Vier Dinge vermögen den himmlischen Spruch, der über einen Menschen ergangen (gesár din), wieder aufzuheben: Almosen, Gebet, Veränderung des Namens und Veränderung der Werke; nach einigen auch: Veränderung des Ortes.“ – Vergl. noch Jalkut Bereschith 63, Ralbag Wajéra 26, b. – Die bibl. Belegstellen, die daselbst dafür angeführt werden, sind: „Almosen erlösen vom Tode“ (Spr. Sal. 10, 2. 11, 4. Vergl. Tob. 4, 11., sowie des Verf. „Buch der Sagen und Legenden“ Nr. XXVII.): „Und sie schrien zu Gott in ihrer Not, und er befreite sie aus ihren Ängsten“ (Ps. 107, 6.); „Dein Weib Saraj sollst Du nicht mehr Saraj heißen, sondern Sarah soll ihr Name sein. Ich will sie dann segnen und Dir auch von ihr einen Sohn geben“ (1. B. M. 17, 15. 16. Berachoth 13, a. findet sich die weitere Erklärung, Saraj bedeute nur: meine Herrin, während Sarah Herrin überhaupt heiße); „Und Gott sah ihre Werke, daß sie von ihrem bösen Wandel zurückgekehrt waren, und Gott bedachte sich über das Böse, das er ihnen zuzufügen gesprochen, und vollführte es nicht“ (Jona 3, 10.); „Und der Herr sprach zu Abraham: Ziehe hinweg aus Deinem Lande… und ich will Dich zu einem großen Volke machen und Dich segnen“ (1. B. M. 12, 1. 2.). – Vergl. auch Sohar Beresch. col. 156. und 1060. unserer Sammlung. Auch in Midr. Thora (bei Jellinek S. 96.) und in Midr. Jonah (das. S. 101.). –

744. Von ’m goldnen Rad fallt e goldner Nagel!

Bei Reichen, Vornehmen, in Diensten stehen, beschäftigt sei, oder überhaupt mit ihnen Umgang zu haben, ist in der Regel einträglich, bringt einen guten Abfall. – „Er kann von den Abfällen leben.“ (Vergl. Nedarim 38, a. „Moses ist von den Abfällen der Gesetztafeln reich geworden.“ – Matth. 15, 27. „Die Hündlein essen von den Brosamen, die von ihrer Herren Tische fallen“). – Die Rabbinen haben dafür das Sprichwort (Baba k. 93, a.): „Hinter dem Gutsbesitzer trage das Holz“, indem zugleich auf die Bibelstelle hingewiesen wird (1. B. M. 13,

5.): „Auch Lot, der mit Abraham ging, hatte Herden und Hütten.“ – Ebenso (Pesach. 112): „Gib Dich mit dem ab, dem das Glück lacht.“ –

745. Bei e'ner Srōre
Is nix verlore'!

Ähnlichen Sinnes, wie das vorige Sprichwort: Bei einer Herrschaft (serarah, von sarar, herrschen, Esther 1, 22.) ist nichts, was man ihr geleistet, verloren, da sie immer auf die eine oder andere Weise uns dienen kann. Vergl. indes 228.

746. Wer hat, der bekommt!

„Wer hat, dem wird gegeben“ (Math. 13, 12. 25, 29. Marc. 4, 25. Dort freilich in bezug auf geistiges Besitztum. Vergl. Tikkunim in Sohar chadasch 75, d. „Wer da vermehrt, dem wird noch mehr gegeben; wer aber vermindert, dem wird noch mehr genommen.“ Ebenso Jalkut zu Spr. Sal. 9, 9. „Gib dem Weisen, und er wird noch weiser werden“, sowie das Gleichnis im Jalkut zu Daniel 2, 21. „Weisheit gibt er den Weisen“, und zu 2 B. M. 31, 6. „Und Weisheit habe ich weisen Künstlern in's Herz gelegt“). – „Wo Tauben sind, fliegen Tauben zu.“ –

747. Mer soll sein Maul nit zu Bösem auftun!

Sowohl im allgemeinen, als ermahnende Belehrung, als auch im besonderen, bei einem eingetroffenen Unglück, das jemand ahnend oder auch unwillkürlich und absichtslos vorhergesagt, als wahrgenommene Bestätigung: Man soll das Böse durch die Vorhersagung nicht selbst heraufbeschwören, „soll den Teufel nicht an die Wand malen.“ – Vergl. 613. – Die Talmudisten nennen ein solches unwillkürliches Prophetenwort: „Den mit den Lippen geschlossenen Bund“ (berith keruthah lisphatajim); das unglückliche Eintreffen desselben nennen sie, nach Pred. 10, 5.: „eine dem Herrscher entfahrene Übereilung“ (Moed kat. 18. ketub. 62. Jalkut Ber. 100.). – Daher hütete man sich auch, einen bösen Traum, den man gehabt, zu erzählen, aus Furcht, er möchte durch die Mitteilung und noch mehr durch die etwaige schlimme Deutung zur Wahrheit werden. Im Talmud (Berach. 56, a. Jalkut Mikkez 147.) wird dieser Glaube sogar auf einen Bibelvers gestützt (1. B. M. 41, 13.): „Und wie er uns gedeutet, so ist's ergangen.“ In diesem Sinne heißt es daselbst auch: „Ein Traum, der noch nicht gedeutet, gleicht einem Briefe, der noch nicht gelesen.“ –

748. Wenn die Schlemieligkeit kummt, kummt sie recht!

Wenn einmal nach langem Glück das Unglück kommt, so kommt es auch in vollem Zuge; wenn es, in welcher Beziehung es sei, einmal anfängt, abwärts zu gehen, so geht es im Sturze. Ebenso: „Wenn e Schlimm-Massel (Unglück, s. 467.) kummt, so kummt es nit allaan.“ „An evil chance seldom comes alone." „One misfortune comes on the neck of an other." Vergl. auch 742. – „Schlemieligkeit von Schlemiel", s. 625.

749. Nix als Schlimm-Massel!

Nichts als Unglück (Schlimm-Massel, s. 467.) vernimmt man, „mer hört nix Gut's mehr", oft mit dem Zusatz: „Wer gibt Aam (einem) Rachmōnes (Mitleid, 631.) genug!" – „In welchen Zeiten leben wir!" (Schiller.) Vergl. 756. 1030.

750. E lange Kränk is e sichrer Tod!

Sowohl im wirklichen Sinne von einer langwierigen Krankheit, als im bildlischen von jedem lange anhaltenden Übel. „Lange Krankheit, sichrer Tod." (Agric.). „Alle Wege (alles Reisen) sind wie alle Kranken der Gefahr unterworfen" (kohel. rab. 66, b.). – „Kränk", Kränkt (oberdeutsch) Krankheit.

751. Was is der Mensch!

Bei Vernehmung eines unvermuteten Unglücks, besonders eines raschen, plötzlichen Todes. Vergl. Ps. 8, 5. „Was ist der Mensch, daß seiner Du gedenkst?" Auch die Engel sollen sich diese Ausrufs mehrmals verächtlich bedient haben, so: als Gott den Menschen geschaffen (Jalkut Beresch. 44. S. des Verfassers „Buch der Sagen und Legenden" XL.); als Gott für Adam Nahrung bereitete (Ber. rab. cap. 8. fol. 9, a.); als Moses das Gesetz zu empfangen in den Himmel gekommen war (Sabbat 88, a.). Vergl. auch Ps. 144, 3. 4. Hebr. 2, 6. – Sohar f. 53. No. 12. „Wenn der Mensch aus seinem Hause tritt, weiß er nicht, ob er wieder zurückkehren wird." – Ähnliche Ausdrücke zur Bezeichnung der Schwäche des Menschen waren und sind: „Wir Menschen müssen still halten!" – „Wir Menschen müssen stehen und aushalten!" – „Wenn man beim Stiche der Biene oder des Schicksals nicht stille hält, so reißet der Stachel ab und bleibt zurück." (Jean Paul). – Anlehnend an Spr. Sal. 27, 1. „Rühme dich nicht des morgenden Tages, denn Du weißt nicht, was der heutige noch bringen kann!" sagen die Talmudisten: „Viele junge Eselein sind gestorben, und ihre Haut diente den Müttern als Decke!" „Gar viele alte Kamele müssen die Häute der jungen tragen!" (Jalkut Mischpat. 361. Sanhedr. 52. u. o.)

752. Es hot jeder sein Cheelek!

– „sein Teil" (chēlek, hebr.), oft mit dem Zusatz: „Der eine mehr, der andere weniger." – „Jeden drückt etwas (Eisel.). „Die ganze Welt ist voll Pein, ein jeder find't das sein'." – „Es hat jeder seine Last", „jeder sein Bündelchen", „jeder sein Kreuz." (Letztere Redensart kommt auch bei den Rabbinen vor, z. B. Pesiktha rabbthi 54, a. „Isaak trug das Holz, wie ein Mensch, welcher sein Kreuz (zelub) auf sich nimmt." Vergl. Beresch. Rab. 55, b. Jalkut Ber. 101. zu 1. B. M. 22, 6.). – „Was Aam nit zukummt, is Reewech!" (rēwach, Gewinn). –

753. **Alle Aage'blick e andere Gesēre!**

– „eine andere Plage", eigentlich: ein anderes Verhängnis (gesērah, von gasar, s. 466.). „Mer kummt nit aus der Sorg heraus." „Jeder Tag hat seine Plag." – „Sie (die Sorge) deckt sich stets mit neuen Masken zu, sie mag als Haus und Hof, als Weib und Kind erscheinen." (Faust.) – Jeder Tag bringt ein größeres Weh als der vorhergegangene" (Sotah 49, wobei zugleich dem Bibelverse 5. B. M. 28, 67. „Am Morgen wirst Du sagen: O wär' es Abend! und am Abend: O wär' es Morgen!" die Deutung gegeben wird, daß hierunter nicht die kommenden Abende und Morgen zu verstehen seien, denn die kenne man ja noch nicht, sondern die vergangenen: „O wär' es noch Abend von gestern, dessen Weh nicht so groß war!" – Vergl. (Faust): „Nur mit Entsetzen wache ich morgens auf, ich möchte Tränen weinen, den Tag zu sehen...". – Ebenso ketuboh 112. „Läuterung, (ziruph) auf Läuterung!" was der Kommentar eben durch „Geseroth auf Geseroth" erklärt. – (Beiläufig sei bemerkt, daß auch die rabbinischen Verbote mitunter den Namen geserah, Verordnung, Verfügung, führen. So Abodah sar. 29.: „Eine neue Verfügung darf man nicht kritisieren" (mephakpekin, auflösen, zerlegen, Aruch s. v.), man könnte sonst sich leicht veranlaßt finden, ihr die Berechtigung abzusprechen; sie muß erst, wie es daselbst weiter heißt, mindestens ein Jahr in Gang gekommen und so gleichsam alt geworden sein. – Es ist nämlich die Rede von dem Verbote des Käses eines Nichtjuden. Vergl. auch Baba bathr. 58.: „Man ordnet keine geserah an für das Volk (zibbor), wenn der größere Teil des Volkes dabei nicht bestehen kann." – Es ist die Rede von übertriebener Trauer wegen der Zerstörung des zweiten Tempels. Vergl. 63.). –

754. Es is nit alle Tag Jontev!

„Jom tob“, guter Tag, Festtag. „Es ist nit alle Tage Kilwi“ (Kirchweihe. Kirchhofer bei Eiselein). Mit dem Ausdruck „jom tob“ vergl.: „sich einen guten Tag machen.“ –

755. Ich zittere, wenn die Tür‘ geht!

– es möchte ein neues Unglück eintreten. – „So oft die Türe rauscht, erwart‘ ich ein Unglück.“ (Schiller: Tell). – Vergl. 3. B. M. 26, 36.: „Die Stimme eines rauschenden Blattes schreckt sie fort.“ – Kohel rab. 74, a. „Wen eine Schlange gebissen, den schreckt auch ein Strick.“ –

756. Das sen Zeiten!

– schlimm, „man hört nichts Gut’s mehr“ (749.) oft mit dem Zusatz: „Mer erschreckt (erschrickt) gar nit mehr.“ Vergl. ketub. 62. „Eine Frau, welche der Fehlgeburten gewohnt ist, erschrickt nicht mehr.“ –

757. Umsunst – ist der Tod!

Im Leben will alles mit Mühe und Anstrengung erworben, will alles bezahlt sein, und nur der Tod ist umsonst zu haben (aber er kostet das Leben). – „Die gebratenen Tauben fliegen einem nicht in’s Maul“ (Geiler.) – Nicht unähnlich ist ein talmudischer Spruch (Baba k. 85.): „Ein Arzt, der umsonst bedient, dessen Dienst ist oft umsonst." Was unentgeltlich geleistet wird, ist nicht viel wert. – In Rücksicht auf Gelehrsamkeit lautet ein talmudischer Spruch (Megil. 6.): „Sagt Dir jemand: „ich habe mir Mühe gegeben und nicht gefunden," so glaub's nicht; „ich habe gefunden und mir keine Mühe gegeben," glaub's wieder nicht; „ich habe mir Mühe gegeben und gefunden," das glaube." –

758. Im Gan-Eeden koscht e Ochs e Kreuzer!

Im Paradies (gan ēden, Garten der Lieblichkeit, Paradies) ist alles wohlfeil, da mag der Ochs einen Kreuzer kosten; aber auf Erden ist alles teuer, da will alles gut bezahlt sein. – Oft auch als Entgegnung auf den Einwand, daß anderswo irgend etwas wohlfeiler zu haben sei: Andere Örtlichkeit, andere Verhältnisse. –

759. Nix soll mer könne', Alles soll mer brauche'!

So sagte jemand, dem trotz seinen gediegenen Kenntnissen es nicht glücken wollte. – „Wer wenig kann, ist am besten dran." (Agric.) „Wer vil weiß, wird nid feiß" (schweizerisch). – „Viel Wissen macht Kopfweh." – „Je mehr Weisheit, je mehr Verdruß; je mehr Kenntnis, je mehr Leiden." (Pred. 1, 18.). – „Was man nicht weiß, das eben brauchte man, Und was man weiß, kann man nicht brauchen." (Faust). –

760. Zerreiß sich der Morsche, wenn der Dajjen nit will!

Im besonderen: Alle Bemühungen des Anwaltes (murscha, vom bibl. rascha, walten, 1. Sam. 14. 47.) sind umsonst, wenn der Richter (dajjon, 1. Sam. 24, 16.) nicht geneigt ist. Überhaupt: Der Untergeordnete kann wenig gegen die Willkür des Übergeordneten durchsetzen. Hier: Gegen ein bös Geschick läßt sich schwer ankämpfen. Vergl. 741. „Wenn jemand Unglück haben soll, so bricht er den Hals in Hirsbrei." – „Und, wer sich vermißt, es klüglich zu wenden, der muß es selber erbauend vollenden" (Braut v. Messina). –

761. Krie' über kaan Breere!

„Krieg (die schwere Not oder Ähnliches) über keine Wahl!" wo man eben das Unleidliche tun muß. – Wenn es einerseits heißt: „Die Wahl ist eine Qual" („Wahl bringt Qual." Lehmann), so ist anderseits die eiserne Notwendigkeit ein schwer drückendes Joch. – „Muß ist eine harte Nuß." „Muß ist eine Buß'." (Agric.). „Ernst ist der Anblick der Notwendigkeit." (Schiller). „Patience upon force is a medicine for a mad dog." – Oft auch ward unsere Redensart spottweise angewendet. Rühmte man z. B. die Genügsamkeit eines Menschen, von dessen Verhältnissen es doch bekannt war, daß sie eben kein glänzendes Leben zuließen, so hieß es: „Krie' über kaan Breere!" – Berérah, neuhebr. Wahl, vom bibl. barar, absondern, auswählen (Aruch s. r. bar 2.). – Zur Bezeichnung aber, daß das, was unter Zwang geschieht, keinen Wert habe, hat man das Sprichwort: „Gezwungenheit, tut Gott leid." –

762. Mer maant ordentlich, es wär e Krias-Jam-Suf"

– „ein Spalten (keriath, eigentlich: Zerreißen) des Schilfmeeres" (jam suph), sowohl überhaupt zur Bezeichnung einer außerordentlichen Schwierigkeit – z. B. „In der Lotterie zu gewinnen is ordentlich e Krias-Jam-Suf" – als im besonderen, wie hier, in bezug auf ein Vorankommen in seinen Verhältnissen, auf das Auffinden eines genügenden Auskommens usw. – Der Ausdruck kommt übrigens schon bei den Rabbinen vor. Vergl. Pesachim 118. Ber. rab. 84, a. Jalkut chadasch Abteilung Geschamim 5. Nissim 27. „Die Nahrung des Menschen ist für Gott so schwierig (von ihm ein so großes Wunder), wie das Spalten des Schilfmeeres." – Vergl. auch 741. die Stelle aus dem Sohar. –

763. Will aach lebe'!

Als Entgegnung, wenn jemand klagt, daß ein anderer bei irgendeinem Geschäfte, irgendeinem Verdienste sich vorgedrängt, ihm zuvorgekommen sei. „Ein jeder ist sich selbst am nächsten" (287.). – Die Gelehrten haben dafür das Sprichwort: „Wieso weißt Du, daß Dein Blut röter ist? Vielleicht ist das seine röter", mit Bezug auf Pesachim 25. Dort wird nämlich erzählt: Einst kam ein Mann vor Raba und sprach: „Der Herr meines Ortes sagte zu mir: Gehe und bringe den und den um, wo nicht, laß ich Dich umbringen." – „Er mag Dich umbringen lassen", antwortete Raba, „nur begehe Du keinen Mord. Wie weißt Du, daß Dein Blut röter ist? Vielleicht ist des Mannes Blut röter" (und sein Leben also mehr wert als das Deine). –

764. Was helft's mir, wenn's noch mehr Schlemielim get?

Es ist ein leidiger Trost, daß man nicht der einzige Unglücksvogel sei. „Miserum est solatium, habēre calamitatis socium" (Erasmus IV. 3. 9.). Vergl. dagegen Klagel. 2, 3.: „Wen, o Tochter Jerusalems, soll ich zum Troste Dir entgegenstellen?" – „Schlemielim", die Mehrzahl mit hebräischer Endung von Schlemiel, s. 625.

765. Dem Zugucker is nix zu schwer!

Dieser findet alles ausführbar, erträglich usw. – „Dem Zuschauer ist kein Spiel zu hoch." (Agric.). Ähnlich, wenn auch umfassender, ist auch der Spruch Hillel's (Spr. der Väter 2, 5.): „Richte Deinen Nebenmenschen nicht, bis Du an seine Stelle gelangt bist." – „Wie etwas sei leicht, weiß der es erfunden und der es erreicht." (Goethe: Westöstl. Diwan). –

766. Es kreischt Kaaner umsunst: Chaj wekajem!

„Es schreit keiner umsonst: Lebendiger und Beständiger!" Wer um Hilfe fleht, ist wohl in Not. – Chaj wekajem ist der Anfang eines Rufes an Gott in einem Gebet am Gedächtnistag. Vergl. 636. „Kreischen", rufen schreien, althd. kreien (crier).

767. Es kreischt Kaaner umsunst: Schma Jisróel!

Von derselben Bedeutung: es schreit keiner umsonst: „Höre Israel!" als Hilferuf. Wer um Hilfe ruft, hat Ursache zu rufen, und es ist Unrecht, ihm nicht beizuspringen und zu denken, er habe es nicht nötig, es sei Übermut usw. – „Wir sind denen", heißt es im Talmud (ketub. 68.), „die hie und da einmal trügerisch unsere Hilfe in Anspruch nehmen, noch Dank schuldig, (weil wir dadurch eine kleine Entschuldigung vor Gott finden); ohne sie, sündigten wir täglich (dadurch, daß wir nicht soviel den Armen beistehen, als wir sollten) nach den Worten der heiligen Schrift (5. B. M. 15, 9.): Ruft Dein armer Bruder über Dich zu Gott, so lastet die Sünde auf Dir." Die Worte schemá Isráel, „Höre Israel!" (der Ewige, unser Gott, der Ewige ist einzig). 5. B. M. 6, 14.) sind wohl dadurch zum Notruf geworden, daß sie zugleich die letzten Worte sind, mit welchen jeder Israelite sterben soll, sei es, daß er seiner noch bewußt selbst sie sagt, oder daß die, die ihn in der Todesstunde umgeben, an seiner Stelle sie sagen.

768. Mer soll Kaan' so leicht mawele', wenn er klagt.

Man soll den Klagenden nicht so leicht durch Worte abweisen, bereden wollen, als habe er keine Ursache zu klagen, soll ihn nicht durch Worte „platt schlagen" wollen; wer klagt, klagt nicht immer so ganz umsonst. – „Maweln" könnte man nehmen für „mevulbel machen" (von balal, balbel, woher Babel) irre machen; ebenso: „Ich laß mich von Dir nit so leicht maweln", laß mich durch Dein Gerede nicht so bald irre machen, laß mir

„keinen Sand in die Augen streuen", laß mich nicht „blenden", Ausdrücke, welche auch die Talmudisten kennen (vergl. Abodah Sarah 53, b. Rosch haschan. 24, b.). – Wahrscheinlicher aber ist „maweln" das engl. maudle, mawdle (altengl. maul, mawl, der Hammer, Schlägel), betäuben, benebeln, dumm machen, und so wäre es dasselbe, was „platt schlagen" ist und hinge also mit „mahlen", „Mahl" (Zeichen, vergl. das hebr. páam) „Mühle", „zermalmen", etc. zusammen.

769. So wird mer in's Cheeder geuzt!

„So wird man in die Schule gefoppt." Wenn uns das Leben durch kleine Übel allmählich an die Ertragung größerer gewöhnt, so gleicht dies der Art, wie das Kind durch Täuschungen in die Schule gebracht wird. Am häufigsten hörte man die Redensart in Rücksicht auf die Übel, die stufenweise infolge des Alters kommen. Da fängt es bei einem Zahne an, dann fühlt man den Schmerz im Bein, dann hat das Gedächtnis abgenommen usw., bis man endlich die Schule ganz durchgemacht hat und nach Hause gehen darf. Vergl. 563. „Das sind Bilbulim!" – Sonderbar ist die Benennung der Schule durch „Cheeder (chēder, hebr.), was eigentlich „Zimmer, Stube" heißt. Es erinnert uns an die dunkle dumpfe Stube, in welcher die Bildung und das Lebensglück der Jugend, auf dem Lande und in den Städten, oft einem dahergelaufenen sogenannten „Bacher (541.) oder gar einem umhergetriebenen und durchtriebenen Polak anvertraut war. Man mußte aber um so mehr zu einem andern Worte greifen, da mit dem Worte „Schule" bereits ausschließlich die Synagoge bezeichnet ward (s. 528.). – „Uzen", foppen, zum Spotte haben, s. 309.

770. E jüdische Jerusche!

„Eine jüdische Erbschaft" (jeruschah, hebr.) wenn nämlich jemand mit der goldenen Ader behaftet ist. Das ist es, sagt das Sprichwort spöttisch, was der Jude gewöhnlich von seinen Eltern erbt, und es zeigt somit, daß reiche Juden gerade nicht so häufig waren.

771. Aanmol müssen mer all dran!

Teils als allgemeine Bemerkung, teils im besonderen Fall als Trostwort: Dem Tod kann keiner entgehen. Vergl. Jos. 2, 14. 1. König. 2, 2: „Ich gehe heute den Weg aller Welt." – „Heute an dieser Pforte pocht es, morgen an jener, aber noch keinen hat es verschont." (Braut von Messina). – „Death makes no difference of persons." „Für den Tod ist kein Kraut gewachsen." „Vor dem Tod ist keiner des Lebens mehr sicher." „Der Tod läßt sich nicht abweisen." „Steuer geben und sterben muß man überall." – „Das ist das End' vom Lied." –

772. Der Tod will e Ursach habe'!

Wenn jemand stirbt, fragt und forscht man, woran der Mann gestorben sei, obschon die Ursache sehr natürlich ist. „Der Mensch bringt die Ursache seines Todes mit auf die Welt; er stirbt an seiner Geburt." (v. Hippel). – „Die geboren werden, sind bestimmt zu sterben." (Aboth IV., 29.). –

773. E böse Schmue fliegt weit!

Ein böses Gerücht (schemuah, Vernommenes, Gerücht, Gerede), die Nachricht eines Unglücks verbreitet sich rasch und weit, weil es in des Menschen Natur liegt, mehr von Unglück als von Glück zu reden.

774. Liegt der Ochs, ruft Alles: Mach's Chalef scharf!

Offenbar nach dem chaldäischen (Sabbat 32, a. Jalkut Ber. 31.): Nophal turo chadded lesakkino, „ist der Ochs gefallen, schärfe das Messer!" – Liegt einmal jemand danieder, dann ist gleich eine Menge bereit, auf ihn loszustürzen. – „Chalef", Schwert, gewöhnlich das Schlacht-(Schecht-)Messer, s. 215. – Ähnlich ist ein anderes chaldäisches Sprichwort (Echah rab. 47, a.): „Ist der Ochs gefallen, gibt's viel Metzger". – „Liegt der Baum, so klaubt jedermann Holz."(Lehmann). „Liegt der Hund, so beißen ihn alle." (Agric.) „Wer da liegt, über den läuft jedermann." – „Ist das Ende eines Menschen gekommen, so schaltet alles über ihn" (Nedar. 47. Jalkut tehil 877.). „Calcat jacentem vulgus." (Senec.) „If a man once fall, all will tread on him." „Wo der Zaun am niedrigsten, springt ein jeder darüber." „Wer reit, der reit; wer leit, der leit." (Volksw.). – Schön heißt es auch im Jalkut zu 1. Sam. 2, 8.: „Nicht wie des Menschen Sitte ist Gottes Sitte. Der Mensch sieht einen schönen und reichen Mann und erhöht ihn und hilft ihm noch mehr auf; sieht er aber einen armen Mann hinfallen, so stürzt er ihn noch tiefer. Nicht also Gott! Sieht er einen Menschen sich erheben, so wirft er ihn nieder, und sieht er einen Menschen tief, tief zu Boden liegen, so richtet er ihn auf und erhöht ihn." (Vergl. Erubin 13, b. „Wer sich erniedrigt, den erhöht Gott, und wer sich erhöht, den erniedrigt Gott". S. auch Luc. 18, 14.). –

775. Laß den Schikker, er fallt allaan!

Das Sprichwort kommt ebenfalls bei den Rabbinen vor (Sabbat 32, Jalkut Beresch. 31.): „Laß den Betrunkenen, (schikkor), er fällt von selbst." Wenn jemand im Fallen ist, hast Du nicht nötig, ihm noch einen Stoß zu versetzen. Ähnlich ist das englische: „To pour water on a drowned house", wenn auch dieses sich mehr auf die unedle Rache an einem Wehrlosen bezieht.

776. Laß die Tote' ruhe'!

„De mortuis non nisi bene." – So wird von einem gottesfürchtigen Mann erzählt (Chobath hallebaboth VI., 6.), daß derselbe, als er mit seinen Schülern bei dem Aase eines Hundes vorüberging und diese ausriefen: „Wie stinkt dieses Aas!" ihnen entgegnet habe: „Wie weiß sind seine Zähne!" um ihnen anzudeuten, daß man selbst einem toten Hunde wo möglich Gutes und nimmer Schlimmes nachsagen sollte. – Die Talmudisten sagen (Gittin 85.): „Man widerlegt nicht den Löwen nach seinem Tode". – Vergl. 486.

777. Was gehen mich die Tote' an! Ich halt's mit den Lebendige'!

Vergl. Jes. 8, 19. „Für die Lebenden an die Toten!" – „Zum Lebendigen muß man sich Gutes und Böses versehen." (Agric.) „Die Toten braucht man nicht zu fürchten, die Lebenden muß man fürchten." – So heißt es Simchat Nephesch 85, a.: „Mancher fürchtet sich vor einem Més (Toten); so geben ihm ein Teil einen Schlag mit der Hand vom Més, sagen, dann wird er sich nit mehr fürchten. Solches is hebel (Torheit). Was hat man sich vor einem Més zu fürchten? Vor manchen Lebendigen hat man sich zu fürchten. – Im Gegenteil, wer kann sōchesein (das Glück haben, s. 473.), sich mit einem Més zu beschäftigen, is eine mizwoh (verdienstlich Werk). Vor Gott muß man sich fürchten." –

778. Wer tot is, is tot!

Wer tot ist, ist vergessen." – Vergl. Ps. 88, 6. „Wie Leichen, die im Grabe liegen, deren Du nimmer gedenkest." – „Des einen Tod ist des andern Brot." –

779. An Tvue-Handel is kaan Brōche!

„An Frucht (tebuah)-Handel ist kein Segen" (berachah). Ebenso: „Es is noch kaan Tvue-Händler reich gestorbe'." – Vergl. Spr. Sal. 11, 26. „Wer Korn zurückhält, dem flucht das Volk; sein Segen dem, der es verkauft." – So haben auch die Rabbinen in Zeiten der Not, nur so weit der eigne Hausbedarf es erfordert, Frucht aufzuspeichern erlaubt. Vergl. Baba Mez. 59, b. nebst Kommentar. Baba bathr. 90, a. „Wer Früchte aufspeichert (um Teuerung zu bewirken), auf Zinsen leiht und das Maß verkürzt, von solchen sagt die Schrift (Amos 8, 5 – 7.): Sie sprechen: Wann ist der Neumond vorüber, daß wir Getreide verkaufen... Aber der Herr hat geschworen, bei der Herrlichkeit Jakobs: Ich werde ihr Treiben in Ewigkeit nicht vergessen!" – Vergl. nach Jalkut Mischle 947., woselbst der Vers: „Wer Korn zurückhält" schön auf den angewendet wird, der Schülern die Belehrung im Gesetz, das geistige Brot vorenthält. (Vergl. in letzter Hinsicht Sanhedr. 91. Jalkut Debar. 552.: „Wer einem Schüler eine gesetzliche Belehrung (halacha, s. 327.) vorenthält, dem fluchen selbst die Kinder im Mutterleibe... der tut so, als hätte er denselben seines mütterlichen Erbes beraubt." – Schön ist auch das Wort Akiba's (Pesachim 112.): „Mehr als das Kalb saugen will, drängt es die Kuh zu säugen" – S. auch oben 73.) –

780. An gezählt Geld is kaan Brōche!

– „ist kein Segen" (Berachah). Auch die Rabbinen haben den Spruch: „Auf Gewogenem, Gemessenem und Gezähltem ruht kein Segen." Vergl. Baba Mez. 42, a. Sohar Wajikr. 397. Jalkut chadasch: Beth hammikd. 48, 49. u. Berach. 1.- Umgekehrt heißt es bei Agric.: „Der Wolf frißt auch die gezählten Schafe." – „Er frißt's auch ungezählt". –

781. Ki ōfes Kōsef – macht der Targum: schlim!

Ein mehr den Gelehrten angehörendes Witzwort. Den hebräischen Text (1. B. M. 47, 15.) ki āphes kaseph „denn das Geld ist all" gibt die chaldäische Übersetzung (der Targum) durch sch'lim. Sch'lim heißt nämlich im Chaldäischen all sein und klingt zugleich an das deutsche schlimm an. Wenn das Geld all ist, so ist es schlimm. – Anderseits hieß es bei einem erlittenen Verluste an Geld, wo ein höheres Gut, Gesundheit oder gar Leben bedroht war, sehr schön mit geistreicher Anwendung des bibl. Verses (1. B. M. 14, 21.): „Es is wenig an Geld gelegen; ten li hannephesch weharechusch kach loch! gib mir die Seelen, und das Gut nimm Dir! Vergl. die Worte Schillers: „Ein süßer Trost ist ihm geblieben, Er zählt die Häupter seiner Lieben, Und, sieh! ihm fehlt kein teures Haupt." –

782. Kesef menolon? fragt die Gemóre schon!

Ebenfalls mehr gelehrten Kreisen angehörend: „Geld woher? ist schon eine Frage im Talmud." – In der Gemara (der Vervollständigung der Mischnah) kommt nämlich (tract. kidduschin) bei der kasuistischen Frage, ob durch die Überreichung eines Geldstückes die Ehe ebenso gültig wie durch die eines Ringes oder durch die Beiwohnung geschlossen werden kann, der Ausdruck vor: „keseph menolon?" – („Geld woher?" – nämlich, bewiesen aus der Schrift, daß es zulässig sei). – Unser Sprichwort nimmt diese Frage allgemein. –
Hierher gehören auch viele Sprichwörter, die sich zum Teil auch bei Agricola finden, „Baar Geld lacht." „Erst

wirf (den Kaufpreis) in Deinen Geldbeutel, und dann öffne Deinen Sack" (zum Verkaufe). (Pesachim 113). – „Geld ist die Welt." „Drei Dinge regieren die Welt: Geld und Geld und noch einmal Geld." „Für Geld und gute Worte kann man alles haben." „Das Geld eines Menschen ist sein bester Unterhändler" (Baba Mez. 66.). „Geld macht Bastarde rein" (kiddusch. 70.). „Geld wascht Mohren weiß." „Geld ist die Losung." usw. – So hatte man auch beim Spiel ein Scherzwort:

„Ach boch laddal moaus!
Wer spiele' will, tu Geld heraus!" –

Die hebräischen Worte in der ersten Hälfte sind der Anfang einer selichah (Bußgebet) und heißen eigentlich: Nur in Dir (Gott) ist dem Armen Stärke (māos). Dieses Wort aber nahm hier der Volkswitz oder auch Mißverstand für „mōēs" (maoth, Münze, Geld, Aruch s. r. mo), so daß es hieße: Nur in Dir hat der Arme Geld usw. – Auch in dem bekannten Kinderliedchen am Chanuka-Fest (Tempelweihe, Weihnachten):

„Moaus zur jeschúosi (Meines Heiles starker Hort),
Ich hab kein Geld, was tu ich hie..."

scheint moaus für maoth, Geld, genommen zu sein, so daß es heißt:

„Geld ist meines Heiles Hort,
Ich hab kein Geld, so geh ich fort..."

783. Das is e böser Brunne', wo mer Wasser hinein trage' muß!

Wenn man z. B. bei einem Geschäfte zugesetzt hat und frisch Kapitalien aufnehmen muß. – Das Sprichwort findet sich auch bei Geiler.

784. Wenn mer anfangt bei de Wänd',
Hot's bald e End!

Es ist schlimm, wenn das verkauft werden muß, was ringsum zur Bequemlichkeit oder zum Schmuck an den Wänden sich befindet. Vergl. 729.

785. Korze Hoor ṣen bald geberscht!

Geringfügige Dinge, Geschäfte, Mahle usw. sind bald getan, bald zu Ende. Schmid: Anhang zum Schwäb. Wörterbuch: „Kurzes Haar ist bald bürstet."

786. Wer nit mehrt, mindert!

Nach dem Spruche Hillel's (Pirke aboth 1, 13.); deló mosiph jasiph, „Wer nicht zunimmt, nimmt ab." Dort freilich in bezug auf geistigen Erwerb. Vergl. 746. – „Wer nicht vorwärts geht, der kommt zurück." (Goethe). – „Man kann einen Brunnen ausschöpfen." –

787. Nix is gut für die Aage',
Aber nit für den Mage'.

„Aage", Augen. Vergl. 527.

788. Butterbrot fallt uf's Ponim!

– „auf's Gesicht" (panim, hebr.), auf die Butterseite, gerade dahin, wo es am meisten verdorben wird. – Der Arme kommt bei einem leidigen Ereignisse immer am schlimmsten weg. – Ähnlichen Sinnes ist das von den Rabbinen häufig angeführte Sprichwort (Chulin 105. Baba k. 92. Jalkut Sasria 552.): „Dem Armen läuft die Armut nach", indem zugleich mehrere Belege aus dem Leben und aus der Schrift beigebracht werden. So: „Für den Schnupfen, der durch Wein entstanden (wenn man zu feurigen Wein getrunken), ist Bier gut; wenn durch Bier, Wasser; für den durch Wasser aber – das Getränk des Armen – gibt es kein Mittel." – Ferner die Anordnung, daß die Reichen die Erstlinge ihrer ohnedies gewiß prächtigen Früchte in goldnen und silbernen Körbchen, die Armen aber in Weidengeflechten bringen sollten. Ebenso das Gebot (3. B. M. 13, 45.), daß der Aussätzige, zur Warnung anderer, selbst „unrein! unrein!" rufen, und so selbst sein Unglück verkünden mußte. – Börne hat unser Sprichwort angewendet; er sagt (gesammelte Schriften, 3. Teil, S. 267.): „Minister fallen wie Butterbrote: gewöhnlich auf die gute Seite", was also nach dem Sinne unseres Sprichworts heißt: wenn Minister fallen, fallen sie recht. –

789. Wie sich der Dalfen legt, liegt er nit gut.

Im besondern: Auf welche Seite auch der Arme sich legt, er liegt immer hart. Überhaupt: Der Arme ist in jeder Lage, in jedem Verhältnisse zu bedauern. Ähnlich sagt in bezug auf das Verhältnis des Schwachen zum Starken ein rabbinisches Sprichwort (Midr. Esther 93, a.): „Fällt der Stein auf den Topf, wehe dem Topf! Fällt der Topf auf den Stein, wehe dem Topf! Sowieso, wehe dem Topf! „Dalfen", oder „Dalfun", der Arme, der arme, gemeine Mann, ist trotz seinem sehr verbreiteten Gebrauche und seiner bekannten Bedeutung ein schwer zu erklärendes Wort. Zunz („Gottesdienstl. Vorträge der Juden." S. 439.) nimmt es als zusammengesetzt aus dem hebräischen dal (arm) und dem deutschen von, d. i. „ein armer Von", ein Unbemittelter von Stande, ähnlich etwa dem deutschen „ein Herr von Habenichts", was uns jedoch sehr gesucht scheint. Möglich daß dem Volkswitz der ähnlich lautende Namen eines der Söhne Haman's (Esther 9, 7.) „Dalphon" besser als das einsilbige dal gefiel. Nach einer andern sehr witzigen und selbst wahrscheinlichen Erklärung wählte man den an dal anklingenden Namen Dalphon deshalb zur Bezeichnug eines höchst Armen, weil die Namen aller übrigen Söhne Haman's entweder mit dem Buchstaben Aleph (zugleich anklingend an Eleph, tausend) beginnen oder auf denselben endigen, ja einige beides zugleich haben, indes dem armen Dalfon beides abgeht: „Das is e Dalfen! hot nix vorne un nix hinte!" (vergl. 203.) – Auch eine jener mehr niederdeutschen volkstümlichen Bildungen durch die verstärkende Wiederholung des Wortes mit dem Vokale i und a (Schnickschnack, klippklapp, Zickzack) gibt es davon: „Das is e Dildalfen!" indessen könnte dieses auch mit dem talmudischen dildal, erschöpfen (Sotah 9.), oder auch mit dem Ausdruck dalle daluth (der Armut Ärmste, Horioth 9. kerithuth 10.) zusammenhängen.

790. Zum Schnorre'-gehn gehört aach Massel!

Selbst zum Betteln- (Schnorren- s. 213.) gehen gehört Glück (massal, s. 465.), weil selbst hierin dem einen das Glück günstiger ist als dem andern. Vergl. 741. „Ohne Glück kann man nicht einmal ein guter Spitzbube sein." (Lessing). –

791. Der Reiche waaß nit, wie dem Dalfen zu Mut is!

„Dalfen", Armer, s. 789... – „Der Satte weiß nit, wie Hunger tut." – „Wer hungrig ist und den Korb leer sieht, kann nicht mit dem verglichen werden, der satt ist und den Korb voll sieht". (Ber. rab. par. 66. Jalkut toled. 114.). „Wer Brot im Korbe hat, gleicht nicht dem, der keins im Korbe hat". (Joma 18. u. o.). – „Bis so ein Fetter nur abnimmt, ist dem Abgezehrten die Seele ausgegangen!" (Echah rab. 56, a.). – „Sechzigfachen Schmerz empfindet der Zahn, der knuppern hört und selbst nichts zu essen hat". (Baba k. 92, b. Jalkut Ber. 109. Melach. 166.). – „Der Glückliche, der Behagliche hat gut reden; aber schämen würde er sich, wenn er einsähe, wie unerträglich er dem Leidenden wird." (Goethe). – Vergl. auch Spr. Sal. 12, 10. „Der Fromme weiß, wie seinem Tier zumute ist." – Zur Empfehlung der Wohltätigkeit findet sich bei den Rabbinen mancher schöne und treffliche Spruch, die auch größtenteils durch agadische

Bücher und Vorträge ins Volk gedrungen sind. So: „Wohltätigkeit ist das erhaltende Salz für den Reichtum“ (ketub. 66, b.). – „Wer dem Armen sein bisheriges Almosen entzieht, weil er einen Verlust erlitten, der dämpft das Feuer mit Stroh, löscht den Durst mit Salzwasser“. (Simchath Nephesch S. 8, b.). – „Ohne Gimel kein Daleth, und ohne Daleth kein Gimel (Alphabet des R. Akiba). Gimel und Daleth sind bekanntlich zwei sich folgende Buchstaben des hebr. Alphabet's; hier aber werden die Namen in der Bedeutung von gemúl und dalluth genommen, also: Ohne Wohltätigkeit kann die Armut nicht sein, und ohne Armut gibt's keine Wohltätigkeit.“ – „Der Mensch, wenn er einen armen Verwandten hat, verleugnet ihn, verbirgt sich vor ihm und schämt sich seiner; nicht also Gott! Er nennt die Armen sein Volk, so wie geschrieben steht (2. B. M. 22, 24.): „Wenn Du meinem Volke Geld leihest, dem Armen bei Dir.“ – „Herr“, sprach einst David vor Gott, „gleiche Deine Welt aus!“ (laß die Armut aufhören). „Tät ich so,“ antwortete ihm Gott, „wer sollte dann Wohltätigkeit und Treue üben?“ (Mischpat. rab. cap. 36.). – „Der Arme steht vor der Türe, und ihm zur Seite steht Gott!“ (Menorath hammaor f. 67, c.). – „Wer der Wohltätigkeit nachstrebt, dem verschafft Gott Mittel und Gelegenheit, Wohltätigkeit zu üben; wer sich ihr aber entzieht, steht dem Götzendiener gleich. Groß ist die Wohltätigkeit; denn sie stiftet Frieden zwischen Menschen und Gott, bringt die Erlösung“. (Baba bathr. 9.). – Noch heißt es eben daselbst: „Größer ist, wer andere zur Mildtätigkeit veranlaßt, als wer sie selbst übt.“ – „Wohltätigkeit und Mildtätigkeit,“ sagt Jochanan ben Sakkai (vor und nach der Zerstörung des 2. Tempels), „wenn auch von Heiden geübt, gilt vor Gott gleich einem Sühnopfer Israels“.

(ibid. 10.). – Dann Nedarim 53, a. „Besonders trage man Sorge für den Unterricht der Kinder der Armen; denn von ihnen geht die Kunde des Gesetzes (der Thora) aus.“ –

792. Der Kozen geht nix um!

Der Reiche (kazin, eigentlich: Richter, Fürst) macht, mag er seinen Weg noch so weit greifen, nie einen Umweg; aber der Arme muß darauf sehen, daß er stets den Weg wählt, der am kürzesten zum Ziele führt.

793. Der Dalfen darf kaan Natur habe‘!

So sagte einst ein armer Teufel zum andern, als dieser äußerte, daß die und die Speise seiner Natur nicht zusage. –

794. Der Dalfen hot kaan ruhige Schoh!

Wenn das Sprichwort 789. den Armen in seinen räumlichen Verhältnissen bedauert, bedauert ihn dieses in seinen zeitlichen: „Der Arme hat keine ruhige Stunde“ (schóoh, scháah, Daniel 4, 16., eine kurze Zeit, Stunde). – Vergl. Spr. Sal. 15, 15. und die weitere Ausführung bei den Rabbinen nach dem Sirach (Baba bathr. 146, b. ketub. 110, b. Sanhedr. 100, b. Jalkut Mischle 953.): „Alle Tage des Armen sind schlimm und auch dessen Nächte. Sein Dach ist das niedrigste unter den Dächern, und der Dächer Regen fließt auf sein Dach herab. Sein Weinberg liegt am höchsten auf den Bergen, und die Erde seines Weinberges rollt auf die anderen Weinberge hinab." – „Wenn Unglück dem Reichen bis an's Knie geht, so geht es dem Armen bis an Hals." (Lehmann). – „An der Türe des vollen Gewölbes drängen Verwandte und Freunde sich, an der Pforte des Elends gibt's weder Freunde, noch Verwandte" (Sabb. 32. Jalkut Beresch. 31.). – „Arm Lüt hent keine Fründ." (schweizerisch). – „Ist die Gerste im Krug zu Ende (ist kein Brot mehr da), so klingt er hohl und der Zank zieht in's haus ein" (Baba M. 59. Jalkut tehil. 888.). – So hieß es auch witzig: „Mer soll kaan Meéeh Alophim (hunderttausend) nehme', um e Dalfen zu sein", oder: „Mer soll sein letscht (letzt) Hemd dran wende', um e Kozin (reicher Mann) zu werde'". Vergl. Jebamoth 63. (nach Raschi's Erklärung): „Verkaufe (Deine Hausgeräte und treibe Geschäfte damit) und verarme nicht!" –

795. Der Dalfen hot die maaschte (meiste) Kinder!

„Das ist dem Dalfen sein Nāches!" (nachath, Ruhe, Beruhigung, Vergnügen, s. 492.). – „Armer Leute Reichtum sind Kinder." – „Die Armen haben die Kinder und die Reichen die Rinder." – „Beggars breed and rich men feed." – Von solchem Bettelvolke indessen, das, aus Trägheit, die Sorge für seine Kinder gern andern überläßt, sagen die Talmudisten (ketub. 49.): „Der Drache erzeugt Junge und wirft sie den Leuten der Stadt (zur Erhaltung) zu." ... „Stürzt einen Mörser öffentlich um und laßt den Mann sich darauf stellen und ausrufen: Auch der Rabe sucht für seine Jungen; doch da ist ein Mann, der mag für seine Kinder nicht sorgen!" –

796. Es hot's Kaaner besser als der Dalfen!

Trotz alledem, sagt unser Sprichwort, hat es keiner besser, als der Arme; er ist, einmal zum Bettler gestempelt, über alle Formen und alle Bedenklichkeiten des Anstandes usw. hinaus. – „Der Arme schläft in Sicherheit." (Boner bei Eisel.). – „Wahrhaft arm", sagen die Rabbinen (Nedar. 41, a.), „ist nur der, dem es an Verstand fehlt." –

797. Not brecht Eise'!

„Not bricht Eisen und Vertrag." (Reineke). „Not hat kein Gebot." (Agric.). „Not ist erfinderisch." „Not lehrt beten, schaffen, laufen." „Man muß aus der Not eine Tugend machen." (Geiler). Necessity hath no law." „Need makes the old wife trot." – Nach einer Anekdote fand man einmal in Frankfurt in der erbrochenen und ausgeleerten Armenbüchse (Hekdesch-Büchse, s. 495.) der Synagoge einen Zettel mit den Worten: „Not bricht Eisen! Die Hekdesch-Büchs' kann es beweisen." –

798. Mit Gäscht get mer Kinder aus!

Als Entgegnung auf die Äußerung, daß jemand ein „Gascht" (s. 239.), ein unbemittelter Mann, ein Bettler sei: „Durch Bettler gibt man Kinder aus", kann man seine Kinder verheiraten; sie sind daher nicht so sehr zu verachten. – „Armut ist keine Schande." – Die umherziehenden Bettler befaßten sich nämlich oft mit dem einträglichen und bei der Zerstreutheit der Juden fast unentbehrlichen Geschäfte, Heiraten zu vermitteln, „zu schadchenen“ (s. 237.). Vielleicht ist das auch der Sinn des sehr bekannten Sprichworts: „E Schadchen muß’n dicke‘ Fuß habe‘“, nämlich einen starken, weil er oft weit hin und her laufen muß. – „Ausgeben“, s. 490. –

799. Arbeit is kaan Charpe!

Wie Armut, so ist auch Arbeit keine Schande (cherpah, hebr., Schande). „Groß ist das Handwerk“, heißt es bei den Talmudisten (Nedar. 49, b.) „es ehrt seinen Meister.“ – „Sieben Jahre war Hungersnot, doch bei der Türe des Handwerks ging sie nicht vorüber“. (Sanhedr. 29, a.). – Es wird im Talmud häufig selbst die niedrigste Arbeit und die größte Genügsamkeit empfohlen, um nur der Hilfe anderer nicht zu bedürfen. So das bekannte (Pesachim 112.): „Mache Deinen Sabbat zum Werktage, und bedarf nur der Leute nicht.“ Ferner (Pesachim 113, b. Baba bathr. 110, a.): „Decke totes Vieh ab auf offener Straße und nimm deinen Lohn dafür, und sage nicht: ich bin ein Priester, bin ein vornehmer Mann und das Geschäft ist für mich gehässig.“ – So sagte auch R. Mëir: „Daß der Mensch vor dem Tiere auf die Arbeit angewiesen ist, ist ein Vorzug desselben.“ – (Vergl. Midrasch Gadol cap. 14.). – „Arbeit ist bei Gott beliebter als das Verdienst der Väter“ (sechuth aboth. – Jalkut Wajjeze 31.). – „Melōche is Brōche“, sagt ein anderes Volkswort, „Arbeit (melachah) ist Segen“ (berachah, vergl. 609.) – Sehr schön heißt es auch Pesachim 118. „Als Gott zu dem ersten Menschen sagte: „Und Dornen und Disteln soll sie Dir tragen“, da flossen seine Augen von Tränen über. „Herr der Welt!“ rief er, „soll ich und der Esel aus einer Krippe essen!" – Als aber Gott zu ihm sagte: „Im Schweiße Deines Angesichtes sollst Du Dein Brot essen", da beruhigte sich sein Gemüt sogleich." – Noch möge ein Ausspruch des R. Mëir hier Platz finden. Derselbe sagte (kidd. 82.): „Der Mensch lasse seinen Sohn ein reinliches und seinen Kräften gemäßes Handwerk erlernen und sehe dabei nicht auf das, was besonders Gewinn verspricht, sondern blicke zu Dem auf, in dessen Hand aller Reichtum und alle Güter stehen. Es gibt kein Handwerk, mit welchem nicht Armut und Reichtum sich verbinden könnte; denn Armut kommt nicht vom Handwerk und Reichtum kommt nicht vom Handwerk, sondern alles kommt auf das Verdienst des Menschen an." – Zum Schluß noch eine Stelle aus Berachoth (42, b.): „Jedem Handwerker gefällt sein Handwerk; also hat es Gott gewollt, damit kein Handwerk sich verlieren möchte."

800. Spar' und Spar –
Kommt der Sār
Und nimmt es gar!

Sehr oft wird uns ein langsam und allmählich erspartes Gut plötzlich und auf einmal entrissen, sei es überhaupt durch irgendeinen äußeren unglücklichen Zufall, oder im besonderen, wie unser Sprichwort sagt, durch einen gewalttätigen Despoten („sār", hebr., Fürst, Gebieter, Zar). – „Was man erspart an seinem Mund, das stiehlt oft Katze oder Hund." (Auerbacher). „Was man zu Ehren erspart, führt der Teufel oft dahin." (Agric.).

801. Weh der Kuh, die ackere' muß un zu Abend noch gemolke' wird!

Sowohl überhaupt von einem Menschen, der, trotz seiner tagelangen Abmühung für andere, abends noch sein eigenes Hauskreuz findet, als besonders in bezug auf eine Hausfrau, die den Tag über an der Herbeischaffung des Unterhaltes mitarbeiten muß und abends noch Haus und Kind zu besorgen hat.

802. Weh Dem, der fremd' Brot esse' muß!

Von der Gnade anderer leben müssen, ist wohl ein bittres Weh. – „Wer gespeiset wird von fremden Händen, isset nimmer wohl." (Geiler). So heißt es auch in Aboth der. Nathan cap. 31.: „Wer sein eignes Brot ißt, gleicht dem Kinde, das an der Mutter Brust aufwächst. Wer sein eignes Brot ißt, verzehrt es mit heiterem Sinn; nicht so wer vom Mitleid der Verwandten oder gar fremder Leute gespeist wir." (Vergl. 2. Thessal. 3, 12.). Ebenso (Bezah 32, b. Erubin 86. Jalkut Hiob 507. Vergl. auch Sirach 40, 30.): „Wer auf den Tisch eines andern harrt, um den ist die Welt finster, dessen Leben ist kein Leben." (Hinzugefügt wird noch: „Auch wer unter der Herrschaft seiner Frau steht, und wessen Körper stets von Leiden heimgesucht ist."). –

803. Bind' mich, un werf mich unter die Meinen!

Der Fremde nimmt nie einen solchen Anteil an uns, als der Angehörige, der Verwandte, der Religions-, der Volksgenosse. Vergl. indes Spr. Sal. 27, 10. „Verlaß nicht Deinen Freund und Deines Vaters Freund, so brauchst Du Deines Bruders Haus nicht aufzusuchen am Tage Deines Wehes. Der nahe Nachbar ist besser als der ferne Bruder." – Vergl. auch Spr. Sal. 18, 24. –

804. Nit besser als derhaam!

Sowohl überhaupt: „Zu Hause hat man es am besten," so wie es bei den Rabbinen heißt (Echah rab. 47.): „Hat ein Kind in der Fremde mit Not zu kämpfen, da gedenkt es wehmütig des Glückes im väterlichen Hause," (Erub. 61, a.): „Selbst der Hund in der Fremde bellt sieben Jahre nicht," – als im besonderen in bezug auf Reisen, in welcher Hinsicht es auch bei den Rabbinen heißt (kohel. rab. 66, b.): „Alle Wege lassen Gefahr befürchten," und (Ber. rab. par. 39. Jalkut Ber. 64.): „Von Haus zu Haus (ziehen, kostet) ein Hemd; von Ort zu Ort, ein Leben." – Vergl. Spr. Sal. 27, 8. „Wie der Vogel, der aus seinem Neste weichen, so der Mensch, der von seiner Stätte wandern muß." – „Derhaam" für daheim, s. 141. – „Daheim ist's geheim." (Agric.). „Ost und West, daheim das Best." (Lehmann. Auch der Engländer sagt: East, West, at home is best). – „Für den Menschen gibt es nichts Härteres als Wanderschaft" (tiltul, wörtl.: Geworfen werden. Pirke Elies. cap. 26. mit Bezug auf 1. B. M. 12, 1.). – „Des Vaterlandes beraubt zu sein, ist ein Unglück, größer als es die Zunge aussprechen kann". (Der Sohn

Jokastens.) – Für den Vorzug des Eignen, Heimischen, vor dem Fremden hörte man oft auch den Vers anführen: „hammalchus schelchó hi!" in dem Sinne: Das Reich ist das Deinige, was Dein ist, ist königlich; sowie auch ein rabbinisches Sprichwort sagt (ber. rab. 52, a. Jalkut 107. mit Bezug auf 1. B. M. 24, 4.): „Vom Weizen Deiner Stadt nimm Deine Aussaat." – „Ein Mäßlein aus dem Lande, besser als ein Scheffel aus der Ferne". (Pesachim 113.). – Mochten daher auch die Talmudisten, infolge der Unsicherheit ihrer Zeit, dem Handel vor dem Ackerbau Vorzug geben und z. B. sagen (Jebamoth 63.): „Hundert Gulden auf Handel verwendet, (erlaubt) täglich Fleisch und Wein; hundert Gulden auf den Ackerbau, nur Salz und Gemüse", so heißt es doch eben daselbst anderseits; „Säe selbst und kaufe nicht; und sei der Weizen noch so wohlfeil und Dein Acker nicht der beste, auf dem Selbstgesäten nur ruht der Segen." So wird auch eben daselbst und zwar, charakteristisch genug, als palästinensischer Spruch angeführt: „Gott hat mich hingegeben, heißt es im Klagelied (1, 14), so daß kein Aufkommen! Das gilt besonders von dem, dessen Nahrung von seinem Gelde abhängt," der, wie der Kommentar erklärt, keinen eigenen Feldbau hat. – „Wer", sagen die Pirke der. Nathan 31., „Wer die Frucht vom Markte kaufen muß, der gleicht einem Kinde, dessen Mutter gestorben und das man vor den Türen der Ammen betelnd umherträgt; es wird nicht satt." – (Vergl. auch Menachoth 103. Jer. Schekal. gegen Ende). – In bezug auf das eigene Haus endlich sagen die Talmudisten (Megil. 12, b.) mit Bezug auf Esth. 1, 22.): „In seinem Hause ist selbst der Weber ein Fürst" (zur Zeit der Talmudisten waren die Weber ihrer Frechheit und Ausgelassenheit wegen verrufen. Vergl. Joma 20, b. Abod. Sar. 26.). –

805. Hinter dem Berg wohne' aach Leut'!

Gewissermaßen als Gegensatz des vorigen Sprichworts: Auch anderswo gibt es Menschen und menschliche Teilnahme. – Ubi bene ibi patria. – Oft auch als scherzhafte Bemerkung, wenn jemand, der etwa zum erstenmal an einem fremden Orte war, über so manches Geschehene, was er nicht erwartet, seine Verwunderung bezeigt. – „Über dem Bache wohnen auch Leut'“ (Eisel.).

806. Lieber schlecht gesse', als schlecht gewohnt!

Vergl. bei den Talmudisten (Pesachim 114.): „Bricht Dir etwas ab an Speis' und Trank und leg's für Deine Wohnung drauf.“ Ebenso heißt es in Rücksicht auf Kleidung (Chulin 84, b. Jalkut tehil. 871.): „Stets esse und trinke der Mensch unter seinem Vermögen, kleide und bedecke sich nach seinem Vermögen, ehre Weib und Kind über sein Vermögen; denn diese hängen von ihm ab, er aber von Dem, der da gesprochen. „Es werde die Welt!“ – (Baba Mez. 52.): „Deine Kleidung magst Du teurer bezahlen; Deine Kost nur nach ihrem Werte.“ – (Sabbat 165.): „In der Stadt (wo ich wohne) mein Name; außerhalb derselben (gilt) mein Kleid.“ – (Ber. rab. par. 20. am Ende); „Nach Deinem Vermögen magst Du essen; etwas mehr verwende (uphera , vergl. Mathen. keh. zur Stelle; anders Jephe Thoar) auf Deine Kleidung; das meiste aber auf Deine Wohnung.“ Zugleich wird das erste Menschenpaar als Beispiel angeführt, dem das Pflanzenreich zur Nahrung (1. B. M. 2, 16.; erst nach der Sintflut ward auch das Tierreich hinzugefügt, 1. B. M. 9, 2.), das Tierreich zur Kleidung (1. B. M. 3, 21.), und die ganze Welt zur Wohnung angewiesen ward. – Ferner heißt es in Rücksicht auf Mäßigkeit des Tisches (Pesachim 1, c.): „Iß bāzel (Zwiebel) und sitze bezél (im Schatten – Deines Hauses –), und wolle nicht Gänse und Hühner speisen und dafür von Deiner Gier gejagt werden.“ „Wer oft Aljetha (Fettstücke) ißt, muß sich oft in der Ilitha (Dachkammer) verbergen (vor seinen Gläubigern); wer sich mit kikulin (Gemüse) begnügt, kann auf den kikle (Rasenplätzen) der Stadt sein Schläfchen halten.“ –

807. Von Dahnjes wird mer nit fett!

„Von Sorgen wird man nicht fett.“ – „Dahnjes“ (mit dumpfer Aussprache, etwa wie das franz. en), verdorben aus dem hebr. deāgah, deāgoth, Sorgen. Vergl. 506. 621. – Als Lebenserfahrung überhaupt, etwa auf die Bemerkung, daß jemand, von dem man weiß, daß er mit Sorgen zu kämpfen hat, nicht gut aussehe. – „Sorgen macht graue Haare, und altert ohne Jahre“, „care will kill a cat“, „Man sorgt sich eher alt als reich“ (Adelung) – oder, wie hier, als guter Rat, sich den Sorgen nicht zu sehr hinzugeben, in dem Sinne des Sirach’schen Spruches (Sanhedr. 100, b. Sirach 30, 21 – 23.): „Gib der Sorge nicht Raum in Deinem Herzen; denn die Sorge hat schon viele umgebracht.“ – „Es ist besser zehnmal verdorben, als einmal gestorben.“ (Simchath Nephesch S. 8.).

808. Werf's vun – Der!

Ebenfalls als Ermahnung, sich der Sorge nicht zu sehr hinzugeben: „Wirf's von Dir!" – „Drückt Euch ein Kummer, werft ihn frisch vom Herzen!" (Schiller: Tell). – „Wirf ab, was zu schwer ist!" „Wirf es hinter Dich!" (Notker). „Wirf's hinter Dich und sieh Dich nicht um!" (Eisel.). Tansque caput jace, ne respexeris. (Virg.). Bei den Juden ist es Brauch (Joreh Deah 376, 4), nach einer Beerdigung Gras auszurupfen und dieses über den Kopf hinter sich zu werfen und dabei zur Erinnerung an die Auferstehung den Vers zu sagen: „Und sie werden aufblühen aus der Stadt, wie das Gras aus der Erde," oder auch (mit Bezug auf die daran hängende Erde und zur Erinnerung an die allgemeine Vergänglichkeit): „Eingedenk, daß wir Staub sind". – Auch von den Rahden erzählt in seinem Buche: „Aus Erinnerungen eines alten preuß. Soldaten," daß die Soldaten, wenn sie sich vor einer Schlacht profaner Gegenstände, als: Spielkarten, Lieder, entäußern wollen, fast immer die Form beobachten, sie über den Kopf rückwärts wegzuwerfen. – Die Mystik sagt, mit Bezug auf 1. B. M. 19, 17. „Und sieh nicht hinter Dich!": „Im Rücken des Menschen weilen die Engel der Zerstörung; beim Zurückblicken aber schauen sie den Menschen von Angesicht zu Angesicht und sehen die Sünden, die auf seiner Stirne verzeichnet stehen und erhalten so Macht, ihn zu schädigen." (Jalkut Rubeni f. 40, col. 2. nebst den aus Sohar und Emek hammelech angeführten Stellen). – Der einfache Sinn indessen des deutschen „und sieh dich nicht um!" ist wohl: und vergiß es! – Auch für das Verbot an Lot (1. B. M. 19, 17.), nicht zurückzuschauen auf die Zerstörung Sodoms, geben die Kommentare als Grund an: „Du hast selbst mit ihnen gesündigt, wirst nur um Abrahams willen gerettet und verdienst es nicht, ihre Strafe zu sehen, indes Du selbst frei ausgehst.“ –

809. E Kozen un e Schoochet – bleibt nix übrig als e weiter Hals!

Als Trostspruch für den Unbemittelten: am Ende bleibt dem Reichen (kazin, eigentlich: Richter, Fürst; dann im späteren Hebräismus; ein reicher Mann. Der Reiche ist in der Regel auch der Herrschende) von seinem Reichtum dasselbe, was dem Schechter (Schlächter, schōchet) von seinem Berufe bleibt: ein weiter – durch das häufige und gute Essen ausgedehnter – Hals. – Der Schochet, der gewöhnlich auch der Vorbeter (Chasan, „Chassen“, s. 223.) war, wurde als solcher nicht nur häufig zu Mahlzeiten, zu Hochzeiten, Beschneidungen usw. geladen, so daß es zum Sprichwort ward: „E Chassen muß e Fresser sein,“ er erhielt auch oft als Gefälle seines Amtes, die Kaldaunen der von ihm geschlachteten Tiere und konnte daher um so mehr einen reichlichen Tisch führen. So erhielt er auch infolge des Aberglaubens, daß das Schlachten einer Gans im Monat schebat (dem elften im jüdischen Kalender, ungefähr Februar) für das eigne Leben mit Gefahr verbunden sei (nach R. Jehuda Chasid's Zawwooh No. 48, 49.), zur Abwehr von jeder dennoch geschlachteten Gans die Leber. –

810. Laß Den davor sorge', der über uns is!

Sowohl im allgemeinen, als im besonderen in bezug auf das geeignete Wetter zum Gedeihen der Feldfrüchte. „Stell es dem Himmel anheim!" – „Laß Den dafür (‚davor') sorgen, der weiß, wenn's Zeit is" – „Der alte Gott lebt noch." – „Die Sonne geht von selbst unter." (Nedar 64.). „Das Meer flutet immer, Das Land behält es nimmer." (Goethe: Westöstl. Diwan). – „Wer noch Brot im Korbe hat," sagt R. Elieser (Sotah 48.), „und dennoch spricht: Was werde ich morgen essen? der zählt zu den Kleingläubigen" (die kein rechtes Vertrauen auf Gott haben). Es erinnert dieses an die verschiedene Art und Weise, die uns von Schammai und Hillel berichtet wird. „Schammai" heißt es (Bezah 16. Jalkut tehil. 797.), „aß gleichsam jeden Tag zu Ehren Sabbat's. Fand er ein hübsches Stück Vieh, so sagte er: Das sei für Sabbat! Fand sich dann ein noch schöneres, so hob er das zweite auf und aß in den Wochentagen das erste. Nicht so Hillel, der ältere; all seinem Tun lag das Vertrauen auf Gott zugrunde, sowie geschrieben steht (Ps. 28, 20.): Gelobt sei Gott, Tag für Tag!" – So sagen denn auch die Schamaiten (die Jünger der Schule Schammai's): „Schon vom ersten Tag der Woche an denk' auf Deinen Sabbat!" Die Hilleliten hingegen: „Gelobt sei Gott, Tag für Tag!" – „Wie wenig braucht der sich zu kümmern und zu sorgen, dem Gott zu Hilfe ist!" (Joma 22, b. – Vergl. Ps. 146, 5.). –

811. Der Mensch darf hoffe', dieweil der Odem geht!

Simchath Nephesch S. 21. heißt es: „Es is keiner, der nit sein Hoffnung hat zu Gott, neiert (nur, es sei denn, althd. ne – ware, wäre es nicht) die tote Leut, aber weil der Mensch lebt, hat er sein bittachon (Vertrauen) zu Gott." – „Der Mensch flehe um Barmherzigkeit bis zum letzten Schaufelwurf" (d. h. bis zum Grabe. Jalkut tehil 719.). – „Und läge das scharfe Schwert schon auf dem Halse des Menschen, er soll dennoch nicht an der Barmherzigkeit (Gottes) verzweifeln" (Berach. 10, a.). – „Der Kranke hofft, dieweil ihm der Odem ausgeht." (Agric.). – „So weit die Sonne leuchtet, ist die Hoffnung auch, Nur von dem Tod gewinnt sich nichts." (Braut v. Messina). – „Dum spiro, spero." „Aegroto dum anima est, est spes." – „While there is life, there is hope." „Hope, that lingers long, and latest dies." – Vergl. auch 1061. –

812. Es is genung an der Zōre, wenn sie da is!

Das bekannte talmudische (Berachoth 9, b.): „dajjoh lezoroh beschatoh", „es ist genug (genung für genug, sagt Adelung, ist ein bloßer Mißbrauch nieselnder Mundarten) an der Not in ihrer Zeit," und deshalb töricht, vorher schon zu klagen und sich abzuängstigen. So auch Sanhedrin 100, b.: „Ängstige Dich nicht über die Not von morgen; denn Du weißt nicht, was das Heute noch erzeugt. Vielleicht ist er (euphemistisch statt: bist Du, vergl. 747.) morgen nicht mehr da, und so hat er sich geängstigt über eine Welt, die nicht sein ist." – Matth. 6, 34.: „Sorget nicht für den andern Morgen, denn der Morgen wird für das Seine sorgen. Es ist genug, daß ein jeglicher Tag seine eigene Plage habe." – „Zeit ist's die Unfälle zu beweinen, Wenn sie nahen und wirklich erscheinen." (Braut v. Messina). – „Mala ultro adsunt." „Sorrow comes unsent for." – „Kommt sie an diese Zeit, dann ist es Zeit zu klagen." (Goethe).

813. Lomp' hinuf, Sorg herunter!

Zur Bezeichnung der sabbatlichen Gemütsruhe. Sobald die altväterische messingene („zu 'ner goldenen Lomp", sagt ein anderes Sprichwort, „gehört e goldene Schabbes-Gojeh", Sabbat-Frau, s. 87.), siebenarmige Sabbatlampe, die, an der Decke des Zimmers über dem Tische hängend, am Freitagabend herabgelassen wurde, nach Sabbatausgang wieder in die Höhe steigt, beginnen auch die werktägigen Sorgen wieder. – Diese Seelenruhe des Sabbats soll auch durch die rabbinische sinnbildliche Vorstellung bezeichnet werden, nach welcher jeder am Sabbat eine zweite, besondere Seele erhält, die mit dem Sabbat sich wieder entfernt, und weshalb auch, zur Erheiterung der zurückgebliebenen Schwester, beim Scheiden des Sabbats und der Sabbatseele, zum Segensspruch für die beginnende Woche, außer Wein und Licht, noch Wohlgerüche genommen werden sollen. (Taanith 27. Berachoth 50. Orach Chajim 297. Magen David).

814. Wenn der Jontev herum is, hot mer Choowes un schwarze Wäsch!

Wenn der Feiertag (jom tob, guter Tag, Festtag) vorüber ist, hat man Schulden (choboth, neuhebr.) und schwarze (unreine) Wäsche“ – Dem strenggläubigen Juden gibt Sabbat und Festtag um so mehr Veranlassung, Schulden zu machen, als er an denselben Geld selbst nicht anrührt und daher bei Bäcker, Krämer usw. schuldig bleiben muß. Vergl. auch 582. – Zur Beschwichtigung indessen bringt der Talmud (Sabbat 119.) den Ausspruch eines Greises: „Wer dem Sabbat leiht, dem zahlt's der Sabbat wieder.“ So heißt es auch in den alten Gesängen für den Sabbat-Abend („jom schabbath kodesch hu etc.“):

„Sabbattag, ein heiliger Tag,
Heil Dem, der ihn halten mag,
Sein beim Weine froh gedenkt
Und sich nicht mit Sorgen kränkt.
Ist die Börs‘ auch leer
Und darin nichts mehr,
Freue Dich
Herzinniglich;
Fehlte es auch an bar,
Mußtest leihen gar,
Gott bezahlt die Schuld für Dich.“ –

815. Könnt' mer den Schabbes anbinde'!

Ein Wunsch ebenfalls mit Bezug auf die Mühen, Sorgen und Bedrängnisse des täglichen Lebens, wovon der Sabbat befreit. Könnte man den Sabbat anbinden, daß er uns mit seiner süßen Seelenruhe nicht so bald wieder verlasse! Der Talmud erzählt (Sabbath 119.): „Der römische Kaiser (Hadrian) frug einmal Josua ben Chananja: „Wie kommt es, daß die Speisen am Sabbat weit duftiger sind?" – Wir haben ein Gewürz, antwortete Josua, das eben Sabbath heißt und das wir daran tun. – „Gib mir davon!" sagte der Kaiser. – Wer den Sabbat beobachtet, antwortete der sinnreiche Josua, dem nützt es; wer ihn nicht beobachtet, dem nützt es nicht." –

816. Ruh un Menuche
Is besser als Páschtet un Kuche'.

„Menuchah" (hebr.) heißt ebenfalls Ruhe und ist nur verstärkende Wiederholung. – „Páschtet", Pastete. – „as" für als s. 201. – Vergl. Spr. Sal. 17, 1. „Besser trocken Brot und Ruhe dabei, als ein Haus voll Hadermahle." – „Quietness is a great treasure."

817. Mein Schabbes allaan, mein Jontev allaan!

Zuvörderst im besonderen, als Wunsch, daß ein Festtag (jom tob, guter Tag, Festtag) nicht auf einen Sabbat fallen möchte, damit man der Ruhe und des Genusses des einen nicht durch den andern verlustig werde. Dann allgemein, daß verschiedene Veranlassungen zur Freude auch voneinander getrennt bleiben sollen. Ebenso sagt ein rabbinischer Spruch (Moed kat. 9. Jalkut Ber. 125.): „Man muß nicht Freude mit Freude vermischen", mit Anlehnung an 1. B. M. 29, 27., wo Laban zu Jakob sagt: „Laß die Hochzeitwoche mit dieser (Lea) verfließen, so sollst Du auch die andere (Rahel) bekommen."

818. Schmuës is der schönste Jontev!

Im besonderen Sinn: „Das Wochenfest (schabuoth, Pfingsten) ist der schönste Festtag" (jom tob, s. oben), nicht nur der schönen Jahreszeit wegen, sondern vorzüglich, „weil man an demselben essen darf, was man will und wo man will", indes am Pesachfeste kein Gesäuertes und am Laubhüttenfeste nicht außerhalb der Laubhütte gegessen werden soll. – Im allgemeinen sagt das Sprichwort: „Je unbeengter ein Leben ist, desto angenehmer ist es." –

2.

Der Mensch in Wort und Tat.

819. Wo e Narr gesesse', soll mer den Stuhl abwische'.

So ansteckend ist die Narrheit. „Ein Narr macht viel Narren." – „Ein kluges Kind, das mit einem närrischen erzogen wird, kann närrisch werden." (Lichtenberg). – So heißt es Jalkut Mischle zu Spr. Sal. 13, 30. „Wer sich zu Toren gesellt, geht zugrunde", er gleicht demjenigen„ der den Kram eines Gerbers besucht, und mag er dort weder verkaufen, noch kaufen, er und seine Kleider behalten den üblen Geruch den ganzen Tag." – Vergl. auch 827.

820. Aan Narr kann mehr frage', as zehn Chachomim antworte' könne'.

Nicht nur daß es dem Narren am Selbstdenken fehlt, er will auch oft durch seine sonderbaren Fragen sich als denkend zeigen, und so kann wohl ein Narr mehr fragen, als („as" s. 201.) zehn Weise (chachamim, hebr.) antworten können. – Das Sprichwort findet sich nach Eiselein auch bei Luther. Auch der Engländer sagt: „A fool may ask more questions in an hour, than a wise man can answer in seven years.“ – Sehr wahr heißt es auch im Mibchar happeninim des Salomo b. Gabirol (um 1040., arab., in’s Hebr. übersetzt von Jehuda Ibn Tibbon): „Besser einen ganzen Narren, als einen halben.“ –

821. Chasonim sind Narronim.

Eigentümlich ist die allgemeine Annahme, daß die Vorbeter (Chasonim, Mehrzahl von chasán, s. 223.) in der Regel Narren („Narronim“, des Reimes wegen mit hebr. Biegung. Vergl. 910.) seien. Man hat sogar eine witzige Erklärung dieser Annahme: „Der Chassen muß ein Narr sein, denn es heißt (Spr. Sal. 21, 30.): Keine Weisheit, keine Einsicht, kein Rat vor Gott, d. i. bei dem, welcher vor Gott, vor der heiligen Lade (als Vorbeter) steht.“ Möglich indessen, daß dem Chasan dieses Beiwort, dieses Epitheton ward, nicht allein infolge der Eitelkeit, die er gewöhnlich in Rücksicht auf seinen vermeintlichen kunstvollen Gesang zur Schau trug, sondern mehr noch dadurch, daß derselbe besonders in kleineren Gemeinden bei Festgelagen zugleich die Stelle des witzsprudelnden Lustigmachers und Possenreißers vertrat. Schon Pirke R. Elies. cap. 12. und cap. 16. sprechen vom Brauche des Chasan, das Brautlied abzusingen, welches indessen nicht immer durchaus moralischen und religiösen Inhaltes blieb (ein solches befindet sich am Schlusse des bekannten „Wormser Máase-nissim“). –

822. Unrecht is mir lieber als Stuß.

Dem Unrecht gegenüber kann man sich verteidigen; Unrecht läßt sich widerlegen, bestreiten; hat selbst den tröstlichen Gedanken: „Besser unter den Verfolgten, als unter den Verfolgern“ (Baba k. 93.); aber der Torheit gegenüber ist nichts anzufangen, der Narr ist von seiner Narrheit nicht abzubringen. – „Er bleibt immer bei seiner Geige.“ – Vergl. Spr. Sal. 18, 2.: „Der Narr hat keine Lust an Einsicht, nur am Offenbaren seines Innern.“ 23, 9. „Sprich nicht in des Narren Ohren; er verachtet Deiner Worte Sinnigkeit.“ 26, 11. „Wie der Hund zu seinem Auswurf wiederkehrt, so wiederholt der Tor sich in seiner Torheit.“ 27, 22. „Und stießest Du den Narren in dem Mörser, Du kannst nimmer seine Narrheit von ihm sondern.“ – „Der Narr bleibt unberührt, so wie das Fleisch des Toten das Messer nicht empfindet“. (Jer. Táanith). – Aber auch in dem Sinne gilt unser Sprichwort, daß ein Unrecht selbst verzeihlicher sei, als eine Dummheit, da für jenes wenigstens die Selbstsucht einen Grund abgibt. – Ce n’est pas un crime, c’est une faute.“ –

„Schtuss“, Torheit von schatah, verwandt mit dem bibl. satah, abweichen, abirren (s. 561.). Davon ein deutsch gebildetes Partizip: „bestußt“, närrisch. – „as“ für als, s. 201.

823. E Narr is kaan Beweis!

Kommt als Grundsatz wörtlich im Talmud vor (Niddah 30, b. Chulin 49, b. Sabbat 104, b.): „Man bringt keinen Beweis von Narren (schōtim).“ Nach dem Narren kann man sich nicht richten. Ebenso: „Von einem Narren soll man reden!“ „Von einem Narren is alles zu glauben.“ – „Die Worte eines Rasenden, Verrückten beweisen nichts.“ (Schiller: Maria Stuart).

824. Kinder un Narre‘ sagen die Wahrheit!

Geiler: „Kinder, Narren und Volle ...“ Vergl. auch Baba bathra 13.: „Seit der Zerstörung des Tempels ward die Prophetie den Propheten genommen und den Narren und Kindern gegeben.“ –

825. Sejóg lachochmoh schetikoh!

Der bekannte Spruch des Rabbi Akiba (Aboth 3, 17.) „Ein Zaun um die Weisheit ist – Schweigen.“ Vergl. eben daselbst 1, 17.: „Simon, der Sohn des Rabbi Gamliel, pflegte zu sagen: Mein ganzes Leben habe ich unter den Weisen zugebracht und für den Menschen nichts ersprießlicher gefunden als – Schweigen.“. – „Schweigen steht dem Weisen schön, um wie viel mehr dem Narren“. (Jer. Pesach. X. Aboth der. Nathan. 22. Pesach. 99.). – „Auch der Narr, wenn er schweigt, wird für weise gehalten; für verständig, wenn er seine Lippen verschließt“. (Spr. Sal. 17, 28. Vergl. Pred. 5, 2. 10, 14.) – „Wer schweigt hat wenig zu sorgen, Der Mensch bleibt unter der Zunge verborgen“. (Goethe: Westöstl. Diwan). – „Mit Schweigen verredet man sich nicht.“ – „Ist das Reden *einen* Sela (eine Münze) wert, so ist das Schweigen *zwei* wert“. (Megil. 18. u. o.). – „Reden ist Silber, Schweigen ist Gold“ (nach Freitag III. S. 92. arabischen Ursprungs). – „Si tacuisses, philosophus fuisses.“ – „Presse Deine Lippen zusammen und antworte nicht voreilig“. (Abodah Sar. 29.). – „Schweigen hat seine Zeit, Reden hat seine Zeit“. (Pred. 3, 7. Vergl. Sirach 20, 6. 22, 6.). – Auch Schammai's Spruch (Aboth 1, 15.) gehört hierher: „Sprich wenig, und tue viel!“ – Ebenso heißt es in bezug auf Zank und Streit: „Der Chōchem (chacham, der Weise) schweigt!“ – „Wenn zwei miteinander zanken, wer zuerst von beiden schweigt ist von besserer Familie“. (kidd. 71, b.). – „Schweigen ist das beste Heilkraut.“ (Meg. 18. Jalkut tehil. 788.). – „Hat der Streit übernachtet, hat der Zank ein Ende.“ (Sanhedr. 95.). –

826. E Soocher ohne Verstand,
Da liegt der Hessik uf der Hand!

„Soocher“ (sōcher, hebr.) Handelsmann. „Hessik“ (neuhebr., wie das biblische nesek) Schaden, Nachteil. Wenn ein Geschäftsmann keinen Verstand besitzt, so ist für ihn nur Nachteil zu erwarten. Vergl. auch 916.

827. Wer mit Chachomim umgeht, wird selbst e Chochem!

Kommt wörtlich Spr. Sal. vor (13, 20): „Wer mit Weisen umgeht, wird selbst weise". In Pirke R. Elies. cap. 25., sowie Jalkut Mischle 550. findet sich noch die hübsche Ausführung: „Er gleicht dem, der in eine Parfümerie-Handlung geht; selbst wenn er weder verkauft, noch kauft, so duften doch er und seine Kleider den ganzen Tag hindurch nach Wohlgerüchen." – Vergl. 819. – In Rücksicht auf den Umgang mit ausgezeichneten Männern sagen die Talmudisten (Pesachim 112.): „Und willst Du Dich erwürgen, hänge Dich an einen großen Baum". – (Jalkut Beresch. 21.): „Geselle Dich zum Vornehmen, und man bückt sich vor Dir", so wie auch der Engländer sagt: „keep honest company, and honest thou shalt be." – So heißt es auch Táanith 7., wenn auch dort in einem anderen Sinne: „Was hängt sich an das andere? das Kleine and das Große", und sehr sinnig antwortete einmal ein berühmter Rabbi, dem man seine Verwunderung darüber ausgedrückt, daß in den abendlichen Betstunden sich allerlei unbedeutende Leute zu ihm sammeln: „Auch an die Dome hängen sich gewöhnlich allerlei Häuschen und Lädchen an." – In Rücksicht auf den Umgang mit schlechten Menschen aber heißt es bei den Talmudisten (Sanhedr. 93, a. Jalkut Jerem. 309.): „Zwei Stück trockenes Holz und ein Stück feuchtes, entzünden die trockenen das feuchte." – „Ein fauler Apfel macht schnell, daß faul wird sein Gesell." – (Baba k. 92, a.): „Mit dem Dorn, (den man ausreißt), wird oft auch der Kohl verletzt." – „Mitgehangen, Mitgefangen." –

828. Wo Toore is, is Chochme.

„Wo Lehre (Thōrah, hier im besonderen von der Gesetzeskunde, sowohl der biblischen als der talmudischen) ist, ist Weisheit" (chochmah). Vergl. Aboth 3, 21.: „Wo keine Thora ist, da ist keine Gesittung" (dērech ērez, s. 330.).

829. Wenn der Chochem kreist, kreist er stark!

Wenn der Weise (chacham) einen Fehler macht, sich irrt, so irrt er sich tüchtig. – „Kreisen" für fehlen, sich irren, s. 96. – Die Rabbinen sagen (Baba M. 96, b.): „Nach dem Scharfsinn (churpha, s. 145.) ist der Irrtum". –

830. Es hot jeder sein' Grütz'!

– seine Dummheit, Albernheit (s. Adelung s. v.). „Es hot jeder sein Steckenpferd." Vergl. 703.

831. Es geht nix über den Baal-Nissojen!

– „über den Mann der Erfahrung", oder wie das Sprichwort auch ganz hebräisch lautet: „En chacham kebáal nissajon," es ist keiner so weise, wie der Mann der Erfahrung (nissajon, vom bibl. nissah, versuchen, prüfen). „Erfahrung macht weise." „Probieren ist über studieren" (Eisel.). – „Wer nit hinaus kummt, kummt nit haam." – „Wie etwas sei leicht, Weiß der es erfunden und der es erreicht". (Goethe: Westöstl. Diwan). – Die

Rabbinen sagen (Jalkut Waëthchan. 829.): „Wer vom Topfe gegessen, weiß wie das Gericht schmeckt", oder (wie es Debar. rab. 217, a. heißt): „Wer vom Gericht gegessen, kennt seinen Geschmack." – „Ein Tag lehrt den andern." (Nach Ps. 19, 3.). – Für „erfahren, unerfahren" hat man im Jüdisch-deutschen den Ausdruck: „geniet, ungeniet", „báali s'ez'al' (mein Mann seligen Andenkens, vergl. 443.) ist oftmals über den Duler (Dollart) gefahren und ist geniet darin gewesen." (Aus dem handschr. Tagebuch einer Frau aus dem 17. Jahrh., im Besitze des Verf.). – Man könnte sich versucht fühlen, an das latein. gnotus, ignotus, zu denken; aber das Wort ist das mittelhochd. „genietet" von „nieten" , satt bekommen (Nib. 4238.), und nicht nur in dem Sinne von erfahren, eingeübt „ein genieter Passagier", sondern auch in dem Sinne von sich anstrengen, sich abmühen, „ich habe alle zwei Jahre ein Kind gehabt und mich viel geniet, als der seder (Brauch) ist, die so ein Häuschen mit Kinderchen G" b" s" (Gott bewahr' sie) jachdow (beieinander) hat." (Eben das.). – (Vergl. Ziemann's mittelhochd. Wörterbuch. Artikel: genieten und nieten). –

832. Weiheit kummt nit vor den Jahren!

Vergl. Aboth 5, 24. „Ein Vierziger (kommt) zur Einsicht." – „Es bringen uns die Jahre allein Verstand und Haare." (Eisel.). „Jeder muß ein Paar Narrenschuh zerreißen, wo nicht mehr." (Agric.). „Das Niederreißen der Greise ist ein Aufbauen, und das Aufbauen der Jugend ein Niederreißen". (Nedar. 40.). – „Alle Jugend (taluj, talja, talitha, griech. ταλις) ist unbändig (saruj), und jeder Unbändige töricht". (kohel. rab. 83, a. Dukes nach

Math. keh. „Jeder Stolze…“ wogegen Mischn. R. Elies. richtig bemerkt, daß diese Erklärung zur Stelle durchaus nicht paßt). – So auch: „Jugend will ausgetobt sein“, „die Jugend muß getobt han“ (Fridank), sowie gewissermaßen auch die Erfahrung hierher gehört, daß ausgezeichnet kluge Kinder bald sterben. „Frühe weis, wird bald greis.“ – Anderseits vergl. 561. – In bezug auf ein sittliches Leben indessen heißt es, mit geistreicher Deutung des Bibelverses (3. B. M. 19, 32.): „Vor dem Alter erhebe Dich,“ in Deiner Jugend schon suche, Herr Deiner bösen Neigungen zu werden, „und Du wirst Ehre Deinem greisen Antlitz bringen.“ (Jalkut chadasch. Artikel Jezer tob No. 17.). –

833. Zum Lerne‘ is Kaaner zu alt!

Anders lautet es bei Shakesp.: „Zum Lernen bin ich zu alt.“ – „Was Hänschen versäumt, holt Hans nit mehr ein.“ – Der Sinn unseres Sprichworts ist jedoch: „Lernen ist nie eine Schande.“ –

834. So lang es aam gut geht, is mer e Chochem!

– „ein Weiser“ (chacham). – „Derwile dem Manne wol gat, so heißet er klug.“ (Misnere bei Eisel.). Vergl. Jalkut Mischle 560.): „Wer in seinem Besitztum zurückgekommen, dessen Weisheit findet kein Gehör mehr, so wie geschrieben steht (Pred. 9, 16.): Die Weisheit des Armen wird verachtet, und seine Worte finden kein Gehör.“ –

835. **Es steht: Schomooa been Acheechem!**

„Es steht (geschrieben 5. B. M. 1, 16. in der Vorschrift für die Richter): Hört zwischen euern Brüdern!“ Man muß in der Mitte beider Parteien hören, darf dem einen, der einen andern anklagt, nicht einseitig Recht geben. „Audiatur et altera pars.“ So auch bei Aristophanes in den Wespen der dem Phokylides zugeschriebene Vers (v. 734.): „Μη τι δικην δικασης, πριν αμφοιν μυθος ακουσης“, richte keine Streitsache, bevor Du beider Wort gehört. –

836. **Charoote gilt nix!**

„Reue (charatah, neuhebr., vergl. das Targum zu Hohesl. 5, 4.: „Wenn Israel nicht willig ist lemechrat zu bereuen.“ Es ist wohl verwandt mit dem bibl. charada, Schrecken, Sorgen, von charad, zittern, beben) gilt nichts.“ Der begangene Fehler muß in seinen unangenehmen Folgen gebüßt werden, und Reue kann das Geschehene nicht ungeschehen machen. „Ein schlechter Diener fragt um Erlaubnis, wenn's geschehen ist.“ (Baba bathr. 3.). –

837. **Rooges gilt nix!**

So wie die Reue das Geschehen nicht abändern, so kann der Zorn (rōges, hebr.) die Tat nicht ersetzen. Zorn kann nichts nützen, nichts ausführen. – Ähnlich ist der bekannte Spruch Nante's: „Bange machen gilt nich.“ – Ein rabbinischen Sprichwort sagt: „Der Zornige (ragson) gewinnt nichts als seinen Zorn". (kidd. 41, a.). – „Was vom Kessel übersprudelt, ergießt sich auf dessen eigene Seite". (kohel. rab. 75, b.). – Vergl. 714. –

838. Trē Koli lō mischtammi!

„Zwei Stimmen werden nicht gehört", sind nicht zugleich zu verstehen. – „Laß einen reden!" (Eisel.). – Die chaldäische Form des Sprichworts zeigt sein Alter, so wie es auch mehr den gelehrten Kreisen angehört. –

839. Wenn der Kopp weg is, is Alles weg!

Sowohl im wirklichen und besonderen Sinn: Wer in einer Krankheit, bei Ereignissen, Unternehmungen, den Kopf verloren hat, hat alles verloren – „man muß sein' fünf Sinne beieinander haben" – als auch bildlich und allgemein: „Wo das Haupt fehlt, ist kein Gedeihen." – „Wenn das Haupt krank ist, trauern alle Glieder." (Agric.). „Ein Oberhaupt muß sein, ein höchster Richter." (Schiller: Tell). „Bete für das Wohl der Obrigkeit. Wäre nicht die Furcht vor ihr, würde einer den andern lebendig verschlingen." (Aboth 3, 2.). „Fällt das Haus ein, wehe dem Gebälke!" (Jalkut Beschal. 262. nach dem Glossar. And.: „... den Fenstern!" kawawtha, s. Aruch rad. kuth. Mechiltha Beschal. 7. hat: „Trauer den ..." abal, soll vielleicht chabal, wehe, heißen). – Vergl. auch Erubin 41, b.: „Nach dem Kopfe richtet sich der Körper", und die dahin gehörige Fabel (Debar. rab. pag. 213. col. 4.): Einst sprach der Schwanz der Schlange zum Kopf: „Warum willst Du immer vorangehen? Ich will einmal vorangehen." „Gehe!" sprach der Kopf. Er ging. Traf sich eine Grube mit Wasser, schleifte er den Kopf hinein; traf sich ein Feuer, zog er den Kopf hinein; stieß er auf Dornen, er zog den Kopf hinein. Was war Schuld an allem? Daß der Kopf dem Schwanz folgte." – So heißt es auch Jalkut wajchi 162. wörtlich: „Ist der Kopf fort, was hat der Leib Gutes davon?" – Indessen heißt es Ber. rab. 88, b. sehr richtig auch umgekehrt: „Wird der Leib dahingenommen, was hat der Kopf Gutes davon?" – (Vergl. Pirke R. Elies. cap. 3. „Ist kein Heer und kein Lager da, worüber soll der König regieren? und ist kein Volk da, das den König preiset, wo da des Königs Ehre?"). – Rücksichtlich eines schlechten Oberhauptes oder Vorstehers sagt ein talmudisches Sprichwort (Baba k. 52.): „Wenn der Hirt (Gott) auf die Herde zürnt, gibt er einen blinden Hammel ihr zum Führer." – Ebenso Pirke R. Elies. cap. 42. „Alles geht nach dem Kopfe. Irrt der Hirt, irren die Schafe ihm nach; ist der Hirt gut und geht den rechten Weg, gehen die Schafe ihm ebenfalls nach." – Vergl. auch 672.

840. Mer muß sich nit verlosse' uf Nissim un Niflōës!

Als Warnung, bei Unternehmungen nicht zuviel zu wagen, sich nicht auf „Zeichen (nissim, hebr.) und Wunder" (niphlaoth, hebr.) zu verlassen, sich überhaupt in keine Gefahr (sekánah) zu begeben, da das Außerordentliche eben außer der Ordnung ist. – „Man kann bald was anfangen; aber wie das Ende ist, weiß man nicht." – „Wo Funken sprühen und Flammen lodern, wer möcht' den Schmied dahin geleiten!" (Baba M. 85.). – „Mer muß nit über sein Jechōles (Vermögen, s. 200.) gehen!" –

„Mer muß sich nit mehr uflade, as mer trage' kann!" – „Wer *einen* Garten mietet, der kann Vögel essen; wer viele mietet, den fressen die Vögel auf." (kohel rab. 70. Jalkut kohel 971.). So sehr es daher auch einerseits hieß: „Von Gott ist alles möglich!" (Ps. 115, 3.), „Wer das Öl brennen geheißen, kann auch den Essig brennen heißen" (Táanith 28.), so sehr hieß es anderseits: „Nicht jedem ereignet sich ein Wunder". (Pesach. 52. Sabb. 32. Megil. 16.). –

Ähnlich in Rücksicht auf höhere Forschungen ist der als von Sirach angeführte Spruch der Rabbinen (Chagigah 13, a. Ber. rab. p. 6. col. 3. Jalkut Hiob 507. Sirach 3, 20 – 22.): „Wolle nicht erforschen, was Dir zu groß, nicht ergründen, was Dir zu stark, nicht wissen, was Dir zu verborgen, nicht aufdecken, was Dir zu verdeckt ist. Denke nach über das, was Dir erlaubt ist, und laß Dich nicht ein in verborgene Dinge." – Vergl. Ps. 131, 1.: „Mein Sinn, o Herr, soll nimmer sich versteigen, mein Auge sich nicht überheben. Ich will umher nicht irren in dem, was mir zu groß, zu wunderbar." – Auch Spr. Sal. 25, 27. „Honig zuviel gegessen, bekommt nicht gut", wird von den Kommentaren auf das Forschen im Überirdischen und Himmlischen gedeutet. „Was auf Erden ist, weißt Du kaum, und Du willst wissen, was im Himmel ist!" (Sanhedr. 39.). „So wie meine bisherige Forschung im Gesetze (derischah) belohnt worden ist, so werde ich auch für mein jetziges (gottesfürchtige) Abstehen davon (perischah) Lohn empfangen" (Pesach. 22. kidd. 57. im Namen Simon's (n. A. Nehemia's), des Amsoniten). –

841. Das haaßt mer: sich selbst e Rut uf de Rücke binde'!

Wer sich in Schwierigkeiten verwickelt, Unannehmlichkeiten usw. zugezogen, die er hätte vermeiden können. – Der Engländer sagt: „He had made an halter, to hang himself." – „Steckt schön in der Brühe!" (Adelung). – „Sitzt zwischen zwei Stühlen im Dreck!" – Vergl. auch für den besonderen Fall Spr. Sal. 26, 17.: „Wer sich vorübergehend über fremde Händel ärgert, gleicht dem, der einem Hunde in die Ohren kneipt." (So nach den Akzenten. Vielleicht richtiger: „Wer über fremde Händel sich ereifert, gleicht dem, der einem vorüberlaufenden (ōber) Hunde in die Ohren kneipt"). – „Wer nix zu tun hat, macht sich zu tun." –

842. Warum hot er li gesagt!

Die hebr. Formel bei einer Trauung: haré ath etc. „Sei Du mir angetraut nach dem Gesetze Mosis und Israels" wird dem Bräutigam von dem die Trauung vollziehenden Manne Wort für Wort vorgesagt, nur das Wörtchen „mir" (hebr. li), auf welches hier alles ankommt und welches, wo es Not tut, man dem Bräutigam vorher einübt, muß er allein sagen. Der allgemeine Sinn unseres Sprichworts ist daher: Warum hat er sich gebunden, ist er den Handel eingegangen, „warum hat er ja gesagt"? – Auch die Talmudisten haben mancherlei Sprichwörter, um die eigene Veranlassung eines Übels zu bezeichnen, so (Sanhedr. 39, b. Jalkut Sam. 146.): „Die Hüfte verwest von innen heraus," – „Aus des Waldes eigener Mitte („minéh ubé abba", s. Aruch s. v. abba 2. – Anders bei

Dukes: „Blumenlese." No. 493. – Die Worte minéh ubé wurden auch allein zu einer Redensart: „Das versteht sich mineh ubé", durch sich selbst) kam die Art über ihn", nach der bekannten Fabel: Als das Eisen erschaffen worden, fingen die Bäume an zu zittern. „Was zittert ihr?" sagte da das Eisen zu ihnen. „Laßt kein Holz aus Eurer Mitte (als Stiel) in mich eingehen, so hat niemand unter Euch Schaden zu befürchten." – (Ber. rab. zu 1. B. M. 34, 30.): „Das Faß war hell; ihr selbst habt es trüb gemacht." –

843. Un wenn der Stuß aach geroth (geräth)!

„Stuß", Torheit, s. 822. – Bei Unternehmungen, die einerseits schwierig, mühevoll, gewagt sind, und anderseits, wenn sie auch gelingen, keinen besonderen Gewinn versprechen. Ebenso, und wohl auf besonderen Fällen beruhend: „Rewe, toomer umgekehrt!" Rabbi, vielleicht (tōmar, Du magst sagen, s. 309.) umgekehrt! vielleicht hat das Entgegengesetzte von dem, was Du erwartest, statt, hat die Sache den entgegengesetzten Ausgang. „Rewe, toomer jo (ja) hat die Goje (Nichtjüdin, s. 87.) Buchsen (Hosen, holländ.) an!" –

844. Alle Chas weschōlem sen möglich!

Alle „Gott bewahre!" (Chas weschalom, s. 475.) sind möglich, und es ist nicht wohlgetan, sich auf einen gefährlichen Fall einzulassen oder demselben nicht vorzubauen. – „Wer kann das Mögliche berechnen?" (Goethe). – Vergl. auch Pirke aboth 4, 3.: „Ben Assai pflegte zu sagen: Achte keinen Menschen für zu geringe, und halte kein Ding für zu entfernt; denn es gibt Dir keinen Menschen, der nicht seine Stunde, und kein Ding, das nicht seine Stätte hätte." – „Wenn's Gefäß voll ist, bringt's ein Tropfen auch zum Überlaufen." –

845. Alten Dreck soll mer nit ufrühre'!

Gewöhnlich in bezug auf Streitigkeiten, welche die Zeit in Vergessenheit gebracht hat; oft aber auch, freilich nicht edlen Ausdrucks, in bezug auf veraltete Gebräuche, welche ein konservatives Streben gern zeitgemäß ummodeln möchte. – „Alte Wunden soll man nicht aufreißen." – „Wenn man Dreck aufrührt, so stinkt er." (Agric.) „A stink is still worse for the stirring."

846. Mah scheōwar, ōwar!

Wörtlich das deutsche: „Was vorüber, ist vorüber!" (mah scheābar, ābar, hebr.). – Ebenso bei den Rabbinen: mah scheasuj, asuj, „Was geschehen, ist geschehen". (Menachoth 3, a. Jebamoth 106, a.). – „Was kümmert uns der Schnee vom vorigen Jahr!" – So heißt es im Simchath Nephesch S. 2, b.: „Nun is wissiglich (leicht zu wissen) wer neiert (nur, s. 811.) sēchel (Verstand) hat: wer sorgt auf was vorbei is, das helft nix; wer seufzt auf was vorbei is, der is ein Meschugener (Toller, s. 424.). Aso wohl der Mensch wollt sorgen, warum bin ich nit geschaffen geworn as ein Malach (Engel) und hätt' Flügel, in Himmel zu fliegen, solches is doch ein schiggaon (Wahnsinn), aso vil weniger gehört man zu seufzen un sorgen, was vorbei is." – „Ängstlich zu sinnen, was man hätte tun können, ist das übelste, was man tun kann." (Lichtenberg). – „Aus dem Kopf!" –

847. An e Sod is kaan Brōche!

„An einem Geheimnis (sōd, hebr., s. 574.) ist kein Segen" (berāchah), besonders als Bemerkung, wenn man sieht, daß einer dem andern etwas in die Ohren raunt.

848. Alles Zuviel is nix wert!

Jedes Übermaß im Handeln oder Reden ist nachteilig. – Vergl. Spr. Sal. 25, 27. „Honig zuviel gegessen, bekommt nicht gut." – Sanhedr. 29. „Wer zuviel tut, verkürzt." – „Zuviel ist ungesund." (Agric.). „Zu lüzel und zuviel, ist je des Teufels Spiel." (Eisel.). „Ne quid nimis." „Too much of one thing, is good for nothing." – Dafür daß „mehr oder weniger", wenn auch nur um einiges, nicht gleichgültig ist, haben die Talmudisten (Chagigah 9, a.) das Sprichwort: „Zehn Meilen kosten bei den Eseltreibern einen sus (eine Münze), elf Meilen schon zwei." – Ein anderer Ausspruch derselben in dieser Hinsicht heißt (Sanhedr. 105, b. Ber. rab. par. 55.): „*Liebe* überschreitet die Linie und *Haß* überschreitet die Linie" (die erste Stelle hat mebatteleth", hebt auf, die zweite: „mekalkeleth", zerstört), indem einerseits auf Abraham und Joseph hingewiesen wird, von denen der Erste den Esel selbst gesattelt, als er zur Opferung Isaaks auszog, und der Zweite den Wagen selbst bespannt, als er seinem Vater entgegenfahren wollte, obschon sie beide Diener hatten, denen dieses eher geziemte, und anderseits auf

Pharao und Bileam, von denen wiederum der Erste den Wagen selbst bespannt, als er Israel nachsetzen, und der Zweite den Esel selbst gesattelt, als er zur Verfluchung Israels ausziehen wollte.

849. Zuviel Aniwes is halber Geées!

„Zuviel Demut (aniwuth, bibl. anawah) ist halber Stolz" (geüth). „Zuviel Demut ist schalkhafter Hochmut." (Lehmann).

850. Zuviel Ehr' is halbe Schand'!

„Wenn man einem mehr Ehr antut als gebührt, ist Spott oder Betrug." (Lehmann).

851. Mer muß des Guten nit zuviel tun!

Gewöhnlich, wie bekannt, in bezug auf Genüsse; aber auch in bezug auf das Streben nach Vollkommenheit, betreffe es die persönliche, oder die eines zu verfertigenden Gegenstandes. So heißt es in bezug auf das Streben nach Weisheit und Gerechtigkeit Pred. 7, 16 – 18. „Sei nicht allzu gerecht und wolle nicht allzu klug sein. Warum willst Du zugrunde gehen? – Sei aber auch nicht zu ungerecht und nicht zu leichtsinnig. Warum willst Du sterben vor der Zeit?" – Hierher gehören auch die Redensarten: „Host nit geruht, bis es verdorbe' war!" wenn jemand etwas gar zu fein machen wollte, und eben dadurch verdarb. – „Jetzt hot doch die arme Seel' Ruh!"

besonders zu einem Kinde, welches ein Spielzeug so oft und so lange in Anspruch nahm, bis es zerbrach.

852. Kaan Tschuwe is aach e Tschuwe!

„Keine Antwort (teschubah) ist auch eine Antwort!", im Sinne des rabbinischen „schethikoh kehaudóoh damjo" (Pirke R. Elies. cap. 39. u. o.) „Schweigen ist so viel als Eingestehen", „qui tacet consentire videtur." –

853. Für den Chōchem is e Wort genug!

Zur Verständigung mit dem Weisen (chacham) oder zur Belehrung desselben genügt die geringste Andeutung.

854. Der Fuchs in seiner Zeit – bück Dich vor'm!

Das unter den Gelehrten bekannte chaldäische Sprichwort: „Teálah beïdneh segíd leh" (Megil. 16, b. Jalkut Beresch. 153., woselbst es auf Jakob angewendet wird, der, als er an Joseph eine Bitte hatte, sich vor demselben verneigte. (1. B. M. 47, 31.). Schicke Dich in die Verhältnisse und bücke Dich auch vor dem Fuchse, wenn die Reihe an ihm ist, König zu sein*. – „Bück Dich eher dreimal zuviel, als einmal zu wenig." (Eisel.).

* Das Sprichwort beruht offenbar auf einer Fabel. Die alten Talmudisten hatten ganze Sammlugen von Fabeln, darunter auch eine „Fabeln der Füchse" genannt; vergl. Zunz: „Gottesdienstliche Vorträge" s. 100. und die daselbst angegebenen Stellen.

855. Komplimente koschten nix!

Hier, wie das vorige Sprichwort, als allgemeine Ermahnung, es an Höflichkeitsbezeugungen, wenn es nützlich sein kann, nicht fehlen zu lassen; oft aber auch als besondere, tadelnde Bemerkung, daß jemand es an Komplimenten nicht fehlen läßt, wohl aber an hilfreicher Tat. – „Nichts wohlfeiler als Komplimente und Bücklinge." (Lehmann.)

856. Gut Wort findet gut Ort!

„Ein gutes Wort hilft viel und kostet wenig." – „Ein Wort zu seiner Zeit, wie trefflich!" (Spr. Sal. 15, 23. Vergl. das. 25, 11.). – Anderseits aber heißt es auch: „Mer muß aach emol das Rauhe herauskehre'." –

857. Wer über seine Zunge hat Gewalt, Der wird mit Ehren alt.

Vergl. Ps. 34, 13. 14. „Wer ist der Mann, der Lust am Leben hat? Gern alt und glücklich wird? Bewahr' vor Bösem Deine Zunge, und Deine Lipp' vor Trüglichreden." – (1. Petr. 3, 10.). – Spr. Sal. 18, 21. „Tod und Leben ist in der Macht der Zunge." (Vergl. Spr. Sal. 13, 3.). So heißt es auch in einer schönen Paraphrase (Erachin 15, b.): „Was ist der Sinn der Schriftstelle (Ps. 120, 3.): „Was soll man Dir noch geben und beifügen, Du falsche Zunge?" – Also spricht der Heilige, gelobt sei Er! zur Zunge: Alle übrigen Glieder des Menschen sind aufrecht, Du liegst; alle befinden sich außen, Du innen; nicht genug, ich habe Dich auch mit zwei Mauern umgeben, mit einer von Bein und einer von Fleisch – welche Wache soll man Dir noch geben und beifügen, Du falsche Zunge?" – Ebenso (Wajikr. rab. 153, a. Jalkut tehil. 767.): „R. Gamliel sagte einmal zu seinem Diener Tobi: „Gehe und kaufe uns etwas Gutes auf dem Markte." Der Diener ging und brachte eine Zunge. Wieder sagte sein Herr zu ihm: „Gehe und kaufe uns etwas Schlimmes auf dem Markte." Der Diener ging und brachte abermals eine Zunge. „Was soll das", frug der Herr, „daß Du als Gutes und als Schlimmes eine Zunge bringst?" – „Herr", antwortete der Diener, „von ihr kann Gutes, kann Schlimmes kommen. Ist sie gut, so gibt es nichts Besseres als sie; ist sie schlimm, so gibt es nichts Schlimmeres." – Ferner heißt es daselbst: „Rabbi (Jehuda Hannasi) gab einmal seinen Schülern ein Mahl und ließ ihnen dabei weiche und harte Zungen vorsetzen. Alles griff nach den weichen Zungen und ließ die harten stehen. „Meine Kinder", sagte der Rabbi zu seinen Schülern, „so laßt denn auch euere Zungen stets sanft gegeneinander sein." – Aber nicht nur eine schlimme Zunge haben, auch einer schlimmen Zunge zuzuhören, ist nicht von Vorteil. „Das Ohrläppchen", sagen die Talmudisten (ketub. 6.), „ist darum weich, damit man es umbiegen kann und das Ohr damit verschließen kann, wenn ein unedles Wort sich vernehmen läßt." – „Man behüte das Ohr vor eitlem Geschwätz; denn unter allen Gliedern wird das Ohr am schnellsten verbrannt". (Eben daselbst). – Daß es indessen nicht immer möglich ist, seine Zunge zu beherrschen, zeigt das andere, nicht minder bekannte Sprichwort: „Wer kann alle Worte auf die Goldwaag' legen!" –

858. Es geht nix über 'n gute' Name'!

Spr. Sal. 22, 1. „Ein guter Namen ist besser als großer Reichtum; Beliebtsein besser als Silber und Gold." – Pred. 7, 2. „Ein guter Namen ist besser als köstliches Öl, und der Todestag besser als der Tag der Geburt." – Aboth 4, 17. „Drei Kronen gibt es: die Krone der Gesetzeskunde (Thora), die Priesterkrone und die Herrscherkrone; aber die Krone des guten Namens übertrifft sie alle." – Simchath Nephesch 45, a. „Es is kein Gedächnis über dem, der ein schem tob (einen guten Namen) hinter sich läßt." – So hörte der Verfasser zu seiner großen Überraschung, als vor dem Hause des verstorbenen Amschel von Rothschild die Armen sich drängten, ihm das letzte Geleit zu geben, einen Mann aus dem Volke zu einem andern sagen: „Das is der Sinn von Zedōkoh tazzil mimmōwes („Almosen erlösen vom Tode", Spr. Sal. 10, 2. 11, 4. Tob. 4, 11., ein Spruch, der heute noch bei einem Leichenbegängnis von den Anwesenden, indem sie zugleich ein Almosen in die umhergereichte Almosenbüchse werfen, hergesagt wird, und über dessen unbedingte, oder bedingte Wahrheit selbst die Rabbinen nicht einig sind; vergl. Sabbat 156. Jalkut Mischle 545.), daß der Name des Baal Zedōkoh (Mann der Wohltätigkeit) nit sterbt." – „Sorge dafür", sagen die Talmudisten (Sabbat 153.), daß man vor Deiner Bahre etwas von Dir zu erzählen hat." (Andere daselbst: „hinter Deiner Bahre", je nachdem an einem Orte die Leichenreden gehalten wurden). – Auch der Spruch des Rabbi Chanina ben Dosa (Pirke aboth, 3, 13.) ward oft für den Wert des Beliebtseins angeführt: „Was dem Gemüte der Menschen (ruach habberijoth) zusagt, sagt auch dem Gemüte Got-

tes zu, und was dem menschlichen Gemüte nicht zusagt, sagt auch dem göttlichen nicht zu." –
Simchat Nephesch 1, c. hat, außer dem bereits angeführten noch eine ganze Reihe solcher vergleichenden Aussprüche, gewissermaßen eine Nachahmung des Midrasch gadol, die alle mehr oder weniger Gemeingut des Volkes geworden sind, und von denen wir einen Teil hier anführen wollen. Es heißt dort:
„Keine Liebe über die Liebe zu Gott." –
„Keine schönere Krone als die der Demut." –
„Keine Freude über die einer guten Tat."
„Keine Tugend (middah) über die der Scham" (buschah. vergl. Nedar. 20.). –
„Kein besserer Weg als der zu einer Wohltat." –
„Nichts mehr zu hassen („nix feinderes zu haben") als Stolz." –
„Nichts ärger als Streit" (máchalōketh). –
„Nichts so bös als eine böse Zunge." (S. 857. „Eine böse Zunge" – heißt es bei den Rabbinen „tötet drei: den Verleumder, den Zuhörer und den Verleumdeten." Wajjikr. rab. 146, b. u. o. Menorath hammaor f. 23, d.) –
„Vor nichts sich mehr zu hüten als vor dem Lügen." –
„Kein eitles Geschwätz (debarim betēlim, s. 109.) ohne Versündigung." –
„Kein Zusammensitzen Ungebildeter („am háarazim") ohne Lästerung" („Gespött", besonders in religiöser Hinsicht). –
„Keine Leichtfertigkeit (Kaluth rosch) ohne Unzucht" (senuth). –
„Kein Sinnen auf Sünde ohne Gotteslästerung." –
„Kein Scherz („Gespött") so bös als unzüchtiger" (nibbul-peh, eigentlich: Schändung des Mundes). –

„Kein größerer Mutwille als die Gewohnheit zu schwören." –
„Kein schlechter Mensch (rascha) über den Neidischen" („der ein ajin hará – böses Auge – hat"). –
„Kein größerer Feind als der böse Trieb" (jēzer hará, s. 935.). –
„Kein größerer Freund als der gute Trieb" (jēzer hattob, s. 935.). –
„Es geht nichts über ein gutes Herz." – (Aboth 2, 13.).
„Es geht kein Opfer über ein gebrochenes Herz." – (Ps. 51, 19.).
„Keine Furcht über die Furcht vor Gott." –
„Niemand übt größere Gnade als wer seinen Freund (chāber, eigentlich: Genosse) straft zu Gutem." (ihn zu bessern). –
„Keine Wahrhaftigkeit über die Wahrhaftigkeit gegen Gott im Verborgenen." –
„Keine größere Buße als allen, die sich gegen uns vergangen, zu verzeihen." –
„Keine größere Geschicklichkeit als Gottes stets eingedenk zu sein." –
„Kein Dienst über Gottesdienst." –
„Nichts Stärkeres als Frömmigkeit von Jugend auf." –
„Kein größerer Fund als der der Zeit zur Besserung." –
„Keiner reicher als der Genügsame." – (Aboth 4, 2.).
„Keiner tapferer als der seinen bösen Trieb (jēzer hará) besiegt." – (Eben das.).
„Kein heilsameres Denken als an den Tod." – (Pred. 7, 2.).
„Nichts bitterer als ein böses Weib." – (Pred. 7, 26.).
„Nichts Süßeres als das Studium in der Thora." –
„Nichts Besseres für die Weisheit als Schweigen." – (s. 825.).

„Nichts Kränkenderes als das Bewußtsein seiner Sünden." –
„Keine bessere Arznei als die Buße." – („Da wo die Reuigen stehen", sagen die Talmudisten (Sanhedr. 99, a.), „können die vollkommen Frommen nicht stehen", der Sünder, der sich gebessert hat, größeres Verdienst, als der, der noch nie in einer Versuchung war, dem noch kein „Bär in den Weg gekommen", wie sich die Rabbinen ausdrücken. (Tanchuma Schemini 42, col. d.). –

859. Wer die Zeit drängt, den verdrängt die Zeit.

Der Spruch kommt im Talmud vor (Berach. 64. Erub. 13, b.), indem Absalon als Beispiel angeführt und hinzugefügt wird: „Und wer der Zeit nachgibt, dem steht sie bei." – „Man darf nicht wider den Strom schwimmen." – Ebenso bei den Rabbinen (Ber. rab. par. 44.): „Wer sich der Woge entgegenstemmt, den reißt sie fort; wer ihr aber nicht trotzt, den flößt sie auch nicht weg." – „Time and tide tarry for no man." „Wer nicht will tun der Zeit ihr Recht, der fahrt in Geschäften schlecht." (Eisel.).

860. Wenn mer unter Wölf' is, muß mer mit'n heule'.

Agricola: „Wer unter Wölfen ist muß mitheulen." – „Ulula cum lupis, cum quibus esse cupis." – Auch der Engländer kennt das Sprichtwort: „Who keeps company with wolves, will learn to howl." – Die Rabbinen sagen (Ber. rab. par. 48. Jalkut Ber. 82. u. o.): „Kommst Du in eine Stadt, so richte Dich nach ihren Sitten", und führen als Beleg an, daß Moses, als er vor Gott verweilte, nicht geschlafen und nicht gegessen und nicht getrunken habe (5. B. M. 9, 9. 18.), die Engel hingegen, welche Abraham besuchten, von dem ihnen bereiteten Mahle aßen oder wenigstens sich so stellten (1. B. M. 18, 8.). – „Si fueris Romae, Romano vivito more; si fueris alibi, vivito sicut ibi." – „Wohin man kummt, da soll man halten, des Landes Sitten und der Alten." (Brand). – „Geh hinaus und sieh, was das Volk tut!" (Berach. 45.). –

861. Die Wände' hewe' Ohre'.

Als Ermahnung zur Vorsicht bei der Mitteilung eines Geheimnisses. – „Walls have ears." (Shakesp.). – „Fields have eyes, and woods have ears." – „Feld hat Augen, Wald hat Ohren." (Reinmar v. Zweter). – Ebenso bei den Rabbinen: „Die Wand hat Ohren" (Jalkut zu Pred. 10, 20. „Denn der Vogel unter dem Himmel führt die Stimme fort, und der Beflügelte spricht das Wort nach"). Vergl. auch kohel. rab. p. 82, a. und Wajjíkr. rab. par. 32. „Der Weg hat Ohren, und die Wand hat Ohren." – Berach. 8, b. und Jalkut Ber. 131. zur Bibelstelle (1. B. M. 31, 4.): „Und Jakob berief seine Frauen zu sich auf's Feld": „Rabbi Simon ben Gamliel pflegte zu sagen: In drei Dingen lieb ich die Medier: sie beißen nicht ab und essen, sondern schneiden und essen; sie küssen nur auf die Hand, und beraten sich nur auf freiem Felde." – Hierher gehört auch das bekannte: „Ein Vögelchen hat mir's gesagt", wenn man nicht angeben will, woher man etwas wisse. Vergl. die angeführte Stelle Pred. 10, 20. und Jer. Sotah 15, b. „Er hat es von einem Vogel gehört, der vorüberflog." Indessen mag dieses auch mit dem

Glauben zusammenhängen, daß alle Geschöpfe und besonders die Vögel von der Gottheit zu Verkündigungen gebraucht werden. So heißt es Jalkut chadasch likutim 121. „Alle Geschöpfe, selbst die Würmer, stehen zu Verkündigungen bereit, besonders aber die Vögel. Der Rabe fast stets zu schlimmen Botschaften, besonders zur Ankündigung der Pest – vor der uns Gott bewahre! – doch mitunter auch zu guten; der Habicht (neż, Mendelsohn: Sperber) zu guten; die Schwalbe (zippor derór, Raschi zu Spr. Sal. 21, 2. „hirondelle"; Landau zu Aruch nimmt's für den ägypt. Zugvogel dururi) zu guten, besonders für das Ende der Pest. Daher sieht man auch, so lange die Pest dauert, diesen Vogel nicht, und sieht ihn in keiner Stadt, in welcher die Pest herrscht, und deshalb heißt es auch bei der Zerstörung (Jerusålems, jerem. 9, 9.): „Vom Vogel bis zum Vieh ist alles weggescheucht", denn sie hatten ihrer nicht nötig (weil sie, die Israeliten, selbst auswandern mußten. – Vergl. über Letzteres noch Echah rab. gegen Ende). – Auch die Taube gilt als Glücksvogel. „Taube, Taube", ruft R. Elasar in einer Erzählung (Sohar Balak f. 82. col. d. – S. des Verf. „Fellmeiers Abende" No. L. „Das kindliche Gebet"), „Du bist immer ein Glücksvogel" („bist immer keschērah in Deinen Botschaften", s. 610.), indes er dem Raben zuruft: „Flieg von dannen, Unglücksvogel Du! ich weiß schon." –

862. Wer bezahlt die Lezannim!

Wenn Dinge unternommen werden, wobei voraussichtlich nicht einmal die Kosten gedeckt sind, dann heißt es: „Wer bezahlt die Musikanten?“ (lezannim, s. 243.). Ähnliche Redensarten sind: „Das is e Lotterie ohne Treffer!“ eine Unternehmung, wobei nichts zu gewinnen ist. „Dabei kummt's Wasser nit heraus!“ Vergl. auch 843. –

863. Wie kumm‘ ich zu mei'm Kēren!

In demselben Sinn, wie die vorhergehende Redensart: „Wie komm ich zu meinem ausgelegten Geld?“ – „Keren“, eigentlich: Horn, im Neuhebräischen – im Gegensatz zu rewach, Erweiterung, Vorteil, Gewinn – das Kapital (gleicher Weise von caput, Haupt), die Hauptsumme (Peah 2. „keren kajemeth“, bleibendes Kapital). – „Es kostet mich Keren soviel.“ – „Da geht der Reewech (rewach) samt dem Keren hin“ usw. – Auch im bildlichen Sinne: „Ich kumm‘ immer zu mei'm Keren“, wenn eine aufgestellte und lange bestrittene Behauptung, Ansicht, Meinung, sich am Ende als richtig erweist, oder auch wenn die Ereignisse uns zwar spät aber doch zuletzt für uns zugefügtes Unrecht rächen, und uns also gleichsam unser Guthaben auszahlen. –

864. Was get's Dich an? – Loß ihn sein' Windel auswäsche'!

Man muß sich nicht ohne Not in fremde Angelegenheiten, besonders in fremde Händel mischen. Vergl. 841. „Der Eigentümer des Balkens", sagen dafür die Talmudisten (Jalkut lech lecha 72. Berach. 64.), „mag sich mit dessen Schwere belasten." – „Der Eigentümer des Ochsen komme und stelle sich neben seinen Ochsen". (Jalkut schofet. 523.). – „Der Eigentümer des Weinbergs komme und rotte seine Dornen aus". (Baba Mez. 83, b.) – „Was Dich nit angeht, laß liegen." (Eisel.). „Meddle not with that you have nothing to do withal." – „Meddle with your old shoes." – (Die Aussprache „get" für geht gab Anlaß zur Verwechslung mit „get" für gibt („Es get allerlei Leut'") und so auch zu der bekannten Anekdote: ..."Was get's mich an!" – „Sie get (gibt) aber den Rewe an!" – „Was get's Dich an!")

865. Wer's Aushebe' hot, soll aach's Einhebe' habe'!

Das „Ausheben" und das „Einheben", das Herausnehmen der Thora aus der heiligen Lade zu den Vorlesungen und das Zurückbringen derselben nachher (hozáah wehachnasah), sind Ehrenverrichtungen in der Synagoge. – Hier in dem Sinne von: „Wer es eingebrockt hat, mag's auch ausessen." „As you have brewed, so you may bake." – „Mitunter auch in dem Sinne von: „Wer A sagt..." „Du hast es angefangen, vollende es auch!" (Ber. rab. par. 60. im Anfang). –

866. Wer Bilbulim sucht, der find't se!

„Bilbulim" (chald. und neuhebr. s. 381.), Streit, Händel. – „He that seeks trouble, never misses it." Vergl. 841

867. Wer viel Scháales macht bekummt viel Tschuwe!

Aus Ermahnung zur Selbstentschließung. Wer viel fragt bekommt viel Bescheid. – „Scháaloth", Fragen. „Teschubah", Antwort. – „Wer viel fragt, der wird viel gewiesen." (Eisel.).

868. Wer kann's jedem recht mache'!

Oder auch: „Gott selber kann's nit jedem recht mache'!" – Auch der Engländer sagt: „One cannot please every one." „No god above gets all men's love." – „Mach es wenigen recht, vielen gefallen ist schlimm." (Schiller). – „Es gibt dreierlei Recht: Recht, Unrecht, un wie mer's macht, is aach recht." –

869. Wenn mer Alles wüßt', wär' mer bald reich!

Als Entgegnung etwa auf den Ausruf: „Hätt' ich das gewußt! benutzt! oder auch als Entschuldigung auf einen ähnlichen Vorwurf, man braucht nicht alles zu wissen und kann doch tüchtig sein. Vergl. Gittin 6. „Meinst Du, wer des R. Jitzchak Wort nicht weiß, ist darum kein großer Mann!"

870. Eh' ich zum Schmidche' geh, geh ich zum Schmid!

Als Vorwurf oder als Entgegnung. „Man muß bei der rechten Türe anklopfen", „vor die rechte Schmied gehen" (Adelung), an den rechten Ort, zu dem rechten Mann. Die Talmudisten haben dafür (Sanhedr. 3, b. Jalkut Mischpat. 346.): „Wer einen Prozeß hat, der gehe zum Richter"; (Baba k. 46, b.): „Wer einen Schmerz fühlt, der gehe zum Arzte." –

871. Wär' ich vor mei'm Aette kumme',
Hätt' ich die Mämme genumme'!

Als Entschuldigung oder Einwand: hätte ich Zeit und Umstände benutzen können, ich würde es sicher getan haben. „Wer zuerst kommt, mahlt zuerst." – „Aette" oder Aetti (Hebel), altdeutsch: Atta, Vater. „Mämme", Mama.

872. E bös' Spiel will aach gespielt sein!

Sowohl im besonderen vom Kartenspiel usw., als überhaupt: wir müssen den Kampf durchkämpfen, in welchen uns eigne Schuld oder ein ungünstiges Geschick versetzt hat. „Man muß zum bösen Spiel eine gute Miene", „muß aus der Not eine Tugend machen." – Dafür, daß man sich in die Umstände finden, sich mit dem begnügen muß, was da ist, hat man das Sprichwort:

Bōruch hu uwōruch Schemóo –
Es is nix mehr do!

Baruch hu etc. (gelobt sei Er, und gelobt sei sein Name!) beginnt nämlich das Tischgebet, welches nach dem Essen gesprochen wird. Jemand nun, der gern noch gegessen hätte, wenn eben was zu essen da gewesen wäre, begann daher einmal sein Tischgebet mit diesem Reimverse und betete dann weiter. –

873. Es muß aach Krummes gebe'!

Als Entgegnung oder Beruhigung. Ebenso: „Wer alles Krumme grad' machen will, hat viel zu tun." – „Wer sich über alles ärgern will, wird nit fertig."

874. Sof hakkōwed lōwe!

Ein rabbinischer Spruch: Soph hakkabod labo. „am Ende kommt die Ehre." Als Aufmunterung für jemand, der nach einer ehrenvollen Stellung trachtet. Es bedarf keines unmittelbaren Strebens nach Ehre, sondern nur eines tüchtigen und rechtschaffenen Handelns, so kommt die Ehre schon. Anderseits heißt es bei den Rabbinen (Berach. 3.): „Wer der Ehre nachjagt, den flieht die Ehre."

875. Das haaßt: Das Kind mit dem Bad ausschütte'!

Das Gute mit dem Bösen wegwerfen. (Adelung). Eiselein (s. v. Gevatterschaft) bezieht das Ausgießen des Bades auf das Taufwasser; indessen war es auch bei den Juden bräuchlich, in der Nacht vor der Beschneidung das

Kind zu baden, wofür dann die Gevatterin der Wartfrau ein Trinkgeld gab, das man „Badgeld“ hieß, oder im Falle sie selbst das Kind badete, das Trinkgeld ins Wasser warf. (S. Frankfurter Jüdische Kleiderordnung No. 16.). –

876. Was liegt dran? Weniger als Aans kann's nit schlage'!

Warum nicht wagen? weniger als das Geringste kann es ja nicht einbringen. „Better a bare foot than no foot at all.“ „Wer alles will, bekommt gar nichts.“ (Eisel.).

877. Tōmes Nafschi im Plischtim!

Der Ausruf Simsons (thamuth etc. Richter 16, 30.): „Mag ich untergehen mit den Philistern!“ ist schon frühe zum Volkswort geworden, wo jemand den eignen Schaden nicht beachtet, wenn er nur seinen Feinden damit schaden und so Rache üben kann. Vergl. Jebamoth 120, a.

878. Mer muß der Zeit aach ebbes überlosse'!

„Man muß dem Augenblick auch was vertrauen.“ (Schiller). „Man muß viel der Zeit befehlen.“ (Luther). „Man muß dem Zufall auch etwas überlassen.“ „Kommt Zeit, kommt Rat.“ „Die Zeit gibt Bescheid.“ (Agric.). – „Ebbes“ für etwas, s. 251. –

879. Mit Zeit lernt e Kind gehn!

„Mit Zeit lernt der Bär tanzen." „Mit Zeit lernt e wilder Ochs das Joch tragen." (Shakesp.). „Zeit bringt Rosen." „Zeit bricht Rosen." „Time and straw make medlars ripe."

880. Bis sich der Soocher besinnt, besinnt sich der Mochsin aach!

Ein allzulanges Besinnen taugt nicht. – Bis sich der Kaufmann (sōcher, biblisch: der umherziehende Handelsmann) besinnt, ob er sich mit dem Zöllner (mochsin, vom biblischen mĕches, Abgabe, der Steuereinnehmer, Zöllner, s. 907.) um die verlange Summe abfinden soll, besinnt sich der Zöllner auch und wird andern Sinnes. – „Es gibt Leute, die zu keinem Entschluß kommen können, sie müssen sich denn vorher erst über die Sache beschlafen haben. Das ist ganz gut, nur kann es Fälle geben, wo man riskiert, samt der Bettlade gefangen zu werden." (Lichtenberg.) – In Rücksicht auf die Schädlichkeit langer Verhandlungen und Beratungen, wo ein rasches Eingreifen Not tut, haben die Rabbinen manches hübsche Sprichwort. So heißt es (Tanchuma waéra f. 20, a.): „Als Israel die langen Verhandlungen zwischen Moses und Pharao sah, da sagte es zu Moses: „Zwischen dem Hirten und dem Wolf ging das Lamm zugrunde!" – Ebenso (Ber. rab. 52, b. Jalkut Schoft. 68.): „Jephtha war nicht verpflichtet, sein Gelübde zu halten, nicht einmal ein Lösegeld dafür zu geben; denn selbst das Wort desjenigen, der ein unreines oder fehlerhaftes Tier zum Opfer bestimmt, hat keine Gültigkeit, und der Priester Pinehas hätte ihm wohl sein Gelübde lösen dürfen. Aber Pinehas sprach: „Er ist's, der meiner bedarf, und so muß er zu mir kommen", und Jephtha wiederum sagte: „Ich bin das Haupt der Fürsten in Israel, wie soll ich zu Pinehas gehen!" und in diesem Rangstreite ging das arme Mädchen verloren, so wie die Leute sagen: „Zwischen der Hebamme und der Gebärerin ging das Kind zugrunde." – „Darum auch", heißt es weiter, „mußten sowohl Jephtha als Pinehas büßen für das Blut der Jungfrau. Jephtha, der Richter starb dahin, Glied nach Glied, und sein Leib wurde zerstreut in den Städten Israels begraben (Richter 12, 7.); von Pinehas, dem Priester, aber wich der heilige Geist; er, mit dem zuvor der Herr gewesen, war nur noch Fürst in Israel." (1. Chron. 9, 20.)

881. Besinnt sich der Chōchem, besinnt sich der Schoote!

In demselben Sinne. Während sich der Kluge (chacham) besinnt, hat der Narr (schōteh, s. 561.) auch Zeit, sich zu besinnen und sein Anerbieten, seine Bereitwilligkeit zu etwas zurückzunehmen.

882. Wer viel überlegt, legt nix über!

– legt nichts als übrig, als gewonnen zurück. – „Wer wagt, der gewinnt." – „Was macht gewinnen? – Nicht lange besinnen!" (Goethe: Westöstlicher Diwan). – Wie „überlegen", wird im Jüdischdeutschen auch „auflegen" für gewinnen gebraucht: „Ich hab dabei nix aufgelegt", sowie scherzhaft für fetter, dicker werden: „Sie hat dabei was aufgelegt." –

883. Mer muß die Lewōne mekaddesch sein, wenn sie steht!

„Man muß den Mond einsegnen, wenn er steht" (sich zeigt). – „Lebanah", hebr., der Mond (eigentl.: der Weiße, Blasse). – „kiddesch", hebr., heiligen, den vorgeschriebenen Segensspruch beim Erscheinen des Neumondes sprechen. (Über den Gebrauch des hebr. Partizips mit dem deutschen Hilfsverb sein s. 364.). – Sinn: Man muß die Umstände benutzen. – „Man muß das Eisen schmieden, weil es warm ist." „Man muß die Gelegenheit beim Schopf ergreifen." – „Make hay, while the sun shines." „Hold opportunity by the fore – look before she turns her tail." – „Fronte capillata est occasio, capite calva." – Die Talmudisten haben eine Menge ähnlicher Sprichwörter, um die Ergreifung des rechten Augenblicks zu empfehlen. So: „Während Dein Feuer brennt, geh und schneide Deinen Kürbis und brate ihn." (Sangedr. 33.). – „Wenn du hungrig bist, iß; wenn Du durstig bist, trink; wenn Dein Topf siedet, gieße ab." (Berachoth 62, b.). – „Du hast die Sandalen am Fuß, zertritt den Dorn." (Ber. rab. 39, a. Jalkut lech lecha 76. Jalkut Jerem. 285. mit der schönen Anwendung, daß Israel oder überhaupt der Mensch, dem als Richtschnur für sein Tun in seiner Vernunft und Religiosität ein Höheres gegeben sei, nicht erst bei den Sternen u. dgl. anfragen möge. Vergl. Jerem. 10, 2. und oben 741.). – „Hast Du Datteln in Deinem Korbe, so eile in die Brauerei damit." (Pesach. 113.). – „Wer einem übel will und langsam tut, tut einem wohl, und wer einem wohl will und langsam tut, tut einem übel." (Baba bathr. 12.). –

884. Nach zwölf is aans – was mer tut!

Wenn der rechte Augenblick versäumt ist, ist alles Tun nutzlos. – „Eine Kohle, die nicht zur Zeit brennt, brennt nimmer." (Jer. Maaser Schen. 15, b.). – „Unglückskind! Das Loch war vor Dir, warum bist Du nicht entschlüpft?" (kohel. rab. 76. als Lehre in einer Fabel). – In bezug auf eine zu späte Buße heißt es (Jalkut kohel. 589.): „Wenn das Licht noch brennt, tue Öl darauf, ehe es erloschen; wenn es erloschen (wenn Deine Kraft dahin), nutzt das Öl nichts mehr." (Vergl. 832. am Ende). – Für „es ist eins, einerlei" hatte man auch den Ausdruck: „Es is chad Schmue" chad, chald., wie das hebr. echad, ein; Schmue, schemuah, s. 83., hier wie Ding, Tun. –

885. Das ganze Johr schikker un am Purim nüchtern!

Im besonderen: ist das ganze Jahr berauscht (schikkor), fröhlicher Laune, und gerade am Purimfeste, wo jeder sich der Freude hingibt und hingeben soll (vergl. 193. und 532.), still und verstimmt. Überhaupt: zeigt gerade, wo Zeit und Umstände es doch erforderten, sich nicht in seinen gewöhnlichen Anlagen und Fähigkeiten und täuscht so die Erwartung.

886. Kohēles sagt! „Alles zu seiner Zeit"!

koheleth (Prediger) 3, 11. – „Alles hat seine Zeit, nur die alten Weiber nicht." (Kirchhofer). – Vergl. 825. –

887. Wer nit kummt zu rechter Zeit,
Der muß esse' was übrig bleibt!

Der beklage sich nicht, der selbst Zeit und Umstände versäumte, sie nicht im gehörigen Augenblick zu erfassen wußte. – „Ein Mann, so da kommt nach dem Essen, muß vorlieb nehmen mit dem Reste." (Rückert). „Wer zu spät kommt, der hat das Nachsehen." – „Sero venientibus ossa." – Im Munde der Gelehrten hieß es: „Obar semannau botal korbonau", nach dem Priesterrechte: „Wessen Zeit vorüber ist" – wer sie „verpaßt" hat – dessen Opfer ist aufgehoben", kann nicht mehr stattfinden. –

888. Wer nit da is, wird nit mitgezählt!

„The absent party is always to blame." – „Der Abwesende muß allemal Haar lassen." –

889. E fauler Schliach is e halber Nōwe!

Um einen Gang nicht gehen, eine Arbeit nicht tun zu müssen, sagt der Träge gewöhnlich, als ob er es schon im voraus wüßte, es sei ja doch umsonst, es führe ja doch zu nichts, und so ist der faule Bote (scheliach, hebr.) ein halber Prophet (nowi, nabi, hebr.). –

890. Wer da haben will die Hannóoh,
Muß aach haben die Massóoh!

„Wer da haben will die Lust (hannáah, neuhebr., verwandt mit dem bibl. naah, nawah, schön, s. 290.), muß auch haben die Last (massáah, hebr.). – Vergl. 179. – „Wer mit will essen, soll auch mit dreschen.“ – „Wer den Kern will, muß die Nuß knacken.“ – „No nut doth lack, it's shell to knack.“ – „No pains, no gains.“ „No sweet without some sweat.“ – „Dem Fleiß und Schweiß wird Süßigkeit zu Preis.“ –

891. Wer sich an Freitag nix anbereit' auf Schabbes,
hat an Schabbes nix zu essen.

Da am Sabbat nicht gekocht werden darf. – Ein rabbinischer Spruch in bezug auf die Vorbereitung diesseits für ein Jenseits (Abodah Sar. 3, a. kohel. rab. 86. Jalkut kohel. 567. u. a.), und oft mit dem Zusatz: „denn Du weißt nit, was der Tag bringt“ (Spr. Sal. 27, 1.). Simchath Nephesch (S. 6, b.) fügt unserem Spruche hinzu: „und wenn der Mensch sitzt wohl bescholaum und beschalwoh (in Frieden und Glück), gehört er sich zu Herzen nehmen und trachten, wie bald kann sich das Blatt 'erum vorkehren“ (s. 616.). – Auch den Spruch den der Talmud als Reiseregel gibt (Pesach. 117.): „Machst Du Dich auf den Weg, so stecke Lebensmittel zu Dir“ hörte man oft in diesem Sinne deuten. Vergl. ketub. 67. „Der Vorrat ist so gering, und die Reise so weit!“ – Pirke R. Elies. cap. 43. „Nach dem Tode ist's zu spät zur Buße. Wer zur See gehen oder durch die Wüste reisen will, muß vom bewohnten Lande aus Speise und Trank mitnehmen.“

Für „sich bereit machen“ war der gewöhnliche Ausdruck: „sich meechin sein“, das hebr. Partizip mēchin (kun) mit dem Hilfsverb sein (s. 364.). –

892. **Wer sich charpent zu esse‘ un zu ōre‘,**
Is hier un dort verlore‘.

„Wer sich schämt zu essen und zu beten, ist diesseits und jenseits verloren.“ Die irdischen und himmlischen Bedürfnisse wollen beide befriedigt sein. Am häufigsten hörte man das schöne Sprichwort, wenn jemand beim Essen schüchtern tat. „Geniere Dich nit! Wer sich charpent etc.“ – Auch Zeénah Ureénah kennt dasselbe (haphtor. Machar chodesch. p. 252. col. b.). – Ähnlich ist ein Spruch bei Eiselein: „Swer verzaget, der ist verloren, hie Libes, dort der Seele!“ – Neuer wohl und nachgebildet ist: „Wer sich schämt zu beten und zu essen, ist hier und dort vergessen.“ – „Essen hält Leib und Leben zusammen.“ – „Mahle mit den Zähnen, und du spürst es in den Füßen.“ (Sabb. 152. Jalkut Jer. 329.). –
„Charpenen“, vom hebr. cherpah, Scham, mit deutscher Endung. – „Oren“, beten, vom latein. orare. Wie manchem galt und gilt es als Sünde, statt des von ihm für hebräisch gehaltenen „oren“ das deutsche beten zu sagen! Ebenso hielten und halten viele das Wort „benschen“, das Tischgebet sagen, die Kinder segnen, für hebräisch, obschon es vom latein. benedicere, Gutes sagen, segnen, kommt.

893. Chutzpe muß mer habe'!

„Dreistigkeit muß man haben", wenn man im Leben fortkommen will. – „Blöde Hunde werden nicht fett." „Blödigkeit ist dem Armen wenig nütz." (Lehmann.) – „Bashfulness is an enemy to poverty." – „Chuzpa", vom chald. chazaph, scharf, streng, eilig, keck sein (Dan. 2, 15. 3, 22.). Aber Chuzpa bezeichnet nicht nur die Dreistigkeit oder den Mut, der in einem gerechten Selbstvertrauen seinen Grund hat, sondern auch die Keckheit, die aus einer leichtsinnigen Lebhaftigkeit entspringt, oder gar die Frechheit, in welcher man sich, gleichgültig gegen Ehre und Schande, über jedes Urteil anderer hinwegsetzt, und in diesem Sinne hieß es:

894. Mit Chuzpe setzt mer Alles dorch!

„Mit Frechheit setzt man alles durch", ähnlich dem talmudischen: „Frechheit hat selbst beim Himmel Geltung". (Sanhedr. 105. Jalkut Bemidbar 765. mit Anlehnung an die Erzählung von Bileam, dem anfangs Gott verwehrt, Balak's Ruf zu folgen, aber später auf dessen Zudringlichkeit es doch gestattet). Eben daselbst heißt es auch: „Die Frechheit ist eine Herrschaft ohne Krone." – (Vergl. auch Jalkut Schemuel 142.). –

895. Ungepraiten Gascht setzt mer hinter den Auwe'!

Dennoch, sagt dieses Sprichwort, dränge man sich nirgends zu, denn: ungebetenen Gast setzt man hinter den Ofen. – „Praien", beten, einladen, vom französ. prier, s. 221. – „Auwé" (mit dumpfer, schwäbischer Aussprache) für Ofen, vergl. das engl. oven, das althd. ovan und das got. auhns. – „Wer ungebeten kommt, geht ungedankt davon." – (Lehmann.) „Ungeladenen Gästen ist nit gestulet." (Eiselein). „Assideat valvae non invitatus honeste." – „Arme Leut gehören hinter die Tür." (Agric.). – „Gascht", hier einfach Gast, sonst meistens Bettler, s. 239.

896. Hinter dem Auwe' is aach Stub'.

Gleichsam eine Antwort auf das vorhergehende Sprichwort. Man muß eben das Plätzchen nehmen, das man bekommen kann.

897. Spei 'ner Tméeeh in's Ponim – sie sagt: es rejent!

Um einen hohen Grad von Frechheit zu bezeichnen: „Spuck einer Metze (teméah, hebr., eigentlich: Unreine) in's Gesicht (panim), sie macht sich nichts daraus und sagt: es regnet!" –

898. Aan Ehr' is die andre wert.

Als Ermahnung, einer angetanen Ehre zu entsprechen, einer Einladung z. B. Folge zu leisten usw.

899. Das erstemol is Cheen,
Das zwaatmol schön,
Das drittmol schlagt mer uf die Zähn.

Witze und Neckereien, mögen sie anfangs noch so anmutig sein, wiederholt, werden sie lästig. – „Cheen", Chēn, (hebr.) Anmut, s. 738. Daher auch ein deutsch gebildetes Adjektiv „chentik" (chentig), anmutig.

900. Der Mann ehrt den Platz.

So heißt es Táan. 21. „Rav Nachman bar Rav Hisda sah, daß Rav Nachman bar Jitzchak bei Leuten saß, die nicht sehr angesehen waren, und forderte ihn auf, sich zu ihm und seiner Gesellschaft zu setzen. Da antwortete dieser: „Wir haben gelernt: R. Jose pflegte zu sagen: Nicht die Stelle des Menschen macht ihm Ehre, sondern der Mensch macht seiner Stelle Ehre. Auch vom Sinai heißt es, solange die Gottheit auf demselben weilte (2. B. M. 34, 3.): „Schaf und Rind sollen gegen den Berg hin nicht weiden; nachher durfte alles wieder auf den Berg." – Vergl. Hilchoth derech ērez (Wagenseil Belehrung, S. 312.): „Die Stāt (Stätte, s. 223.) is den Menschen nit mechabbed (ehrend, so auch: „einem mechabbed sein" für verehren), adrabbo (im Gegenteil, talmudischer Ausdruck, Aruch s. v.), der Mensch is die Stāt mechabbed." –

901. Bechiso. Bechōso. Decháaso.

Wörtlich: „In seinem Beutel, in seinem Becher, in seinem Zorne." In allen dreien nämlich, da, wo es sein Interesse betrifft, oder in der Trunkenheit und in der Hitze des Zornes, wo er seiner nicht mächtig ist, da zeigt sich der Mensch, wie er ist. – Im besonderen wird unter Kis, Beutel, oft das Spiel verstanden. „Im Spiel lernt man die Leute kennen." – Es ist schade, daß sich der Gleichklang des schönen rabbinischen Spruches (Erubin 65. Tanchuma par. korach am Ende. Midr. Thora bei Jellinek S. 94. – „Einige", heißt es daselbst, „sagen: auch an seinem Lachen") im Deutschen nicht leicht wiedergeben läßt. Unser verehrter Freund Berthold Auerbach schlug einmal vor: „Im Korn, im Horn, im Zorn." – Ein anderer lieber Freund, Rabbiner Lewysohn in Stockholm, gab unser Sprichwort durch: „Im Geldeshang, im Becherklang, im Zornesdrang." – Eben daselbst (Erubin 1. c.) finden sich indessen auch manche zur Empfehlung des Weines interessante Aussprüche. So: „Ein Haus, in welchem der Wein nicht wie Wasser ausgegossen wird, gehört nicht zu den ganz gesegneten." – „Wer im Dufte des Weines willfahrender (gutherziger) wird, hat etwas vom Gemüte (midáath) seines Schöpfers; denn auch von diesem heißt es (1. B. M. 8, 21.): Und der Herr roch den lieblichen Geruch und sprach in seinem Herzen: ich will die Erde nicht mehr verfluchen."

902. Viele hewe' zuviel, aber Kaaner genug!

Pred. 5, 9 „Wer das Silber liebt, wird nie des Silbers satt." – „Je mehr man hat, je mehr man will." „Je me er hat, so me er gert." (Boner).

903. **Mer kann dem Jid nit weher tun, mer get'm was er fordert!**

Da der Jude fast einzig auf den ungewissen Handel angewiesen war, so mußte er natürlich streben, jedesmal den höchstmöglichen Gewinn zu machen, und so hörte man denn oft, wenn er das Geforderte ohne Zögerung erhielt, den Ausruf von seiner Seite: „Hätt' ich nur mehr gefordert!" – Ebenso in Rücksicht auf den Einkauf: „Der Jid (und der Bauer) muß handele'."

904. **Es wor emol e Zeit, wo die magere' Küh' die fette' verschlunge' hewe'!**

– in dem Traume Pharao's; aber schon lange ist es nicht mehr so; schon lange pflegten die Fetten (Reichen) die Mageren zu verschlingen. Ähnlich ist das in neuerer Zeit aufgekommene Sprichwort: „Jetzt fahren die Reichen die Armen." – Auch der Talmud kennt den Ausdruck: „Verkehrte Welt", wenn auch in einem andern Sinne. So heißt es (Pesachim 50.): „Rav Joseph, der Sohn des R. Josua ben Levi, war ohnmächtig geworden und schien verschieden. Als er wieder zu sich kam, fragte ihn der Vater: Was hast Du geschaut? „Eine verkehrte Welt", antwortete der Sohn. „Die (hienieden) Obern waren unten, und die (hienieden) Untern waren oben." – Vergl. 1. Korinth. 1, 27. –

905. Nichnas Jajin jozo Saud!

„Zieht der Wein ein, zieht das Geheimnis aus." – „Der Wein verrät des Menschen Herz." „Im Wein ist Wahrheit." „Der Volle nichts verschweigen kann." „Wenn der Wein niederseig, schwimmen die Worte empor." (Agric.) „Trunkener Mund redt aus Herzensgrund." „What soberness conceals, drunkeness reveals." – Da im hebräischen die Buchstaben Zahlenwert haben, so liegt in dem hebr. Spruche zugleich ein Witzspiel darin, daß sowohl jajin, Wein, als sōd, Geheimnis, siebzig in der Zahl hat: „Wenn siebzig einziehen, ziehen siebzig aus." (Erubin 65. Sanhedr. 38. Tanchuma par. Schemini und par. korach glossar. Jalkut Jes. 280.). – Schön ist auch das Wort Rabbi's (Jehudah Hannasie) zu den Söhnen Chija's (Sanhedr. 1. c.): „Laßt den Wein den Knaben besiegen!" (trinkt Euch zum Sprechen Mut durch den Wein). –

906. Wenn sich die Gannowim miteinander zänke', kummt der ehrliche Mann zu seiner Sach'.

Wenn die Spitzbuben (gannobim, hebr., Diebe) uneinig werden und sich ihre Spitzbübereien gegenseitig vorrücken, da hört der ehrliche Mann, wer ihn bestohlen hat. Ein Sprichwort, das nicht nur im gemeinen Leben, sondern auch gar oft bei großartigen Bedrückungen und Rechtsverkürzungen seine Anwendung findet. Auch der Engländer sagt: „When thieves (rogues) fall out, honest men get their own." – Anderseits heißt es bei den Rabbinen (Sanhedr. 105. Jalkut Balak, 765.): „Feldmaus und Katze feiern ein Fest vom Fette des Unglücklichen." –

907. Mer kann dem Mochsin nit weher tun, mer zahlt 'm.

Man kann dem Zöllner nicht weher tun, als wenn man ihm den Zoll gehörig entrichtet. Zuvörderts in Rücksicht auf den ehemaligen Judenzoll; dann überhaupt: Man kann einem bösen Menschen nicht weher tun, als wenn man jede Veranlassung zu Händeln und zur Ausübung seiner Bosheit verhütet. – „Mochsin", Steuereinnehmer, Zöllner, vom bibl. mechés, Abgabe. Der Zöllner steht im Talmud in großer Verachtung. Sanhedr. 25, b. wird er unter denen aufgezählt, die nicht befugt sind, vor Gericht Zeugnis abzulegen, und Nedar. 27. mit Straßenräubern zusammengestellt. Vergl. Matth. 5, 46.

908. Beim Chasser is e gēle Rüb' aach e Matthōne!

Beim Schweine (chasir, hebr.) ist eine gelbe (gēl, mittelhd.) Rübe auch ein Geschenk (matthanah, hebr.). In bezug auf den Geizhals. Bei diesem ist das Geringfügigste ein Geschenk, und zwar in doppelter Hinsicht, er mag geben oder empfangen. – Über die Bezeichnung des Geizhalses durch ein Schwein vergl. 270. und 271. –

909. Keelev bleibt Keelev!

„Hund (keleb, hebr.) bleibt Hund!“ Gewöhnlich in bezug auf den Geizhals (s. 270.); überhaupt: der niedriggesinnte, verächtliche Mensch ändert sich nie, die Umstände und Verhältnisse mögen noch so verschieden sich gestalten. – „Ging ein Hund tags tausend Stund zu Kilchen, er ist doch ein Hund!“ (Eisel.).

910. Schoftim is schon recht – aber kaan Schuftím!

Daß es Richter (schophetim, hebr.) gibt, ist schon recht, aber die Richter sollen keine Schufte sein. – „Schuftim“, des Wortspiels wegen mit hebr. Endung; vergl. 821. – Ähnlich ist auch das Wortspiel: „Rabbo-nim!“ gleichsam: Rabbi nimm! die Rabbinen nehmen gern Geschenke.

911. Wen Gott gezeichnet hot, vor Dem soll mer sich hüte‘.

„Hüte Dich vor denen, die die Natur gezeichnet hat!“ (Geiler), weil sie gewöhnlich bösartig seien, was wohl darin seinen Grund haben mag, daß Mißgestaltete und Verkrüppelte sich von früher Jugend auf oft verlacht und zurückgesetzt sehen. Eine hübsche Erzählung, einerseits zur Bestätigung dieses Spruches und anderseits zur Verteidigung der göttlichen Gerechtigkeit, findet sich im Mehajeschuah des R. Nissim Gaon (um 1030.) S. 2, b. (S. des Verf. „Fellmeiers Abende“ Nr. XXXVIII.). –

912. Es get kaan Rōsche kann Eeze, er hot sein Toowe dabei.

Als Warnung im besonderen Fall, sich vor dem Rat eines anerkannt bösen Menschen zu hüten, oder auch als allgemeiner Erfahrungssatz: „Es gibt kein böser Mensch (rascha) einen Rat (ēzah), er hat seinen Vorteil (tobah, Gutes) dabei." Der Böse tut kein Gutes ohne Eigennutz. „Nimm Dich in Acht vor dem, der zu seinem Vorteil Dir Rat gibt" (Sanhedr. 76, b.). – Bekannt ist die äsopische Fabel mit gleicher Lehre von der Krähe, die eine Austernschale nicht öffnen konnte, und dem Raben. – Vergl. auch Jebamoth 102, b.: „Rabbi Jochanan sagte: Es heißt in der Schrift (1. B. M. 31, 24.): „Der Herr sprach zu Laban: Hüte dich mit Jacob zu reden, weder Gutes, noch Böses!" Böses ist schon recht, warum aber kein Gutes? weil alles Gute der Bösen ein Schlimmes ist bei den Frommen", wozu der Kommentar bemerkt: „Der Böse haßt den Frommen und mißgönnt ihm das Gute, und schon deshalb ist sein Gutes kein Gutes." – Horajoth 9, b. wird der Spruch indes dahin gedeutet, daß alles Gute, was der Böse hienieden genießt, ein Schlimmes insofern für den Frommen wäre, als der Genuß desselben ihm an seinem Verdienste jenseits Abbruch tun würde. Vergl. Jalkut kohel. 978. am Ende.

913. Loo midduvschoch weloo meükzoch!

Ein den gelehrten Kreisen entlehntes chaldäisches Sprichwort (Tanchuma zu 4. B. M. 22, 12. Jalkut ibid.): „Bileam sprach: Wenn ich dem Volke nicht fluchen darf, so will ich mitgehen, um dasselbe zu segnen. Aber Gott antwortete ihm: „Nichts von Deinem Honig und nichts von Deinem Stachel!“ Zum bösen Menschen sagt man, wie zur Wespe: Ich mag Dein Gutes und Dein Böses nicht. – Das Sprichwort scheint übrigens auf einer Fabel zu beruhen. – Vergl. auch Joma 69. „Wir wollen weder ihn, noch den Gewinn durch ihn.“ –

914. E'ner miesen Maad darf mer Kaan' Kuß gebe'!

Zuvörderst im besonderen: Einer häßlichen („mies“ s. 623.) Magd darf man keinen Kuß geben, weil dieselbe, da so etwas nur selten an sie kommt, es überall ausplaudert. – Dann allgemein: Mit einem Menschen von einem häßlichen, widerlichen Charakter soll man sich nicht einlassen. –

3.

Religiöses und Moralisches.

915. **Wer hofft uf die Gulle,**
Is bald mechulle.

„Wer hofft auf die Erlösung (geüllah. von gaal, erlösen, die messianische Erlösung), ist bald zerrüttet“ (mechullah, von kalah, verderben: verdorben, zerrüttet, verarmt). – Daß trotz dem täglichen Gebete für eine messianische Erlösung im materiellen Sinne dieser Gedanke: „Nur wer der Verarmung nahe ist, hofft auf die Erlösung“ zum Sprichwort werden konnte, zeigt, wie jene großenteils nur pia desideria geworden sind. Vergl. 188. – Merkwürdig ist in dieser Hinsicht auch eine Phrase bei Emanuel (einem jüdischen Dichter, der im 12. Jahrhundert in Rom gelebt), in dessen Machbereth p. 17, b. Berliner Ausgabe.

916. An Drei is kaan Brōche: an Koone Hakkel, an Soocher Chasde Owes un an Meewi Goóel.

Wenn das vorige mehr dem Volke, so gehörte dieses sehr witzige Sprichwort mehr gelehrten Kreisen an. Die hebräischen Ausdrücke nämlich kommen wörtlich so und in derselben Folge in dem ersten Spruch des sogenannten Schemōneh-esreh (s. 405.) vor und beziehen sich dort auf Gott: „Der das All besitzt" (Kōneh hakkōl), „der Frömmigkeit der Väter gedenkt" (sōcher chasde aboth), „und den Erlöser bringt" (mēbi gōēl); hier aber ist der Sinn: „An Dreien ist kein Segen (berachah): an dem, der alles kauft („Kōneh" heißt auch Käufer; wer alles kauft, ein Kōneh hakkōl ist, der ist schon arm oder verarmt bald); an dem, der sich immer nur auf die Verdienste seiner Eltern oder Ahnen stützt (der hat kein eigenes Verdienst; vergl. Sanhedr. 81., wo der Vers Ezech. 18, 6. „Wer von den Bergen nicht gezehrt" gedeutet wird: „Wer vom Verdienste der Väter – sechuth aboth, s. 605. – nicht gezehrt, und an dem, der den Erlöser bringen möchte" (der befindet sich in schlechten Umständen). –

917. Und wenn's nur zwaa Jehudim get, kloppt aaner Schule' un anner geht Schule'!

Die Anhänglichkeit an das Judentum wird trotz allen Bedrängnissen sich erhalten. – Vergl. 1049. – „Schulen klopfen", zur Synagoge rufen. In frühern Zeiten ging zur Betzeit der Gemeindediener von Haus zu Haus und klopfte an die Haustüre, um zur Synagoge zu rufen. Über den Ausdruck „Schule" für Synagoge, s. 528. –

918. Ki loo almon Jisroël!

„Denn Israel soll nicht verwitwen!" (Jer. 51, 5.) soll nicht verlassen sein; wenn auch ein bedeutender, wirksamer Mann aus seiner Mitte scheidet, stirbt, entsteht ihm ein neuer, der ihm Ersatz gibt. – Ein Spruch, den die Alten sehr häufig im Munde führten, teils als Trost, wenn die Gesamtheit einen derartigen Verlust erlitten, teils als freudige Wahrnehmung der Bestätigung, wenn die entstandene schmerzliche Lücke sich bald hinlänglich ausgefüllt fand. Vergl. 616. die Stelle aus kohel. rab.

919. Das führe' sie nit aus, da is unser Harjet dazwische'!

– wenn etwas gegen das Judentum besonders auf religiösem Gebiete unternommen ward, sei es von außen, oder in seiner eigenen Mitte von „Neumodischen", Neuerern. – „Harjet", Herr Gott.

920. Der Rōsche kehrt selbst am Gehnem nit um!

Ein talmudischer Spruch (Erubin 19.a.): „Die Gottlosen kehren selbst an der Hölle Pforten nicht zur Buße um", sowohl von dem verstockten Sünder überhaupt, als insbesondere in Rücksicht auf religiöse Abtrünnigkeit. – „Rascha", der Frevler, Gottlose. „Gehnem", Hölle, s. 650. – Anderseits hieß es: „Wenn's Wasser an den Hals kummt, wenn's an den Kragen geht, werden sie alle frumm!" – Vergl. Pirke R. Elies. cap. 43. „Das gesamte Israel tut nur Buße, wenn die Not es dazu drängt." –

921. E fetter Rav un e magerer Gallech is nix wert!

Ein fetter Rabbiner und ein magerer Prälat taugen beide nicht viel. Vom Rabbiner wurde nicht nur Entsagung gefordert, sondern auch als Folge des anhaltenden Studiums eine gewisse Abmagerung vorausgesetzt; bei dem Prälaten hingegen, dessen Wohlbeleibtheit ja zum Sprichwort geworden ist, schrieb man die etwaige Abmagerung dem Geize und der Knauserei oder gar anderen Ursachen zu. – Indessen heißt es bei den Talmudisten (Táanith 11.) anderseits: „Der Gelehrte (Talmid – chacham) darf sich nicht mit vielem Fasten abgeben, weil sein Himmelswerk darunter leiden könnte. Ein Gelehrter, der viel Fasten hält, dessen Mahl soll der Hund fressen." –
„Rav", der in Amt stehende Rabbi, Rabbiner. – „Gallach", von gallach, hebr., scheren, mit der Tonsur versehen.

922. Unsre Chachomim waren aach kaan Narre'!

Unter chachamim, Weise, werden hier ausnahmsweise Talmudisten verstanden. Sie waren auch keine Narren, sagt der Strenggläubige dem „Aufgeklärten" gegenüber und hatten wohl einen Grund für jede Anordnung, die sie trafen.

923. Das haaßt mer: e sauere Sauce um e Backstein mache'!

Ein Wort des Neuern in bezug auf die vergeblichen Versuche, veraltete und abgestorbene Gebräuche durch Modernisierung wieder aufzufrischen. Ebenso: „Das heißt: einen neuen Placken (Flicken) auf einen alten Rock setzen!" (Matth. 9, 16.). Vergl. auch 815.

924. Nit glaabe is kaan Kunscht, glaabe is e Kunscht!

Eine Erwiderung des Strenggläubigen in bezug auf religiöse Vorschriften: „Verneinen und demgemäß abwerfen ist leichter als festhalten und danach handeln." – In Frankfurt erzählt man indessen eine Anekdote, nach welcher man auch das Gegenteil als Wahrheitssatz aufstellen könnte. Zu einem Rabbi der alten Zeit nämlich, der in seinem Leben wenig über seinen Talmud und seine vier Wände hinaus gekommen war, sagte einmal dessen Bruder: „Sag einmal! in Amerika haben sie Tag, wenn wir Nacht haben, und Nacht, wenn wir Tag haben, wie geht's mit Schabbes?" – (da ja alsdann notwendig nicht „über alle Welt Sabbat" zugleich ist). – Der gute Mann schien anfangs ein wenig betroffen von der Bemerkung; bald aber rief er bündig: „Ich glab (glaub) in Emes (emeth, Wahrheit) den ganzen Chōlem (chalóm, Traum) nit." –

925. Davor sen mer Jehudim!

Wenn jemand über Druck von außen oder auch über Beengtsein vom Judentume selbst aus klagt: „Dafür sind wir Juden“, haben wir die Bestimmung, die Träger des Glaubens an den einen Gott zu sein. – Vergl. auch 606. – Aber auch von der andern Seite im ironischen Sinn: „Dafür sind wir einst aus allen Völkern gewählt worden, um – es besonders gut zu haben.“ –

926. Davor sen mer im Golus!

– in derselben doppelten Anwendung: „Dafür sind wir im Exil (galuth) und harren unserer und der ganzen Menschheit Erlösung. – So erzählt man, daß einmal zwei polnische Juden nach Leipzig zur Messe reisten. Als sie so auf dem Wagen dahinfuhren, warfen Chaussee-Arbeiter Steine in den Wagen. „Welch Risches!“ (rischuth, Bosheit, s. 35.) rief der eine der Polen. „Sei ruhig!“ sagte der andere, „davor sen mer im Golus – wenn Meschiach (Messias) kommt, werden sie im Wagen fahren und wir Steine klopfen.“ –

927. Es get noch mehr as aan Scháale, uf die es kaan Tschuwe get.

– „Scháalah“, Frage, vom bibl. scháal, fragen. „Teschuba“, Antwort. – In bezug auf Fragen über supernaturalistische Gegenstände, besonders als Entgegnung, wenn jemand äußert, daß er etwas auf dem Gebiete des Übernatürlichen nicht verstehe.

928. Was liegt dran! – Kaan Arōwes mehr!

Als Ausruf bei der Mitteilung, daß jemand vom Judentum abgefallen sei: „Was ist dran gelegen! so haben wir auch keine Bürgschaft (araboth) mehr für ihn zu leisten.! – Vergl. 683. –

929. Alleweil braucht mer sich zu schmadde'!

Ebenfalls beim Vernehmen, daß jemand aus dem Judentum geschieden sei, jedoch mehr ironsich: „Jetzt (alleweile: Adelung) braucht man sich zu taufen (schmadden, s. 671.), um es bequemer zu haben!" man kann ja doch tun, was man will, kann ungehindert und ungescheut sich über jede religiöse Schranke wegsetzen. –

930. Wenn Das am grüne' Holz geschicht, was erscht am dörre'!

„geschicht" für geschieht; „dörr", dorr, dürre. – Vergl. Ezech. 20, 47., sowie Schacharith von Jom kippur im Stücke Enosch mah jiske: „Wenn das grüne Holz die Flamme entzündet, wie erst im dürren Geniste!" – Ebenso Lukas 23, 31. – Juchasin 9, b. (Ber. rab. par. 65. Jalkut toled. 115.): „Als der fromme Priester Jose ben Joeser auf Befehl des syrischen Feldherrn zur Hinrichtung geführt ward, sprach er strafend zu seinem leichtsinnigen Neffen Jojakim: Wenn denen, die nach Gottes Willen handeln, so geschieht, wie mag es denen ergehen, die seinen Willen übertreten!" – (Vergl. Spr. Sal. 11, 31.). – Hier indessen hat das Sprichwort den Sinn: „Wenn gelehrte und als gottesfürchtig geltende Männer sich Übertretungen erlauben, was soll erst der gemeine Mann tun!" – „Alles Einreißen, das nicht von den Großen ausgeht", sagte Simon ben Jochai (mit Bezug auf 1. B. M. 6, 2., wo er unter bene Elohim die Söhne der Richter verstanden haben will), „ist kein Einreißen. Wenn die Priester selbst die Götter bestehlen, wer soll bei denselben noch schwören, wer ihnen Opfer darbringen!" (Ber. rab. par. 26. Jalkut Ber. 43.). – Qualis rex, talis grex. – So heißt es zur Stelle (3. B. M. 4, 3.): „Wenn der gesalbte Priester sündigt zu des Volkes Verschuldung – „Wehe der Provinz, deren Arzt am Podagra leidet, deren Augenarzt einäugig ist, deren Fürsprecher zum Ankläger geworden!" (Waj. rab. 130, b. Jalkut Waj. 469.). – Ebenso Taanith 23.: „Wehe, wenn von den Augen der Gemeinde (von den Vorgesetzten – eine rhetorische Deutung von 4. B. M. 15, 24.) ein Fehl geschieht! Wenn die Augen der Braut schön sind, bedarf der übrige Körper keiner Untersuchung; sind aber die Augen unschön, so tut es wohl Not, den ganzen Körper zu untersuchen." – Noch möge hier ein talmudischer Ausspruch Platz finden. Er heißt (ketub. 105, b.): „Wenn ein junger Rabbi bei seiner Gemeinde in besonderer Gunst steht, so ist's nicht immer seiner Trefflichkeit wegen, sondern weil er sie in den himmlischen Dingen nicht zurechtweist" (keine Strafpredigt hält). –

931. Wer fragt jetzt noch nach Jiches!

Wer fragt, wenn er sich verheiraten will, da noch nach edler Abstammung, nach guter Familie (jachas, hebr., mit dem Sinn, Geschlecht, Stamm, Neh. 7, 5.), nach Geld nur fragt man, eine Klage, die schon der Verfasser des Simchat hannephesch führt. Dort heißt es S. 46. wörtlich: „Jetzund báawoonooseenu horabbim (um unsrer vielen Sünden willen) sagt der aulom (die Welt): Der Jichus liegt auf dem kewōraus (auf dem Friedhof, gleichsam: der Jichus ist gestorben), wenn neiert (nur) Geld da is." – Vergl. oben 738. die Stelle aus Táanith 29. – In Rücksicht auf edle Abkunft überhaupt hatten die Talmudisten den Grundsatz: Eigne Geistes- und Gemütsbildung ist höher zu schätzen als edle Abkunft. So sprach Rabbi Preda (Menach. 53, a. Jalkut Schem. 166.), als man ihm einen Mann anmeldete mit den Worten: „Ein Mann, der im zehnten Glied von Elasar ben Asariah und abermals im zehnten Glied von Esra abstammt, verlangt zu Dir" – : „Wozu dieses all?" sprach Preda. „Ist er ein Sohn des Gesetzes (ein Schriftkundiger, Bar Urian, Ben Thorah), so ist er edel („jāë", hagon erklärt der Kommentar, d. i. ευγενης); ist er der Sohn eines edlen Vaters und ein Sohn des Gesetzes, so ist er doppelt edel. Ist er aber der Sohn eines edlen Vaters und nicht ein Sohn des Gesetzes, so möge ein Feuer ihn verzehren." – In Rücksicht auf unsern besonderen Fall aber stellten die Talmudisten (Jebamoth 6.) den Grundsatz auf: „Steige eine Stufe hinab und nimm dir eine Frau; steige eine Stufe hinauf und wähl' Dir Deinen Genossen." – Die Tochter eines Gelehrten, sowie ein Mädchen aus dem Priesterstamme, galten besonders für edlen Geschlechtes (Pesachim 49, a.) Vergl. auch oben 541. –

932. Mer muß sich nit schlechter mache, als mer is!

Vergl. Aboth 2, 18. „Halte Dich nicht selbst für einen Bösewicht“, wenn auch dieses mehr auf die eigene Meinung sich bezieht, weil man sonst – nach der Erklärung des Meïri in seinem Beth habbechirah – ganz gleichgültig gegen die Ausübung des Schlechten werden könnte, indes unser Sprichwort mehr die Meinung anderer im Auge hat. – In bezug auf Stand und Würde sagen die Talmudisten (Sanhedr. 93, a.): „Selbst in der Stunde der Gefahr verleugne der Mensch seine Würde (rabbanuth) nicht.“ –

933. Mer muß aach de Mensche‘ zu gefalle suche!

Die Meinung anderer von uns soll uns nicht gleichgültig sein. – „Halte Dich fern vom Häßlichen und von allem, was so scheint!“ (Chulin 44.). – So heißt es auch (Jalkut Matt. 786.) zu dem Verse (4. B. M. 32, 22.) „Ihr sollt rein sein vor Gott und vor Israel“: „Der Mensch soll der Meinung seiner Mitmenschen ebenso zu genügen suchen als dem Sinne Gottes. Das lehren auch die Propheten, indem sie sagen (Jos. 22, 22.): „Gott weiß es, und auch Israel soll es wissen“, und so lehren auch die übrigen heiligen Schriften, indem es da wiederum heißt (Spr. Sal. 3, 4.): „Und Du sollst finden Gunst und Wohlgefallen in den Augen Gottes und der Menschen.“ – „Gott nur sieht das Herz. – Drum eben... sorge, daß wir doch auch etwas Erträgliches sehen.“ (Schiller: Votivtafeln). –

934. Es hot jeder sein' Fehler!

Pred. 7, 20 „Es ist kein Mensch auf Erden so gerecht, daß er nur Gutes täte und nicht sündigte." – Vergl. 1. König. 8, 46. Spr. Sal. 20, 9 und oben 830. – „He is lifeless, that is faultless." – „Traue Dir selber nicht", sagte Hillel (Aboth 2, 5.) „bis zum Tage Deines Todes!" – „Bedauernswerte Pflanze", rufen die Rabbinen mit Bezug auf 1. B. M. 8, 21., „von welcher der Pflanzer selbst bezeugen muß, daß sie mißraten!" (Ber. rab. 29, b. Jalkut Noach 61. Jalkut Jer. 290. Jalk. tehil. 859. Ebenso: „Bedauernswerter Teig, von dem der Bäcker selbst etc. etc.). – Indessen sagen dieselben auch (Joma 38, b. mit Bezug auf 1. Sam. 2, 9. „Er behütet die Schritte seiner Frommen." Vergl. auch No. 943. unsrer Sammlung): „Ist die Mehrzahl der Jahre eines Menschen vorübergegangen, ohne daß er gesündigt, so sündigt er nicht mehr", und (Joma 1, c.): „Ist dem Menschen eine Sünde ein- oder zweimal vorgekommen, und er beging sie nicht, so begeht er sie nie mehr." Ebenso (Jer. Peah I. 27.): „Hat ein Mensch sich ein-, zwei-, oder dreimal vor der Sünde selbst behütet, so behütet ferner ihn Gott." –

935. Je größer der Mann, je größer der Jeezer Horre!

So heißt es auch bei den Talmudisten (Sukkah 52, a. Jalkut Joel 535.): „Ein Greis lehrte: Je größer jemand an Geistesgaben, als sein Genosse ist, um so größer ist auch seine Leidenschaft." – „Jēzer hará," das böse Dichten, der böse Sinn, die Sinnlichkeit, im Gegensatze zum jēzer hattób, dem guten Dichten, dem guten Sinn, dem höheren Streben, welche beide bei den Talmudisten sich oft personifiziert finden, z. B. Sukkah 1. c.: „Der Jēzer hará stellt sich zuerst als Wanderer ein, dann als Gast und endlich als Hausherr.“ Berachoth 60. „Der Jēzer hará gleicht im Anfang einer winzigen Fliege, die zwischen beiden Herzkammern sitzt.“ – Berachoth 61. „Wehe mir ob meinem Jēzer! (Triebe) Wehe mir ob meinem Jōzer!“ (Schöpfer. Vergl. Faust: „Zwei Seelen wohnen, ach! in meiner Brust“). – Pirke R. Elies. cap. 39. „Besiege Deinen Jēzer vor Deinem Jōzer!“ – Berachoth 61. (auch Jalkut tehil. 725.): „Die Frommen richtet (belohnt) der Jēzer hattób; die Bösen richtet (bestraft) der Jēzer hará.“ – Nach Ber. rab. par. 55. indes wäre der Sinn unseres Spruches: Je mehr ein Mensch über andere hervorragt, desto größern Versuchungen wird er von Gott ausgesetzt. Daselbst heißt es nämlich zur Schriftstelle (1. B. M. 22, 1.): „Und Gott wollte Abraham versuchen“ – : Der Walker wendet bei der Bearbeitung seines Zeuges nicht mehr Kraft an, als derselbe vertragen kann, und nur wenn der Stoff gut ist, walkt er tüchtig darauf los, weil er ihn dadurch immer mehr veredelt. So führt Gott die Gottlosen nicht in Versuchungen, in denen sie nicht bestehen würden, denn die Gottlosen sind wie sturmbewegtes Meer (Jes. 57, 20.). Wen führt Gott in Versuchung? Den Frommen, wie geschrieben steht (Ps. 11, 5.) „Der Herr prüfet den Gerechten.“ – „So auch klopft“, heißt es ferner daselbst, „der Töpfer, wenn er seinen Ofen prüfen will, nicht an die Gefäße an, die leicht zerbrechen, sondern an die Gefäße, die innere Kraft genug besitzen, dem Anstoß zu widerstehen, und der Hausherr, wenn er zwei Tiere hat, legt nicht dem schwächeren, sondern dem stärkeren das größere Joch auf.“ – „Nach dem Kamele richtet sich die Last“. (Ber. rab. par. 19. kohel. rab. 64, b.). – Vergl. 1. Kor. 10, 13. „Gott ist getreu, der Euch nicht lässet versuchen über Euer Vermögen, daß die Versuchung so ein Ende gewinne, daß ihr's könnet ertragen." – Die Personifizierung aber, die schöpferische Verwandlung des bösen und guten Triebes in zwei selbständige, sich gegenüberstehende Wesen, ward, wie sich leicht denken läßt, Veranlassung zu manchen mystischen und mitunter dichterischen Vorstellungen, welche alle, besonders durch Sittenbücher und Strafreden, in das Volk gedrungen sind und zum Teil noch heute im Munde desselben leben. So über die Zeit, in welcher beide sich dem Menschen zugesellen. „Der Jēzer hará," heißt es da – anlehnend an 1. B. M. 8, 21. „Denn der Jēzer (das Dichten) des menschlichen Herzens ist böse von Jugend auf" – kommt mit der Geburt des Menschen, der Jēzer hattob aber erst mit dem vierzehnten Jahre, wie Esau kam vor Jacob, wie das Stroh kommt vor dem Weizen." – „Der Jēzer hará ist ein mächtiger Fürst, der Jēzer hattob hingegen ein Mann, dürftig und weise" (nach Pred. 9, 14, 15, welche ganze Stelle auf den Menschen, als die kleine vom Jēzer hará belagerte Stadt gedeutet wird.) – So auch die sinnreiche Sage (Joma 69., worüber eine Dichtung von Apel: „Jezer Hora"; auch in Frankl's Libanon), daß man einst, nach der Rückkehr aus der babylonischen Gefangenschaft, um die Lust zum Götzendienste gänzlich zu vertilgen, nach dreitägigem Fasten und Beten, mit Hilfe des vom Himmel entsendeten göttlichen Siegels der Wahrheit, den Jēzer hará gefangen genommen und – weil man auf ihn und auf den Gewinn durch ihn, durch Bekämpfung desselben gern verzichten wollte – schon im Begriffe stand, ihn zu töten. Als aber nun der Jēzer hará sprach: „So Ihr mich tötet, geht die Welt zugrunde", da besann man sich wieder, behielt ihn jedoch drei Tage eingesperrt. Siehe, da war im ganzen Lande Israel kein frisches Ei zu finden. – „Was sollen wir tun?“ sprach man da. „Töten wir ihn, geht die Welt zugrunde; sollen wir den Himmel bitten, ihn zu teilen, ihn uns nur halb zu geben – im Himmel gibt man nicht halb!“ – Und man ließ ihn wieder frei, blendete ihn aber wenigstens zuvor. – Vergl. hiermit Sotah 47.: „Leidenschaft (Jēzer) Kind und Weib weise die Linke ab, und die Rechte halte sie nahe“ (die beiden letzten, weil störend in ernsten Studien. Aboth 1, 5. und 3, 14.). – Aber auch der Ausspruch kommt vor (Baba bathr. 16, a.): „Der Jēzer hará, der Satan und der Todesengel ist ein und dasselbe Wesen“, – und so konnte man auch hinwiederum sagen: „In der messianischen Zeit wird Gott alle drei vernichten oder auch zu reinen Engeln umwandeln, und der Mensch ungehindert und unbedingt dem Guten ergeben sein.“ – (S. Sanhedr. 91. Ber. rab. cap. 35. Sohar par. Ber. 102. par. Lech lecha 225. par. Schemoth 174. 175. Nedar. 32. Joma 69. Jalkut Ruben. Nr. 2. Nischmath Adam f. 18. Kad hakkemach f. 8. Abodath hakkodesch f. 56. Rekanat zu 5. B. M. 30, 6. Jalkut chadasch Artikel Jezer hará Nr. 16. 20. und Likutim 79.). –

936. Gegannevt Wasser schmeckt süß!

Oder auch häufiger das hebräsiche: majim genubim jimtaku (Spr. Sal. 9, 17.) „gestohlene („gegannevt“, vom hebr. gannab mit deutscher Biegung) Wasser schmecken süß, und heimliches Brot ist angenehm.“ Vergl. Spr. Sal. 20, 17. – „Verstolne Wasser süßer sind dann offen Wein.“ (Liedersammlung bei Eiselein). „Verbotene Frucht lockt.“ –

937. Die Maus is der Gannev nit, das Loch is der Gannev.

Wörtlich bei den Talmudisten (Gittin 45. Kiddusch. 56.): „Nicht die Maus ist der Dieb (gannab), sondern das Loch ist der Dieb." – „Gelegenheit macht Diebe." – Ähnlich sind (Sukkah 26.): „Das Loch ruft den Dieb herbei." (Jalkut Hiob 918.): „Man darf dem Ehrlichen kein Loch offen lassen, um wieviel weniger dem Dieb!" – Man darf keinen in Versuchung bringen. „Fehlt es dem Dieb an Gelegenheit, hält er sich selbst für ehrlich" (Sanhedr. 22, a.). – In bezug auf den Hehler, auf die Gelegenheit, den Diebstahl an den Mann zu bringen, heißt es (Wajikra rab. par. 6. Jalkut Wajikra S. 128.): „Ein königlicher Statthalter ließ einmal alle Abnehmer hinrichten, die Diebe selbst aber frei ausgehen. Alles spottete seiner deshalb, weil er so ungerecht und töricht handle. Da ließ der Statthalter eine Bekanntmachung durch die Provinz ergehen und alles Volk auf den Kampfplan laden. Dahin brachte er eine Anzahl Wiesel mit und legte denselben allerlei Lieblingsspeisen vor. Die Wiesel ergriffen die Beute und schleppten sie in die Löcher, die sich umher auf dem Plane befanden. Den andern Tag ward abermals das Volk auf den Plan geladen. Der Statthalter brachte wieder eine Anzahl Wiesel mit und legte ihnen die Lieblingsspeisen vor. Zuvor aber hatte er alle Löcher umher sorgfältig verstopfen lassen. Die Wiesel liefen wiederum mit der Beute nach den Löchern umher. Als sie aber diese verschlossen fanden, brachten sie dieselben wieder in die Mitte des Planes zurück. „Sehet", sprach der Statthalter, „es liegt einzig an den Abnehmern."

938. Gott schenkt nix!

oder auch: „Gott bleibt nix chajjev" (schuldig, chajab, vom bibl. chob, Schuld). Es findet alles seine Vergeltung. – Vergl. das rabbinische (Jer. Táanith 5, b. Bezah 8, b. Jalkut Debar. 542. u. o.): „Wer da sagt: „Gott schenkt", dessen Eingeweide mögen verschenkt werden. Gott ist nur langmütig und erhebt schon das Seinige." – In demselben Sinne: „Unser Harjet (Herr Gott) guckt lang zu", „Unser Harjet borgt lang." – „Lang geborgt is nit geschenkt." – „All is not lost, that is delayed." – „Got komt langsam, aber wol." (Agric.). – „Gemach gat Gotes Rach." (Geiler). – „Der Barmherzige greift nicht gleich das Leben an." (Wajikr. rab. 139, a. Jalkut Hiob 892.); „Der Heilige, gelobt sei Er! verfährt nicht mit Tyrannei (bitrunja) mit seinen Geschöpfen". (Abodah sar. 3, b. Tanchuma letzte Seite). – Vergl. noch Ps. 50, 21. „Das tatest Du, und ich schwieg; da dachtest Du, ich sei, wie Du; aber..." – Sirach 5, 4. – Ber. rab. 80, b. „Der Gläubiger findet schon Gelegenheit, seinen Schuldbrief zu erheben." – Sabb. 32. Jalkut Ber. 31.: „Mag auch der Hirt hinken und die Ziege schnell sein; an der Pforte der Hürde wird ein Wort gesprochen und an der Türe des Stalles Rechnung gehalten." – Sotah 9. „Gott macht sich nicht eher am Menschen bezahlt, als bis dessen Maß voll ist." –

939. Schön angelegt!

Sowohl bei leichtern Vergehungen, die unerwartet ihre Strafe gefunden, als auch wenn eine offenbare Heimsuchung des anerkannt Bösen stattgefunden. – „Laßt den Herrn der Schuld seine Schuld erheben!“ (kohel. rab. 82, b. – Echah rab. 49, b.). – „Knabe, bete nicht! Greif‘ nicht dem Richter in den Arm!“ (Schiller: Tell). – Ist indessen der Angeredete oder auch der Sprechende selbst dabei beteiligt, so lautet der Gegenruf: „Wenn der Narr nit mein wär‘!“ (wollte ich gern mitlachen). So sagte einmal ein Knabe, dessen Hände von der Kälte aufgesprungen waren, so daß er nicht arbeiten konnte: „Ich hab‘ mein‘ Nekōme (nekāmah, hebr., Rache, Schadenfreude) an mei’m Vater, warum kauft er mir kein‘ Handschuh!“ –

940. Arm un reich is bei Gott Alles gleich!

5. B. M. 10, 17. „Denn der Herr, euer Gott, achtet kein Ansehen und nimmt keine Bestechung.“ – Vergl. 2. Chron. 19, 7. – Hiob 34, 19. „Der den Reichen nicht achtet vor dem Armen, denn seiner Hände Werk sind alle.“ – Schemoth rab. par. 17. „Manche anscheinend geringfügige Dinge hat Gott zum Gebrauche bei der Ausübung seiner Gebote bestimmt – der Ysop, der den Menschen so gar nichts dünkt, muß zur Reinigung vom Aussatz genommen werden. Das soll Dich lehren, daß das Niedrigste und das Höchste vor Gott gleich ist.“ – Schemoth rab. par. 19. – „Der Prophet verkündigt (Jes. 56, 3.): „Nicht sagen soll der Fremdling, der sich zum Herrn gesellet: „Abgesondert hat der Herr mich ja aus seinem Volke!“ und Hiob spricht (31, 32.): „Nicht drau-

ßen übernachtet der Fremdling, dem Wandrer tu' ich meine Türen auf," denn der Heilige, gelobt sei Er! verwirft (pōsel, s. 580.) keines seiner Geschöpfe; alle nimmt er an; seine Pforten sind zu jeder Stunde geöffnet, und wer da eintreten will, trete ein." – „Drum haben," heißt es im Simchath Nephesch, Seite 6, b., „die Chachōmim (die Weisen) die Welt geglichen zu einer Leiter: einer gēt erauf der ander gēt erunder:

der sterbt der ander wert geboren:
der tut vil gewinnen der ander hat vil verloren:
einer tut beruit (beruhigt, in Ruhe) leben:
der ander tut in der Welt erum schweben.
einer is geachpert (geachtbart) un' geehrt:
den andern rechnet man vor nix wert.
aber arim (arm) oder reich:
is bei Gott als (alles) gleich."

Vergl. auch Apostelgesch. 10, 28. 34. – 1. Korinth. 1, 27. –

941. Achas leáchas nimzo Cheschbaun! –

„Eins nach dem andern findet sich die Rechnung," sowohl überhaupt – „Drop by drop the sea is drain'd," „man kann auch einen Brunnen ausschöpfen" – als im besonderen wie hier, in bezug auf göttliche Belohnung und Bestrafung. Nach Pred. 7, 27. und der Erklärung des Midrasch (Jalkut kohel. 577. kohel rab. 77, a. Bamidb. rab. par. 9.): „Es ist der Welt Lauf, ein Mensch hat vor Gott eine Todsünde begangen, wie erlangt er Sühne? Es stirbt sein Ochs, er verliert sein Huhn, es bricht sein Glas, es bricht ihm ein Ei, er verwundet sich einen Finger und verliert einige Tropfen Blutes, hier ein bißchen Leben und dort ein bißchen Leben, und die Rechnung findet sich." – Den Ausdruck: „achas leáchas" (achath leáchath, eines (zum) nach dem andern, Jes. 27, 12. leáchad echad) für: nacheinander, allmählich, hörte man sehr häufig, z. B. „Tu es benàchas (benachath, mit Ruhe s. 492.) achas leáchas," „man kann nicht alles auf einmal tun," nach dem Worte der Rabbinen (Joma 80, a. u. a.): „Ergreifst Du vieles zugleich, ergreifst Du nichts; ergreifst du wenig, so hast Du ergriffen." –

942. Wenn ebbes passiere' soll, helfe' die Staan uf der Gaß dazu!

Bei einem sich wunderbar erfüllenden Geschicke. „Der Mensch kann seinem Geschick nicht entgehen." „Was einem bestimmt ist, das wird einem." „Ebbes" für etwas, s. 168.

943. Wenn unser Harjet den Mensch' strafe' will, laßt er'n erscht blind were'!

Von einem Menschen, der, fast unbegreiflich, sich selbst in's Verderben stürzt. – „Harjet," Herr Gott. – Vergl. die Kommentare zu 2. B. M. 7, 3.: „Ich werde das Herz Pharao's verhärten" – „um durch einen Menschen, der ohnehin kein Erbarmen verdient, ein ermahnendes Beispiel zu geben." – Siehe auch Jalkut Schemoth 185. „Der Baal Zephon (2. B. M. 14, 2.) ist von allen Götzen übriggeblieben, um das Herz der Ägypter zu betören," woselbst zum Beleg Hiob 12, 23. (s. Jalkut daselbst 576.)

angeführt und das Textwort masgi (erheben) offenbar wie maschgi genommen wird, so daß die Stelle lautet: „Er führt die Völker irre und reibt sie auf.“ – „Quem Deus vult perdere dementat.“ – „Kein Mensch sündigt, wenn nicht zuvor ein Geist der Narrheit in ihn gefahren“. (Sotah 3, a.). – „Die Sünde verstockt das Herz des Menschen“. (Joma 39, a. Jalkut Schemini 545.). – „Die Sünde hängt dem Sünder an, wie ein Hund, bis sie ihn ins Verderben gejagt“. (Sotah 3. Abodah Sar. 5. Jalkut Hiob 900.). Gewissermaßen gehört hierher auch der rabb. Spruch: „Den Weg, den der Mensch gehen will, führt man ihn“ (Makk. 10, b. u. o.), sowie: „Wer kommt, um sich zu verunreinigen, dem wird Gelegenheit gegeben, und wer kommt, um sich zu reinigen, den unterstützt man vom Himmel aus“ (Jalkut Ber. f. 2 col. 2. Sabb. 104. Joma 38, b. Jalkut Mischle 535. u. o. Vergl. auch oben 934.). – „Den Zaun bessert man aus, den Riß reißt man völlig ein“. (Jalkut tehil. 731.). – Unsere Redensart findet sich nach Eiselein auch bei Luther. –

944. Über dem Hohen gibt's noch einen Höheren!

Als Trost gegen Mißbrauch der Gewalt oder als Abmahnung davon. Nach Pred. 5, 7.: „Über dem Hohen wacht ein Höherer, und noch Höhere über beiden“. (Vergl. Midr. rab. zur Stelle). – „Es ist keiner so stark, er findet einen Stärkeren.“ – Auch das bekannte Chad-gadjo am Pesach-Abend (s. 102.) soll unser Sprichwort bestätigen und ist um so passender für diesen Abend, als ja Israels Befreiung aus der Gewalt Pharao's gefeiert wird. –

945. Unser Harjet is der beschte Roofe!

„Unser Herrgott ist der beste Arzt" (rōphe). – „Der Mensch mag arzeneien, Gott gibt das Gedeihen". (Eiselein). „God health, and the physician hath the thank." – Besonders hörte man den Spruch, wenn auf eine unerwartete Weise, etwa durch eine gute Nachricht, eine freudige Überraschung, dem Kranken Erquickung und Genesung ward. Anderseits hieß es indes auch: „der Mensch muß das Seine tun", und er darf nicht, die Hände in den Schoß legend, alles der Gottheit überlassen wollen. – Vergl. Berach. 9.: „Tue Du, was Dir obliegt, und überlasse es dem Heiligen, gelobt sei Er! zu tun, was ihm beliebt." – (Ebenso: Ber. rab. cap. 23. Tanchum. fol. 8. col. 4.). – „Gott hilft nur dann, wenn Menschen nicht mehr helfen". (Schiller: Tell). – Vorzüglich wird ermahnt auf die Gesundheit zu achten und die ärztliche Hilfe nicht zu vernachlässigen. So heißt es im Simchath Nephesch, in der Vorrede: „Acht haben auf die Gesundheit gehört auch zur Gottesfurcht" (lejiras schomajim); in bezug auf ärztliche Hilfe aber möge hier eine Erzählung aus dem Midrasch Temurah (cap. 2., in Jellinek's Bet ha – Midrasch I. S. 107.) Platz finden. R. Ismael und R. Akiba, heißt es daselbst, gingen einmal durch die Straßen Jerusalems; noch ein Mann ging mit ihnen. Da begegnete denselben ein kranker Mann. „Meister" (Rabbothaj), redete der sie an, „saget mir, wodurch ich genesen kann?" – „Tue so und so", antworteten sie, „und Du wirst genesen." – „Und wer", frug nun der Mann, der auch mitging, „hat den Armen geschlagen?" – „Der Heilige, gelobt sei Er!" antworteten sie. – „Und Ihr," fuhr der Mann fort, „drängt Euch in eine Sache, die nicht Eure ist! Er schlug, und Ihr wollt heilen! Übertretet Ihr nicht so seinen Willen!“ – „Was ist Dein Geschäft?“ frugen sie den Begleiter. – „Ackermann bin ich“ antwortete er, „Ihr seht ja das Rebmesser in meiner Hand.“ – „Und wer schuf den Weinberg?“ frugen sie weiter. – „Der Heilige, gelobt sei Er!“ gab der Mann zur Antwort. – „Und Du“, sagten die Weisen, „drängst Dich in eine Sache, die nicht die Deine ist! Er schuf den Weinberg und Du schneidest dessen Früchte ab!“ – „Seht Ihr denn nicht“, antwortete der Landmann, „das Rebmesser in meiner Hand? Ginge ich nicht hinaus und pflügte und beschnitte und düngte und gätete, wahrlich, der Weinberg würde nicht das mindeste hervorbringen.“ –

„Nun, Tor, der Du bist!“ sagten die Weisen, „hast Du bei Deinem Gewerbe nie gehört, was geschrieben steht (Ps. 103, 15.): „Der Mensch, sein Leben gleicht dem Grase?“ – So wie die Rebe, wo nicht gepflügt, gegätet und gedüngt wird, nicht emporwächst, und ist sie emporgewachsen, wo sie nicht getränkt und abermals gedüngt wird, nicht am Leben bleibt und abstirbt, so verhält sich's auch mit dem menschlichen Körper. – Sein Dung sind die Kräuter und die Arzeneien, und sein Ackermann ist der Arzt.“ –

(Vergl. hierüber noch 2. Chron. 16, 12. und Berach 10, b., Pesach 56, a. mit Berach 60, a. Jalkut Mischpat 332., sowie Sirach 38, 1–9., wodurch der Vorwurf in der Chronik gegen Assa: „Auch in seiner Krankheit frug er nicht an bei Gott, sondern bei den Ärzten“ die Deutung erhält: er nahm seine Zuflucht nur zu den Ärzten und wandte sich nicht auch an Gott. – S. auch Dukes: „Blumenlese“ S. 29.). –

946. Unser Harjet schickt stets die Rephue vor der Makke!

Ein schöner und trostreicher Spruch: „Unser Herr Gott schickt stets das Heilmittel (rephuah) vor dem Schlage" (makkah). Noch ehe das unglückliche Ereignis uns heimsucht, ist durch die Gottheit schon das Mittel bestimmt, wodurch dasselbe gemildert und gelindert werden soll. – (Vergl. Megil. 13. Jalkut zu Esther 3, 1.). – So heißt es (Baba Bat. 91, a. Jalkut Ruth 601.): „An demselben Tage, wo Ruth, die Moabiterin, nach dem Lande Israel kam, starb auch die Frau des Boas, so wie die Leute sagen: Noch ehe der Sterbende verschieden, ist dem Hause ein neuer Verwalter gesetzt." – Vergl. auch oben 616. die Stelle aus kohel. rab.

947. Es sterbt Kaaner vor seiner Zeit!

Als Trost oder Ermahnung, sich in sein Schicksal zu ergeben. – Vergl. Hiob 14, 5.: „Festgesetzt sind seine Tage und seiner Monde Zahl bei Dir." – „Nieman sterben soll, wan zu seinem gesatten Zil!" (Tristan bei Eiselein). „Sieben Jahre währte die Pest, und dennoch starb niemand vor seiner Zeit". (Sanhedr. 29, a. Jebamoth 114, b.). –

948. Gott helft in aam Aageblick!

– oder häufiger das hebr.: „Esras Elauhim behéreph ajin!“ – „Je größer Not, je näher Gott!“ – „Wo die Not am höchsten, Gottes Hilf am nächsten.“ – „Gott waaß, wenn's Zeit is.“ – „Gott waaß, wozu es gut is.“ – So heißt es (Niddah 31.) zu Ps. 72, 18.: „Gelobt sei Gott, der Wunder tut allein!“ allein! – selbst der Mann, dem das Wunder geschieht, weiß oft von seinem Wunder nichts. – Zwei Menschen wollen in Geschäften zur See gehen, da tritt sich der eine einen Dorn in den Fuß und er beginnt zu schimpfen und zu lästern. Nach Tagen vernimmt er, daß das Schiff, mit welchem sein Reisegefährte abgefahren, untergegangen, und jetzt beginnt er Gott zu loben!“ – (Ausführlicher und sehr schön findet sich dieser Gedanke behandelt Sohar par. Balak). –

949. Mer muß kaan‘ Staan in den Brunne‘ werfe‘, aus dem mer getrunke‘ hot.

muß nichts Gutes mit Bösem vergelten; besonders: seinen Wohltäter nicht verunglimpfen. – Das Sprichwort kommt wörtlich in hebr. und chaldäischer Sprache häufig bei den Rabbinen vor (Baba k. 92. Debar rab. 231. Jalkut Debar. 533. u. o.), mit Anlehnung an 5. B. M. 23, 8. „Den Ägypter sollst Du nicht verabscheuen; denn Du bist ein Fremdling in seinem Lande gewesen.“ –

950. Das Aag darf nit sehe', was die Hand tut.

In bezug auf die Unterstützung, die man dem Armen reicht. – So heißt es Baba bathr. 10, a.: „Wer heimlich sein Almosen gibt, wirkt mehr als Moses durch sein Gebet; denn also steht geschrieben (Spr. Sal. 21, 14.): „Eine Gabe im Verborgenen wendet den (göttlichen) Zorn ab." – Vergl. Matth. 6, 3. „Wenn Du ein Almosen gibst, laß Deine linke Hand nicht wissen, was die rechte tut." –

951. Es is e Záar-baal-Chajim!

„Qual eines mit Leben begabten Wesens" (záar, chald. u. neuhebr. – verwandt mit dem bibl. zoar, klein, enge sein – Beengung, Qual), ein Ausruf, den man von dem frommen Juden sehr häufig hörte, sowohl allgemein also auch in Rücksicht auf den Menschen – z. B. „Mer darf Kinder nit zusehe' lasse' (wenn etwas Gutes gegessen oder getrunken wird, ohne ihnen davon zu geben, vergl. 634.), es is e Záar-baal-Chajim, es is Herzweh" (Herzleid); in bezug auf jede, besonders öffentliche Kränkung („Besser ist es," sagen die Rabbinen Sotah 10, b., „es stürzt sich der Mensch in einen Kalkofen, als daß er seinen Mitmenschen öffentlich beschäme" – malbin penē chabero, wörtlich: „seines Nächsten Antlitz erblassen machen") – als auch und hauptsächlich insbesondere, um von Tierquälerei abzumahnen, die als sehr strafbar gilt. – Vergl. Spr. Sal. 12, 10. „Der Fromme weiß, wie seinem Tier zumute ist." – 5. B. M. 25, 4. „Verbinde dem Ochsen das Maul nicht, wenn er drischt." – Debar. rab. par. 6. „So wie der Heilige, gelobt sei Er! des Menschen sich erbarmt, so erbarmt er sich auch des Tieres." –

Auch die Gebote 5 B. M. 22, 6. 7. 22, 10. werden von manchen Kommentaren hierher bezogen. So schreibt der Zeénah Ureénah: „Man soll nit ackern mit einem Ochsen und einem Esel miteinander. Der Ochs hat große Kraft und der Esel hat weniger Kraft, da wird der Esel hinten bleiben, und der Herr wird ihn schlagen, daß er gleich dem Ochsen gehen soll. Von hier soll man lernen, daß man kein behémah (Vieh) darf mezáer (quälend) sein, und um wieviel mehr einen Menschen, daß man ihn nit soll mezaér sein." – So schreiben die Rabbinen auch vor, dem Tiere erst zu essen zu geben, ehe man sich zu Tisch setzt (Gittin 62, a. Jalkut Chadasch Artikel dinim 65.). – „Wer seinem Pferde," heißt es im Sepher Chasidim 667., „zu schwer auflädt, es mißhandelt, wer eine Katze beim Ohr zerrt usw., mit dem geht Gott einst ins Gericht." – „Der Mensch," heißt es ferner Jalkut tehil. 885., „fährt zu Schiff und hat Tiere und Geräte bei sich. Da erhebt sich ein Sturm, und der Mensch schleudert Tiere und Geräte in das Meer, um den Menschen zu retten; nicht so Gott! Vor Gott ist alles gleich; denn also heißt es (1. B. M. 8, 1.): Und Gott gedachte Noah's und aller Tiere und allen Viehes, das mit ihm in der Arche war." – Noch erzählen die Talmudisten (Baba M. 85. Ber. rab. 33. Jalkut tehil. 145.), um Barmherzigkeit gegen Tiere eindringlich zu empfehlen, ein Doppelgeschichtchen, das, eben der Wichtigkeit des Gegenstandes wegen, auch hier seinen Platz finden mag.
Als der sowohl durch seine Gelehrsamkeit als durch seine Frömmigkeit ausgezeichnete R. Jehuda Hannasi einmal vor der Türe des Lehrsaales zu Sephoris saß und im Gesetze studierte, trieb man ein Kälbchen bei ihm vorüber dem Schlachthause zu. Da lief das Kälbchen zu ihm hin, als wollte es ihn um Rettung anflehen. „Gehe", sag-

te der Schriftgelehrte, „was kann ich Dir tun! Du bist dazu geschaffen!“ – Da sprach man im Himmel: „Weil der Mann so gefühllos ist gegen das Leiden der Geschöpfe Gottes, mögen Leiden ihn heimsuchen!“ und von dieser Stunde an war er verschiedenen körperlichen Leiden unterworfen, so heftig und anhaltend, daß man sagen durfte: „Seine Schmerzen dienten zur Sühne für sein ganzes Zeitalter.“ –
Dreizehn schmerzvolle Jahre waren seitdem vergangen; da kehrte eines Tages die Magd das Haus und fand ein Nest mit jungen Mäusen. Sie wollte dieselben hinauskehren; aber der leidende Rabbi, der es sah, rief ihr zu: „Laß sie! denn es steht geschrieben: Und sein Erbarmen erstreckt sich über alle seine Werke“. (Ps. 145, 9.). – „Wohlan“, sprach man jetzt im Himmel, „weil der Mann Erbarmen fühlt, soll auch er Erbarmen finden“, und von der Stunde an verließen ihn seine Schmerzen und kamen nicht wieder. –

952. Durch Kinne – Sinne is Jeruscholajim choren geworden.

Zur Abmahnung von Neid und Haß. „Durch Neid (kinah) und Haß (sinah) ist Jerusalem zerstört (charab) worden.“ (Vergl. Jalkut chadasch Artikel Jáacob Nr. 177.). – Der Talmud (Sabbat 119.) nennt als die Hauptsünden, welche die Zerstörung Jerusalems zur Folge hatten: Entweihung des Sabbats, Vernachlässigung des Jugendunterrichtes, Unverschämtheit, Verachtung der Gelehrten, Mangel an glaubhaften Männern. – Anderseits heißt es (Pirke R. Elies. cap. 48.): „Durch das Verdienst (sechuth) dreier Dinge zog Israel aus Ägypten: weil es seine Sprache nicht vertauscht, keine Verleumdung unter sich geübt und festgehalten an der Einheit Gottes.“ –

953. Emes jáase Darkau!

Ein hebr. Spruch: „Die Wahrheit (emeth) macht ihren Weg.“ Die Wahrheit kann wohl eine Zeitlang verhüllt und gehemmt werden, aber am Ende bricht sie doch durch. – „Truth is the daughter of time.“ – „Truth may be blamed, but it shall never be shamed.“ – „Truth have always a fast bottom.“ – „Der Wahrheit Worte werden leicht erkannt“. (Sotah 9.). – „Warum“, sagen die Rabbinen (Sabbat 104, a.), „sind in schēker (Lüge) die Buchstaben beieinander (im hebr. Alphabet folgen sich die Buchstaben Koph, Resch, Schin, die das Wort Scheker bilden, unmittelbar), in emeth (Wahrheit) hingegen weit voneinander (das Aleph ist der erste Buchstabe, das Mem ein mittlerer und das Taw der letzte des Alphabets)?“ – Lüge ist häufig, Wahrheit selten. – Warum ruhen die Buchstaben des Wortes Scheker nur auf einem Fuße, die des Wortes Emeth hingegen sind alle wohl gestützt (da die Buchstaben nicht nur zwei Füße, sondern auch den einen breit gezogen haben)? – Wahrheit besteht, Lüge kann nicht bestehen.“ – „Wahrheit besteht, Lüge vergeht .“ – So heißt es auch in dem Alphabet des R. Akiba (Amsterdam 1708.), in welchem eben aus der Gestalt der Buchstaben allerlei Betrachtungen hergeleitet werden, unter dem Buchstaben Schin: „Das Schin hat drei Zweige nach oben und eine Wurzel nach unten, so wie das lügnerische Wort sich nach außen weit verbreitet, in sich selbst aber ohne Wurzel ist, dem Baume gleich, der viele Zweige, aber wenig Wurzeln hat; ein Windstoß kommt, reißt ihn aus und stürzt ihn auf sein Angesicht." (Aboth 3, 22. wird dasselbe Bild auf den Mann angewendet, dessen Tätigkeit im Leben – máasim – hinter seiner wissenschafltichen Forschung – chochmah – zurückbleibt). – Jalkut Beresch. fol. 2. col. 2. „Wer die Wahrheit übt, besteht; die Lüge hat keinen Bestand." – Vergl. Joh. 3, 21. „Wer die Wahrheit tut, kommt an das Licht." – In bezug auf den flüchtigen Gewinn der Lüge findet sich eine sehr schöne Parabel Jalkut Beresch. 56. (auch Jalkut tehil. 7. Midr. tehil. 7. S. auch Dukes: „zur rabbin. Spruchkunde" S. 30. Nr. 101.). Sie lautet: Als Noah seine Arche geöffnet, um von allem Lebenden auf Erden je ein Paar zur Erhaltung mitzunehmen, da kam auch die Lüge heran und wollte in die Arche einziehen. Doch Noah sprach: „Du kannst allein nicht eintreten; nur Gepaarten ist der Eintritt gestattet." – Traurig ging sie von dannen, nicht wissend, wo sie vor der herannahenden Sintflut Schutz und Schirm finden sollte. Da begegnete ihr der Leichtsinn. „Wo kommst Du her?" frug dieser sie. – „Von Noah", antwortete die Lüge, vielleicht zum erstenmal wahrhaft; „ich war bei ihm, um in seine Arche einzugehen; aber er wies mich ab, indem er sprach: „Nur an der Seite eines Gatten ist Dir der Eintritt gestattet. Willst Du mir wohl mein Gatte sein?"

„Und was gibst Du mir", frug der Leichtsinn, „wenn ich mich mit Dir verbinde?" –

„Ich will einen Vertrag mit Dir schließen", antwortete die Lüge „und Dir zusagen, daß Du in Zukunft alles, was ich erwerbe, hinnehmen darfst." –

Der Vertrag ward abgeschlossen, und die beiden zogen nun als Paar in die Arche ein. –

Als nun die Sintflut vorüber und alles wieder aus der Arche gezogen war, ging die Lüge, wie vorher, ihrem Geschäfte nach; aber alles, was sie erwarb, nahm auch ihr Gatte hin, so wie es erworben war. –
„Was soll das?“ frug die Lüge, „was ich einbringe, vertust Du wieder!“ –
„Hast Du mir es nicht so zugesagt?“ antwortete der Leichtsinn. –
Die Lüge wollte jetzt allerlei Einreden machen; aber der Leichtsinn zeigte ihr schweigend den Vertrag vor. – Und so geschieht es heute noch: Was die Lüge erwirbt, vertut der Leichtsinn wieder. –

954. Was von Herzen kommt, geht zu Herzen.

Häufiger hebräisch: „debarim hajjózim min halleb nichnasim el halleb“, „Worte, die von Herzen kommen, dringen zu Herzen.“ – „Was nicht von Herzen kommt, geht nicht zum Herzen.“ (Agric.). – „Was vom Herze chunt, das got zum Herze.“ (Hebel). – „Doch werdet ihr nie Herz zu Herzen schaffen, Wenn es euch nicht von Herzen geht.“ (Goethe: Faust). –

955. E Schakren is alles fähig!

Ein Lügner (schakron, vom bibl. schakker, lügen) ist jeder schlechten Tat fähig. – „Wer lügt, der betriegt.“ – „Shew me a liar, and I’ll shew you a thief.“ – „Falsche Zeugen werden selbst von denen verachtet, die sie gedungen“. (Sanhedr. 29. Jalkut melach. 222.). –

956. E Schakren muß e Baal–Sikkōren sein!

Ein Lügner muß ein Mann des Gedächtnisses (baal sikkāron) sein, muß Gedächtnis haben, besonders als Spott, wenn ein Lügner durch eignen Widerspruch ertappt ward. –

4.

Scherzhaftes.

957. Klaane Tippcher laafe bald über!

Kleine Personen werden leicht zornig. – „A little pot is soon hot.“ – „Tippcher“ für Töpfchen, s. 716. –

958. Alle Gütelcher sen bös, alle Schöncher mies.

Im besonderen sagt das Sprichwort, daß in der Regel und nach der Maxime: lucus a non lucendo, alle Gütelchen bös und alle Schönchen häßlich (mies, s. 623.) seien; im allgemeinen: dem Namen entspricht nicht immer das Wesen. – Das Deuten des Namens, sei es als Hindeutung auf den bereits offenbaren Charakter – „er heißt nicht umsonst so ...“, „wie sein Namen heißt, so ist er“ (1. Sam. 25, 25.), „Der heißt so! ... er sollte so heißen ...“ – Sei es als Vorbedeutung – nomen fit omen – ist sehr alt und findet sich, abgesehen von den biblischen Beispielen, besonders bei den Talmudisten sehr häufig. Vergl. Joma 83. Jalkut Háasinu 545. Temurah 15. Jalkut Schoft. 38. Berach. 7. Gittin 6. Horajoth 11. Sotah 9.: „Hätte Sie nicht Delilah (die Geliebte Simsons, Richter 16, 4.) geheißen, sei hätte Delilah heißen müssen: sie schwächte (dalal) seine Kraft, schwächte seinen Mut, schwächte seine Tat.“ –

„Gütelchen“ (Gutel, Gütel, Gütle), „Schönchen“ (Schönle) sind jüdischdeutsche Frauennamen, die sehr oft ähnlich den biblischen (wie Hanna, die Begünstigte, Rahel, Schäfchen*, Esther, Stern, usw.), sowie den romanischen, einen gewissen poetischen Anflug haben. So: Blümchen, Dölzchen (dulcinea), Fraadchen (Freude, hebr. Simchah, als Männernamen), Frummel (Frommt, vergl. Nachlath Schibah sign. 46.), Glückchen oder Glückel (entsprechend dem bibl. männlichen Gad), Golde, Gütelchen, Perlchen (bibl. Peninah, 1. Sam. 1, 2.; nach dem chald. auch Margalioth – vergl. Nachlath Schibah sign. 46. s. v. Perle – Margarita), Röschen, Schönchen (dasselbe, was Behlchen, Bella, bibl. Schiphra, 2. B. M. 1, 15., sowie dem Puah daselbst Redelchen entspricht; vergl. den Kommentar zur Stelle), Sprinzchen (Esperanza), Süßchen (entsprechend dem Dölzchen, sowie dem bibl. Náemi, welchem Mara, bitter, entgegenge-

* Auch Achsah, der Namen der Tochter Kaleb's (Josua 15, 16. 17. Richter 1, 12. 13.) scheint ein Tiernamen zu sein (Gesenius s. v. gibt als Bedeutung: „Fußfessel“; Temurah 15. gibt R. Jochanan die Erklärung: sie war so schön, daß jeder, der sie sah, seiner Frau zürnte – káas –) und zwar Hündin zu bezeichnen (von akkes, klingeln, klirren, Jes. 3, 16. – der Kettenhund), entsprechend dem Namen ihres Vaters: kaleb. – In der Tat gibt das Targum (worauf der kürzlich verstorbene Lehrer Simson Weil den Verf. aufmerksam gemacht) in der so schwierigen Stelle Spr. Sal. 7, 22. (vergl. die verschiedenen Erklärungen der Kommentare, sowie Gesenius s. v.) das Wort eches durch calbo „weheich calbo láasuro“ (das Textwort „ewil“, Tor, hat das Targum nicht; auch scheint es moser – vergl. Ps. 2, 3. 107, 14. – statt musar zu lesen), so daß die Stelle mit vollständigem Parallelismus lautet:

> „Wie der Stier zur Schlachtbank geht,
> Und wie der Hund zur Fessel.“

setzt wird, Ruth 1, 20.; als Männernamen: Süßel oder Süßkind; der einzige bekannte Jude unter den Minnesängern nennt sich: Süßkind von Trimberg, um 1220. s. oben 218.), Täubchen (bibl. Jemimah, Hiob 42, 14. sowie Jonah für den Mann), Veilchen, Vögelchen (bibl. Zipporah, 2. B. M. 2, 21.), Ziemle (ziemen), Zierle (zieren) usw. – Noch sei es gestattet, in bezug auf unser Sprichwort eine Anekdote hier mitzuteilen, weil sie den sogenannten polnischen Witz ungemein kennzeichnet. Ein polnischer Bettler (Polak) hatte, wie sonst üblich, von dem Hospitalverwalter bei einer Witwe eine sogenannte „Schabbes-Blett" (Billet) erhalten, in deren Folge er über Sabbat seinen Tisch bei der Frau hatte und am Sonntag auch noch einen Zehrpfennig auf den Weg erwarten durfte. Der Bettler war aber mit der Aufwartung nicht zufrieden. Als er daher am Sonntag von der Frau, die eben Gütelchen hieß, Abschied nahm, sagte er zu ihr: „Die Welt sagt: Alle Gütelchen sind bös, alle Schönchen mies. Warum heißt Ihr nun Gütelchen, Ihr solltet Eurem Ponim (Gesicht) nach ja Schönchen heißen! – Ihr müßt also noch schlimmer sein, als Ihr mies seid. – Nun geht einmal an den Spiegel und guckt – wie bös Ihr seid." – Freilich alles Beleidigende, was man einer Frau sagen kann. –

959. Siebe' is e Scheeker!

„Sieben ist eine Lüge (schēker, hebr.). Die Zahl „sieben" wird in der Bibel und in talmudischen Schriften sehr oft, wie unser „tausend", als runde Zahl gebraucht für „sehr viel", z. B.: „Der hat sieben Greuel im Herzen!" (s. 385.). Sie ist daher, sagt unser Sprichwort, eine Lüge, eine Übertreibung, eine Hyperbel. – Indessen heißt es bei den Rabbinen (Wajjikr. rab. par. 29. am Ende. Vergl. auch das Máarib. vom achten Tage des Pesachfestes): „Die Sieben ist eine bei Gott beliebte Zahl: sieben Himmel – im siebenten, im Araboth, thront die Gottheit (Ps. 68, 5.); sieben Benennungen der Erde – unter ihrem siebenten Namen, unter thebel (Ps. 96, 13.), waltet die Gerechtigkeit Gottes über sie; sieben Geschlechter bis zu Henoch, der mit Gott gewandelt; sieben Stammväter bis zu Moses, der zu Gott hinaufgestiegen u.s.f. –

960. Scháane-rabbe is aach e heilige Zeit!

Hoscháana rabba, das große Hosianna, heißt der siebente Tag des Laubhüttenfestes, der durch die Mystik eine besondere Bedeutung angenommen hat (vergl. Sohar Wajjikra f. 44, b. col 175 – 177. Sulzbacher Ausgabe), indem in der Nacht desselben die himmlischen Verhängnisse, die am Gedächtnistage geschrieben und am Versöhnungstage besiegelt worden, nun, wenn bis jetzt keine Buße geschehen, unwiderruflich den Engeln des Strafgerichtes zur Vollführung übergeben werden. – (S. auch oben 387.). – Das Volk indes erlaubte sich gewissermaßen einen Scherz damit, und sprach man ihm von einer heiligen Zeit, die an sich nicht viel besonders Heiliges hatte, so hieß es: „Nun ja, Scháane-rabbe ist auch eine heilige Zeit!“ – (Vergl. 188.).

961. Wo steht's? – in Seepher Drillholz?

Als spöttelnde Entgegnung, wenn jemand in seiner Überfrömmigkeit äußert, daß etwas zu tun religiös verboten sei: „Wo steht dieses Verbot? etwa im Buche (unter der hebr. Benennung sēpher wird ausnahmsweise ein mit hebräischen Lettern geschriebenens, wenn auch deutsches Buch verstanden) Drillholz?" – Der Verf. muß gestehen, daß er das Buch nicht kennt. Der Sinn mag indessen sein: „Wird wohl der, der Dein Verbot übertritt, in das Drillhäuschen gesperrt?" – (Vergl. Adelung s. v. drillen). Ähnlich, wenn auch im entgegengesetzten Sinne, wäre dann ein Wort der Neuzeit. In neuerer Zeit ward bekanntlich das sonst fast allgemein gebräuchliche Haman-Klopfen am Purimfeste (s. 193.) mitunter amtlich untersagt. So auch in einer Stadt am Rhein durch den dortigen Bürgermeister, natürlich auf Veranlassung des jüdischen Vorstandes selbst. Dennoch wagte es ein Mann, seinen Haman zu klopfen. „Laßt doch das Klopfen!" sagte sein Nachbar in der Synagoge. „Der Din (din, bibl. Recht, Gesetz, später: besonders religiöse Vorschrift) sagt, mer soll kloppen!" rief der Mann. – „Aber der Dick hat gesagt," erwiderte der Nachbar, „mer darf nit kloppen." (der Bürgermeister war nämlich ein wohlbeleibter Mann). –

962. Wer die Tochter will, muß sich mit der Mutter halte'!

„Wer die Tochter will han, fahe mit der Mutter an." (Eiselein). – „He that would the daughter win, must with the mother first begin." Wer die Tochter will gewinnen, mit der Mutter soll beginnen.

963. In Pole' is nit viel zu hole'!

Aus Polen kamen die meisten jüdischen Bettler. – Eiselein hat: „Polen ist der Bauere Hölle, der Juden Paradies, der Bürger Fegfür, der Edellüte Himmel und der Fremden Goldgrube." –

964. Dem sollt' mer zuhalte'!

„Zuhalten" heißt im Jüdischdeutschen, wenn sich der Vorbeter („Chassen", chasán, s. 223.) bei seinem Gesange von einer Baßstimme, „dem Baß", und einer Diskantstimme, „dem Singer", begleiten läßt. Sang nun ein Vorbeter oder überhaupt jemand ohne Begleitung und war der Gesang schlecht, so hieß es witzig: „Dem sollte man zuhalten!" nämlich den Mund.

965. Wenn die Chasidim wandere', get's Reje!

„Wenn die Frommen wandern, sich auf eine Reise begeben, gibt's Regen." Nach der Annahme, daß der Fromme auf dieser Welt keine Freude haben dürfe, sich vielmehr immer in einer Not befinden müsse (s. 606.), woher man denn auch den Witz machte: „Wenn er seine Frau mitnimmt, ist es nicht nötig, daß es Regen gibt, da er dann ohnedies seine Not (zōroh) hat." – Zugleich liegt auch ein Wortspiel darin, daß chasidah auch Storch heißt, welchen Namen sich der Storch eben durch seine im Altertume gepriesene Pietät gegen seine Jungen erworben hat. – Ein ähnliches Sprichwort findet sich übrigens nach Eiselein (S. 470.) bei Bebel: „Wann die Münche bald reisen, so kommt Regen". – Ein anderes Wetterzeichen war: „Wenn man drei Tage hintereinander aushebt (die Thora zum Vorlesen aus der heiligen Lade nimmt, z. B. wenn am Sonntag Neumond ist), gibt's Regen." –

966. Das Hörnche' laßt sich höre'!

– das Schōphar, das Widderhorn, das nach rabbinischem Brauche schon vier Wochen vor dem Gedächtnistag den Monat Elus (September) hindurch täglich morgens in der Synagoge geblasen wird. Sinn: die Herbstzeit läßt sich spüren.

967. Teewes un Schwat
Halten ihren Prat.

„Die Monate Tebeth und Schebat (der zehnte und elfte im jüdischen Kalender, ungefähr Januar und Februar) halten ihren Zahlenwert", verleugnen ihren Charakter nicht. – „Wenn die Tage beginnen zu langen, kommt die Kälte angegangen." – Über „Prat" s. 135. – Im Talmud (Táanith 6, b.) heißt es vom Monat Tebeth: „Es ist gut für das Jahr, wenn Tebeth im Witwenstande (d. h. ohne Regen) ist." –

968. E Gans, die hört die Megille,
Soll mer jage' aus der Kille!

Eine Gans, welche den Brief Esthers (megillah, am Purimfeste) gehört hat, soll man aus der Gemeinde (kehillah) jagen. Eine Regel für den Gutschmecker. Wenn eine Gans Fastnacht erlebt hat, taugt sie nicht mehr.

969. Karpe is kaan Charpe;
Hecht is mir recht;
Salm is über Allem!

Ebenfalls eine Regel für den Gutschmecker: „Karpfen ist keine Schande (cherpah, hebr.); Hecht ist schon recht; Salm indes geht über alles."

970. Mischmo. Dumo. Masso!

Drei sich folgende Eigennamen ismaelitischer Stämme (1. B. M. 25, 14.), deren Wortbegriff zugleich ist: hören, schweigen, lasten, und die so ein Kennzeichen abgeben mußten für einen guten Apfel, eine gute Birne und eine gute Nuß. Der Apfel nämlich, wenn er gut sein soll, muß sich beim Schneiden hören lassen; die Birne hingegen muß schweigen; eine gute Nuß muß Gewicht haben. – Aber auch eine sittliche Deutung dieser drei Namen hat man: „hören, schweigen, dulden." –

971. Narre' esse' gern süß!

In Beziehung auf dieses Sprichwort erzählt man eine nette Anekdote von Mendelsohn. Dieser aß gern Zucker. Da rückte ihm jemand unser Sprichwort vor: „Narren essen gern süß!" „So sagen die Klugen", antwortete Mendelsohn; „damit die Narren ihnen das Süße stehen lassen." –

972. Maschke Jisrōel!

„Getränke (maschkeh, hebr.) Israel's", so nannte man scherzweise den Kaffee, weil der Jude, der sich streng an die rabbinischen Speisegesetze hält, in christlichen Gasthäusern, Gartenwirtschaften usw. fast nichts anders genießen kann, als eben nur Kaffee, und selbst diesen nicht einmal mit Milch, weil diese ja von einem unreinen Tiere (Esel) sein könnte. – „Was habt Ihr dort genossen?" – „Nun was? Maschke Jisrōel!" – Das Volk nannte den Kaffee auch in seinem selbst gebildeten hebräisch: „Schōcher-Majim", schwarzes (schāchor) Wasser.

973. Lag boomer – lieg bei mir!

Omer (Garbe) hieß ausnahmsweise die erste Garbe, nach deren Darbringung durch den Hohenpriester die sieben Wochen der Ernte beginnen durften, worauf dann das Wochenfest als Erntefest stattfand. Nach einer Sage soll einst in diesen Tagen, welche noch die „Omer-Zeit" heißen (vergl. 620.), eine verheerende Krankheit unter den Jüngern des Rabbi Akiba (um 130 nach der chr. Zeitrechnung) ausgebrochen sein und bis zum dreiunddreißigsten Tage im Omer (l'g' beōmer, indem bekanntlich im Hebräischen die Buchstaben Zahlenwert haben und lamed dreißig und gimel drei bezeichnet, also der dreiunddreißigste im Omer) angehalten haben. Daher nahm diese Zwischenzeit zwischen dem Pesachfeste und dem Lag-beōmer, dem sogenannten Schülerfeste, einen Anstrich von einer Trauer-, einer Unglückszeit an, so daß man in derselben sich den Bart nicht schor und besonders keine Hochzeiten stattfinden ließ (Orach Chajim 493.). So kam es, daß sich auf den Lag-beōmer gewöhnlich die Hochzeiten häuften und daher der Volkswitz: „Lag-boomer – lieg bei mir!" – Hinsichtlich der Trauer der Omerzeit spricht Creizenach in seinem Schurath Haddin (S. 112. Geb. 35.) noch die Vermutung aus, daß sie zum Teil auch von den im Jahre 1096 um diese Zeit von den Juden erlittenen Drangsalen herrühren könnte.

974. Lotterie – lauter Reu!

Dieses Sprichwort ist wohl mehr eine Erfahrung der neueren Zeit. – Der Trost dagegen lautet: „Aaner muß doch herauskommen!" (muß gewinnen), was, beiläufig gesagt, an das Wort Achan's erinnert. Als, heißt es im Talmud (Sanhedr. 43.), das Los auf Achan fiel (Jos. 7, 18), da sprach Achan zu Josua: „Durch das Los willst Du über mich entscheiden! Du und Elasar, der Priester, Ihr seid beide die Angesehensten unseres Geschlechtes, und dennoch, wollte ich über Euch losen, so müßte das Los auf einen von Euch fallen!" –

KAPITEL VIER

Sprichwörter und Redensarten,

welche auf

Mythen, Sagen, Legenden und Anekdoten beruhen.

I.

Religiöse, moralische und gesellige Seltsamkeiten.

975. Die Rewezen von Kelterschbach! – Geht Vormittags schule' und Nachmittags in die Tiphle!

Wenn jemand zwischen zwei religiösen Parteien steht und aus Zweifel, Unentschlossenheit oder einem andern Grunde sich mit beiden hält, etwa die alte Synagoge und auch den Tempel der Reformer besucht, so ist er die Rewezen von Kelterschbach. – Die Rabbinerin von Kelterschbach (Kelsterbach?) nämlich wußte nicht, wer recht hat, das Judentum oder das Christentum, und wollte es doch mit keinem verderben. Sie ging daher vormittags in die Synagoge und nachmittags in die Kirche. – Ähnliches erzählt Lady Montague in ihren Briefen No. XXVII. von einem Stamm der Arnaunten im alten Mazedonien. Diese Leute, sagt sie, lebend zwischen Christen und Mohammedanern und ungeübt in Kontroversen, erklären, daß sie völlig unfähig seinen, zu beurteilen, welche Religion die beste sei; vielmehr, um sicher zu sein, die Wahrheit in keinem Falle zu verwerfen, folgen sie klüglich beiden. Sie gehen freitags in die Moschee und sonntags in die Kirche, indem sie zu ihrer Entschuldigung sagen, daß sie auf diese Weise gewiß seien, am Tage des jüngsten Gerichtes bei dem wahren Propheten

Schutz zu finden; wer aber dieser sei, das könnten sie in dieser Welt nicht bestimmen. –
„Rewezen“, Rebezen, die Rabbinerin, von Rebi, Rabbi, mit der deutschen Endung zen, sen, wie man in manchen Gegenden sche, schin, anhängt: die Beckersche, die Beckerschin. – Über den Ausdruck „schulen gehen“ s. 917. – „Tiphle“, tiphlah, nannte der alte Jude jedes nichtjüdische Bethaus mit absichtlicher Versetzung der Buchstaben, statt tephillah, Bet – Tephillah, Haus des Gebets (Jes. 56, 7.). Vergl. 408.

976. Nittel mit Lieb!

Eine jüdische Frau, deren Kind am Christabend zur Welt gekommen war, antwortete auf die Frage, wie alt dasselbe sei: „Nittel mit Lieb wird mein Kind ein Jahr alt.“ – Die Anwendung des Ausdruckes „mit Lieb“ (s. 462.) mußte aber in dieser Zusammenstellung und besonders aus dem Munde einer „frommen“ jüdischen Frau um so lächerlicher klingen, als ihr der Christabend gewiß kein heiliger und also auch kein mit Lieb kommender war. – So gilt denn überhaupt das Sprichwort dem lächerlichen Vermischen der eignen und der fremdartigen religiösen Gebräuche. –
„Nittel“ („nithal“, Nizzachon p. 7. 8., „nittal“, Jore Dea 148.) scheint eine, vielleicht irrtümliche, Abwandlung des lateinischen natale zu sein, festum natale und zwar in nithal (von talah), der Gekreuzigte, oder nittal (von natal), der Hingenommene.

977. Der Schammes von Winnek! – Kloppt schule' und legt sich schlafe'!

Zur Bezeichnung solcher Leute, die andere zur Frömmigkeit auffordern, selbst aber dazu zu bequem, zu genußsüchtig sind. Der Gemeindediener (schammesch, chald., Dan. 7, 10., dienen, woher auch der Familienname „Schames") von Winnek (Windecken?) war ein solcher Kauz, der andere zum Gebet rief, „zur Schule klopfte" (s. 917.) etwa in den Bußtagen frühmorgens um 4 Uhr, selbst aber dann sich's bequem machte und wieder zu Bette ging.

978. Er hot sich uf aanmol fertik gemacht!

Im besonderen bezog sich das Sprichwort auf einen gewissen Menschen, der die Gewohnheit hatte, am Versöhnungstag, wo er vom Morgen bis zum Abend nicht aus der Synagoge wich, das ganze Gebetbuch des Jahres von Anfang bis zu Ende auszubeten, um so sich für das ganze Jahr mit Gott abzufinden. Er machte sich eben auf einmal fertig und sagte alles her, ohne Rücksicht darauf, ob sich die einzelnen Gebetstücke auf den Tag oder auf eine andere Zeit des Jahres bezogen, oder auch auf seine Verhältnisse gar nicht paßten. – Im allgemeinen gilt der Ausruf einem Menschen, der in Rücksicht auf die zeremoniellen Vorschriften früher, etwa in seinen jüngeren Jahren, sehr strenge war, z. B. alle, auch die nicht so gewichtigen, Fasten hielt, jetzt aber sich über alles weggesetzt. „Er hot sich früh fertig gemacht."

979. Schorche – Mannhems – Hund!

Wenn jemand durch die Gesellschaft zum sogenannten Mitmachen, besonders in Hinsicht eines religiösen Verbotes, sich verleiten ließ, so hieß es: „Er is Schorche-Mannhems-Hund." – Schorche (Georgchen?) von Mannheim, ein vor etwa 50 Jahren noch sehr bekannter Possenmacher, hatte seinen Hund so gewöhnt, daß derselbe jedes Stück Fleisch, wenn sein Herr zum ihm gesagt: „Es is treephe!" (terēphah, eigentlich: von einem zerrissenen Stück Vieh; überhaupt: dem Juden zu essen verboten) unberührt ließ. Einmal nun machte Schorche dieses Kunststückchen wieder mit seinem Hund. Der Hund saß ruhig da und rührte das vorgelegte Stück Fleisch nicht an. Sieh, da kam ein anderer Hund zum Zimmer herein und sprang sogleich auf das Fleisch los. Als Schorchens Hund dies sah, sprang auch er hinzu und biß ein. – Ähnliches wird auch von einem Hund Fugger's in Augsburg erzählt, so daß auch dieser zum Sprichwort geworden ist: „Er macht's wie Fugger's Hund." (Eiselein nach Pauli, Luther und Auerbacher). Ein Hund Fugger's, heißt es, holte täglich für seine Herrschaften beim Metzger das Fleisch in einem Korbe und war so lange treu, bis ihn andere Hunde anfielen und überwältigten, wo er sich dann auch sein Teil nahm.

980. Der Orel is schikker!

Um die Äußerung oder Meinung eines Dritten kurzab als unhaltbar, als baren Unsinn zu bezeichnen. – Ein vornehmer Jude hatte einmal einen Christen zu Tische gebeten. Dieser erzählte unter anderem in bester Absicht, wie er schon einmal mit des Gastgebers Sohn zusammen an einer (christlichen) Tafel gesessen und sehr vergnügt gewesen. Der Jude, dem diese Mitteilung, besonders um der übrigen Leute willen, nichts weniger als angenehm war, wandte sich zu seiner Frau und sagte ziemlich laut: „Der Orel (arul, ein Nichtjude, 2. B. M. 12, 48.) is schikker“ (schikkor, betrunken). –

981. Aan Narr uf zwaa Karrn!

Von einem Menschen, der übertrieben fromm ist. – Es war nämlich einmal ein solcher Kauz, der stand am Versöhnungstag zur Buße und Kasteiung den ganzen Tag in der Synagoge mit jedem Fuße auf einem Aprikosenkern. Da sagte jemand witzig: „Zwei Narren auf einem Karrn ist nichts Seltenes, wohl aber ein Narr auf zwei Karrn (Kern‘).“ –

982. Die macht den Fußschemel jontevtik!

Von einem überfrommen Weibe. – In Worms soll eine solche Frau gelebt haben, die, wenn es auf Pesach (Ostern) ging, nicht nur die Speisegerätschaften teils umtauschte, teils von etwa daran haftendem Sauerteig reinigte, sondern selbst den Fußschemel scheuerte, jontevtig (s. 540.) machte.

983. Zertret mer die Wörmcher nit![1]

Der Ausruf gilt einem frömmelnden Heuchler. – In Portugal – so erzählt das Buch kaw hajjaschar cap. 52. – lebte einst ein reicher, hochbetagter Mann. Er hatte einen einzigen, hübschen und klugen, wohlunterrichteten Sohn. Als er seine Stunde herannahen fühlte, rief er den Jüngling zu sich und sprach: „Höre, mein Sohn! Ich hinterlasse Dir ein hübsches Vermögen, Geld und Gut, so daß es Dir bei weiser Sparsamkeit für Dein ganzes Leben hinzureichen vermag. Eines will ich Dir besonders anempfehlen: Hüte dich vor den Zebuim[2], vor den Geschminkten, vor solchen Leuten, die überfromm sein wollen, mehr als die Natur dem Menschen erlaubt. Vor den Leuten stellen sie sich fromm, aber im Herzen haben sie sieben Greuel[3]. Nochmals, hüte dich vor den allzu Frommen, vor den We-zidkoscho[4] wie sie heißen, und es wird Dir und den Deinen wohlergehen alle Zeit.“ –

---

[1] Vom Verf. bereits in poetischer Form mitgeteilt im „Buch der Sagen und Legenden jüdischer Vorzeit.“ No. XX. In's Französiche übersetzt von A. Weill in der Revue Française. Deucième année. Tome septième. No. 72.

[2] Sotah 22, b. Der König Janai sprach zu seiner Frau: „Fürchte dich nicht vor den Pharisäern und auch nicht vor denen, welche keine Pharisäer sind, sondern vor den Zebuim (Gefärbten, Übertünchten), die sich wie Pharisäer stellen, die handeln wie Simri und belohnt sein wollen wie Pinehas (s. oben 20.). – Vergl. Matth. 23, 27 „übertünchte Gräber.“

[3] „Schewe teewes,“ wie das Volk sagt, s. 385.

[4] S. 330.

Der Vater starb. Bald darauf lernte der Sohn ein Mägdlein kennen, eine arme Waise; sie gefiel ihm, und er führte sie heim als Weib.
Das Weib war gar fleißig und züchtig in den Augen des Mannes, und sie lebten froh und vergnügt etwa vier bis fünf Jahre.
Da sprach eines Tages der junge Mann zu seinem Weibe: „Komm, laß uns ein wenig durch die Straßen und auf den Jahrmarkt gehen und sehen, was das Land Schönes und Treffliches hervorgebracht hat; möglich, daß ich Dir was Hübsches kaufe." – „Nein," sagte das Weib, „ich gehe nicht auf den Markt. Leicht könnte es geschehen, daß ich mein Auge auf andere Männer richte, oder Schuld sei, daß sie ihre Augen auf mich richten, und so sündige oder sündigen mache; nein, ich gehe nicht." – Da durchfuhr den Mann der Gedanke: „Wie, solltest auch Du eine Gefärbte sein!" – Er gedachte der letzten Worte seines Vaters, schwieg und ging allein.
Etwa ein halbes Jahr nachher ließ sich der junge Mann ohne Wissen seines Weibes, zu jeder Türe und jedem Tore seines Hauses einen zweiten Schlüssel machen, übergab ihr dann alle alten Schlüssel, indem er die neuen, ohne ihr etwas davon zu sagen, für sich behielt, und sprach: „Ich muß eines bedeutenden Geschäftes halber morgen eine weite Reise unternehmen; sei so gut und bereite mir das zur Reise Nötige vor." Das Weib tat also, und der Mann sagte ihr den andern Tag Lebewohl, empfahl ihr das Haus und reiste ab.
Aber kaum war er einge Meilen von der Stadt, da lenkte er um und fuhr zur Stadt zurück, fuhr aber nicht nach seinem Hause, sondern kehrte in ein Gasthaus ein, wo er sicher war, daß man ihn nicht kannte. Als es nun dunkle Nacht geworden war, da schlich der Mann nach seinem

Hause, schloß leise das Tor auf und Türe nach Türe, und kam so unbemerkt von Zimmer zu Zimmer bis zu dem Schlafgemache seines Weibes. Er zauderte eine Weile, dann öffnete er und fand sein Weib in den Armen eines Fremden.

Als das Weib ihn erkannte, rief sie ihrem Buhlen zu: „Nimm Deinen Degen und stoß den Wicht nieder!" – Dem Armen gelang es noch zu entspringen. Er eilte aus seinem Hause, aber er ging nicht in das Gasthaus zurück, sondern setzte sich auf den harten Stein der Straße nieder, stützte das kummerschwere Haupt in die Hand, und niedergebeugt vom tiefen Herzeleid entschlief er endlich.

In derselben Nacht war es auch geschehen, daß man in den königlichen Palast eingebrochen war und einen kostbaren Schmuck entwendet hatte. Es war deshalb Lärm im Palast entstanden, und der König befahl, augenblicklich die Stadt zu schließen und die ganze Stadt von Haus zu Haus zu durchsuchen. Die königlichen Diener durcheilten die Stadt, und bald fand man den Unglücklichen auf offener Straße liegen. Er ward aufgegriffen und festgenommen, und da er trotz schweren Martern nicht sagen wollte, wer er sei, und warum er auf offener Straße gelegen, ward er zum Tode verdammt. Ach, er dachte: „Ich will lieber sterben, als daß ich meine eigne Schande bekennen sollte, und was soll mir das Leben!" – Schon führte man ihn zum Richtplatz. Ein angesehener Ordensbruder, der Beichtiger des Königs, ging neben ihm her und drang sehr in ihn, vor seinem Tod sich in den Schoß der Kirche zu begeben und selig zu sterben. Der Mann schwieg. Da gelangte der Zug an einen Düngerhaufen, der in dem Wege lag und an dessen Rande Würmchen umherkrochen. „Geh um den Dünger herum!“ rief der Mönch dem vorausgehenden Henker zu, „geh herum und zertritt mir die Würmchen nicht!“ – „Ha!“ dachte der Mann, „Gefärbter!“ – Und augenblicklich ruft er den königlichen Dienern zu: „Halt! ich will bekennen. Ich und dieser Ordensbruder da haben in Gemeinschaft den Diebstahl begangen.“ - Der Ordensbruder erblaßte, er wird ergriffen und mit dem Manne zurück vor den König gebracht.

Der König befiehlt, sogleich die Zelle seines Beichtigers sorgfältig zu durchsuchen, und es währt nicht lange, so finden sich daselbst die entwendeten Kleinodien.

„Wie kommst Du“, sprach der König ernst und streng zu dem jungen Mann, „wie kommst Du zu dem Mönch?“ –

Da warf sich der junge Mann vor dem König nieder und erzählte schlicht und wahr von seinem alten guten Vater, und was derselbe ihm vor seinem Tode so eindringlich empfohlen, und wie es ihm mit seinem Weibe ergangen. „Und als ich nun, mein König!“ fuhr er fort, „als ich diesen Ordensbruder so hart und gefühllos gegen mich und so heuchlerisch barmherzig gegen die Würmchen sah, da ergriff es mich gewaltig, es war mir, als hörte ich wieder die letzten Worte meines Vaters, und ich tat, was ich getan. Den Mönch habe ich nie gekannt.“ –

Der König befahl ihm aufzustehen, und als sich alles so fand, wie der Mann gesprochen, da ließ er dem Weibe und ihrem Buhlen und auch dem Mönche Recht werden; dem Manne aber gab er Freiheit und Eigentum unversehrt zurück.

So sagt man denn heute noch zu einem Scheinheiligen, zu Leuten, welche die Tephillah (das Gebetbuch) küssen, aber in Handel und Wandel unredlich sind: „Ei, ei, zertret mer die Wörmcher nit!“ –

984. Ich hab'n gekannt, wie er noch e Birebaam wor!

– und jetzt soll ich ihm hohe Verehrung zollen! – Die Tochter eines angesehen Gutsbesitzers flüchtete sich einst vor einem Gewitter unter einen Birnbaum. Da schlug der Blitz in den Birnbaum, das Mädchen aber blieb unverletzt. Zum Andenken an das Wunder, ließ der Vater aus dem Holze des vom Blitze gespaltenen Baumes ein Heiligenbild verfertigen und an der Stelle, wo das Wunder geschehen war, aufrichten. Jeder, der vorüberging, warf sich verehrend vor dem Bilde nieder. Auch ein Jude ging vorüber, zog aber nicht einmal die Mütze. „Warum bezeigst Du dem Heiligen Deine Verehrung nicht?“ frug man ihn. „Was“, rief er „Verehrung! ich hab'n gekannt, wie er noch e Birebaam wor.“ – So gilt nun der Ausruf einem jeden Menschen, der, durch Zufall und ohne eignes Verdienst seinem niedern Stand enthoben, jetzt hoffärtig tut. – Vergl. übrigens das Gedicht „Macht der Gewohnheit“ von Tiedge, woselbst ein alter Bauer, dem der Sohn zur Überraschung aus dem Birnbaum des Hofes einen neuen heiligen Lorenz statt des alten verfertigen ließ, ebenfalls sagt: „Wie kann ich zu dem Heiligen beten, den ich als Birnbaum noch gekannt!“ obgleich er an der Verehrung des alten, verwitterten und sogar einarmigen keinen Anstoß gefunden hatte. –

985. Nit gestoche', nit gefloche'!

Der Sinn, der mit dieser sehr verbreiteten Redensart verbunden ward, war: „in keiner Hinsicht richtig! durchaus falsch und widersinnig!" z. B. „Das haaßt gearbeit'! nit gestoche'! nit gefloche'!" „Das is e Geschwätz! nit gestoche'! nit gefloche'!" – usw. – Die Redensart selbst aber soll sich darauf gründen, daß einst ein Christ einem Juden vorgeworfen, wie er leugnen könne, daß Jesus in den Himmel gestiegen, da ja auch von Eliah erzählt werde, er sei in den Himmel geflogen, worauf denn der (polnische) Jude geantwortet habe: „Nit gestoge', nit gefloge'!", es verhalte sich mit beiden nicht wörtlich so. –

986. E Wormser Neß!

Stellte jemand etwas, woran der gesunde Menschenverstand nichts Außerordentliches sah, als außerordentlich, wunderbar dar, so hieß es spottweise: „E Wormser Neß!" (nēs, hebr., Zeichen, Wunder). Die Wormser Gemeinde, die nach der Sage schon vor der Zerstörung des zweiten Tempels bestanden haben soll (vergl. des Verf. „Buch der Sagen und Legenden jüd. Vorzeit." Zweite vermehrte Aufl. No. 48.), galt als besonders wundergläubig, und außer den in dem bekannten Wormser Máase-Nissim enthaltenen Erzählungen von Wundern, die sich in Worms zugetragen, trug man sich noch mit vielerlei komischen Anekdoten von Wundern, die in Worms als solche gegolten hätten. So ward unter anderem erzählt, eine Frau sei einmal an einem Freitag einer

Geis, welche einen Datscher* erwischt hatte und damit fortgesprungen war, nachgelaufen, um ihr denselben wieder abzujagen. Die Geis sei nach dem Friedhof und dort in eine Höhle gelaufen, die Frau immer hinter ihr her. Als die Frau nun nach kurzer Zeit am andern Ende wieder aus der Höhle herausgekommen, da habe sie sich zu ihrem Erstaunen im Lande Israel befunden. – Ein anderes Witzwort in bezug auf die Wormser ist: Ein Wormser rühmte einmal gegen einen Fremden das Alter der Gemeinde, indem er hinzufügte, sie habe schon vor der Abfassung des Gebetstückes Adón Olam (im Frühgebet) bestanden und dieses nicht angenommen. „Jawohl," erwiderte der Fremde, „die Wormser dürfen sich rühmen, schon vor dem Adón Olam (Herr der Welt) dagewesen zu sein." –

* Das bekannte Sabbatbrot, in Norddeutschland und Polen „Berches" genannt, von berachah, bircath, Segen, weil der sabbatliche Segen darüber gesprochen wird. Die Ableitung des Wortes Datscher oder auch Tatscher ist ungewiß. Nach einigen beruhen beide Namen, sowohl der mehr süddeutsche „Datscher", als der norddeutsche „Berches" auf den Worten Spr. Sal. 10, 22. Birkas Adonaj hi táaschir, „der Segen Gottes macht reich", welche Erklärung indessen, obgleich der Vers in Wirklichkeit vom Midrasch (Jalkut Mischle 547.) auf den Sabbat bezogen wird, wohl mehr witzig als wahr ist. Andere erklären es durch deutsches Brot im Gegensatze zu Franz- (französ.) Brot. Wieder andere wollen es von einem altd. „Datsch" ableiten, welches im Süddeutschen eine gewisse Art Mehlspeise bezeichnet habe. Uns scheint es gerade mit dem französ. tarte, eng. tart, mittelalt. und italien. torta zusammenzuhängen, gedreht, gewunden, geflochten, und also ganz die Gestalt zu bezeichnen, indem das Wort ursprünglich Tartche' (wie Tortche') geheißen haben mag. –

Noch möge hier zur Charakteristik eines starren, fast eigensinnigen Wunderglaubens eine sehr bezeichnende Anekdote um so mehr Platz finden, als ihre Spitze schon hin und wieder zum Sprichwort geworden ist. – Der Zaddik der Hasidäer (eine schwärmerische wundergläubige Sekte, gestiftet von Israel Baal Schem zu Tlusti um 1740, deren Führer stets den Namen Zaddik, d. i. der Fromme, Gerechte, führte und unbedingten Gehorsam von seinen Untergebenen fordern durfte; vergl. Jost: Gesch. des israelit. Volkes II. 472. f. f.) saß einmal, umgeben von seinen Getreuen, scheinbar in tiefen Betrachtungen versunken. Da erhebt er sich plötzlich und ruft mit erhabener Stimme: „Boruch dajjon hóemes!“ (gelobt sei der gerechte Richter!“ die Benedeiung bei Vernehmung eines Todesfalles, s. 480.). – „Amen!“ ruft erschrocken die Umgebung und fragt dann, wem der Ausruf gegolten. Er nennt einen bekannten Mann, der in einer weit entfernten Stadt gewohnt, indem er hinzufügt, daß derselbe in diesem Augenblick gestorben sei. – Alles bedauert den Verlust des Mannes. – Nach einigen Tagen indessen kommt die Nachricht, daß der Mann gesund und wohlauf sei. – Die Gegner der Hasidäer spotteten nun über den untrüglichen, weitschauenden Blick des heiligen Zaddiks. „Mag sein“, antwortete da einer seiner Getreuen allen Ernstes, „mag er auch falsch geguckt haben, er hat doch geguckt, der Guck schon is e Chiddesch!“ (chiddusch, ein Neues, Seltsames, Wunderbares, vom bibl. chaddesch). –

987. E jüdischer Gam-su-letoowe!

Als leiser Spott, wenn jemand uns bei einem noch so herben Mißgeschick den leidigen Trost gibt, daß jedes Übel auch seine gute Seite habe, auch ein Gutes bezwekken solle, „wer waaß, wozu es gut is?“ – „Dein Trost ist ein jüdisches Auch-dies-zum-Guten (letōbah).“ – Vergl. bei Zinkgref: „Eulenspiegel pflegte sich alle Morgen zu segnen vor großem Glück – wo man zum Glück nur Arm und Bein und nicht gar den Hals bricht.“ – Der Spruch selbst wird (Táanith 21.) einem Manne namens Nachum zugeschrieben, der zu jeder Unannehmlichkeit, zu jedem herben Schicksal, von dem er heimgesucht ward, zu sagen pflegte: „Gam su letōbah,“ „auch dies zum Guten!“ weshalb er auch den Beinamen „ischgam-su,“ „der Mann-auch-dies“ erhielt, sowie sein gam su zu einem allgemeinen Trost- und Beruhigungswort geworden ist. So wird von demselben erzählt (Táanith 21.): „Einst wollte Israel dem Kaiser ein Geschenk überschicken. – „Wem aber vertrauen wir die Botschaft an?“ frug man. – „Wem anders,“ war die Antwort, „als Nachum, dem Mann-gam-su, dem so manches Wunderbare sich schon ereignet hat.“- Man übergab ihm die Schachtel mit den kostbaren Perlen und Edelsteinen, und er machte sich damit auf den Weg zum Kaiser. Auf seiner Reise übernachtete er in einer Herberge. Da standen in der Nacht seine Wirtsleute auf, nahmen aus der Schachtel die Perlen und Edelsteine und füllten sie statt derselben mit Erde. Als Nachum dies den anderen Morgen wahrnahm, sprach er: „Gam su letōbah!“ und reiste getrost weiter. Er kam vor den Fürsten und übergab das Geschenk im Namen Israels. Der Fürst öffnete die Schachtel, und als er nichts als Erde erblickte, rief er erzürnt: „Die Juden spotten meiner!" und befahl, sie es alle mit dem Tode büßen zu lassen. Da nahm der Prophet Eliah[1] die Gestalt eines der kaiserlichen Räte an und sprach: „Handle nicht zu rasch, mein Fürst! Vielleicht ist es von der Erde Abrahams, ihres Stammvaters. Er besaß Erde, die, wenn er sie warf, sich zu Schwertern, und Stroh, das sich zu Pfeilen umwandelte, so wie von ihm geschrieben steht[2]: Er ließ Staub sein Schwert sein und verwestes Stroh seinen Bogen." – Der Kaiser lag gerade mit einer Provinz im Kampfe, die er nicht besiegen konnte. Er ließ nun mit der Erde eine Probe machen, und siehe, der Feind ward völlig geschlagen und unterjocht. Da führte man den Gesandten Israels in die kaiserliche Schatzkammer, füllte dessen Schachtel mit den kostbarsten Perlen und Edelsteinen und entließ ihn in hohen Ehren. Als Nachum nun auf seinem Rückweg wieder in die Herberge kam, fragten ihn die Wirtsleute: „Was hast Du dem Kaiser überbracht, daß er Dir so große Ehre erwiesen hat?" – „Was ich von hier mitgenommen," antwortete Nachum. Da rissen sie ihr Haus nieder, luden den Schutt auf einen Wagen und fuhren damit zum Kaiser und sprachen: „Die Erde, die jener Dir überbracht hat, war von den Wänden unseres Hauses genommen." – Es ward nun auch mit dieser Erde eine Probe gemacht, und da sie sich nicht bewährte, so ließ der Kaiser sie beide hinrichten." – Unser Spruch wird übrigens, wenn auch nicht der Form, doch dem Sinne nach, auch Akiba (im Anfange des 2. Jhrdt's.) zuge-

[1] Der Retter in der Not, vergl. No. 33. 34.

[2] Jes. 41, 2. welche Stelle von den alten Kommentaren meistens auf Abraham bezogen wird. Wir haben übrigens der Sage zuliebe den Vers absichtlich zweideutig wiedergegeben.

schrieben (Berachoth 60, b. Jalkut Hiob 893.): „Alles, was vom Himmel geschieht, ist zum Guten“ (vergl. Römer 8, 28.), von welchem daselbst auch die bekannte Sage von dem Esel, dem Hahn und der Fackel erzählt wird (Vergl. des Verf. „Buch der Sagen und Legenden jüd. Vorzeit.“ Nr. 30. „Auch dies zum Guten.“ Herders Blumenlese aus morgenl. Dichtern S. 84.). – In einem Artikel der „Gränzboten“, vom Jahre 1852, unter der Aufschrift: „Deutscher Trost,“ den auch die Didaskalia (Febr. 1852. Nr. 47.) bringt, wird übrigens diese Art sich zu trösten, besonders den Deutschen zugeschrieben.

988. Aette steh uf! loß de Hund sitze‘!

Als strafender Ausruf gegen einen liebevollen Sohn. – Ein junger Hund war gewohnt, auf dem Stuhle zu schlafen. Einmal mochte derselbe gern auf den Stuhl, der Stuhl aber war bereits vom Vater besetzt. Da hieß der zärtliche Sohn den Vater (Aette oder Aetti, bei Hebel, altdeutsch: Atta, Vater) vom Stuhle aufstehen, damit der Hund sich darauf legen könne. – Im ähnlichen Sinne hatte man auch den Ausruf: „Ka-Bet!“ Das VI. Gebot beginnt nämlich im Hebräischen mit dem Worte: „Kabbed“ (Ehre...). Das mißratene Kind aber, sagt der Ausruf, liest: „Ka-bet“ (kein Bett), indem es den Eltern kein Bett und keine Ruhe gönnen mag. – So hörte man mitunter auch gegen das ungehorsame Kind als strafendes Wort den Ruf des Nachtwächters anwenden: „Hört, Ihr Herren! man laßt euch sagen!“ – laßt Euch sprechen und tut doch, was man will. – In Rücksicht auf die Abschwächung oder Abstufung der kindlichen Liebe erzählt der Talmud (Sotah 49.): „R. Huna fand eine vorzügliche Dattel. Er hob sie auf und steckte sie zu sich. Als er zu Hause war, trat sein Sohn Rabba zu ihm ein und sprach sogleich: „Ich rieche den Geruch einer süßduftenden Dattel." – „Mein Sohn," sagte R. Huna, „Du hältst streng auf Reinlichkeit (nach rabbinischer Vorschrift – weil der Geruchssinn sich so gesund erhalten hat); zum Lohn sollst Du die Dattel haben." Er zog sie hervor und gab sie ihm. Jetzt trat auch Rabba's Söhnchen ein. Da gab Rabba die Dattel seinem Söhnchen. „Mein Sohn", sagte Huna da zu Rabba, „Du hast mein Herz erfreut und alsbald auch mir die Zähne wieder stumpf gemacht. Ja, die Leute sagen mit Recht: Die Liebe der Eltern erstreckt sich auf ihre Kinder, und die Liebe der Kinder wieder auf ihre Kinder, Du hast Deinem alten Vater die Dattel abgenommen und sie Deinem Kinde gegeben. – Die Kinder liegen uns mehr am Herzen als die Eltern." – Eben daselbst heißt es weiter: „Vor Großeltern, auch wenn sie uns erziehen, haben wir weniger Achtung als vor den Eltern." –

989. Eelje's Rachmōnes!

Dieses, obgleich mehr lokale Sprichwort (in Frankfurt und der Umgegend), das besonders die Scheinbarmherzigkeit geißelt, wäre auf gar manches Mitglied eines Tierquälervereins und selbst auf gar manche Verordnung und Anordnung rücksichtlich der Armen anzuwenden, und mag darum hier seinen Platz finden. – Ein Frankfurter mit Namen Eliah ... soll nämlich ein solcher Kauz gewesen sein, der darauf angetragen habe, nicht mehr zu dulden, daß die Armen sich, wie sonst Brauch war, um ein Almosen oder eine Einladung auf den Sabbat zu erhalten, bei der Synagoge versammeln, weil er – den Jammer nicht sehen könnte. – „Rachmōnes“ (rachmanoth, s. 633), Barmherzigkeit, Erbarmen; auch im passiven Sinn, das Erbarmungswerte: „Ich kann das Rachmōnes nit sehen.“

990. Sender Messel!

Ebenfalls ein mehr lokales Sprichwort, aber sehr treffend zur Geißelung derer, die den Reichen frönen. Sender (Sander, Alexander) Messel, ein Frankfurter, pflegte, wenn er sah, wie dem Reichen alles zu Willen ist, auszurufen: „Legt mich (nach meinem Tode) zu den Kezinim?“ (zu den Reichen, Kazin, s. 201.) weil zu erwarten stehe, daß diese auch jenseits am besten wegkommen. –

991. Laßt mir mein‘ Nāches!

Dieses ziemlich verbreitete Sprichwort, dessen Ursprung in Frankfurt einem Frankfurter, anderswo z. B. in Prag einem Prager zugeschrieben wird, gilt solchen, die zwar gern genießen, aber es sich nichts kosten lassen wollen. – Einst ließ sich ein fremder, berühmter Chassen (chasán, Vorbeter) hören. Alles war entzückt von der herrlichen Stimme und dem ausdrucksvollen Vortrage. Noch während des Schlußgesanges gingen einige angesehene Männer in der Synagoge umher, um von den Zuhörern ein Geschenk für den trefflichen Vorbeter zu sammeln, wobei sie besonders auf einen reichen Kauz rechneten, da gerade dieser nicht müde ward, den Mann laut zu rühmen. Als sie aber zu demselben kamen, rief er: „Laßt mir meinen Nāches!“ (mein Vergnügen, nachath, s. 492.). Vergl. 993.

992. Eßt, es wird doch ausgeschütt'!

Eine Frau, die eben nicht sehr freigebig war, forderte jemand mit den Worten zum Essen auf: „Eßt! es wird doch ausgeschüttet." – So will denn der Ausruf überhaupt Geschenke der Art bezeichnen, die man deshalb andern gibt, weil man selbst keinen Gebrauch mehr davon machen kann. Ähnlich ist die Anekdote von der Bäuerin, die einem Soldaten, der bei ihr im Quartier lag, eine Schüssel voll Fleisch mit den Worten vorsetzte: „'s Fleisch riecht e Bissel schon; ich hab 'm drum e Paar Stückle mehr gebe'."

993. Behle, zieh an Dich! es koscht nix.

In demselben allgemeinen Sinne, wie 991. – Ein bekannter Geizhals ging an einem schönen Frühlingstage, wo alles ringsumher in Blüte stand und lieblich duftete, mit seinem Weibe spazieren. Da rief er diesem zu: „Behle (Bella), zieh an Dich (den Duft) es kostet nichts." –

994. Was liegt dran! 'n Bart weniger.

Ein Bartscherer oder sogenannter „Zwicker" (von zwicken, zwacken, mit zwei zusammengesetzten Spitzen oder scharfen Flächen kneipen) pflegte, wenn er im Kartenspiel einen kleinen Verlust erlitt, bete ward, zu sagen: „Was liegt dran! einen Bart weniger", indem er Gewinn und Verlust nach Bärten berechnete, und so ist es nicht selten bei Menschen, deren Erwerb auf kleinen, sich wiederholenden Leistungen beruht, daß sie über einen kleinen Verlust sich leicht trösten. – Ähnlich erzählt man von einem Lehrer, einem sogenannten Bacher (s. 367.), auf dem Land, der an Halbfeiertagen gewöhnlich nach der nahen Stadt ging und dort mit einigen Bekannten ein Spielchen machte, daß er bei einem erlittenen Verluste, je nachdem, zu sagen pflegte: „Wieder ein Kind, ein Halbes Kind kappore!" oder auch: „Wieder ein Balbóes (Baal-bajith, Hausherr, Prinzipal) kappore!" (kaput, s. 198.) indem er sich eben damit tröstete, daß er nur die Einnahme für ein Kind oder auch von einem Prinzipal verspielt hatte.

995. Er macht e Kunstreis'!

Er bettelt sich durch die Welt. – Ein polnischer Bettler kam einmal zu einem reichen Manne in Berlin und sprach ihn um eine Gabe an. „Was kommt Ihr nach Deutschland?" frug ihn der Berliner, „warum bleibt Ihr nicht in Polen?" – „Ich mach e Kunstreis'" antwortete der Polak. – „Ihr, eine Kunstreise!" rief verwundert der Mann. „Nun ja", erwiderte jener, „ich hab' kein Geld un reis', is das nit e Kunstreis'?" –

996. Was will Raschi?

Zur Bezeichnung eines armen, wandernden Rabbi, der uns besucht und gelehrte Bemerkungen auskramt, aber im Grunde irgendeine Unterstützung wünscht. – Raschi oder, mit vollem Namen, Salomo ben Isak aus Troyes, welcher den bekannten Kommentar zu Bibel und Talmud verfaßt hat, soll auf einer Wanderung an einem kalten Wintertage nach einem Dorfe gekommen und dort bei einem Juden eingekehrt sein. Er saß hinter dem Ofen, schauernd vor Hunger und Kälte, als der Lehrer des Hauses seinen Schüler eben in „Chumesch und Raschi" (Pentateuch – von chamesch, fünf – und Raschi's Kommentar) unterrichtete. „Was will der Raschi hier?" frug der Lehrer den Schüler (mit seiner Bemerkung nämlich). „Ein Schüsselchen warme Supp'!" rief's hinterm Ofen hervor. – Über das hohe Ansehen, in welchem Raschi stand, vergl. 1029. –

997. Balbóes! was hät Ihr vorhin gesagt?

Als neckisches Wort gegen jemand, der, obgleich er sich den Schein nicht geben will, es offenbar bereut, eine Anerbietung, ein Geschenk u. dergl. aus Ziererei oder sonst einer Ursache zurückgewiesen zu haben. – Einem zu Tische gebetenen Polak ward von einer Speise zum zweitenmale angeboten. Bescheiden sagte er: „Ich danke", in der Erwartung freilich, daß der Hausherr ihn noch einmal nötigen werde. Als dieses jedoch nicht geschah, da frug der Polak denselben: „Balbóes (baal-bajith, Hausherr), was habt Ihr vorhin gesagt?" – Ein ähnliches Sprichwort findet sich bei Bebel (Eiselein S. 442.) „Wann ich Dir zu Willen wäre, wie wollen wir die Suv anbinden?" –

998. Aette, laß die Gojeh gehn!
Mämme, laß die Kuchel stehn!

Im besonderen bezieht sich das Sprichwort auf eine Anekdote, wo während der Mann sich mit der Sabbatfrau unterhielt, die Frau sich hinter die Kuchel machte, und sie entweder sich selbst gegenseitig ermahnend zuriefen, oder der Zuruf gar von einem Kinde ausging. Der allgemeine Sinn ist: „Wie der Mann, so die Frau!" – Ähnlich dem nicht minder bekannten Sprichworte: „Jtzik und Olk! (Olga) er is wie sie, un sie is wie er!" Vergl. auch 589. – „Aette" oder Aetti (Hebel), altdeutsch: Atta, Vater. „Mämme", Mama. „Gojeh" s. 87. „Kuchel" s. 66.

999. Die möcht' aach e Buch sein!

Von einem Mädchen, das sich um eines Gelehrten Gunst bewirbt. – Im besonderen lautet die Anekdote: „Ein Gelehrter bekümmerte sich sehr viel um seine Bücher und gar wenig um seine Frau. Da rief diese: „O wär ich doch e Buch!" „Meinetwegen", sagte der Mann, „aber e Lu'ch!" – (luach, biblisch: Tafel; neuhebr. Kalender) – nämlich: jedes Jahr eine andere. – Vergl. indes auch bei Lehmann: „Des Doktors Frau wünscht, daß sie ein Buch wäre, so wäre ihr Herr auch desto mehr bei ihr." (Bei Lehmann ist der Ausdruck plastischer).

1000. Sie will e'nen Erev habe', daß sie trage' darf.

Von einem Mädchen, das eine Heirat eingeht, um eben nur wie man sagt, unter die Haube zu kommen. – Der besondere Fall ist: Ein hübsches und lebenslustiges Mädchen in Berlin ernährte sich durch Hausierengehen und machte dabei ziemlich gute Geschäfte. Da ließ sie sich zum Erstaunen aller Welt mit einem sogenannten „Bacher" zur Braut machen, der zwar fleißig seinem Talmud oblag, aber dabei ein großer „Schlemiel" war. Auch bei dem damaligen sehr witzigen Rabbiner zu Berlin (Rabbi Herschel) kam die Rede darauf und jeder frug: „Was will nur das Mädchen davon?" – „Hm", sagte der Rabbi „sie will einen Erev haben, daß sie tragen darf." – „Erev" (ereb, Bürge, Vertreter) heißt nämlich bei den Rabbinen, das Mittel, durch dessen Anwendung es gestattet ist, am Sabbat einen Gegenstand aus einem begrenzten oder verschlossenen Raum in einen freien, offenen zu tragen. –

1001. Alt – Eisik wird tänzerik!

Im allgemeinen: wenn ein schon bejahrter Mann noch jugendliche Streiche spielt. „Alter schützt vor Torheit nicht." – Vergl. 561. Im besonderen scheint das Sprichwort einem bekannten Mann, namens Eisik (Isak, nach englischer Aussprache), entnommen, der noch in seinen alten Tagen ein leidenschaftlicher Tänzer ward. – Vergl. bei Eiselein: „Wenn alte Gäul' in Gang kommen, sind sie kaum zu halten."

1002. Hinte' nach kummt der Kikeriki heraus!

Wenn ein Mensch wohl eine Zeitlang verständig zu scheinen vermag, aber am Ende doch einen Sparren zu viel zeigt. – Der Sohn eines reichen Mannes hatte die fixe Idee gefaßt, er sei ein Hahn geworden und schrie daher den ganzen Tag: „Kikiriki kikiriki!" Umsonst zog der Vater die berühmtesten Ärzte zu Rat; umsonst verhieß er dem eine bedeutende Belohnung, der seinen Sohn von der fixen Idee befreien werde; keiner konnte helfen; der Sohn schrie, wo er sich auch befand, sein Kikiriki, sobald ihm seine Hahnheit einfiel, und der Vater, der sich dessen schämte, hatte keine andere Wahl, er mußte ihn einsperren. Davon hörte auch ein umherziehender polnischer Bettler. Der Polak kam zu dem reichen Mann und sagte, daß er dessen kranken Sohn wohl zu heilen, von dem Ruach[1], der ihn eingenommen, durch kabbalistische Mittel zu befreien gedächte. – Wer war froher, als der Vater? – Er versprach dem polnischen Rabbi, denn dafür gab der Bettler sich aus, ihn reichlich zu belohnen, wenn er Wort halte. Der Polak ließ sich nun zu dem „bestußten"[2] Sohn sperren, und kaum war er mit demselben allein, so begrüßte er ihn mit einem lauten Kikiriki. „Wie", rief der Narr, „bist Du auch ein Hahn?" „Kikiriki!" antwortete der Pole, und die beiden krähten nun um die Wette und lebten so einige Zeit in der innigsten Freundschaft miteinander. Da nahte der Versöhnungstag. „Höre", sprach eines morgens der Pole zu dem Narren, „wir dürfen diese Woche nicht krähen, sonst

---

[1] böser Geist, Dämon, s. 339.

[2] deutsch gebildet von schtuss, Narrheit, s. 822.

nimmt man uns zu Kappores[1] und schech'[2] uns." – „Du hast recht", antwortete der Narr.
Denselben Tag noch ging der Pole zum Vater und sagte, der Sohn sei nun geheilt und werde das Krähen von nun an unterlassen; er aber müsse jetzt abreisen, da er Jom kippur[3] bei einer fernen Gemeinde den Chasan[4] vertreten müsse. Der Vater ließ noch einen Tag dahingehen, und da sein Sohn wirklich sich sehr verständig benahm und ganz geheilt schien, entließ er den Polen reichlich belohnt.
Die Woche ging ruhig vorüber, und auch am Versöhnungstag, wo der Sohn mit dem Vater die Synagoge besuchte betrug derselbe sich wie jeder vernünftige Mensch, so daß alles sich mit dem Vater freute und ihm Glück wünschte. Aber siehe, kaum war der Versöhnungstag vorüber, so fing der Narr wieder an zu krähen, und so kam hinten nach der Kikiriki wieder heraus. –

1003. Mer nemmt e Loch un macht Eise' drum!

Zur Bezeichnung einer verkehrten Antwort. – Ein Polak frug den andern: „Sagt, wie macht mer e Kanon?" – „Das is sehr leicht", antwortete der Gefragte, „mer nemmt e lang Loch un macht Eise' drum." – Vergl. 134. –

---

[1] kapparoth, die Versöhnungshühner, die man sich um den Kopf schlägt und dann als Stellvertreter dem Tode weiht. S. 198.
[2] „schechten", von hebr. schachat deutsch gebildet, schlachten.
[3] Versöhnungstag
[4] Vorbeter

1004. Der Jtzik is witzik!

Als Spott gegen einen schlechten Witz, vielleicht auf einem besonderen Falle beruhend, vielleicht auch nur des Reimes wegen so gebildet. „Jtzik", Isaak.

1005. Jōneh Mechaschschef!

Um eine großtuende und doch geringfügige Geschicklichkeit, Fertigkeit usw. lächerlich zu machen. Vergl. 151. „Jonah, der Zauberer!" (mechaschscheph, hebr.). Ein gewisser Jonah, wie man sagt, aus einem kleinern Orte in der Nähe Frankfurts, gab sich für einen sehr geschickten Uhrmacher aus. Es gelang ihm auch immer, eine Uhr, die stehengeblieben, augenblicklich wieder in Gang zu bringen. Aber kaum hatte er sich entfernt, kaum war er auf dem Wege nach Hause, bis vor das Tor gekommen, so blieb sie auch wieder stehen. Daher sagte man ihm spottweise nach, er setze jedesmal eine Fliege in die Uhr, durch deren Tritt das Räderwerk auf einige Minuten in Bewegung gesetzt werde. –

1006. Zusehn darf mer'm nit!

– denn da kann er nichts. Ein Vater hatte seinen Sohn der Ausbildung wegen in die Fremde gegeben. Er war mehrere Jahre entfernt und hatte viel Geld gekostet. Als aber der Vater bei seiner Rückkehr ihm auf den Zahn fühlte, da fand er gar wenig. „Du hast für das schwere Geld viel gelernt!" rief der Vater. – „Und doch", antwortete der Sohn, „ich kann sehr hübsch tanzen." –

„Auch etwas“, sagte der Vater; „tanze einmal!“ – „Ja“, antwortete der Sohn, „dann darfst Du mir nicht zusehen, sonst kann ich nicht.“ – „So gehe hinein in das Zimmer und tanze.“ – Der Sohn ging hinein und machte das Zimmer hinter sich zu. Neugierig blickte der Vater durch das Schlüsselloch und sah, wie sein teuerer Tänzer die lächerlichsten Bocksprünge machte. Endlich kam der Sohn wieder heraus. „Hast Du getanzt?“ fragte der Vater. – „Und wie!“ antwortete der Sohn. – „Das heißt Du getanzt!“ rief der Vater, „Bocksprünge hast Du gemacht.“ – „Wieso weißt Du's?“ frug der Sohn. – „Ich habe“, antwortete der Vater, „durch das Schlüsselloch gesehen.“ – „Habe ich dir nicht im voraus gesagt“, rief der Sohn, „wenn man mir zusieht, kann ich nichts?“

1007. Er darscht vom Blatt!

So sagte man zweideutig von einem Rabbiner, der seinen exegetisch-homiletischen Vortrag (derāschah, s. 327.) ablas: „Es is e sehr geschickter Rav (Rabbi), er darscht vom Blatt“, mit Anspielung auf: „er liest vom Blatt weg“ in der Musik.

1008. Er will sich berjene‘ vor seiner Fraa!

Wenn ein eben nicht besonders begabter Mensch mit seiner Kenntnis, seiner Geschicklichkeit großtut, um einem noch minder Begabten, noch Geistesschwächeren, zu imponieren und sich so ein Vorteilchen zu verschaffen, so möge man ihn doch ungehindert machen lassen. – Als Salomo, so lautet die Anekdote zum Sprichwort, den Tempel baute, saßen gegenüber auf der Spitze eines Baumes zwei Sperlinge, ein Männchen und ein Weibchen. „Wie schön und stark wird dieser Bau"! sprach das Weibchen. „Stark!" erwiderte das Männchen, „und doch sollte der ganze Bau, wenn ich nur mit einem Fuße auf das Dach hart auftrete, zusammenstürzen." – Salomo, der bekanntlich die Sprache der Tiere verstand und auch über alle Geschöpfe der Höhe und der Tiefe eine unwiderstehliche Macht besaß, hatte dem Gezwitscher beider Vögel zugehört. Er lud sogleich den Sperling vor sich und sprach: „Wie kannst Du, schwaches Geschöpf, so unverschämt sein, so etwas zu behaupten?" – „Mein Herr und König!" antwortete der Spatz, „Du bist so weise und siehst nicht, daß ich mich nur habe berjenen wollen vor meiner Frau." – („Sich berjenen", mit seiner Geschicklichkeit groß tun, sich als Kenner zeigen wollen, mit deutscher Biegung gebildet von „Berje", welches im Jüdischdeutschen ein sehr Geschickter, Kunstfertiger, heißt. Dieses selbst aber ist das neuhebr. birjah (Aruch s. r. bar. No. 6., Mehrzahl: birjon) und bezeichnet, wie das biblische beriah (4. B. M. 16, 30.) ein neu Geschaffenens, ein Unerhörtes, Außerordentliches, sowie unter birjah, kol birjah, alle Kreatur, oft der Mensch ausnahmsweise verstanden wird. Vergl. Berachoth 6, a. Ber. rab. par. 39. Schemoth rab. par. 3. Ein anderes ist bar Urian – Menach. 53, a. Sabb. 31. – „ein Sohn des Gesetzes," ein Gelehrter). –

Unser Sprichwort könnte indessen auch auf einer Stelle im Talmud beruhen. Daselbst (Sotah 40.) wird nämlich erzählt: „Die Frau des Abahu (Vorsteher einer berühmten Schule in Cäsarea, um 300) klagte demselben einmal, die Frau seines Famulus („Amorah," er hatte den Vortrag, den Abahu ihm zuflüsterte, den Zuhörern laut zu wiederholen) habe zu ihr gesagt: „Der Meine braucht den Deinen nicht!" Da beruhigte sie Abahu mit den Worten: „Was kümmert Dich das? Bei seiner Frau mag der Mann großtun." – So sagen auch die Talmudisten rücksichtlich des Stolzes der Frau auf einen Mann: „Und ist der Mann noch so gering, so ruft ihn die Frau dennoch vor die Schwelle des Hauses und setzt sich neben ihn." Jebamoth 118, b. Ketub 75, a. – Andere Erklärungen dieser Stelle bei Aruch s. v. Naphas). –

1009. Aette, worum deckt mer die Sikke nit mit Sand?

Zur Bezeichnung eines altklugen Knaben oder auch eines klug sein wollenden Mannes, der immer Fragen zu tun hat, auf welche sich die Antwort von selbst versteht. Ein altkluger Knabe tat die Frage: „Aette (Vater), warum deckt man die Sukkah (Laubhütte) nicht mit Sand?" und gab sogleich die Antwort darauf: „Er fallt einem ja in die Augen." – Vergl. 132.

1010. Er hot kaan Tubak uf der Pfeif'!

Von einem Menschen, der den Gelehrten spielt, dessen Gelehrsamkeit aber von geringem Umfang und Tiefe ist. – Der bekannte Rabbi Akiba Eger, heißt es, kam einmal nach einer fremden Stadt und besuchte da die Synagoge. Während er nun selbst, so wie alle andern Anwesenden, da stille Gebet, das sogenannte „Langsam (leise) – Schmun-esre" (s. 405.) längst zu Ende gebetet hatte, stand der Rabbiner des Ortes immer noch in stiller, tiefer Andacht begriffen, so daß der Vorbeter und mit ihm die Gemeinde, wie bräuchlich, mit der Fortsetzung des lauten Gebetes eine Zeitlang auf denselben warten mußten, bis er endlich durch die drei Schritte rückwärts (s. 158.) andeutete, daß nun auch er sein stilles Gebet vollendet habe. Die Leute drückten dem fremden berühmten Rabbi ihre Verwunderung darüber aus, daß er weniger Zeit zu seiner stillen Andacht gebraucht als ihr Rabbiner, und es demnach scheine, daß er weniger „Kewōnes (Kewānoth – neuhebr., vom hebr. u. chald. kun, kawen, bereiten – Betrachtungen, bes. religiöse, mystische, meditationes) zu machen habe. – Da antwortete der Rabbi: „Ein Mann, der keinen Tabak rauchte, frug einmal einen Tabakraucher, wozu er rauche. „Zur Unterhaltung," war die Antwort. „Zur Unterhaltung?" sagte der andere, „da könntest Du auch eine Pfeife ohne Tabak in den Mund nehmen und den Mund auf und zu machen!" „Ja", erwiderte der Tabakraucher, „da wüßte ich ja nicht, wann ich aufhören sollte." – Euer Rabbiner, schloß der Rabbi, hat wohl auch keinen Tabak auf der Pfeife, drum weiß er nicht, wann er aufhören soll." –

1011. Von Dem hab ich noch nit rudele' gehört.

– ich habe noch nie gehört, daß die Leute hinsichtlich seines Charakters, seiner Kenntnisse, Schlimmes von ihm gesagt haben, und so ist wohl auch nicht viel an ihm. – Man denkt seiner nicht, spricht von ihm weder Böses, noch Gutes. – Die Anekdote zum Sprichwort lautet: Es war einmal jemand von einem bösen Geiste, von einem Dämon besessen, „hat einen ruach (s. 339.; Mehrzahl: ruchoth) bei sich gehabt." Da ließ man einen Beschwörer kommen, „einen báal-schem" („Mann des Names," der vermittelst der heiligen Namen Dämonen auszutreiben, zu beschwören versteht), um den Ruach zu vertreiben. Als der Baal-Schem in's Zimmer trat, fing der Ruach an zu lachen. „Was lachst Du?" frug der Baal-Schem. „Wenn Ihr Baal-Schemes" (báale schemoth, beides, Mehrzahl), antwortete der Ruach, „beieinander seid, wovon rudelt Ihr? – Von den Ruches. – Wenn wir Ruches beisammen sind, rudeln wir von den Baal-Schemes. – Von Dir hab ich nie rudeln gehört; vor Dir hab ich keine Furcht." –

„Rudeln" heißt im Jüdischdeutschen übel nachreden, lästern, médire, besonders wenn es nicht aus eigentlich böser Absicht, sondern mehr zur Unterhaltung geschieht. „Was habt Ihr getrieben?" – „Nun wir haben zusammengesessen und ein bißchen gerudelt, Gott und die Welt heruntergemacht." – „Wenn die zusammensitzen und rudeln, kommt keiner ungerupft davon." – Vielleicht daß es mit Rudel zusammenhängt, gleichsam wie ein Rudel über einen herfallen, oder noch wahrscheinlicher mit rütteln, durchrütteln, ähnlich dem: jemand durch die Hechel ziehen, durchhecheln, Böses von ihm sagen. – Vergl. auch bruttle bei Hebel für leise reden, besonders im Unwillen, was indes zu brodeln, brotzeln zu gehören scheint.

Die Zusammensetzung von baal mit andern Wortarten, um einen neuen Begriff zu bilden (biblisch schon, wie isch, Mann, ben, Sohn, häufig mit Substantiven, um den Besitzer einer Sache zu bezeichnen) war bei dem Volke sehr beliebt, so z. B. der Baal-dowor (der Mann der Sache, der fragliche Mann; biblisch: baal debarim, der eine Rechtssache hat, 1. B. M. 24, 14.), baal-chissōren (chissaron, an einem Bruche leidend) usw. – Auch das bekannte Bal-hōche (hócho, chald., hier, da), zur Bezeichnung eines zeitlichen Liebhabers, gehört hierher: „Es is der Maad (Magd) ihr Bal-hōche," ihr Mann-hier, ihr Liebhaber von eben da, der sich gerade gefunden, „ihre Gelegenheit," wie man auch sagt.

1012. Hat nix zu sage'!

Wenn jemand in irgendeiner Kenntnis sich zeigen, eine Prüfung bestehen soll, dazu aber keinen Mut hat und, um sich aus der Verlegenheit zu helfen, ein Unwohlsein vorschützt: „Hat nichts zu sagen" – mit dem Doppelsinn: hat nichts zu bedeuten – hat nichts vorzutragen. – Als besonderen Fall erzählt man: Ein berühmter Rabbi ward nach einer größern Stadt in der Nachbarschaft berufen und schluf zu seiner bisherigen Stelle seinen Sohn vor, dessen Fähigkeiten indessen gering waren. „Wie kann ich die Stelle bekleiden?" frug der Sohn den Vater, „Du weißt ja, daß ich nicht darschen (einen Vortrag, deraschah, halten s. 327.) kann." – „Tut nichts," sagte der Vater, „ich bin ja nicht weit von Dir; so oft Du zu darschen hast, kommst Du zu mir, und ich helfe Dir aus." – Der Sohn nahm die Stelle an, und es ging mit des Vaters Hilfe eine Zeitlang gut. Da nahte einmal wieder ein Sabbat, wo er einen Vortrag zu halten hatte. Er besuchte einige Tage vorher den Vater, traf aber diesen krank, so daß derselbe ihm nicht aushelfen konnte. Da eilte der Sohn in seiner Verlegenheit nach Hause, legte sich auch in's Bett und ließ sich krank melden. Es ward ein Arzt gerufen. Der Arzt war ein kluger Mann und merkte sogleich, wo es fehlte. Als man ihn daher fragte, was dem Rabbiner fehle, antwortete er zweideutig: „Hat nichts zu sagen!" – (sagen bedeutet nämlich im Jüdischdeutschen auch vortragen, s. 327., so wie unter lernen vornehmlich das Studium und Verstehen der talmudischen Schriften verstanden wird: „was hat der früher so gut gelernt!")

1013. Majschene General oder Corporal! es ralt sich.

Als spöttischer Ausruf bei Verwechslung ganz verschiedener, wenngleich im Wortlaut ähnlicher Begriffe. – „Er war General..." erzählte jemand. „Du irrst," fiel ihm ein anderer in die Rede, „Korporal!" „Nun," erwiderte der Erste, „majschene (ein talmudischer Ausdruck, maj schani, „was ist der Unterschied?") General oder Korporal, es ralt sich." – „General oder gar Korporal" (Eisel.). – Das Sprichwort erinnert unwillkürlich an das Wort des Resch Lakisch (Baba M. 84.), welcher durch die Veranlassung und Vermittelung Jochanan's (um 300.) aus einem Räuber zum Rabbi geworden und in einem gelehrten Dispute von Jochanan an seinen früheren Stand erinnert, aufgebracht ausrief: „Was habe ich dabei gewonnen! Dort (als Räuber) nannte man mich Meister, jetzt nennt man mich auch Meister." –

1014. Aggev!

Spöttischer Ausruf, wenn jemand eine geringfügige Verrichtung als Veranlassung, als Gelegenheit zu einer weit höhern, wichtigern und würdigern nimmt. – Ein studiosus theologiae talmudicae der alten Zeit, ein sogenannter Bācher (s. 367.), war schon einige Zeit in einer Stadt angekommen, ohne einem der dortigen Rabbiner den schuldigen Besuch abgestattet zu haben. Endlich kam er zu demselben, indem er sich mit den Worten einführte: „Ich war gerade in der Sch'chōne (schechonah, Nachbarschaft, vom bibl. schachen, Nachbar), aggev (agab, ein rabbinischer Ausdruck, wie das hebr. al gab, bei dieser Gelegenheit) will ich dem Rewe (Rabbi) einen Besuch machen." – Der Rabbiner empfing ihn, ohne sich etwas merken zu lassen. Als er sich aber wieder entfernen wollte, erhob sich der Rabbiner und ging, wie zum Geleite einige Schritte mit. „Ich dulde es bei mei'm Leben nit," sagte an der Türe der Studiosus, „daß der Rewe mit hinausgeht." – „Ich muß doch," antwortete der Rabbiner, „hinaus auf's Bes-Kisse (beth kisse, wörtlich: Stuhlhaus, s. 580., anständiger: Bes-kōwed, Beth kabod, Ehrenhaus), aggev will ich Euch das Geleit geben." –

1015. Schōlem aleechem Rewe Seligmann! – Morsche Biere!

Zur Bezeichnung eines jeden qui pro quo. – Ein tauber Mann, namens Seligmann, der zuweilen Obst nach der Stadt brachte, kam einmal wieder dahin. „Schōlem aleechem (willkommen! s. 456.) Rewe (Rabbi, im gemeinen Leben oft nur formeller Ehrentitel, wie Herr) Seligmann!" rief ihm eine Frau zu. – „Morsche Biere!" (Birnen) antwortete der Taube. – „Was machen Eure Frau und Kinder?" frug die Frau weiter. – „Sind all zerquetscht," gab er zur Antwort. – „Bauer! wo hinaus?" – „Äppel!" –

1016. **Bär Quetsch!**

Zur Bezeichnung eines verkehrten Menschen. – Bär Quetsch ging, um ein trockenes Brötchen zu holen, aus der Stadt nach einem beinahe eine Stunde entfernten Dorfe, weil er da sicherer sei, ein trockenes Brötchen zu finden, als in der Stadt. – Nicht unähnlich ist im umgekehrten Sinne das Griechische: „Eulen nach Athen tragen", oder das Talmudische (Menachoth 85, a.): „Stroh nach Apharwaim bringen." –

1017. **Die Kalle hot schwarze Aage'!**

Wenn an etwas gar nichts zu tadeln ist und jemand doch gern tadeln möchte und daher irgend etwas als Makel herausfindet, was nichts weniger als tadelhaft. – „Die Braut (kallah) hat schwarze Augen", gab jemand als Grund an, warum ihm ein Mädchen nicht gefalle. –

1018. **Lemle! in der gröscht' Hitz'!**

Wenn jemand sich auf eine gar zu lächerliche Weise verblüffen läßt. – Lemle (Diminutiv von Lehma) war ein Mensch, der den Verstand nicht mit Löffeln gegessen hatte. Einst frug ihn in einer Gesellschaft ein Mädchen: „Lemle, wann jährst Du dich?" („sich jähren": seinen Geburtstag haben, auch: ein Jahr alt werden). „In Tamus" (der vierte Monat im jüdischen Kalender, dem Juli ungefähr entsprechend) antwortete Lemle. – „Lemle!" rief das neckische Mädchen, wie verwundert, „in der größten Hitz'!" – Lemle stand verdutzt da und wußte keine Antwort zu geben. –

1019. Das is e Mokle!

– ein Narr. – Von Mokle wird dasselbe Anekdötchen erzählt, das unter dem Titel: „Der Köhler und die drei Diebe bekannt ist, nur mit dem Unterschiede, daß dort der Köhler die drei Tage zählt, die ihm als Frist zur Auffindung der Diebe gegeben wurden, indes Mokle, als er in die Fremde ging, von seiner Mutter sieben Steine erhalten hatte, um jeden Abend einen Stein aus der einen Westentasche in die andere zu legen, damit er am siebenten wisse, daß es Sabbat sei und des Sabbats eingedenk bleibe, und so zählte Mokle die Tage der Woche. – Mokle ist aber noch unter einem andern Ausruf bekannt: „Mokle, da reit' er!" – Mokle hatte sich nämlich vom Könige, auf dessen Frage nach seinem Begehren, besonders ein „Benschen mit Bilderchen" erbeten, d. h. einen Bogen, der das Tischgebet („benschen" von benedicere, s. 892.) enthält und mit allerlei Bildern verziert ist. Einst ward dem König ein Pferd gestohlen. Der königliche Stallmeister geht zu Mokle, um von ihm Auskunft über den Dieb zu erhalten. Kaum tritt er in's Zimmer, kaum bringt er sein Begehren vor, so ruft Mokle am Tische sitzend: „Da reit' er!" Der Stallmeister eilt an's Fenster, und siehe da, der Dieb ritt mit dem gestohlenen Pferde vorüber. Mokle hatte aber an seinem Benschen gesessen und sich an den Bildern ergötzt, und sein Ausruf galt einem Bildchen, das einen Mann auf einem Pferde vorstellte. –

1020. **Stoßt Itzikche' 'rüber, stoßt Schmuelche' 'nüber.**

Es ist nicht selten, daß der Jude, besonders der des neueren Geschlechtes, sich über die ihm durch so viele Einwirkungen von außen und innen eigentümlich gewordenen Fehler und Schwächen selbst lustig macht (vergl. 903. 1051.), so hier über die dem Juden im allgemeinen eigentümliche Unruhe in der körperlichen Haltung. Im besonderen mag das Sprichwort zwei solchen beweglichen Subjekten, namens Itzig (Isaak) und Schmuel (Samuel), entnommen sein, die gewöhnlich zusammen gingen und von denen der eine hinüber, der andere herüber drückte (stieß). – Die dem älteren Juden beim Beten oder bei talmudischen Studien, dem sogenannten „Lernen" (s. 1012.) eigentümliche Bewegung der obern Hälfte des Körpers wollen einige daher leiten, daß in alter Zeit, wo es noch keine gedruckten Bücher gab und die geschriebenen sehr teuer und selten waren, zehn (s. 652) oder mehr Personen an einem großen auf einer niedern Stellen liegenden Gebetbuche teilnehmen mußten, und daher immer hinein und wieder herausblickten, um sich gegenseitig Platz zu machen, und daß so, was ursprünglich Notwendigkeit war, allmählich Nachahmung und Gebrauch geworden sei (vergl. Cosri II. No. 79. 80.). Andere sagen, es geschehe, um „die natürliche Wärme", den Eifer zu erwecken (Cosri ibid.), wie dieses besonders bei der Stelle der Chasidim stattfinden soll. Wieder andere nehmen einen mystischen Grund an, weil die Seele, als ein Teil des Lichtes von oben (s. 5.), gleich dem Lichte unaufhörlich in schwebender und strebender Bewegung sei (vergl. Jalkut chadasch Titel Israel No. 24.). Andere endlich wollen dadurch einfach dem Bibelverse

(Ps. 35, 10.) entsprochen sehen: „Alle meine Glieder sprechen: Herr, wer ist wie Du!“ jedoch nur bei Lob- und Preisliedern, indes für das eigentliche Gebet eine ruhige, gemessene und demütige Haltung anzunehmen sei (Jalkut Chadasch Titel Teschubah No. 39. Orach Chajim 95. nebst Atereth Sekenim). – So erinnert sich der Verfasser in dieser Hinsicht eines hübschen und zugleich tadelnden Witzwortes vom seligen Rabbi Herz Scheuer zu Mainz. Einer seiner Schüler, namens Moses, bewegte sich übermäßig beim Gebete. Man bemerkte es dem Rabbi. Da sagte dieser lächelnd: „Umausche schokul keneged kullom!“ Eigentlich: „Und Moses wog (shokul) gegen alle“ (vergl. Jalkut Chadasch Titel Mosche No. 25.); hier: „Und Moses schaukelt für alle.“ – Auch das dem Juden eigentümliche Singen im Sprechen – „Der Jid muß singen“ sagt der Jude von sich selbst – mag seinen Grund in dem ihm vorschriftsmäßig eigentümlichen biblischen und talmudischen Vortrag haben. „Wer,“ heißt es Megil. 32. (Jalkut Ezech. 358.), „in der heiligen Schrift liest ohne Betonung (neïmah, eigentlich: Lieblichkeit, ohne „Trop“ s. 661.) und in den talmudischen Studien vorträgt ohne Gesang (simrah), dem auch gilt das Wort der Schrift (Ezech. 20, 25.): So will ich ihnen denn Gesetze geben, die nicht gut sind, und Vorschriften, bei denen sie nicht leben können,“ wogegen freilich ein anderer Talmudist die Einwendung macht: „Wie, wenn jemand seine Stimme nicht zu würzen weiß, sollte er so bestraft werden!“ –

1021. Der Sambátjen hot eher Ruh!

Zur Bezeichnung eines Störenfriedes. – Der Sambatjon oder, wie einige schreiben, Sabbatjon (Tischbi s. v.) soll nämlich ein Fluß sein, welcher in den sechs Wochentagen mit Ungestüm dahertobt, Sand und Steine aufwühlt, aufwirft und forttreibt, so daß kein Mensch darüber kommen kann; mit dem Eintritt des Sabbats aber wird er plötzlich ruhig, und so verhält er sich auch ruhig den ganzen Sabbat über. (Bereschith Rab. par. 11. Sanhedr. 65, b. Jalkut Ber. 16. Vergl. auch des Rabbi Menaße ben Israel Mikweh Israel cap. 10., woselbst noch erzählt wird, daß in Lissabon ein Mohr eine gläserne Flasche voll Sand aus dem Sambatjon gezeigt habe; die Woche hindurch habe der Sand in der Flasche sich ununterbrochen auf und abgetrieben, am Sabbat aber stets geruht. – Auch der Verfasser erinnert sich aus seiner Kindheit einer ähnlichen Erzählung, daß ein Mann aus der Nähe seines Geburtsortes bei seiner Rückkehr von einer großen Seereise eine Flasche mit Sambatjonwasser mitgebracht und vorgezeigt habe. – Josephus in den jüdischen Kriegen VII, 3. erzählt hingegen von einem Fluß, welchen Titus auf seinem Zuge durch Syrien getroffen, dessen Wasser die Woche hindurch allmählich verschwinde und versiege, am Sabbat aber immer wieder zu fließen beginne und deshalb von den Juden Sabbatfluß genannt werde. Jenseits des Sambatjons sollen die Nachkommen Mosis, b'ne Moscheh, die Söhne Mosis, wohnen, welche von Gott bei der Vertreibung der zehn Stämme auf wunderbare Weise dahin gerettet wurden, zum Lohne dafür, daß sie dem Feinde keine Lieder Zion's singen mochten. Sie leben da in ausgezeichneter Frömmigkeit und eben deshalb im höchsten Glücke. Sie sind niemand untertan, so wie es bei ihnen weder Knechte noch Mägde gibt. Dieseits des Flußes wohnen die vier Stämme: Dan, Naphthali, Gad und Ascher. (Vergl. Schalschel. hak. 28, a. nach Eldad hadani, sowie diesen selbst aufs neue herausgegeben von Jellinek, Bet ha-Midrasch II. S. 102 – 113 u. III. S. 6 – 11. Leibzig 1855.) Nach andern sind es überhaupt die zehn Stämme, die jenseits des Sambatjon wohnen. (Ber. Rab. p. 73. Bammidb. Rab. p. 16. Ramban zu 5. B. M. 32, 26. Mikweh Israel cap. 10, u. a.). Nach einigen ist der Fluß in Ostindien (Iggereth Orchoth Olam cap. 24.), nach andern in der Nähe des kaspischen Meeres und nach andern in Afrika zu suchen. – Noch erlauben wir uns, eine Konjektur hinzuzufügen. Uns scheint nämlich das Wort seiner ganzen Form nach griechischen Ursprungs zu sein. Nach mehreren soll der Sambatjon einen Grenzfluß bilden. Die ursprüngliche Form des Wortes könnte daher gewesen sein συμβατιον = συμβατικον, d. h. zur Vereinigung, zur Abschließung eines Bündnisses gehörig, so daß erst aus dem Mißverständnis des Wortes sich die Sage gebildet habe.

1022. Bei dem hot der Rōsche im Gehnem am Schabbes kaan Ruh!

Von derselben Anwendung, wie die vorige Redensart. Er ist ein solcher Störenfried, hat so seine Freude daran, die Menschen zu quälen und zu plagen, daß er dem Sünder (rascha) in der Hölle („Gehnem“, eigentlich ge hinnom, s. 650.) selbst am Sabbat keine Ruhe gönnt. – Häufig ward unsere Redensart auch im passiven Sinne von Menschen gebraucht, denen auch am Sabbat keine Ruhe gegönnt war: „Der Rosche im Gehnem hot doch wenigstens am Schabbes Ruh!" – Über diesen schönen Glauben, daß die Gottlosen (rescháim) in der Hölle am Sabbat, welcher „eine Zeit der Erholung ist für die Obern und Untern", nicht bestraft werden, vergl. Sohar par. Noach 194. Sohar Chadasch 32, a. b. Jalkut Ber. 16. Jalkut Rubeni f. 167. Jalkut Chadasch Titel Gan Eden No. 26. und Titel Schabbath No. 3. Bechaj par. Jithro p. 91. Nischmath Chajim cap. 14. – Er ist übrigens auch auf den Christen übergegangen. Bei Fischart heißt es: „Die Seelen im Fegfeuer haben alle Sonntag einen blauen Montag." S. auch Grimms deutsche Mythologie.

1023. Wenn sich der Livjōsen rührt, zittert die Welt!

Der Ausruf gilt einem körperstarken und ungeschlachten Knaben oder Mann, der bei jeder Bewegung, die er macht, leicht Schaden anstiftet, und bei dem, wie bei dem Leviathan, die Welt zittert, wenn er sich rührt. – Als Gott die Welt erschuf – so erzählt die rabbinische Mythe mit Bezug auf Jes. 27, 1.: „An jenem Tage wird der Herr heimsuchen mit seinem harten, großen und gewaltigen Schwerte den Leviathan, die gestreckte, und den Leviathan, die gewundene Schlange, und wird erschlagen das Ungeheuer, das im Meere ist" – da schuf er auch zwei gewaltige, langgestreckte und gewundene Meerungeheuer, zwei Leviathane, ein Männchen und ein Weibchen. Aus Besorgnis jedoch, daß dieselben sich vermehren und die Welt am Ende zerstören möchten, schlachtete er das Weibchen und salzte dessen Fleisch ein für die Frommen der künftigen Welt, das ihnen einst nebst einem in seinen Trauben seit der Schöpfung aufbewahrten Wein als paradiesisches Mahl vorgesetzt werden wird. Das Männchen aber hält noch die Erde umschlungen und wird erst am Ende der Tage in einem Kampfe mit dem ebenso ungeheuren Urstier Behēmoth – nach andern mit dem Engel Gabriel – umkommen und dann ebenfalls zum Mahle der Frommen zubereitet werden. Nach einigen soll dieses Mahl in der Zeit des Überganges von dieser in die künftige Welt stattfinden, weil der Übergang von einem Dinge zu seinem völligen Gegensatze ohne Vermittlung nicht geschehen könne, diese Welt aber mit jener schon insofern einen Gegensatz bilde, daß diese ganz Speise und Trank, jene aber ohne alle Speise und allen Trank sei, und daher das paradiesische Mahl des Leviathans und des Urweines diesen Übergang vermitteln müsse. – (Vergl. Hiob cap. 40. , Sanhedrin 99, a., Targum Jonath. zu 1. B. M 27, 25., Targum koheleth 9, 7., Baba Bathr. 74, b. 75, a., Wajjikr. Rab. par. 13., Tanchuma par. Schemini, Jalkut Schimoni par. Schemini f. 144. No. 535. , Pirke R. Elies. cap. 11., Jalkut Chadasch Titel Meschiach No. 23., das Festlied Akdamoth vom Verse Telule bis Ende.)

1024. Ich hab gewußt, der Schimmel geht kappōre!

Wenn jemand an einem Dinge so lange schnitzte, hämmerte, „bosselte“ (s. Schwenk), überhaupt ein Ding so sehr in Gebrauch nahm, so sehr mit ihm leichtsinnig spielte bis es kappōre (s. 198.), zugrunde ging. – Das Sprichwort beruht offenbar auf einer Anekdote, die indes dem Verfasser unbekannt ist. – „Jetzt hat die arme Seel‘ Ruh!“ – „Du ruhst nit, bis es kappōre is!“

1025. **Steht wie die Malke-Schwó!**

Zur Bezeichnung eines trägen oder auch lästigen Menschen, der, „man darf Feuer unter ihm machen," nicht von der Stelle zu bewegen ist: „Er steht (unbeweglich) wie die Königin (malkah) von Saba!" – Ein Rabbi, berichtet die Sage, beschwor einst durch die Kraft des heiligen Namens die Königin von Saba, ihm zu erscheinen. Als sie ihm aber erschienen war, besaß er die Macht nicht, sie wieder zu entfernen, „sie stand wie angenagelt," und trotz allen seinen Beschwörungsformeln wollte sie nicht wanken und weichen, bis ein noch größerer Meister ihm in seiner Not zu Hilfe kam. (Eine ähnliche Sage s. in des Verf. „Buch der Sagen und Legenden jüdischer Vorzeit." Zweite vermehrte Auflage. No. LI. „Der Baal-Schem." – Von der Königin von Saba, von welcher 1. Könige 10. berichtet wird, daß sie gekommen sei, um Salomos Weisheit, deren Ruf zu ihr gedrungen, durch Rätsel auf die Probe zu stellen, wird manches Anmutige im zweiten Targum zum Buche Esther erzählt. S. auch das bekannte Wormser Máase-Nissim Cap. 21., wo von einem Manne in Worms erzählt wird, der sich der wunderschönen Königin von Saba heimlich zu Willen ergeben und dafür großen Reichtum erlangt hatte, später aber, als das geheime Treiben des Mannes von dessen Frau erlauscht ward, zur Strafe wieder in Armut und Unglück versetzt wurde, nachdem zuvor das dämonische Weib die beiden Kinder, die sie von dem Manne hatte, erwürgt und ihm dieselben tot in einem Sarge über dem Rheine schwebend gezeigt hatte; der Sarg versank in den Rhein.)

1026. Die Malke-Schwo is nit zu pattern!

„Die Königin von Saba ist nicht fortzubringen!“ Ebenfalls, mit Bezug auf jene Sage, von einem lästigen Menschen, den man nicht los werden kann. – „Pattern“, deutsch gebildet vom hebr. patar, loslassen, entlassen, vergl. 360.

1027. Macht Dreck-Koppelches-Zwóe!
Loßt mich in Allem sitze‘!

– Läßt mir die ganze Arbeit, Last usw. über dem Halse und geht fort. – Auch in der ersten Person, wenn man mit einem Treiben nicht zufrieden ist: „Ich waaß, was ich tu‘, ich mach‘ Dreck-Koppelches-Zwóe.“ – Ein gewisser armer Teufel, namens Dreck-Koppel (Jakobel), verließ seine Frau heimlich, hinterließ aber witzig ein Testament, daß er seine Frau in allem sitzen lasse, worunter freilich sonst verstanden wird, daß die ganze Verlassenschaft der Frau verbleibe. – „Zwóe“ (zawwóoh, neuhebr., vom bibl. zawweh, befehlen) der letzte Wille, Testament (vergl. 2. Sam. 17, 23. „er befahl seinem Hause,“ bestellte sein Haus).

1028. Die Parnosim zu Worms.

Wenn zwei oder mehrere Personen in ihren gegenseitigen Begrüßungen und Bekomplimentierunen kein Ende finden können. Von den Parnosim, den Gemeindevorstehern (s. 553.) zu Worms erzählt man, sie hätten einmal eine Sitzung gehabt, und da es unterdessen Nacht geworden sei, so habe der eine den andern höflichkeitshalber nach Hause begleitet. Doch als man bei dem Hause angekommen, habe der Begleitete zu dem Begleiter gesprochen: „Wahrlich ich laß Euch nit allein nach Haus gehen", und habe ihn nach seinem Hause geleitet. Jetzt indes war die Reihe wieder am Ersten, das Geleit zu geben, und so hätten sie sich gegenseitig abwechselnd nach Hause begleitet, bis der Morgen anbrach.

2.

Lebensverhältnisse, Klugheitsregeln und Erfahrungen.

1029. Drei Mann un e Roßkopp!

D. h. wenige, z. B.: „Waren viel Leut' da?" – „Ja, drei Mann un e Roßkopp!" – Das Sprichwort beruht aber auf einer Sage, die in dem Máase-Buch No. 184. Seite 73, b. (Frankfurt a. M. 1683. 4.) also erzählt wird: * „Es ge-

* Vergleiche auch Schal. Hakk. p. 38. Máase-Nissim No. 17. Des Verfassers „Buch der Sagen und Legenden jüdischer Vorzeit" (zweite vermehrte Auflage) No. 49. – Wir haben versucht, hier eine kleine Probe der alten Schreibart des Jüdischdeutschen zu geben, wobei wir jedoch auf manche Schwierigkeit stießen, besondes da einige Vokalbuchstaben verschiedene Laute bezeichnen können und wir uns daher nach der noch jetzt hin und wieder existierenden Aussprache richten mußten. So kann das waw u und o sein, das jod i und e. Br (phe, resch) mit ausgelassenem Vokal kann ebenso gut vor als ver heißen. Als Regel kann man annehmen, daß das kurze e, welches nach einem Anfangsbuchstaben folgt, nie durch ajin, sondern stets durch jod bezeichnet wird, z. B. „ginant", „gihalten"; das kurze e in der letzten Silbe wird gwöhnlich gar nicht bezeichnet, zuweilen ebenfalls durch jod. Verdoppelt wird ein Buchstabe niemals, jedoch wird das ss oder ß meistens durch sin bezeichnet, im Unterschied vom einfachen s, das durch sajin, samech oder auch durch taw gegeben wird. Das Dehnungszeichen h findet sich nie. Große Anfangsbuchstaben gibt es natürlich im Jüdischdeutschen keine, der Deutlichkeit wegen richteten wir uns indes hierin nach dem Hochdeutschen.

schach (geschah, vergl. Nibel. 3270.) einmal auf ein Zeit daß der Herzig (Herzog) von Lutringn welchr genamt (benamt) war Gutfrido vun Lyon (!Gottfried Bouillon) mit ein groß Volk wolt nach Jeruscholajim (Jerusalem) zihn um mit die (den) Türken Milchomoh (Krieg) zu haltn. Also hat er vil hörn sagn vun die (den) Chochmaus (Künsten) vun Raschi,* als daß im (ihm) die Ummaus (ummoth, biblisch: Völker, Stämme, Génes. 25, 15., hier: die nichtjüdischen Stämme, wie Gojim, s. 373.) sowol vr (vor, für) ein Chochom (Weisen) haltn als die Jehudim aach. Den (denn) er war vr (vor) ein Nowi (Prophet) gehaltn gleich aach der Emes (die Wahrheit) gewesn is. Also schikt der Herzig nach Raschi daß er bei (zu) im kumn solt den (denn) er wolt ein Eizoh (einen Rat) vun im nemn, abr Raschi wolt nit bei ihm kumn. Wie das der Herzig sach (sah) daß Raschi nit bei im kumn wolt so vrdrist es dem Herzig gar ser, als daß ein

* „R'schi" (s. oben 996.), sagt das Máase-Buch im Eingang macht in Roschei Teiwaus (rosche teboth, Anfangsbuchstaben): Rebi Schelaumau Jizchok (Rabbi Salomo Isak). Der Raschi war ein geborner Zarphaus (Franzose, s. 698.) aber in Wärms (Worms) hat er gewont un' da hat er ein Beis hammidrasch (Lehrhaus, Lehrsaal) un' hat aach ein Oraun Hakkaudesch (heilige Lade mit den Gesetzrollen) drinn (drinnen); den (denn) er hilt es mit eins (zugleich) vor ein Beis hakneses (Haus der Versammlung, Synagoge), die man heint (heute, Adelung) des Tags noch heißt Raschi-Schul (s. 528.), un' die Leut pflegtn ale Erev Rausch Chaudesch (Tag vor dem Neumond) Jaum-Kippur-Koton (kleiner Versöhnungstag, in frühern Zeiten ein vierwöchentlicher Buß- und Bettag) drinn (drinen) zu machn, un' die Bachurim (Jünger, s. 541.) pflegtn ale Simchas Tauroh (Gesetzfreude, den 9. Tag des Laubhüttenfestes) drinn Schul (Synagoge) zu haltn. Das tät man als (alles) Raschi Lekowaud (zu Ehren)."

Jehude an im maureid solt sein (sich gegen ihn empören, ihm ungehorsam sein sollte). Also macht sich der Herzig auf mit al sein Volk un‘ ziht bis nach Wärms (Worms) un‘ ging vr (vor) Raschi sein Haus. Da fand der Herzig al die Türn (Türen) ofn (offen) un‘ die Sephorim (hebräische Bücher, s. 146.) lagn auf den (dem) Tisch ofn, aber er sach kein Mensch in Haus. Da hebt der Herzig an ruft mit haucher (hoher, lauter) Stim Schelaumau (Salamo) Schelaumau wu bistu. Da entwrt (entwert, antwortet, s. 133.) im Raschi was begert der Her. Da sagt der Herzig Schelaumau wu bistu. Da entwrt Raschi da bin ich mein Her. Aso oft als im der Her ruft, also oft gab im Raschi Entwrt (Entwert, Antwort), abr er sach Nimant nit, welchs (welches) der Herzig mächtig drübr verwundrt war, un‘ ging widr araus (heraus). Da kam einr vun Raschi sein Talmidim (Schülern). Aso frägt er im (ihn) wont hinn (hinen) Raschi. Da entwrt im der Talmid ja er is mein Meinstr (Meister). Da sagt der Herzig sag dein Meinstr daß er zu mir kumt. Ich schwör bei meinem Haubt daß er kein Schadn vun mir antfangn (empfangen) sol. Wie nun Raschi das hört da ging er bei dem Herzig un‘ fil im zu Fus, abr der Herzig hebt im widr auf, un‘ sagt itzundrt (jetzt) hab ich Dein Chochmoh (deine Kunst) gesehn, nun wil ich Dir mein Beger (Begehr) sagn warum daß ich hie her bei Dir bin gekumn. Mein Beger is daß Du mir solst ratn auf ein große Sach die ich vor hab zu tu (tun). Ich hab an bereit ein groß mächtig Volk zu Fus un‘ zu Pferd, un‘ mein Sin is daß ich Jeruscholajim wil bezwingn, den (denn) ich bin vrsichrt an Got (habe die Zuversicht auf Gott) ich wer (werde) die Türkn wol beikumn, daß sie kein Milchomoh (Krieg) wern men (mehr, altd. me) könn haltn. Derhalbn bit ich dich laß mich Dein Rat hörn, un‘

sag mir frei araus Du bdarfst Dich nit zu förchtn (Nibel. 9181. forht), al sagstu (ebenso...) mir gut oder bös, den (denn) wie Du mir ratst, will ich Dir folgen, den (denn) ich weiß daß Du ein halbr Nowi (Prophet) bist, als daß Du einm den Emes (die Wahrheit) kanst sagn wie es einm gen kan in der Milchomoh (im Krieg). Derhalbn bit ich Dich Du werst mir den Emes sagn ob ich die Milchowoh gewin'n wer oder nit.

Da sprach Raschi mit wenk (wenig, althd. wenac) Wortn mein Her ich will Euch die Wahrheit sagn. Ir wert in Anfang groß Glück habn, un' Ir wert Jeruscholajim bezwingn, un' Ihr wert drei Tag da inn (inen) Könign (König sein, vergl. das engl. to king, zum König machen), abr an virdn (vierten, Nibel. 1379.) Tag da wern sich die Jischmoeilim (Ismaeliten, Türken) widr versamln un' wern Dich widr heraus treibn, un' Ir wert musn (müssen, Nibel.: muosen) flüchtn, un' Euar (euer) meinst Volk wert Euch derschlagn (dieses der statt der Vorsilbe er findet sich in den ältern jüdischdeutschen Schriften fast durchgehend: derbarmung, derschrokken; die spätern haben ar) wern, un' die Euch wern überbleibn die wern untrwegn sterbn, un' Ir wert widr in die Stat kumn mit drei Mann un' ein Roßkopf. Derhalbn magt Ir nun tun wie Ihr wölt, nun hat Ir mein Meinug (Meinung) wol gehört.

Wie nun der Herzig die Red vun Raschi hört tät es im gar bang, un' sagt widr (Nibel. 254.) Raschi es mag wol sein daß Du magst war (wahr) haben, un' es mag mir geschen wie Du mir sagst. Abr Das sag ich Dir zu, wen ich wer widr kumn mit vir Man so will ich dein Fleisch die (den) Klowim (Hunden, hebr.) zu esn gebn, un' wil al die Jehudim in mein Land lasn meimis sein (umbringen, s. 364.)

Un' also ziht der Herzog (bis jetzt immer Herzig, mit einem jod, nun auf einmal: Herzog, mit einem waw) awek (hinweg, vergl. engl. away) mit al sein Reiter abr es ging im gleich (wie) Raschi gesagt hat, un' er kam widr in Wärms mit drei Man un' drei Pferd un' er un' sein Pferd is der vird (vierte) gewesn. Das hat wol vir Jahr gewärt, den er war wol vir Jahr in der Milchomoh (den Krieg) gewesn, aso lang hat die Milchomoh gewärt. Da er nun nahnt (nahe) bei Wärms war, gedacht er die Red vun Raschi wie er im gesagt hat, er solt mit drei Pferd widerkumn un' er kam nun mit vir Pferdn widr, un' sein Deioh (Meinung, Absicht) war Chas wescholaum (Gott behüt! s. 475.) gar bös daß er Raschi Chas wescholaum volt meimis sein (umbringen), den (denn) er hat es vorheisn (verheißen) wen er widr mit vir Pferdn wert kumn, aso wil er Raschi sein Fleisch die Klowim zu esn gebn. Abr Hk'bh (Hakkodausch boruch hu, der Heilge gelobt sei Er) vorstört, (verstört, zerstört) die Gedankn vun die Reschoim (Bösen), den wie der Herzig zu Wärms wolt in das Tor anein reitn, also falt ein Balkn mit eisre (eisernen) Spitzn wie sie gemeinlich (gemeiniglich) an die Torn von die Mekaumaus (Örtern, mekomōth) pflegn zu haben un' bescháas Hamilchomoh (in Kriegszeiten) last man sie arab (herab) aufnwenik (außenwendig, auswendig) vor das Tor, aso falt das selbigmalt die Balkn von sich selbst arab. Da war eben der Hrzik (mit Koph und ohne ajin, bisher mit gimel) mit drei Man nach Wärms kumn un' der virde Man is nit mit dem Hrzik in die Stat kumn, den der Balkn schlug seinm Ros den Kopf ab, da muß der Man der drauf geritn hat hausn bleibn. Da derschrak der Herzig gar ser un' bekent daß im Raschi recht Nevius (Nebioth, Prophezeiung) hat gesagt, als daß er nit mit vir Pferdn widr in die Stat anein

kum wert, un' der Herzig wolt zu Raschi gen e (ehe, Nibel. 135.) er in sein Haus wolt intretn, un' wolt sich neign un' bukn kegn (gegen) im, un' wolt sich um sein Nevius bedankn.
Wie er nun in Raschi sein Haus kam, da lag er noch in den Oraun (Sarg) daß man im noch nit hat zu Kewuroh (Begräbnis) gtan. Wie nun der Herzig hört daß Raschi gestorbn war da trauerte er gar ser auf Raschi wie nun bilch (billig) war Aweilaus (Trauer) auf ein sölchen Man zu treibn. Unsr Her Got sol uns sein Sechus (Verdienst) genisn lasn im kol Jisroeil omein (mit ganz Israel Amen).

1030. Nix als Kasper Lutz!

Nichts als Unglück, z. B. „Mer hört jetzt nix als Kasper Lutz!" – (Vergl. 749.) „Der waaß das ganze Jahr nix zu erzählen als K. L.", hat seine Freude daran, Unannehmlichkeiten zu berichten. Kasper Lutz war nämlich ein Leiermann, der mit seiner Drehorgel die Frankfurter Messe besuchte und stets nur Unglücksgeschichten absang.

1031. Der kann aach mitlaafe!

Von einem Manne, der eine häßliche Frau hat. – Ein Mann eilte einmal über die Straße. „Wohin eilst Du so?" rief ihm ein Freund zu. „Zum Doktor," antwortete der Mann; „mein' Fraa gefällt mir nit" (ihre Krankheit hat sich, wie mir deucht, sehr verschlimmert). „Wart, ich laaf mit Dir," sagte der Freund, „meine gefallt mir aach nit." –

1032. Gumpel, geh in Dein' Ruh! Der Bock is verkaaft.

Wenn jemand sich um etwas bemüht, bewirbt, das längst abgetan, vergeben ist. Ein Landjude, names Gumpel, hatte von einem Bauern eines andern Dorfes einen Bock gekauft mit dem Versprechen, denselben in acht Tagen abzuholen. Unterdessen kam ein anderer Jude, der davon gehört, schwatzte dem Bauern vor, der Gumpel sei plötzlich gestorben, kaufte ihm den Bock ab, bezahlte denselben und führte ihn gleich mit fort. Als nun zur bestimmten Zeit gegen Abend Gumpel wirklich in das Haus des Bauern trat, um seinen Bock zu holen, da rief ihm der Bauer, der ihn für eine Erscheinung hielt, erschrocken entgegen: „Gumpel geh in Dein' Ruh! Der Bock is verkaaft." –

1033. Schimsche Horn: Aanunsiebzig!

Oft mit dem Zusatze: „Eins mehr, eins weniger!" – Als Trostspruch bei einem kleinen Verluste, den man erlitten, einer kleinen Ausgabe mehr, die man machen muß, und offenbar nach einem bestimmten Individuum, namens Schimsche (Schimschōn, Simson) Horn, das so zu sagen pflegte. Vergl. 994.

1034. Chajjim Rintel!

– „Nix als Schwindel!" – Ebenfalls nach einem bestimmten Individuum, das so geheißen und ein großer Schwindler war.

1035. Kahel darf anbeiße'!

Zur Bezeichnung, daß ein Übel gehoben, vorüber sei, doch nur scherzhaft, von einem kleinen mehr vermeintlichen Übel, besonders wenn jemand deshalb arg tat. Ein Kind z. B. hat sich einen Splitter in den Finger gestoßen („hat einen Schliwer gefangen," wohl von schliefen, schlüpfen, einen Schliefer, engl. shiver; auch „Spreiß" hörte man oft, von sprießen) und jammert deshalb gar sehr. Da zieht ihm die Mutter denselben heraus und ruft nach vollbrachter Operation: „Kahel darf anbeißen!" – Ein Rabbiner litt einmal an einer gefährlichen Indigestion. Seine Gemeinde (kahal) stellte deshalb einen Fastentag an, um Besserung für ihn zu erflehen. Gegen Abend trat diese ein. Da ging der Gemeindevorsteher von Haus zu Haus und tat kund: „Der Rewe (Rabbi) hat Erleichterung bekommen – Kahel (die Gemeinde) darf anbeißen!" – („Anbeißen," den Anbiß, Imbiß, nach einem Fasttag nehmen). –

1036. Brückelches-Bäcker: Flucht mein' Chassērem aach!

Als spöttische Entgegnung, wenn jemand aus Ärger einem andern flucht. Flüche schaden nicht. – Ein zwar lokales Sprichwort, das aber dennoch zu denken gibt. – Ein Bäcker, der an dem sogenannten Brückelchen in Frankfurt (einem Gäßchen, das in die Judengasse daselbst einmündet; vergl. 233.) wohnte, pflegte, wenn jemand ihm fluchte, zu sagen: „Flucht mein' Chasserem (meinen Schweinen, chasērim, Mehrzahl von chasir) aach!" denn Flüche machen fett. – „Katzengebet steigt nicht zum Himmel." – Vergl. Spr. Sal. 26, 2. „Wie der Vogel dahinfährt, wie die Schwalbe davonfliegt, so ein unverdienter Fluch, er haftet nicht." – „Besser beneidet, als bemitleidet." – Indessen heißt es (Jalkut Num. 142.): „Man sei nicht ohne Besorgnis über den Fluch seines Lehrers, selbst wenn er unverdient ist." – „Auch der Fluch des gemeinen Mannes (Hediot, Idiot) sei Dir niemals gleichgültig." (Baba k. 93. Megil. 15.) –

1037. Du nehmst aach einstweil' e Gilde' druf!

Wenn jemand große Forderungen macht, große Erwartungen hegt, und ihm in seinen Verhältnissen auch mit Geringerem schon geholfen wäre. Ein armer Teufel pflegte bittend auszurufen: „O Harjet (Herr Gott), geb mir Méeh Alophim (Hunderttausend)! Geb mir einstweil' e Gilde druf! (einen Gulden als Aufgeld, Angeld).

1038. Willst aach dem Jid sein' Dreck zu Geld mache'!

Wenn jemand etwas von geringem Wert gern teuer an den Mann bringen möchte. – In der Kirche eines Dorfes war ein Fenster gebrochen. Ein armer Jude, der Glaser war, bat den Pfarrer des Ortes um die Arbeit. Der Pfarrer überließ sie demselben gern, um so mehr, als der Jude ihm wohlfeiler arbeiten mußte; aber die Sache mußte heimlich geschehen, um keinen Neid und keine Verfolgung zu erregen. Er schloß daher den Juden in später Nacht in die Kirche ein. Den armen Glaser kam indes während der Arbeit ein Bedürfnis an, und da er eingesperrt war, so war er, so ungern er es tat, genötigt, sich einen Winkel in der Kirche hinter einem Standbilde, das er zuvor ein wenig hinweggerückt, dazu auszusuchen. – Einige Tage darauf war Kirche, und da die Versammlung einen unleidlichen Geruch wahrnahm, so suchte man nach und kam bald zum Schrecken aller auf den Fund. – Da half sich der Pfarrer, der wohl ahnte, woher dieses komme, geschickt aus der Sache. Er erklärte das Geschehen für ein Wunder, ließ alles sorgfältig aufnehmen, bereitete eine Medizin daraus und verkaufte diese als Panazee (Allmittel) für schweres Geld. Der Gutsherr, indes, dem das Dorf angehörte, hatte keinen so festen Glauben; er spürte nach und kam bald der Sache auf den Grund. Da stellte er sich unwohl, ging zu dem Pfarrer und erbat sich von der Wundermedizin, indem er zugleich nach dem Preise fragte. Der Pfarrer forderte einen Dukaten für das Glas. „Wohl," sagte der Gutsherr, „ich will das gern zahlen; aber Sie müssen zuerst zur Probe einen Löffel voll davon nehmen." Umsonst wandte der Pfarrer ein, daß er ja nicht krank sei und daher das heilige Mittel nicht mißbrauchen dürfe. Der Gutsherr bestand beharrlich auf seinem Verlangen, und da der Pfarrer ebenso beharrlich sich weigerte, so zog der Gutsherr endlich seine Reitpeitsche hervor und rief: „Wart' ich will Dich lehren, dem Jud seinen Dreck zu Geld zu machen!" –

1039. Der Katz geht aach 'runter!

Der allgemeine Sinn dieses ursprünglich lokalen, doch schon ziemlich verbreiteten Sprichworts ist: Es kommt nur darauf an, daß der Zweck erreicht werde; mögen auch die angewandten Mittel nicht so schulgerecht sein. – Als besonderen Fall erzählt man: Die Töchter eines Rabbi der alten Schule waren mit der Zeit fortgeschritten und beflissen sich demgemäß auch der hochdeutschen Sprache. Da saß einmal die Katze auf dem Tisch. „Jag emōl den Katz herunter!" sagte der Rabbi zu einer seiner Töchter. „Vater," sagte das Mädchen, „es heißt nicht der Katz, es heißt die Katze." „Ich will Dir weise'," erwiderte der Rabbi, „Der Katz geht aach 'runter." Er jagte, und siehe, der Mann hatte recht. – Gegen den Grundsatz indes, daß der Zweck das Mittel heilige, spricht sich der Midrasch aus, indem er (Jalkut Ber. 58.) aus der Sage, daß der Rabe, welchen Noa auf Kundschaft ausgeschickt, einen menschlichen Leichnam auf den Höhen der Berge gefunden und sich bei demselben niedergelassen und der Botschaft vergessen, die Taube hingegen dieselbe sogleich vollzogen habe, folgert, daß man durch unreine oder schlechte Boten (der Rabe gehört unter die unreinen, zu essen verbotenen Tiere) ebensowenig als durch törichte zu seinem Zwecke gelange. (Vergl. auch 331.).

1040. Was get mich das Hölzche' an!

Es kommt bei einer Sache nicht sowohl auf die Auffassung anderer an, als vielmehr auf die Wirkung, die sie auf mich selbst hat. – Ein alter Mann, der sich in einer Krankenanstalt befand, klagte dem Vorsteher bei einem Besuche desselben über die Kälte, die stets im Zimmer herrsche. Der Vorsteher geht an den Thermometer, der sich im Zimmer befindet, sieht darauf und sagt: „Ich weiß nicht, was Sie wollen. Der Thermometer zeigt 16 Grad." „Was get (geht) mich das Hölzche' an!" rief ärgerlich der Alte, „wenn es dem Hölzche' aach zu warm is, mir is es kalt." –

1041. Schmuelche' – waaß ich's!

Um kurz zu sagen, daß man von etwas durchaus keine Kenntnis habe. – Nach dem bekannten Anekdötchen. – Ein Bürschchen, namens Schmuel (Samuel) sprengte im gestreckten Galopp durch die Straße. „Schmuelche', wohin?" rief ihm ein Bekannter zu. „Waaß ich's!" antwortete Schmuelche, indem es verzweiflungsvoll auf sein Pferd deutete. Das Pferd war nämlich mit ihm durchgegangen.

1042. Ich hab sie schon mekaddesch gewese'.

Um zu sagen, daß man etwas schon wisse, gehört, gesehen habe, und also den Erzähler oder Frager spaßhaft oder auch kurz abzuweisen. – Es wollte einmal gar kein Hellmond eintreten, und schon war es die letzte Nacht, wo vorschriftmäßig es noch erlaubt ist, den Neumond einzusegnen, die Lewōne mekaddesch zu sein" (s. 883.). Da kam ein frohsinniger Mann vor Mitternacht aus einer lustigen Gesellschaft. Er ging durch die Judengasse, der Mond schien hell. „Hm," dachte er, „Du kannst Dir da bei Rabbi N. einen Gotteslohn verdienen, wenn Du ihn weckst." Gedacht, getan. Er trat an's Haus, schellte, und rief, als das Fenster sich oben öffnete, hinauf: „Rabbi N.! die Lewōne steht (der Mond zeigt sich)." „Gottlob!" rief's oben herunter, und bald kam Rabbi N. eilig die Stiege herab in Schlafrock und Nachtmütze, indem er schon im Gehen das Vorgebet laut begann. Als er das Gebet vollendet hatte, sagte er zu unserem Wecker: „Du hast mir da einen Gefallen getan, den vergesse ich Dir im Leben nit." – „Hm." dachte der frohsinnige und zugleich gutmütige Wecker im Weitergehen: „wenn das Geschäft so gut geht, so kannst Du den Rabbi X. auch wecken. Er trat an das Haus hin und pochte, indem er laut rief: „Rabbi X.! Rabbi X.!“ Dieser aber wohnte im Hinterhaus und war ein Männlein, das gewohnt war, nachts gerufen zu werden, um bei einem Sterbenden für Bezahlung die Gebete zu verrichten. Rabbi X. kam endlich mit einer Laterne, einem Stocke und einem Gebetbuche versehen, öffnete die Türe und fragte: „Was is?“ – „Die Lewōne steht,“ sagte unser Wecker. „Ich hab sie schon mekaddesch gewese‘!“ rief das Männlein ärgerlich und schlug die Türe zu.

1043. Schmuel-Basse-Mehlbrei!

Wenn etwas kein Ende nehmen, nicht fertig werden will. – Ein neckischer Mann, names Schmuel (Samuel) Baß, ging einmal in die Küche, um seine Pfeife anzustecken. Da fragte er die Köchin, wie sie wohl einen Mehlbrei koche. „Nun,“ sagte die Köchin, „ich nehme Mehl und Milch.“ – „Wenn aber der Brei zu dick wird?“ fragte Schmuel. – „Dann,“ antwortete die Köchin, „nehme ich noch etwas Milch.“ – „Wenn er aber jetzt zu dünn wird?“ fragte Schmuel wieder. – „So nehme ich wieder ein bißchen Mehl,“ antwortete die Köchin schon ärgerlich. – „Und wenn er wieder zu dick wird?“ rief Schmuel wieder. – Jetzt konnte die Köchin es nicht mehr aushalten und eilte zornig aus der Küche.

1044. Ich hab Bauchweh, un er eßt die Weinsup'!

Nach einer Anekdote, die man von dem unter dem Namen Gerschon bekannten Narren aus Metz erzählt. Gerschon befand sich unter Begleitung eines Hofmeisters auf der Brautschau. Gerschon aß gern und ließ sich das treffliche Abendessen, das von den künftigen Schwiegereltern den Gästen zu Ehren bereitet war, wohl schmecken. Da ereignete sich dem armen Gerschon nachts in seinem Bette etwas Menschliches. Beim Aufwachen teilte es Gerschon seinem Hofmeister mit. „Was werden die Leute dazu sagen!" rief dieser. „Steh auf! ich will mich in Dein Bett legen; bei mir hat es weniger zu sagen." – Der Hofmeister ließ sich nun entschuldigen, daß er nicht zum Frühstück komme, indem er in der Nacht unwohl geworden sei, und erbat sich eine Tasse Tee. Nach näherer Erkundigung kochte man ihm eine kräftige Weinsuppe. Als diese nun in das Zimmer gebracht ward und so einladend duftete, rief Gerschon: „Ich hab Bauchweh gehabt, un er eßt (ißt) die Weinsupp'!" – Daher überhaupt: „Ich hab die Arbeit, die Last, und ein anderer den Vorteil davon." – Vergl. bei den Talmudisten „Sie essen und ich soll den Segen sprechen!" (Berachoth 44.) Vergl. auch 890. – Von Gerschon Narr wird noch eine hübsche Anekdote erzählt, auf welcher das Sprichwort beruht: „Wo bleibt Gerschon! Gerschon fehlt!" zur Bezeichnung eines dummen oder auch nur sehr zerstreuten Menschen. Gerschon hatte nämlich die liebliche Gewohnheit, nachts beim Entkleiden seine Kleidungsstücke hier und dorthin zu werfen, so daß er morgens beim Anziehen sie niemals gehörig zusammenfinden konnte. Auf der Reise riet ihm der Hofmeister daher, jede Nacht genau aufzuschreiben, wohin er jedes

Stück gelegt habe. Gerschon tat also, schreibt nacheinander auf: „Hut auf dem Tisch, Stiefel unter dem Tisch, Rock auf dem Stuhl, Weste auf der Erde“ usw. und endlich: „Gerschon im Bett.“ – Am andern Morgen nimmt er beim Ankleiden seinen Zettel zur Hand und findet richtig jedes Stück an seinem Platze. Endlich kommt er auch an: „Gerschon im Bett.“ Da trat er an’s Bett, suchte, und als er Gerschon im Bette nicht fand, rief er verzweiflungsvoll: „Wo is Gerschon! Gerschon fehlt! Gerschon is nit da!“ –

1045. Er haaßt Itzig un sie is e lange Fraa!

Als scherzhafte Entgegnung auf eine gar zu unbestimmte Bezeichnung und wohl auf einem besonderen Fall beruhend. Vergl. das talmudische (Megil. 16.): „Es gibt viele Mardachai unter den Juden.“ Ebenso Pesachim 71.: „Rav Joseph feierte den Tag der Gesetzesfreude ganz besonders und pflegte da zu sagen: „Ohne diesen Tag, da gibt es viele Joseph auf dem Markte.“ –

1046. Gelt Fraa, ich such Dich nit!

Mit der allgemeinen Anwendung: Das Verlangen, das Du bei mir voraussetzt, kam mir nicht in den Sinn. – Als besonderen Fall erzählt man: Eine Frau hörte ihren Mann sich nahen. Da versteckte sie sich zum Spaße, in der Erwartung, der Mann werde sie suchen. Der Mann aber, der vielleicht was gemerkt hatte, setzte sich unbekümmert an seine Arbeit und schien sie gar nicht zu mangeln. Endlich währte es der Frau doch zu lange, und sie rief aus ihrem Verstecke hervor: „Gelt (was gilt's? nicht wahr?) Mann, Du find'st mich nit? „ – „Gelt Fraa," antwortete der Mann, „ich such Dich nit." –

1047. Ich riech! Ihr riecht.

Um eine Anklage scherzhaft von sich ab und dem andern zuzuweisen. – Ein sogenannter Polak sagte zu einem andern, der bei ihm stand, tadelnd: „Pfui, Ihr riecht nit gut!" – „Was," erwiderte dieser – dem Zeitwort „riechen" seine neutrale Bedeutung absprechend – „ich riech! – Ihr riecht, ich st..." –

1048. Seid mōchel, schießt Ihr!

Als Spottruf über Mangel an Mut. In einer Kompanie Bürgermilitär standen zwei Juden nebeneinander. Da sagte bei dem Kommando „Feuer!" der eine zu dem andern: „Seid mōchel (verzeiht, seid so gut! s. 459.), schießt Ihr! Ihr hätt' (habt) zuerst Chasne (Chathunah, Hochzeit, Hohesl. 3, 11.) gemacht." – Die frühere Verheiratung verleiht nämlich in manchen Dingen ein Vorrecht, z. B. bei dem sogenannten „Aufrufen" zur Thora. – Ähnlich ist das schwäbische Sprichwort: „Geh', Veitle, geh Du voran, Ich will hier hinten für Dich stahn." –

1049. Kille bleibt Kille – Bauer spann' aus!

Ein Bauer, wird erzählt, hielt einst in Frankfurt, nachdem längst die Judengasse sich gelichtet hatte und großenteils auch schon von Nichtjuden bewohnt war, in derselben mit einem Wagen an, vor welchen ein Pferd und ein Ochs gespannt waren. Nach dem mosaischen Gesetze (5. B. M. 22, 10., s. oben 951.) ist es aber verboten, Tiere verschiedener Gattung nebeneinander zu spannen, und man zwang den Bauer auszuspannen. Daraus entstand das, mehr lokale Sprichwort: „Die (jüdische) Gemeinde (kehillah) bleibt (jüdische) Gemeinde – Bauer spann' aus!" Der Geist des Judentums bleibt erhalten, so sehr auch das „neumodische" Element zunehmen mag. Vergl. 917. – Das Sprichwort wird indes auch in seiner ersten Hälfte allein gebraucht: „Kille bleibt Kille!" in dem Sinne, daß das Leben in einer großen Gemeinde ganz andere großartige Erscheinungen, ganz andere Anregungen, Vorteile und Hilfsquellen biete, als das vereinzelte Leben (eines Juden) auf dem Lande oder auch in einer Stadt, wo wenig Juden wohnen. –

1050. Das wor vor der Milchomoh!

„Das war vor dem Krieg!" (Milchāmah, hebr.) nämlich vor der französischen Revolution überhaupt: „Das gehörte der alten Zeit an, hatte in dieser nur noch Geltung." – So pflegte ein sogenannter Quartiermajor zu Frankfurt, zu dessen Bezirk auch die Judengasse gehörte, wenn ein Jude sich ihm unter dem neu angenommenen Namen meldete, zu fragen: „Wie hätt (habt) Ihr vor der Milchomoh gehäaße" (geheißen)?" – da er natürlich den neuen Namen in den Registern nicht finden konnte.

1051. Mir hewe die Mesachte un' sie den Derech-Erez!

Als Tadel gegen den Juden selbst (vergl. 1020.), daß er rücksichtlich der ruhigen, ernsten Haltung und des anständigen, gesitteten Benehmens – einer Frucht der gesellschaftlichen Bildung – gegen den Christen im allgemeinen zurückstehe: „Wir haben die (rabbinische) Abhandlung (über den Anstand), und sie den Anstand!" – „Mesachtha" oder Massecheth – eigentlich: Gewebe (Richter 16, 13.) – Abhandlung, Traktat. Aruch s. v. nimmt es indessen von sachath (5. B. M. 27, 9.) und hält es mit schematha zusammen, also: Gehörtes, Vernommenes, Tradition. – „Dērech ērez", wörtlich: Landesbrauch, Sitte, Anstand. – Über die Abhandlung selbst vergl. auch 129. 415. 900. unsrer Sammlung. –

1052. Schmad Dich un wer Tambour!

In der guten, alten Zeit mußten die Juden jede Nacht, so wie bei Beginn des Sonntags und der christlichen oder jüdischen Feiertage, auf den Trommelschlag vor den Toren der Judengasse aus den andern Teilen der Stadt in die Judengasse zurückkehren, wo dann die Tore geschlossen und sämtliche Juden die Nacht sowie die Feiertage über eingesperrt wurden; auch wurde niemand eingelassen, es wäre denn, daß er von der Obrigkeit geschickt war, womit, wie Schudt sagt, „Christen und Juden gedient gewesen." – Es trat nun einmal ein Jude zum Christentum über und erhielt zum Lohne dafür – die Stelle des Tambours vor der Judengasse; denn auch diese Stelle konnte nur ein Christ erhalten. Hieraus bildete sich nun unser

Sprichwort, und wenn jemand sich tadelnd gegen Judentum und jüdische Einrichtungen äußerte, so ward ihm der Zuruf: „Nun, schmad (tauf) Dich und werde Tambour!" – Vergl. bei Heine: „Er brachte es weit im Christentum, ist schon Kapellenmeister." – „Schmadden" für taufen, s. 671. – Vergl. auch 682. –

1053. Is der Galge' nur für sie gebaut?

Ein spitzbübischer Jude ward ergriffen und zum Tode verurteilt. „Hast Du gehört", sprach da höhnend ein Christ zu einem Juden, „in N. ist ein Jud gehenkt worden?" – „Nun," antwortete der Jude, „was Wunder? is der Galge' nur für Euch gebaut?" – Dieses ursprünglich wohl nur Witzwort ward zum Sprichwort und will sagen, daß auch der Jude Mensch ist, und daß man mit Unrecht, wie es leider noch oft geschieht, das, was ein Einzelner verbricht, die Gesamtheit büßen lassen möchte. – Vergleiche 383. 683. –

1054. Un wie frei, Vogelfrei!

Als Spott über so manche Emanzipationsprobleme der neuern Zeit, besonders in Rücksicht auf die Juden, Versuche, die so gern als Fortschritt gelten möchten, und nur versteckte Hemmschuhe sind. – In den Zeiten Napoleons hielt ein Rabbiner der alten Schule eine Lobrede auf Napoleon. „Der hat uns frei gemacht", sagte er unter anderem, „Der hat uns frei gemacht, un wie frei, Vogelfrei!" – Der gute Mann wollte freilich sagen: „Frei, wie der Vogel in der Luft."

1055. Lärm um e bißche' Käs'!

Als scherzhafte oder spöttische Entgegnung auf orthodoxes Klagen oder Zanken über Religionsverletzung, obgleich es nur eine geringfügige oder gar zweifelhafte betrifft: „Mach keinen solchen Lärm um ein bißchen Käs'!" – Ein Landjude befand sich mit andern Juden in einem christlichen Wirtshaus. Da ließ er sich von seiner Gesellschaft verleiten, Käse zu essen, da dieses ja doch nur ein späteres und nicht einmal einstimmiges rabbinisches Verbot sei und zwar aus der Befürchtung, die Milch könnte in dem Magen eines Tieres „gestellt", zum Gerinnen gebracht worden sein. Aber während er dasaß und aß, kam ein starkes Gewitter. Dem guten Mann fing das Gewissen an sich zu regen, das ohnehin nur halb beschwichtigt war. Plötzlich kam ein heftiger Donnerschlag. Da sprang er auf, riß das Fenster auf und warf den noch übrigen Käse zum Fenster hinaus, indem er halb zornig gegen den Himmel rief: „Wie das e Lärm is um e bißche Käs'! Da is er!" –

1056. Der halt aach nor Schabbes Schabbösen.

Sinn: Er beobachtet nur solche religiösen Verbote, deren Übertretung sich nicht gut geheimhalten läßt, ist nur „fromm" um der Leute willen. – Ein „Polak" gab nämlich auf die Frage, warum der Versöhnungstag schabbath schabbathon (3. B. M. 23, 32.), Sabbat der Sabbate heiße, seine eigene Erklärung. „Wenn ich," sagte er, „an einem andern Fasttag heimlich einen Branntwein getrunken habe, so rauche ich eine Pfeife Tabak drauf, und man riecht den Branntwein nicht. Habe ich am Sabbat heimlich eine Pfeife geraucht, so trinke ich einen Branntwein darauf, und ich bin wieder geborgen. Am Versöhnungstag aber, da darf ich nicht rauchen und nicht trinken, da weiß ich mir keinen Rat, und darum heißt der Jom kippur (Versöhnungstag) Schabbes Schabbōsen.“ –

1057. Trink emol Milch druf!

Zum Beweise daß Deine Behauptung wahr ist. – Als scherzhafter Einwurf, daß man dem Gesagten keinen Glauben schenke. – Ein alter, frommer Jude hatte einige Gänsegrieben in der Ofenröhre stehen und sie zu seinem Abendessen bestimmt; denn Gänsegrieben waren seine Lieblingsspeise. Er wollte zuvor noch zum Abendgebet gehen und sagte daher zu seinem Burschen: „Bleib mir ja von den Grieben!“ Das Bürschchen indes aß die Grieben auch sehr gern, und es konnte es nicht über sich gewinnen, es mußte eine essen. Als der Alte nach Hause kam, ging er sogleich zur Ofenröhre hin, sah nach seinen Grieben, und da er wahrnahm, daß eine fehlte, rief er aufgebracht dem Burschen zu: „Du hast doch aan‘ gesse‘!“ „Ich hab‘ kaane gesse‘,“ antwortete der Bursche. „Es fehlt aber aane!“ rief der Alte. „Ich hab‘ kaane gesse‘,“ wiederholte der Bursche. „Das will ich gleich sehn,“ sagte der Alte, ging in die Küche, holte eine Tasse Milch und rief: „Da trink emol Milch druf!“ (Nach rabbinischer Vorschrift ist es bekanntlich verboten, unmittelbar nach dem Genuß von Fleischspeisen Milchspeisen zu genießen.) Das Bürschchen indes hatte ein weites Gewissen, nahm die Milch und trank so dem Alten auch seine Milch weg.

1058. Wo der Mensch sterben soll, tragen ihn sein' Füß' hin!*

Als Anerkennung einer waltenden höhern Macht, wenn ein Mensch gerade da, wohin ihn scheinbar sein Glück rief, seinen Tod fand. – „Seinem Schicksal kann keiner entrinnen." – Der König Salomo saß einst auf seinem Throne; vor ihm standen seine beiden Schreiber, Achia und Elihoref, die Söhne Schischa's, zwei treffliche Jünglinge von seltener Schönheit. Da sah der König, seinem erschlossenen Blick allein sichtbar, den Todesengel traurig neben den beiden Jünglingen stehen. „Warum blickst Du so traurig?" frug Salomo den Todesengel. „Weil ich diese beiden überliefern muß," erwiderte der Todesengel, indem er auf die Jünglinge deutete. – Sogleich entbot der König, dem Gott über die höhern und niedern Geister Macht gegeben hatte, zwei Dämonen und befahl ihnen, die Jünglinge im Fluge nach Lus zu tragen, nach der Stadt, welche der Todesengel nicht betreten darf, um so seine Lieblinge vor dessen unerbittlicher Hand zu schützen. Die Dämonen gehorchten. Kaum aber hatten sie die Jünglinge vor den Toren der Stadt Lus, in welche auch sie nicht eintreten durften, niedergesetzt, da stürzten beide leblos nieder. Den andern Tag stand der Todesengel wieder vor Salomo, jedoch heute mit lächelnder, fast höhnender Miene. „Ei, wie blickst Du heute so fröhlich!" sagte Salomo. „Weil Du selbst," antwortete der Todesengel, „Du, o weisester der Menschen" mir die Jünglinge eben dahin gebracht hast, wo ich sie überlie-

---

* In poetischer Form bereits mitgeteilt in des Verf. „Buch der Sagen etc." Nr. XXV.

fern sollte; denn eben vor den Toren von Lus wurden sie von mir gefordert.“ – Da rief Salomo: „Des Menschensohne eigne Füße leisten dem Himmel Bürgschaft für ihn. Sie selbst müssen ihn zur Stelle tragen, wo er abgerufen wird.“ – (S. Succah 53. Ber. rab. par. 100. – Über die Wunderstadt Lus s. Sotah 46. und des Verf. „Buch der Sagen und Legenden jüdischer Vorzeit“ Nr. 24.)

1059. Wer's haben soll, der bekommt's!*

Was einem beschert ist, muß einem werden.“ – Vergl. 741. Nicht weit von Jerusalem, erzählt das Máase-Buch cap. 203., wohnte einmal ein sehr reicher geiziger Mann. Nun kam auf einen Tag ein Fremder zu dem reichen Mann, brachte ein Pfand und bat denselben, ihm darauf hundert Gulden zu leihen. Nachdem der Reiche das Pfand schweigend und sorgfältig geprüft hatte, sagte er zu seinem Weibe: „Geh hinauf in die Kammer und hole hundert Gulden aus der Kiste.“ Die Frau ging hinauf. Aber als sie die Kiste aufmachen und das Geld herausnehmen wollte, da rief eine Stimme aus der Kiste heraus: „Laß das Geld liegen! Es ist nicht Dein!“ Die Frau erschrak sehr, als sie die Stimme hörte; sie eilte zu ihrem Mann hinab, sagte, was ihr widerfahren, und bat ihn, selbst hinaufzugehen und das Geld zu holen. Der Mann ging selbst hinauf. Doch auch ihm schrie, als er in die Kiste greifen wollte, die Stimme entgegen: „Laß das Geld liegen! Es ist nicht Dein!“ Der Mann erschrak nicht minder. Er faßte sich indes und sprach: „Wenn das Geld

* Auch in des Verf. „Fellmeiers Abende“ Nr. XXXIII.

nicht mein ist, so laß mich wissen, wem es zukommt." Da antwortete ihm die Stimme: „Wenn Du es denn wissen willst, so wisse, daß es Rabbi Abraham Drechsler zu Jerusalem gehört." – Da dachte der Mann: „Wenn das Geld nicht mein ist, so will ich es auch nicht haben; aber auch kein anderer soll es haben. – Und er ging hin und nahm alles Geld, das er hatte, alles Silber und Gold und alle Edelsteine und Kostbarkeiten, die er besaß, machte ein Loch in einen Baum, der in seinem Garten stand, legte alles hinein und machte das Loch wieder sorgfältig zu und fand sich ruhig in sein Geschick.

Nach einiger Zeit begab es sich, daß ein großes Gewässer hereinbrach und viele Häuser und Bäume hinwegschwemmte, und auch der Baum, der des Mannes ganzen Reichtum enthielt, ward von der Flut entwurzelt und fortgefloßt.* Ein Fischer aber sah den schönen Baum treiben, fing ihn auf und brachte ihn in sein Haus. „Das ist ein hübscher Baum," sagte der Fischer, „den kann ich gut an den Mann bringen." Den nächsten Freitag, als der Fischer auf dem Markte seine Fische feilbot, kam auch Rabbi Abraham Drechsler auf den Markt, um Fische auf Sabbat zu kaufen. Da gedachte der Fischer sogleich des Baumes, den er aufgefangen, und er sprach zum dem Mann: „Mein lieber Rabbi Abraham! ich habe vor eingen Tagen bei dem großen Wasser einen sehr schönen Baum aufgefangen, den könntest Du wohl brauchen; Du könntest viele hübsche Dinge daraus drechseln." „Ich will ihn sehen," sagte der Drechsler. Er kam zu dem Fischer, sah den Baum, und da derselbe ihm gefiel, so kaufte er ihn und ließ sich ihn heimbringen.

---

* Máase-Buch: „geflößt;" oberd.

Als er aber zu Hause den Baum spaltete und all den Reichtum darin fand, welchen der Geizhals so sorgfältig hineingelegt hatte, da war der gute Drechsler gar freudig über den Fund, den ihm Gott beschert hat.
Der Mann indes, der früher so reich war, war seit dem großen Wasser so arm geworden, daß er im Lande umherziehen, und gute Menschen um eine Gabe ansprechen mußte, und nur zu oft hatte er Gelegenheit zu empfinden, wie weh es dem Armen tut, wenn er hart vor der Türe abgewiesen wird. Da sprach der arme Mann eines Tages zu seinem Weibe: „Liebes Weib! laß uns doch nach Jerusalem gehen und sehen, ob unser Geld wirklich dahin gewandert ist, wie die Stimme verkündet hat." Sie machten sich also beide auf und gingen nach Jerusalem. Dort angekommen, gingen sie in das Haus des Rabbi Abraham Drechsler, ließen sich aber von allem nichts merken. Sie kamen gerade an einem Freitag hin, als eben der Drechsler ein festliches Spinholz* für seinen Sohn bereitete, und den Tisch, wie es Brauch ist, mit silbernen

* „Spinholz" heißt der Sabbat vor der Hochzeitswoche, der, besonders in der alten Zeit festlich begangen ward. Die Erklärung des Wortes ist ungewiß. Nach einigen wäre es ein verdorbenes hebr. Wort: schebén olaz, wo der Sohn sich freut. Nach andern hätte der Bräutigam bei dieser Festlichkeit wirklich ein Spinnrad, als Zeichen des zu erwartenden Fleißes der Braut zum Geschenk gegeben. Zunz (gottesdienstl. Vorträge S. 441) leitet es von dem ital. spinalzare ab, in der Vulgärsprache: spielen und sich belustigen. – Der Sabbat nach der Hochzeit hieß: „Schenkwein" (ähnlich dem „Weinkauf" an einigen Orten, S. Adelung), da an demselben die junge Frau von andern Frauen in die Synagoge geführt, von ihnen auch beim Beginn der Vorlesung der Thora wieder nach Hause geleitet ward, wo dann Kuchen, Pasteten usw. umhergereicht wurden, zu welchem Mahle die Freunde und Verwandten des Hauses und besonders die gewesenen Hochzeitsgäste ein jeder eine oder mehrere

und goldenen Gefäßen besetzte. Da sahen die armen Leute alle kostbaren Pokale, die einst ihnen gehörten, hier auf dem Tische stehen, und sie konnten nicht an sich halten und huben an zu weinen. Als dies die Frau des Drechslers sah, trat sie zu den Armen und frug sie, weshalb sie so weinten. Sie wollten es nicht sagen. Aber die Frau sprach: „Ihr weint gewiß nicht ohne Ursache und drang so lange mit Bitten in sie, bis sie ihr alles erzählten, wie die hübschen Gefäße da fast alle ihnen einst gehört hätten, und wie es ihnen mit dem Gelde und mit

---

Flaschen Wein zum Geschenke gemacht hatten. – In der Frankfurter Kleider- und Gasterei-Ordnung, die im Jahre 1715 auf zwanzig Jahre von den Vorstehern der Gemeinde gegeben ward, wird die Austeilung während der Synagoge morgens verboten, und nur das Schenkwein-Mahl (seüda schel Schenkwein) nach dem Vesper- (minchah) Gebet gestattet. – Noch andere hochzeitliche Festlichkeiten gab es, als: 1) das „Sivlones“ (siblonoth, kidduschin 50. Bab. bathr. 146., Geschenk; Mus. Aruch s. v. hält das Wort für das griech. συμβολη, lat. symbola, Beitrag oder Anteil, den jeder zu etwas z. B. einem Schmause oder Picknick gibt, welches Wort in der Tat der Jeruschalmi hat, vergl. Aruch s. v. sinbul; indessen könnte unser siblonoth ebensogut aus dem chald. und selbst hebr. kommen von sabal tragen), indem den Abend vor der Hochzeit Braut und Bräutigam einander Geschenke zuschickten, unter welchen notwendig sich ein Gürtel befinden mußte, als Zeichen der festen Verbindung, und was dann mit einem Mahle gefeiert ward. 2) Das Kerowim-Mahl (kerobim, Verwandte), indem einen Tag nach der Hochzeit ein engeres Mahl nur für die nächsten Verwandten stattfand. (So erinnert sich der Verfasser, daß in einer sehr reichen, aber sehr geizigen Familie ebenfalls ein solches Mahl gefeiert ward. Da nannte es ein Spaßvogel: Kelowim-Mahl, Hundemahl). – In alter Zeit hatte man sogar zwei Tage vor der Hochzeit noch ein fröhliches Mahl: „das Meánnes-Mahl (meannes vom chald. – auch Esther 1, 8. – anas, zwingen, Gewalt antun), welches zum Andenken an das frühere, schmählich jus primae noctis gefeiert ward. –

der Stimme gegangen, und wie der Baum hinweggeschwemmt worden sei, und wie die Stimme so wahr gesprochen habe, „denn“, sagten sie, „wir sehen all unsere Kostbarkeiten und Kleinodien nun in Eurer Hand.“ – „Faßt Euch, ihr lieben Leute!“ sprach die Frau des Drechslers, „seid guten Mut‘s und feiert fröhlich den Sabbat mit uns. Wenn das Gut, das wir im Baume gefunden, Euer war, so wollen wir das Eure auch wiedergeben. Wir haben gottlob genug, daß wir das Eure nicht brauchen.“ Aber der Mann und die Frau sprachen: „Wir wollen nichts wiederhaben. Hätten wir das Geld behalten sollen, so wäre uns die Stimme vom Himmel nicht zugekommen. Wir sehen wohl, daß es Euch beschert ist. Gott hat es uns genommen, weil er es in Eurer Hand besser angelegt weiß.“ –

Der Drechsler vernahm die wunderbare Märe von seinem Weibe. Da beschloß das brave Paar einen hübschen Kuchen zu backen, den Kuchen mit allerlei Gewürz, mit Rosinen und Mandeln zu füllen, aber auch, ohne daß es jemand wisse, vierhundert Goldgulden hineinzulegen, und denselben den Leuten mit auf den Weg zu geben. Als nun der Sonntag kam und die Leute von dem Drechsler und seinem Weibe mit weinenden Augen Abschied nahmen, wollte ihnen der Drechsler eine große Summe Geldes geben; aber sie nahmen es nicht an. „So nehmet denn“, sprach seine Frau, „wenigstens diesen Kuchen mit auf den Weg; er wird Euch wohl bekommen. Wenn es Euch hungert, so brecht ihn auf und labt Euer Herz daran.“ Aber auch den Kuchen wollten die tiefgebeugten Leute nicht annehmen. Doch die gute Frau des Rabbi drang so lange in das Weib des Armen und bat sie so innig, bis sie denselben nahm, und die Leute zogen in Frieden weiter.

Da kamen sie auf ihrem Wege an eine Stadt, an deren Tor ein Zöllner saß. Sie sollten den Zoll entrichten, und da sie kein Geld hatten, so sprachen sie zum Zöllner: „Geld können wir dir keines geben; wir haben aber hier einen hübschen Kuchen, den wollen wir dir für den Zoll geben." Der Zöllner war es zurfrieden, nahm den Kuchen und ließ die Leute weiterziehen, indem er zu sich sprach: „Der Kuchen kommt mir gerade recht. Der Sohn des Rabbi Abraham Drechsler zu Jerusalem hält diese Woche Hochzeit. Der Mann hat mir schon viel Gutes erzeigt, und so will ich ihm den hübschen Kuchen zum Hochzeitsgeschenk seines Sohnes bringen; ich werde gewiß damit willkommen sein." – Er ging also nach Jerusalem und brachte dem Drechsler den Kuchen. Da sprach der Drechsler, als er seinen Kuchen wiedererkannte, in frommer Demut zu seinem Weibe: „Wohl spricht Gott: „Das Silber und das Gold gehört mir!" und wer es nicht haben soll, bei dem bleibt es nicht." – Der Drechsler und seine Frau führten nach wie vor ein tätiges, frommes Leben, und ihr Haus stand jedem Bedrängten und der Hilfe Bedürftigen offen; von jenen Leuten aber hörten sie nie wieder.

1060. Das Schlimm-Massel geht mit.

Wenn es einerseits heißt: „Meschanne Mokem, meschanne Massel," wer den Ort verändert, verändert das Glück (s. 743.), so heißt es hier gerade im Gegenteil: „Das Unglück (Schlimm-Massel, s. 467.) geht mit," und wer einmal zum Schlemiel, zum Pechvogel bestimmt ist, der mag sich flüchten, wohin er will, das Unglück zieht ihm nach. Das Sprichwort hängt aber mit einer Sage zusammen, die im Máase Nissim No. 20. (vergl. des Verf. „Buch der Sagen und Legenden“, zweite vermehrte Auflage No. LII.) also erzählt wird: Zu Worms, im Haus zur Krone (die Häuser in den Judengassen trugen fast alle ihre eigenen Schilder und Namen, die größtenteils mit den Familiennamen der Bewohner übereinstimmten), wohnte ein Mann, der in allem, was er unternahm, nichts als Schlimm-Massel hatte. Er war so arm, daß er selbst die Gemeindeabgaben nicht mehr entrichten konnte („die Kehilla nit mehr besetzen konnt‘“); doch mochte er nicht aus der Gemeinde ziehen. Er ging deshalb zum Rabbiner, zum „Rav“, klagte ihm seine Not und sagte, wie er nicht gern aus der Gemeinde auf ein Dorf („Jischuv“, neuhebr. von jaschab, sitzen, wohnen) ziehen möchte, weil er da nicht täglich Kaddisch und Borchu (s. 706.) hören könnte. Aber der Rav antwortete: „Nimm den Back (Pack) und schieb ihn in den Sack!“ – „Ich sage darum“, fuhr der Rabbiner fort, „den Back in Sack, weil ich unter **B"k** eben Bochu un Kaddisch, unter **S"k** aber Sinoh (Haß) un Kinoh (Neid) verstehe. Magst Du auch auf einem Dorfe kein Kaddisch und Borchu hören, so hast Du dafür auf dem Dorfe nicht so mit Neid und Haß zu kämpfen, wie in der zahlreichen Gemeinde und kannst eher da Dein Brot finden.“ –* Der

* Hübscher ist ein ähnliches Witzwort der neuern Zeit. Jemand wurde aufgefordert, mit zu „Minjen“ zu gehen, d. h. zur Abhaltung des gemeinschaftlichen Abendgebetes mit der erforderlichen Zehn-Zahl (s. 652.), was immer für verdienstlicher gehalten wird, als das einzelne Gebet. „Was tue ich mit Minjen?“ antwortete der Aufgeforderte, „hätte ich Mesumen!“ – (Mesuman heißt nämlich die nötige Drei-Zahl zum öffentlichen Tischgebete; in der Volkssprache aber auch „bares Geld“ S. 652.).

Mann nahm nun all sein Hab, mit den Seinen aus der Stadt zu ziehen. Wie er aber das Haus zuschließt, um fortzufahren, da hörte er ein Klopfen an der Türe von innen. – „Wer mag noch in dem Hause sein?“ rief verwundert der Mann, „mein Weib und Kind sitzen ja schon auf dem Wagen!“ Das Klopfen wollte indes nicht nachlassen, und so trat er hin und rief: „Wer ist noch im Haus?“ Da antwortete es mit lauter Stimme: „Schlimm-Massel ist noch da, das will auch mit Dir nach Deinem Dorfe ziehen.“ – Als der Mann dieses hörte, und auch die Leute, die bei ihm standen, hörten es, da erschrak er und sprach: „Wenn das so ist, so bleib‘ ich viel lieber hier in der Gemeide.“ Aber er verkaufte das Haus, verschlossen, wie es war, wenn auch sehr wohlfeil, zog in ein anderes Haus, und da ging es ihm wieder gut. – Der Mann aber, der das Haus gekauft, ließ es abbrechen bis auf den Grund und baute ein neues Haus auf den Platz, und sieh, da war kein Schlimm-Massel mehr darin. –

1061. Der Mensch darf hoffen, dieweil ihm der Odem geht.

Vergl. Pred. 9, 4. „Denn so geschlagen auch einer ist, alles, was lebet, hat noch Hoffnung.“ – S. auch 811. – Im Máase-Buch cap. 189. und mit einigen Abänderungen im Simchath Nephesch p. 21., wohl nach Mehajeschuah des R. Nissim, 15, b. findet sich als Beleg folgende Erzählung, die jedoch mehr moralische Erfindung als Sage ist (Vergl. des Verf. „Buch der Sagen“ 2. Aufl. LVI.). – Es lebte einmal ein Mann, der spottete stets, wenn man ihm von Zedókoh-(Almosen)geben sprach; denn er sagte: „Es nehme niemand Zedókoh, es sei denn, daß ihm alle

Hoffnung von dieser Welt abgeschnitten wäre; ein solcher Mensch hat wohl nötig, daß man ihm eine Zedókoh gebe." – Dieser Mann nun ging einmal durch die Straße. Da sah er einen Armen auf einem Misthaufen liegen, elend und abgerissen, wie er noch keinen gesehen. Da dachte er: „Der hat wohl alle Hoffnung auf dieser Welt verloren! der bedarf es, daß man ihm ein Almosen gebe." Und er trat hin zu dem Armen auf dem Miste und sprach: „Da nimm! da hast Du einen Gulden, denn ich sehe wohl, daß Du es nötig hast; daß Dir alle Hoffnung auf dieser Welt abgeschnitten ist." Da richtete sich der Arme auf und rief: „Dir, Narr, ist jede Hoffnung abgeschnitten und nicht mir!" – „Du fluchst mir," sagte der Reiche, „und ich wollte Dir Gutes tun!" – „Weißt Du denn nicht," antwortete ihm der Arme, „daß geschrieben steht: „Der Herr erniedrigt die Hohen, die da hoffärtig sind, und erhöht die sich niedrig halten? Du meinst, weil ich auf dem Miste liege, darum sei mir alle Hoffnung auf dieser Welt abgeschnitten; aber es steht geschrieben: Gott richtet auf den Armen aus dem Staube, erhebt den Dürftigen von dem Miste!" – „Nun denn," sagte der Reiche zu dem Armen, „so sage mir, wem auf dieser Welt alle Hoffnung abgeschnitten ist." – „Das sind die Toten," antwortete der Arme; „nur für diese ist jede Hoffnung auf Erden dahin." – „Wenn dem so ist," sagte jetzt der Reiche zu sich, „so sollen auch die im Grabe liegen mein Almosen haben." Und er ging hin nach dem Friedhof, nahm eine Rolle von hundert Gulden und vergrub sie bei einem Grabe und sprach: „Da Du toter Mensch! hier hast Du hundert Gulden, nimm und behalt es! Du hast ja keine Hoffnung mehr auf dieser Welt." –

Nun begab es sich einige Zeit nachher, daß unser reicher Mann durch Unglücksfälle aller Art immer mehr zurückkam und endlich so arm ward, daß er das Brot nicht hatte und von Ort zu Ort, von Türe zu Türe betteln mußte. Jetzt, vor Alter und Kummer niedergebeugt, gedachte er auch der hundert Gulden, die er einst dem Toten gegeben. „Ach," seufzte er, „jetzt bin ich aller Hoffnung bar, jetzt könnte ich das Geld in meinen Nöten brauchen." – Und er wanderte zurück nach seiner Vaterstadt, wo er seit Jahren nicht gewesen, und ging hin auf den Friedhof und fing an nach dem Gelde zu graben. Da ward er von den Wächtern bemerkt, und im Glauben, er wolle die Toten ihrer Gewänder berauben, ergriffen sie ihn und führten ihn vor den Richter. Der Richter fuhr ihn hart an und sprach: „Wie hast Du es gewagt, die Gräber schänden zu wollen!" – „Behüte Gott," antwortete der Arme, „daß ich solches im Sinne gehabt!" Und er erzählte nun, wer er gewesen, wie er gegen die Armen gehandelt, wie ihm einst ein armer Mann geflucht, und wie er da hundert Gulden auf dem Friedhof vergraben, die er heute in seiner Not habe wieder herausgraben wollen. Da sprach der Richter: „Sieh mich an, ob Du mich nicht kennst?" – „Wie sollte ich das!" sagte der Arme. „Nun," sagte der Richter, „ich bin jener Mann auf dem Miste, von dem Du glaubtest, daß er keine Hoffnung auf Erden mehr habe. Gott hat sich meiner durch gute Menschen angenommen und mir weitergeholfen und mir Gesundheit, Brot und Ehre gegeben. Du siehtst, daß ich Recht hatte, als ich sagte: Gott kann erhöhen und erniedrigen, und solange der Mensch lebt, soll er auf Gott vertrauen. Du hast mir einst helfen wollen, jetzt will ich für Dich sorgen." Hierauf ließ er das Geld wieder ausgraben, stellte es dem Manne wieder zu, und er behielt ihn bei sich und pflegte sein, so lange er lebte.

1062. Wer Mazzeewes lest, darf kaan Báal Sikkōren sein.

„Wer Leichensteine (mazzeboth, Denksteine) liest, darf kein Mann des Gedächtnisses (baal sikkāron) sein," darf kein gutes Gedächtnis haben, weil dem Lob, welches auf dem Leichenstein dem Verstorbenen gespendet wird, in der Regel das Tun desselben in seinem Leben nicht entsprach. – „Leichenpredigt – Lügenpredigt." – Ein Volksglauben, der sich bei den Rabbinen (Horajoth 12. Vergl. Jalkut chadasch Artikel Mithah Nr. 86.) und auch bei den Römern (Cicero de senectute VII.: nec sepulcra legens vereor, quod ajunt, ne memoriam perdam) findet, sagt: „Das Lesen der Leichensteine schadet dem Gedächtnis." „Wohl," gab ein greiser Rabbiner die Erklärung, „wenn mer Mazzeewes lest, darf mer kaan gut Gedächtnis habe'." – Im Talmud (Horajoth 1, c.) wird mancherlei noch aufgezählt, wodurch das Gedächtnis oder auch die Fassungskraft geschwächt oder gestärkt werde. So unter den schwächenden Dingen: von einer Speise essen, wovon schon eine Maus gegessen (weshalb denn auch die Katzen ein so schwaches Gedächtnis hätten – „Katzengedächtnis," – welche ja die Mäuse selbst fressen); ebenso: essen von einer Speise, wovon eine Katze gegessen; essen vom Herz eines Viehes; der häufige Genuß von Oliven, von nicht gut ausgebackenem Brote; üble Gerüche; hindurchgehen zwischen zwei Frauen etc. – Unter den stärkenden: häufiger Genuß von Weizenbrot, (vergl. 244. das angeführte Sprichwort), von Olivenöl, geschlagenen Eiern ohne Salz, von Wein und Wohlgerüchen etc. –

1063. Das haaßt: sein Geld an e Ulmer Messer setze'!

In bezug auf gewagte Unternehmungen, bei denen selbst im glücklichsten Falle wenig zu gewinnen ist. Das mehr lokale Sprichwort beruht wohl auf einem besondern Fall, wo vielleicht ein eben nicht sehr gewürfelter Mensch auch einmal Geschäfte machen wollte und den Einfall bekam, in Ulmer Messern zu spekulieren; indessen könnte sich's auch einfach auf ein Würfelspiel beziehen, wie sie auf Messen und Märkten von umherziehenden Bankhaltern dargeboten werden.

1064. Wie's Tröpfche' fallt!

Als Antwort: ich kann es noch nicht bestimmen, es hängt von einem Zufall ab. Das Anekdötchen dazu von einer Frau auf dem Lande, welche die Kuchel (66.) knetete und einen ihr zusehenden umherwandernden Polen frug, ob er auch über Sabbat dableiben werde etc. ist bekannt. –

1065. Die Kalle im Klaaderschrank!

Wenn jemand in seinem Putze, aus lauter Angst, denselben zu verderben, sich kaum zu benehmen weiß. Eine Braut (kallah) besorgte, am Hochzeitstage selbst mit ihrem Putze nicht zeitig genug fertig zu werden. Sie kleidete sich daher schon den Tag vorher an. Um aber an der Kleidung nichts zu verderben, stellte sie sich, geputzt wie sie war, selbst in den Kleiderschrank und blieb die Nacht über darin stehen. –

1066. Herschche Gannev wird fehle'!

Im allgemeinen von einem Menschen, im Kleinen, wie im Großen, der so pfiffig und spitzbübisch ist, daß man eine Wette eingehen kann, er habe, wo etwas gestohlen oder sonst ein Betrug, eine Verkürzung und Bedrückung begangen worden, oder auch noch zu begehen ist, seinen Teil daran. Im besonderen gab es eben einen solchen Spitzbuben (gannab) namens Hirsch.

1067. Wo bleibt die Katz'?

Als spöttische Entgegnung, wenn jemand sich bei einer Verkürzung, Unterschlagung usw. auf eine offenbar unwahre Weise verteidigen will; nach der bekannten Anekdote: Einem Manne kam das Fleisch, welches das Mädchen auftrug, als zu wenig vor. „Ist das vier Pfund Fleisch?" rief er. „Ja", sagte das Mädchen; „die Katze hat, als ich einen Augenblick nicht in der Küche war, ein großes Stück erwischt und fortgeschleppt, wenigstens zwei Pfund." – Da stand der Mann auf, nahm die Katze und setzte sie auf die Waage, und siehe, die Katze wog gerade zwei Pfund. – „Da is das Fleisch," rief der Mann, „wo bleibt die Katz'?" –
Mit dieser Anekdote scheint auch die Redensart zusammenzuhängen: „die Katz' hat's gefressen!" um kurz zu sagen: „es ist nicht mehr da!" – „Wo ist der Schnee vom vergangenen Jahr?" –

1068. Laß uns von Tachlis reden – was gilt der Wagen Mischt (Mist)?

So rief einmal ein Landjude, ein, seiner Meinung nach, eitles Gespräch unterbrechend. – Daher überhaupt als Spottruf gegen allzu praktische und materielle Menschen, oder auch als spaßhafte Aufforderung, irgend etwas die Zeit Vertreibendes zu unternehmen. – „Tachlis" (tachlith), Ende, Vollendung, im Neuhebr.: Zweck und Nutzen. „Da länger sitzen is kein Tachlis!"

1069. Den Strich von Mannem bis nach Meenz!

Auf die Frage: „Was gibt der und der seinem Sohne mit?" oder überhaupt: „Was besitzt der und der?" – „Nichts, die Erlaubnis zu betteln." – Zwei Bettler nämlich trafen in einer „Schlafstatt" (Bettlerherberge. Auch Parz. 16, b. findet sich Schlaf-Stat für Schlafstelle; vergl. Ziemann) zusammen. Da sagte der eine zum andern: „Höre, meine Tochter wäre ein passender Schiddech (Partie s. 237.) für Deinen Sohn." – „Was gibst Du Deiner Tochter nach (mit, s. 197.)?" fragte der andere. – „Das ganze Säckchen da voll Pfennige", war die Antwort. – „Und was Du Deinem Sohn?" – „Den ganzen Strich von Mannem (Mannheim) bis nach Meenz (Mainz)" erwiderte gewichtig der zweite, indem er versprach, in diesem Strich von nun an selber nicht mehr zu betteln, sondern ihn ganz und gar und ungeteilt seinem Sohne überlassen zu wollen. – In demselben Sinne hieß es auch: „Er gibt seiner Tochter drei Medines (medinoth, Provinzen) mit!" –

1070. Kaan S'liche! Kaan Mechile! Kaan Kappore!

Sinn: Alles verloren, alles dahin! – Die Wörter selichah, mechilah, kapporah, die sich in den Bußgebeten oft nebeneinander finden, heißen eigentlich: Vergebung, Verzeihung, Versöhnung; dann versteht man unter selichah auch ein Buch, welches die Bußgebete für die zehn Bußtage enthält: mit mechilah bezeichnet das Volk auch den anum (s. 221.); kapparah endlich nennt man auch das Versöhnungshuhn, welches in den Bußtagen angewendet wird (s. 198.). Nun ging einmal ein Mann in den Bußtagen in dem Dunkel des frühen Morgens und dazu in einem finstern Hause der alten Judengasse die Treppe hinunter, indem er unter dem Arme eine selichah und in der Hand sein kapporah-Huhn trug. Da tat der gute Mann einen Fehltritt und stürzte die Treppe herunter; die selichah entfiel ihm, das Huhn entlief ihm, dabei verletzte er sich auch noch den Allerwertesten. Da rief er jammernd: „Kaan S'liche! Kaan Mechile! Kaan Kappore!" –

Register

Nr.

Aach do west! 61
Aage' größer als der Mage' 527
Aage' bedürfen weniger als der Mage' 787
Abahu 1008
Abmeken 443
Abraham 5, 987
Abschütteln Alles 375
Abstammung 931
Abwesender zählt nicht mit 888
Abwischen, sich das Maul 375
Ach-boch-laddal 782
Ach-brosch 296, 579
Achare-dargo twir 710
Achare-moth kedoschim 711
Achas leachas 941
Achel-Peter 530
Acheln 530, 685
Achele, bachele, boche etc. 531
Ackerbau 804
Ader, keine böse 415
Ader, keine gute 402
Ader, keine jüdische 680
Ader, die goldene 770

Nr.
Adrabbo 900
Aette konnte die Mämme nehmen 871
Aette laß die Gojeh gehen 998
Aette steh uf 988
Aette, warum deckt mer 1009
Aggev! 1014
Aharon 21
Ajin hará 858
Akiba 42, 44, 589, 741, 779, 791,
825, 945, 953, 973, 987
Akiba Eger 1010
Akkordieren mit Gott 664
Alechem scholem! 456
Alles Böse mit weg! 469
Alles war schon einmal da 696
Almemer 528
Almosen 743, 858, 950
Als für : immer, zuweilen 201
Alsfort . . . . 201, 353, 408, u. m.
Alt Eisen 570
Alt Eisik 1001
Alte Frauen 732
Alte Gewohnheiten 701
Alte Schuhe 567
Alte Welt 669
Alten Dreck soll man nicht aufrühren 845
Alter, ein schönes 565
Alter Narr 561
Alter, verliert alle Lust 566
Alter von Methuselah 1
Altfränkisch, Altmodisch 669
Am-horez 161, 298, 330, 673, 858

Nr.
Amalek 36
Amen-Sager 355
Amorah 1008
Anbeißen 1035
Anblasen nicht können 172
Andaucht 210, 670
Anfang aller ist schwer 740
Anfangen bei den Wänden 784
Anfangen früh 395
Anfangen sein Kaddisch zu hoch 255
Angeboren sein 147
Angehörige sind am zuverlässigsten 803
Angelegt schön 939
Aniwes 21, 849
Anklagen ein Übel 633, 641
Anklagen Gott und die Welt 406
Anmut s. chen
Anschläge essen 254
Ansehen ein Kreuz für ein Alef 159
Anstellen 427
Anstoß 447
Antun golus, innes 430
Antwort s. t'schuwe
Apart 664
Äpfel, wann gut 970
Aphikomen 562
Apikores 678
Arba-kanphes 556
Arbeit ist keine Schande 799
Ärgern sich leicht 411
Aristoteles, ein zweiter 46
Armer s. dalfen

Nr.

Armut s. dalles
Armut läuft dem Armen nach 788
Arowes 683, 690, 928
Artus König 30
Arzenei die beste 858
Ärztliche Hilfe 945
As für als .... 201, 393, 527, u. o.
Ascher jozar-Papier 613
Aschkenas 698
Aschpes 582
Aschre joschbe etc. 70
Asosel 439
Asses-ponim 371
Asseskeit 372
Assern 43
Asusse 473
Attoh chonen 477
Auch zum Guten 469, 987
Aufessen die Schul etc. 528
Aufgeben sein Arowes 683, 690
Aufheben auf Sabbat 496
Auflaufen 259
Auflegen 882
Auflösen die Schuhriemen 163
Aufnehmen, hoch 416
Aufrufen 484, 557, 1048
Aufrufen mit kol hanorim 220
Aufstehen nit gesund vom Platz 345
Auftun den Mund zum Bösen 613, 747
Auge soll nicht sehen, was die Hand tut 950
Augen, schwarze 1017
Ausbeißen den Stiel 568

	Nr.
Ausblasen den Hobel	219
Ausfall	48
Ausgeben Kinder	490, 798
Ausheben	865, 965
Auslegen Alles zum Bösen	377
Ausmeken	443
Ausrede, möge gesund bleiben	293
Aus sein auf etwas	516
Ausschütten das Wasser	505, 613
Ausschütten das Kind mit dem Bad	875
Aussteigen	682
Auszuckeln	302
Awode-sore	279
Awek (hinweg)	469, 1029
Azomes	302
Baal in Zusammensetzungen	1011
Baal-Derusch	327
Baal-katef	151
Baal-Nissojen	831
Baal-Schem	1011
Baal-Sikkoren	956, 1062
Baawones horabbim	639, 931
Bacheln	531
Bacher	367, 541, 769, 994, 1014
Bacherem's S'chore	541
Badegeld	875
Bal-boës, ein schöner	148
Bal-boës, was habt Ihr etc.	997
Bal-boës, wieder einer verloren	994
Balboeste	588
Bal-hoche	1011

Nr.
Bal-mephanek 179
Bal-nichesch 354
Bal-t'schuwe 433
Ballen machen 321
Bankrutscher 156
Barhaupt 688
Barmherzigkeit s. rachmones
Barmherzigkeit gegen Tiere 951
Bar-minón 633
Bar-mizwe 463, 557
Bar-Urian 931, 1008
Bär Quetsch 1016
Bart, einen mehr oder weniger 994
Bart, sich darum nicht wachsen lassen 509
Baß 964
Batteln 370
Batten 511
Bauch, großer 553
Bauer, komm heraus! 391
Baum der Erkenntnis 120, 126
Bawel 584
Bechajjes! 498
Becher, s. bechiso
Bechiso etc. 901
Bechor-schote 119
Bedeuten alles Guts 457
Bedi un bedó 167
Bedürfnisse, irdische u. himmlische 892
Beganneven unsern Herrgott 300
Beheme 123, 479, 951
Behemoth, der Urstier 1023
Behle, die alte 86

	Nr.
Behle, zieh an Dich!	993
Beine, krumme	550
Beißen, nichts haben zu	209
Bekowed	238, 256
Belanzum	415
Belesen, das Grüne	329
Bemälich	415
Bemokem scheén isch	227
Ben Assai	327, 844
Benaches	415, 941
Benoth	415
Benschen	485, 642, 652, 743, 892, 1019
Beraubung des Armen	465
Berauscht s. schikker	
Berchawe	455
Berches	986
Bereiten am Freitag auf Sabbat	891
Berge kommen nicht zusammen	699
Berje	48
Berjenen sich vor seiner Frau	1008
Berothes und Gesodes	574
Berschling	249
Bes-hachajim, Bes-hakkewores, Bes-olam	431
Bes-kisse, Bes-kowed	1014
Bes-moschew	580
Beschmusen	108
Beschreien	51, 534
Beschummeln	108
Beseewelt	555
Besinnen sich zu lange	880, 881
Bestehen, wie Butter etc.	169
Bestehen, sein Stätchen	421

Nr.
Bestußt 822, 1002
Besulvert 555
Beten ist keine Schande 892
Beten um gut Wetter 390
Betrunken s. schikker
Betschwester 332
Betteln s. schnorren
Bettelstolz 248
Betuecht 195
Beutel s. Bechiso
Bewegung des Körpers beim Gebete 1020
Beweis von Narren 823
Bewußtsein der Sünde 858
Bi-ba 499
Bierfiedler 243
Bieten Fisch 657
Bigotterie 685
Bilbulim 563, 866
Bilbulim vom Haus etc. 381
Bima 528
Birnbaum zum Heiligenbild etc. 984
Birnen, wann gut 970
Bis Meschiach kommt 188
Bißchen, ein gut 396
Blasen Trübsal 406, 631
Blättchen hat sich gewendt 616
Bleiben bei seiner Geig 121
Blett 958
Bli neder 344
Blick, ein böser 435
Blicke schießen 434
Blo tibul 653

Nr.

Blödigkeit 893
Boduk umenusse 54
Bofen 531
Boki 140, 144
Borchu 599, 706, 1060
Boruch dajjan 480, 986
Boruch hu etc. 872
Boruch nimzo 455
Boruch rophe etc. 480
Boruch tihje 473
Böse, alles hinweg 469, 481
Böse Frau 735, 858
Böser Kreuzer 360
Boskeit 52
Bosseln 353, 1024
Bote s. schliach
Botel beschischim 232
Botuach 195, 348
Brandspiegel 554
Brauchen soll man Alles 759
Braut s. kalleh
Brautlied 738, 821
Breere 761
Brei um's Maul schmieren 522
Breit sich machen 264
Breite giliones 111
Brennen und Braten 648
Britsch, eine machen 410
Broche 186, 288, 291, 469, 485, 543, 609, 653, 669, 722, 779, 780, 847, 916
Broche des Landmanns 652
Broche des Propheten Eliah 33

Nr.
Broges 304
Brot, bei dem von Gott! 341
Brot, fremdes 802
Brotkorb höher hängen 426
Brückelches-Bäcker 1036
Bruderander 578
Brüder, echte 11
Brunnen, ein böser 783
B'som-Büchse 153
Buch führen mit: etc. 204
Buch, möchte des Gelehrten Frau sein 999
Büchse, gern aus derselben geben 284
Buckel, einen breiten haben 663
Bücken sich auch vor dem Fuchse 854
Bündel, seines schnüren 390
Bündelchen, seines hat jeder 752
Bürgermeister sein 216
Busche 236, 858
Buße, die größte 858
Buße, zu späte 884
Bußfertige werden unterstützt 943
Butterbrot fällt auf's ponim 788
Butterbrot für ein Stück schwören 325

Chachomim 186, 820, 827, 940
Chachomim, unsere waren keine Narren 922
Chad-gadje 102, 944
Chad Schmue 884
Chaddesch-amoneh 969
Chaj wekajem 636, 766
Chajje roschi! 334
Chajjes 160, 453, 498, 623

Nr.

Chajjew 204, 938
Chajjim Rintel 1034
Chakloe 418
Chalderapes 585
Chalef 215, 774
Challe nehmen 591
Chalomes un Backfisch 91
Chamesch-asár beáb 738
Chamime 716
Chammer 123, 417
Chanfen 310
Chanina b. Dosa 858
Chanje-ketowes 151
Chanje-Liedchen 782
Chappen 297
Charif 129, 145
Charoses 62, 494
Charote 393
Charote, gilt nichts 836
Charpe 236, 799, 969
Charpenebusche 236
Charpenen sich 892
Chas wescholem! 475, 1029
Chas wescholem sind alle möglich 844
Chasid schoteh 330
Chasidim, wenn sie wandern 965
Chasmenen 466
Chasne 598, 1048
Chassen 223, 224, 809, 821, 964, 991, 1010
Chasser 343, 651, 908, 1036
Chasser-Haut 533
Chasser-Hoor 270, 271

Nr.
Chasser-Kopp 124
Chasserche‘ streckt’s Füßche etc. 331
Chassern 466
Chattes 198, 246
Chavruse 230, 576
Chawe 501
Chawer-Lappes 578
Cheeder 528, 769
Cheelek, sein hat jeder 752
Cheelek olem-hábbe 340
Cheen 13, 39, 738, 899
Chelbene 582
Chentik 899
Cherem 349
Cheschek 519
Chezje 488
Chiddesch 501, 986
Chije, R. 45, 61, 577
Chilek 587
Chillul-haschem 383
Chochem 96, 825, 827, 829, 834, 853, 881
Chochem lehore 386
Chochem von ma-nischtanne 130
Chochme 29, 46, 538, 825, 828
Cholaas 601
Cholem 617
Cholem, den ganzen nicht glauben 924
Cholemen 98
Chomez 645
Chomez gebattelt 370
Chomeztik 540
Chorbenen 103

	Nr.
Chorew	952
Choschech-mizrajim	15
Chosem drauf drücken	58
Chosen	493, 590
Chosmene	466
Chowes	814
Chozer	222
Christeln sich	697
Christlich	680
Chumesch	996
Chuppe	463
Chusch	530
Chuschim	12
Chuzpe	371, 373, 538, 893, 894
Daheim s. derhaam	
Dahnjes	254, 506, 621, 807
Dajjoh lezoroh etc.	812
Dajjen	760
Dalfen darf keine Natur haben	793
Dalfen dessen Gemüt	791
Dalfen hat die meisten Kinder	795
Dalfen hat keine ruhige Stund	794
Dalfen liegt nie gut	789
Dalfen hat's am besten	796
Dalles	22, 203, 257, 453, 538
Dam reden	379
Dam lechem megoël	380
Daran müssen wir alle	771
Darf, dieselbe sich nehmen	656
Dargo	710
Darschen	327, 1012

Nr.
Darschen vom Blatt 1007
Dasch-kasch 398
Datscher 548, 986
Deéeh, Deées 185, 709
Demut – s. aniwes 858
Denken, das heilsamste 858
Derech-erez 330, 420, 828, 1051
Derhaam (daheim) 141, 625, 734
Derhaam am besten 804
Dermehr 150
Derschlagen für erschlagen 1029
Derúsch 327
Dervun (davon) 141, 375, 492, 514, 642
Desertieren in der Montur 533
Deutsch, was 92, 93, 273
Deutschland s. Aschkenas
Dick haben 367
Dick un dünn' einem geben 404
Dick tun 264
Die mir wollen! 639
Dieb ist das Loch 937
Dienst, der beste 858
Dienstag, ein guter Tag 79
Difteln 353
Dildalfen 789
Din 961
Doktor für die Gesunden 166
Doppelt ki-tow 79
Dor 27
Dor hammabbul 497
Dorn im Auge sein 365
Dornen knistern 109

Nr.
Dorren 448
Dotsch 174
Dreck, alten soll man nicht etc. 845
Dreck des Juden zu Geld machen 1038
Dreck-Koppelchen 1027
Drei Mann und ein Roßkopf 1029
Dreistigkeit 893
Dukaten-Gold 49
Dürres Holz 930
Dworim betelim 109, 858
Dworim hajjozim 954

Ebbes für etwas . . . . 168, 251, 266, u. m.
Eecheh 638
Eeljeh-nowi (Prophet Eliah) 33, 34, 188, 987
Esew (Esau) 8, 9, 10
Eeze, Eezes 57, 912
Ehen werden im Himmel etc. 741
Ehre s. kowed
Ehre zuviel 850
Ehre ist eine die andere wert 898
Ehren soll man Weib und Kinder 806
Eier, ungelegte 506
Eigenlob 71, 72
Einen Gott und einen Rock 202
Einen laß reden 838
Einer, wie er geschrieben etc. 400
Eines nach dem andern 941
Einfall von einem alten Haus 90
Einheben soll, wer etc. 865
Einlassen sich in Außerordentliches 840
Einpacken den Verstand 137

	Nr.
Einreißen, alles geht von den Großen etc.	930
Einschlagen den Ofen	458
Einsetzen einen Bacher	541
Eintaanen	173
Einwerfen	197
Einwickeln sich in etc.	533
Eisen, altes	570
Elasar b. Asariah	153, 931
Elasar b. Simon	861
Elieser, R.	606, 810
Elieser b. Horkenos	316
Elul	966
Emanzipations-Probleme	1054
Emes	924
Emes jáase darko	953
En lonu etc.	499
End' vom Lied	771
Eneklich für Enkel	64
Engel s. malech	
Entvern für antworten	133, 1029
Ephschar	129
Erbschaft, eine jüdische	770
Erew, um tragen zu können	1000
Erew-raw	586
Erfahrung	831
Erleben muß man allerlei	695
Erlösung s. gulleh	
Erschaffen hat der Mensch sich nicht	686
Erstgeborner Narr	119
Erzählen, der alten Behle	86
Erzählen, der Sabbatfrau	87
Esau's Tod	12

Nr.
Esek 447
Esel hat keine Hörner 218
Eseln sich 170
Esras Elohim etc. 948
Esrog 568
Esrogim nach Sikkes 77
Essen am Versöhnungstag 388
Essen die Schul mitsamt 528
Essen ist keine Schande 892
Essig, Sohn des Weines 645
Eßt, es wird doch ausgeschüttet 992
Esther 39
Euphemismus der Talmudisten 613
Ez haddáas 120, 126

Fallen vom Himmel 500
Familie s. mischpoche.
Faschten 239, 661
Faß ohne Boden 103
Fasten – Eßt – er 662
Fehler seine hat jeder 934
Feldsorgen 621
Ferner viel Freuden 467
Fertig sich machen auf einmal 978
Feste sollen nicht vermischt etc. 817
Festtag, Feiertag, s. Jontev
Fett darf kein Rabbiner sein 921
Fette verschlingen die Magern 904
Feuer über Dach 416
Finger, dünne 549
Finsternis, ägyptische 15
Fisch am Sabbat 348

	Nr.
Fisch bieten	657
Fisch nicht und nicht Fleisch	359
Fische werden fett von	649
Fleisch mehr als Bein	543
Fleischding	358
Flüche schaden nicht	1036
Folgen seiner Handlungen muß man vertreten	712
Frage, s. scháale	
Fragen kann ein Narr viel	820
Fragen nicht nach Familie	931
Fragen nichts nach Gott	372, 687
Frankfurt	120, 294
Frau eines Gelehrten	541
Frau ohne taam	734
Frau seine soll man in Ehren halten	721, 806
Frauen	732-735
Frauen Mechusa's	520
Frauennamen	958
Frechheit	893, 894, 897
Freitag muß für den Sabbat sorgen	891
Fremde Dinge kümmern uns nicht	864
Fremden muß man Ehre antun	720
Fremdes Brot	802
Freude der guten Tat	858
Freuen sich wie ein Bräutigam	493
Freunde	717, 718, 803
Freien wer will etc.	736
Friedhof, s. Gutort	
Fromm und alt	464, 473
Fromme bedürfen keiner Denkmale	443
Fromme muß es sechsunddreißig geben	644
Fromme müssen immer in Not sein	606, 965

	Nr.
Frömmigkeit von Jugend auf	858
Fruchthandel	779
Früh anfangen	395
Fuchs in seiner Zeit	854
Fund, der größte	858
Funken von Abraham	5
Furcht, die beste	858
Furcht vor einem Toten	777
Für all meine Sünden	489
Fürst von Babel	267
Fürth	120
Füße unter dem Tisch haben	222
Füße tragen den Menschen unwillkürlich	1058
Futter für die Hölle	650
Futteral über sich machen lassen	258
Füttern mit Ratschlägen	57
Fütze Kappore	198, 228
G. Gáawe-Stinker	266
Gabriel, der Engel, kämpft etc.	1023
Gakeln für schlecht schreiben	546
Galgal choser	616
Galgen, ein goldner	595
Galgen ist für jeden Spitzbuben gebaut	1053
Gallech	921
Gamliel, R.	857
Gam-su, ein jüdischer	987
Gan-eden	79, 484, 624, 758
Gang, ein galanter	369
Gannew	579, 708, 937, 1066
Ganneven	299, 300, 622, 936
Gannowim	206, 906

Nr.
Gans, eine alte 968
Gänse, Eines, kennen 268
Gänse gehen barfuß, weil 700
Gascht 239, 241, 247, 798, 895
Gascht, ein saffianener 256
Gascht-Bindel 245
Gäscht-neschome 242
Gäscht-schmues 107
Gäschtin 253
Gassern 466
Gast auf eine Weil 719
Gast, ungebetener 895
Gastfreundschaft 462
Gäul' nicht scheu machen 262
Gawer 521
Gebackes 573
Gebein einem herausnehmen 302
Geben einem dick und dünn 404
Geben steht nicht im Wörterbuch 272
Geben kein deutsch 273
Geben mit einer Hand und etc. 285
Gebet 743
Gedacht nicht werden 442, 444
Gedächtnis muß ein Lügner haben 956
Gedächtnis, wodurch geschwächt 1062
Gedibber 114
Gedojim náasim etc. 559
Gedrätsch 114
Geduld Hillels 40
Géees 32, 120, 263, 709, 849
Gefallen soll man auch den Menschen 933
Gegengruß 465

Nr.

Geheimnis s. sod
Gehen, für: an der Reihe sein 572
Gehen an den Kragen 920
Gehen um das Ziel herum 184
Gehen unter Groß-kahel 689
Gehen wohin man geschickt wird 356
Gehen schwer zu Geläger 350
Gehnem 79, 650, 701, 920, 1022
Gehupft wie gesprungen 510
Geizhals s. chasser kamzen, kéelew und korach
Geläger 350
Gelbe Rüb' auch ein Geschenk 908
Gelchen, ich hab Dich lieb 283
Geld, gezähltes 780
Geld, setzen an ein Ulmer Messer 1063
Geld, wenn es all ist 781
Geld woher? etc. 782
Gelegenheit macht Diebe 937
Gelehrte sollen nicht viel fasten 921
Gelehrte sollen nicht schmarotzen 529
Geleit mitnehmen 460
Gelt Fraa, ich such Dich nit 1046
Gemalt einen nicht mögen 365
Gemeinde s. kahel und kille
Gemore 782
General oder Korporal 1013
Geniet 831
Genug am Leid, wenn's da ist 812
Genug für heut' 613
Genug hat Keiner 902
Genügsamkeit 858
Geperlt 49

Nr.
Geputzt wie etc. 555
Gerad', gleich, für: witzig 95
Gerberei sich anfangen 214
Gerücht s. schmue
Gerschen Narr 1044
Gesang 63
Gesar-din 743
Geschecht un weggeworfen 181
Geschenk des Geizhalses 277, 908
Geschicklichkeit, die größte 858
Geschmack s. táam
Geschnitten aus dem Gesicht 533
Gesere 555, 726, 741, 753
Geseres-roes 555
Gesicht s. ponim
Gesicht zu waschen gegeben 374
Gesodes 574
Gesundheit! (beim Niesen) s. asusse
Gesundheit soll man beachten 945
Get es Dich an 864
Gevatterschaft 723, 724
Gevatter-kippe 723
Gewohnheit .... 700 - 702
Gewöhnen seinen Engel 240
Gewürzbüchse, eine verschüttete 153
Gezeichnete sind zu fürchten 911
Gezwungenheit 761
Gift reden 379
Giks 99
Giljones 111
Gimmgold 49
Glas, durch ein trübes sehen 407

Nr.

Glauben an etwas müssen 390
Glauben ist eine Kunst 924
Gleich reden 95
Gleich und gleich 577
Gleißner 331
Glück s. massel
Gnade, die größte 858
Gnaj 486
Goj 87, 373, 491, 606, 640, 673, 680, 684
Goj gomur 676
Gojeh 87, 843, 898
Gokel (Gaukel), ein langer 546
Gold und Kron 453
Golus 430, 926
Gomel benschen 642
Gott s. Harjet.
Gott behüt 474
Gott behüt sind alle möglich 844
Gott behüt vor Versuchung 476
Gott bei den Füßen haben 685
Gott bleibt nichts schuldig 938
Gott einen – und einen Rock 202
Gott hat ein Narrenhaus 703
Gott hilft im Augenblick 948
Gott ist alles möglich 840
Gott ist dazwischen 919
Gott ist der beste Arzt 945
Gott lacht, wenn 708
Gott läßt den Strafbaren erst blind etc. 943
Gott macht keinen Unterschied
zwischen arm etc. 940
Gott macht Leitern 616

Nr.
Gott schenkt nichts 938
Gott schicke das Heilmittel vorher 946
Gott soll man sorgen lassen 810
Gott soll mazzil sein 475
Gott soll's zum Guten wenden 478
Gott weiß es 336
Gott weiß, wann's Zeit, wozu es gut 948
Gott zuvor 612
Gottelkum 454, 512
Gottfried von Buillon 1029
Gottschlag 545
Gottstraf 399
Gras darüber gewachsen 502
Gras hinter sich werfen 808
Grau und alt 566
Greifen aus der Luft 85
Grobheiten annehmen für etc. 461
Großhofmeister 203
Groß-kahel 689
Groß-Mogul 267
Größe von Og 25
Grün sich machen 260
Grüner Messias 544
Grünes Holz 930
Grünspecht 544
Grütze seine hat jeder 830
Guck, der, is e Wunder 986
Gucken alles durch ein trüb' Glas 407
Gulden, einen einstweilen darauf 1037
Gulleh, darauf hoffen 915
Gumpel geh in Dein' Ruh' 1032
Gut, daß der Esel keine Hörner etc. 218

Nr.
Gut Jahr, gut Schabbes etc. 465
Gut – von Olem 396
Gut zum Krän reiben 174
Guter Jung‘ 49, 396
Gutglück, davon leben 214
Gutort 431
Gütelchen sind alle bös 958

Haar, kurze 785
Haar, nicht soviel auf dem Kopf als 393
Haar, dem Schwein ausreißen 271
Habicht, ein Glücksvogel 861
Hagam Schoul 28
Haggada 327
Hahn und Fledermaus 61
Hahnenjoch 452
Hakkel-bakkel 581
Hakkel-hebel 31
Hakkel joducho wegnehmen 219
Hakkol bide 741
Hakkol toluj 741
Halachah 327, 779
Hallel 498, 640
Halten es mit den Lebendigen 777
Halten von olew bis tow 182
Halten, was man versprochen 278
Hamalchus, schelcho hi 804
Haman 35, 36, 38
Hamrazeste 161
Hand, eine krumme machen 301
Hand soll gebenscht sein 485
Hand, wie man sie umwendet 183

Nr.
Hand und Fuß haben 84
Handel 804
Hände von Esau 10
Händel, wer sucht 866
Handeln mit Scheemes-Blättern 214
Handwerk 799
Hannooh 290, 311, 890
Hans Jochem, – Jockel 117
Haphtarah . . . . 360 Anm.
Harb 129
Harjet 300, 336, 466, 475, 476, 685, 703,
708, 919, 938, 943, 945, 946
Hasidäer 986, 1020
Häßlichkeit, abschreckende 539
Häuslichkeit 589
Haut und Haar 402
Hawdole 177
Hebel 31, 777
Hecht ist gerecht 249
Hecht ist mir recht 969
Hedjot kophez 296
Hee und Wow sparen 78
Heenes 311
Hefker 298
Hehler strafbarer als 937
Heilige nach dem Tode 711
Heimisches vorzuziehen 804
Heimgeigen sich lassen 89
Hedkesch 495
Hekdesch-Büchse 797
Hemd, erstes und letztes 492
Hemd ist näher als der Rock 287

Nr.

Herbeiziehen bei den Haaren 101
Herkömmliches sitzt fest 701
Herschche-Gannew 1066
Hering ist auch Fisch 227
Herings-neschome 269
Herumfahren wie ein Büßender 433
Herunterreißen den Rock 363
Herz, gutes 858
Herz, jüdisches 680
Herz und Kron' 453
Herz von Marmel 295
Herz, was begehrst Du 603
Herzblatt 453
Herzchen, schwaches 519
Hessik 826
Hetterchen 665
Heuchelei .... 8, 328 – 332, 983
Heulen muß man mit den Wölfen 860
Hillel 40, 330, 653, 765, 786, 810, 934
Hinaus sich machen 390
Hinneh lo jonum 475, 542
Hinter den Ohren haben 309
Hiob 22, 23
Hobel ausblasen 219
Hochlott 348
Hochmut kommt etc. 710
Hochzeit, s. Chasne
Hoch-Zeit 593
Hoffen darf der Mensch solang 811, 1061
Hoffnung zuviel 619
Hoher, hat einen Höhern 944
Holekraasch 702

Nr.
Holland und Brabant versprechen 523
Hölle, s. Gehnem
Holz auf sich hacken lassen 412
Homen-Klöppel 193
Honig des Bösen 913
Hoóches steht groß geschrieben 278
Horegchen 547
Hören soll man zwischen den Parteien 835
Hörnchen läßt sich hören 966
Hört Ihr Herrn, man laßt 988
Hozoóh wehachnosoh 865
Hühner eines Menschen kennen 268
Hühner nicht aufjagen 262
Hühnern die Schwänze aufbinden 191
Huna, R 988
Hund, s. kelew
Hund hat nicht Haus 248
Hund Schorche's 979
Hundertjahr-Blum 48
Huppen kodesch 510, 548
Hutzeln 251

Ich hab Bauchweh, und er 1044
Ich riech! – Ihr riecht 1047
Im jirze haschem 344
Immohes 6
Innen nicht wie außen 307
Innes antun 430
Ippesch 447
Ismael, der Priester 42, 945
Israel-baal-Schem 986
Israel muß hienieden kämpfen 606

	Nr.
Israel verwitwet nicht	918
Itzik heißt er	1045
Itzig ist witzig	1004
Itzik Sichel's Wirtschaft	229
Itzig und Olg	589, 998
Ja, nicht sagen können	352
Ja-Herr, ein	355
Jahr, gut	451, 465, 466
Jähren sich	1018
Jakob's Stimme	10
Jam haggodel	481, 581
Jecholes	200, 840
Jehuda, Hannasi, R.	43, 44, 61, 857, 905, 951
Jehudim dafür sein	925
Jehudim und gäbe es nur zwei	917
Jekum purkan	701
Jelole	639
Jemach schemó	443
Jephtha u. Pinehas	880
Jergel	418
Jerówem (Jerobeam)	32
Jerusalem, weshalb zerstört	952
Jerusche, jüdische	770
Jeworéchecho nachsagen	361
Jezer-hóre	428, 645, 858, 935
Jezer-hattów	858, 935
Jezern	428
Jichud	335
Jiches	931
Jid (Jude), ein guter	88
Jid fängt mit dem Goj an	373

Nr.

Jid keiner und kein 684
Jid muß handeln 903
Jid muß singen 1020
Jid nicht verleugnen können 533
Jiphthach in seiner Zeit 27
Jisborech 599
Jischkóech 482
Jischew 1060
Jjew s. Hiob
Jo-lo 508, 600
Jochanan, R. 912
Jochanan b. Sakkai 791
Jochid 225
Jom kippur 388, 405, 1002, 1056
Jom kippur katan 1029
Joneh mechaschef 1005
Jontew 444, 465, 673, 817, 818
Jontew in allen Gassen 604
Jontew ist nicht alle Tage 754
Jontew wenn vorüber 814
Jontevtik bleiben 540
Jontevtik den Fußschemel machen 982
Jose, R. 900, 930
Josephs Anmut 13
Josua b. Chanania 815
Josua b. Halephtha 616
Josua b. Idi 613
Josua b. Parachia 377
Joze sein 82
Jüdeln sich 697
Juden müssen für einander einstehen .. 383, 683, 1053
Judentum wird sich erhalten 917-919, 1049

	Nr.
Jüdische Ader	680
Jüdischkeit	675
Jugend will ausgetobt sein	832
Jüngling	558
Juscht	152
Kaan s'liche	1070
Ka-bet	988
Kablana	641
Kaddisch	706, 1060
Kaddisch zu hoch anfangen	255
Kadme-weasle-Bein	550
Kaffe s. maschke Jisroel	
Kafre	418
Kahel	599, 672, 689
Kahel darf anbeißen	1035
Kahel's mesúse	376
Kahel's Sachen	225
Kaljes machen	438
Kalleh	493, 537, 590
Kalleh hat schwarze Augen	1017
Kalleh im Kleiderschrank	1065
Kalt nicht und nicht warm	358, 716
Kaluth rosch	858
Kamzen	270
Kanone, wie sie gemacht wird	1003
Kappore	198, 438, 445, 994, 1070
Kappore geht der Schimmel	1024
Kappore Hinckelche'	635
Karpfen	969
Kaschje	133
Kasper Lutz	1030

Nr.
Katef 151
Katholik 669
Katze s. schunre
Katz, der ... geht auch herunter 1039
Katz hat's gefressen 1067
Katze-mediztrech 100
Kaufmann s. socher
Kedoschim 711
Keelew 270, 909
Keelim 109
Kein Öl und kein Docht 210
Kenegdo! 735
Kephiroh 384
Keren 462, 863
Keren-zwi 504
Kerowim-Mahl . . . . 1059 Anm.
Kerzengerad' 546
Keseph-menolon 782
Kesuwo 598
Ketores steigt 263
Ketowes 151
Kewer Jisroël 342, 349
Kewones machen 1010
Ki lo almon etc. 918
Ki osef kosef 781
Ki-tow doppelt 79
Ki-tow sagen 71
Ki-tow versprechen 524
Kibbudim 306, 396
Kiddesch 177, 501
Kienruß, damit die Kur machen 252
Kijum 218

Nr.

Kikiriki 561
Kikiriki kommt hinten nach 1002
Kille 70, 148, 968
Kille auf eine Nadelspitze stellen 383
Kille bleibt Kille 1049
Kille schmadt sich, wo etc. 671
Kille versündigen 647
Kille-Mann 652
Kind in Mutterleib nicht sicher 299
Kind ausschütten mit dem Bad 875
Kindbett 603
Kindbett und eine böse Brust 626
Kindern ahmen den Eltern nach 731
Kinder machen Sorgen 726
Kinder sagen die Wahrheit 824
Kinder soll man nicht zusehen lassen 634, 951
Kinne-sinne 952, 1060
Kippe 715
Kippe-Tippe 716
Kippeln 429
Kischef 151
Kiwed 396
Klag's dem Staan 641
Klauben, zu – an Etwas haben 422
Kleben bleiben 157
Klecken 196
Kleidung 806
Klippe 715
Klippe-tume 646, 715
Klomer-Käs' 303
Klopfen und Blasen 226
Knas geben, legen, knassen 175

Nr.

Knellen 186
Kochew haben 741
Kodesch hupfen 510
Kodesch hupfen in einer Haselnuß 548
Kol (Stimme) 551, 552
Kol von Jakob 10
Kol vor dem Chassen 224
Kol zu hoch anfangen 255
Kol (all) – bo 138
Kol-has'choles etc. 740
Kol Jisroel 142, 198, 372, 602
Kol-tow 524
Komplimente 306, 855
Komplimente, kurze 233
Kone-hakkel 916
Können mehr als Brot essen 139
Können soll man nichts 759
Können wie ein Wasser 139
König, der blaue 560
Königen für herrschen 1029
Königin von Saba s. Malke-Schwo.
Kopf muß da sein 839
Kopf, seinen im Mondschein sehen 387
Kopf bis Fuß 402
Kopf wie ein Rat 47
Kopher 384
Kopher – beïkker 677
Korb, ein, voll Bücher 153
Korech (Korah) 17 – 19 440
Korwen sein 518
Kosche 128, 129
Koscher 313, 507, 610

Nr.
Kost und nichts zu essen 274
Kotzen für gestehen 326
Kowed 235, 720, 874
Kozen 201, 266, 794, 809, 990
Kozen geht nichts um 792
Krabbel-Hanna 189
Krahne, Wormser, ... 229
Krankheit, hat sich gebrochen 601
Krän reiben 174
Kränk, lange 750
Kränkung, öffentliche 951
Kreis, kreisen 96, 829
Kreischen 636, 702, 766, 767
Kreuz, seines hat jeder 752
Kreuzer, böser 360
Kreuzer bei dem Geizhals 279, 284
Krias-jam-suf 762
Kriё-schneiden 450
Kriechen den Buckel hinauf 219
Kriechen, die Wand hinauf 636
Krieg‘ das gute Jahr! 451
Krieg d. Hahnenjoch! 452
Krire 716
Krittlich 411
Kronen, drei 858
Krug und Scherbe 61
Krumm, wie 95
Krumme Sachen 136
Krummes, muß es auch geben 873
Kuchel 491, 998, 1064
Kuchel, Morgen nach der 66
Kuchel, wer viel ißt 712

Nr.
Kuh auf dem Eis 189
Kuh, weh der, welche 801
Küh'-Sechel 123
Kühe, fette 904
Kunstreise 995
Kur machen, mit Kienruß 252
Küssen die Mesuse 376
Kutte 668

Laban 7
Lachen, grobes 419
Lachen verrät den Narren 116, 901
Ladung, seine haben 631
Lag-bomer 973
Lajenen 164, 661
Lamed-waw zaddikim 644
Lamden 538
Lampe, die sabbatliche 813
Landsjokel, – Konfekt, – Pomeranze 417
Landsmann 417, 652
Lärm um ein bißchen Käs' 1055
Laß den schikker 775
Laß mir meinen naches 991
Last, seine hat jeder 752
Laufen sich die Beine etc. 517
Laufen vom Tisch wie etc. 651
Leben von Ehre 235
Leben von Gutglück 214
Leben wie im Himmel 603
Leben will jeder 763
Leber einem schleimen 404
Lechajim! 472

Nr.
Leechem-Geiger 243
Leere Gefäße 109
Leeres Stroh dreschen 74
Legen auf die Goldwaage 526, 857
Legen sich auf den Laden 264
Legen sich auf die schwere Seite 357
Lehrer sollen die Lehre nicht vorenthalten 779
Lehrer sollen nicht reich werden 186
Leháchis 691
Leichensteine . . . . 73 Anm., 1062
Leichtfertigkeit 858
Leidenschaft 935
Lemech 117
Lemle, in der größten Hitz 1018
Leolem tikkach! 282
Lernen (talmudisch) 1012, 1020
Lernen ist keine Schande 833
Leschasch! 441
Leschone towe! 466
Lesen der Leichensteine 1062
Lesen einem den Text 404
Leute werden aus Kindern 559
Leute wohnen auch hinter dem Berg 805
Leviten einem lesen 404
Lewone 387
Lewone mekaddesch sein 883, 1042
Lezen, Lezannim 243, 707, 862
Li sagen 842
Licht, die volle Barmherzigkeit 79
Licht bei Tag anzünden 76
Liebe der Eltern und der Kinder 988
Liebe zu Gott 858

Nr.
Liebhaber von Allem 519
Leibreiz s. chen
Lied davon singen können 643
Lieferung 598
Liegt der Ochs 774
Linsen eine Trauerspeise 616
Lischuos'cho gewese'! 725
Liwjosen 1023
Lo alechem! 633, 641
Lo Bock etc. 104
Lo-chepez 394
Lo-kom! 52
Lo lonu! 631. – steht in etc. 498
Lo midduwschoch etc.! 913
Lo poga 94
Loben müssen Andere 71, 72
Loch, eins zu und ein andres aufmachen 204
Loch in den Sabbat machen 658
Loch ist der Dieb 937
Loschen hakkodesch 674
Lot 3
Lotterie 974
Lotterie ohne Treffer 863
Löwle Fürth 149
Luach 999
Lüge (s. scheker) 858
Lüge mit einem Wortzeichen 320
Lüge und Leichtsinn 953
Lügen, daß sich die Balken biegen 316
Lügen wie gedruckt 318
Lügner s. schakren
Lus 1058

Nr.
Lust muß auch Last haben 890

Máamodes 660
Maanführen, Maanstaan 590
Máarew 53
Máaroche 184
Maß, womit man mißt etc. 713
Máase erzählen 253
Máase-beheme 123
Máase-s'dom 4
Máaser von Stroh 8
Mabbul 2
Máchaloketh 858
Macharibajich etc. 691
Machen: Bauer komm etc. 391
Magen gehört ein guter dazu 366
Magen wie ein Strumpf 530
Maggid 372
Mag's – nit – sagen 436, 439
Mah scheowar etc. 846
Mährwunder 48
Majschene 1013
Makke 946
Makke zu Dir! 447
Makkes un faule Fisch' 627
Malches 453
Malech .... 239 – 241, 529, 846
Malen einem Etwas 251
Malke-Schwó 555, 1025, 1026
Mamesch 109
Mämme, laß die Kuchel stehen 998
Mämmes-Kindbett 603

Nr.
Mämmes-tfille 154
Mamser ben hannidde 674
Mann am Brückelchen 233
Mann, ehrt den Platz 900
Mann wie ein Baum 546
Manna 16
Mánnisch berië sein 435
Mantel einem nachtragen 168
Mar-bar-Rav-Asche 145
Mar-breh-de-Rabina 175
Maschchis 437
Maschkeh-Jisroel 972
Masse-umatten 119, 671
Massel 467-469, 606, 607, 613, 625, 722, 741-743, 790
Massel-tow! 467
Massóoh 890
Mäßigkeit des Tisches 806
Mäßigkeit in Neckereien 899
Mattir sein 43
Matnas jad 484
Matthone 908
Matze, ein Gesicht wie 536
Maul nit zu Bösem auftun 613, 747
Maul, sich abwischen etc. 375
Maul soll Dreck fressen 641
Maul soll lügen, aber 613
Maul wie ein Schaarmesser 378
Maul zu voll nehmen 70
Maulspiel der Welt machen 234
Maus ist nicht der Dieb 937
Mauze oder Mozo 735

Nr.
Maweln 768
Mazzewes soll man nicht lesen 1062
Meánnes-Mahl . . . . 1059 Anm.
Mechawed-sein 900
Mechallel-Schabbes umsonst 75
Mechile 1070
Mechile-praien 221
Mechin sein 891
Mechulle 198, 201, 626, 915
Mechulle mit der Bulle 205
Mechusa 520
Medakdek sein 279
Medier 861
Medines 1069
Meëh alophim 198, 275, 794, 1037
Meës 709
Megille 113, 193, 593, 968
Mehren nicht, ist mindern 786
Mein Bauch – fascht Du! 661
Mein kappore! 198, 445
Mein neschome 339
Meinung Anderer sei uns nicht gleichgültig 933
Meïr, R. 561, 799
Medakkesch sein 883, 1042
Melammed 186
Melech, der blaue 560
Meledeste 549
Meloche 531, 609, 799
Memer-Buch, memern 389
Menachem abelim sein 638
Mendel 117
Mensch, darf hoffen etc. 811, 1061

	Nr.
Mensch, muß das Seine tun	945
Mensch, seine Schwäche	943, 944
Mensch, seine Vergänglicheit	751
Mensch, weiß nicht welche Wunder etc.	948
Menuche	816
Menuwel, Menuwelte	261
Mephalpel sein	145
Mesáchte haben wir	1051
Meschanne mokem etc.	743
Meschiach	188, 539, 544, 916, 926
Meschores	250
Meschúche	424, 846
Meschúche is sein prat	135
Meschúche werden vor Hoffnungen	619
Meschulemt	623
Meschumed	691
Mesires	38
Mesumen	652, 1060
Mesuschelach	1
Mesúseh	376
Metz	120
Metze	897
Meüberes	626
Mevulbel machen	768
Mewi goëel	916
Mezaër sein	951
Mezern	428
Mi komoche!	210
Mi scheberach machen	484
Michóel	312
Michuz lemáchne	503, 689
Middah	298, 858

Nr.
Midjen un Moëw 24
Midrasch 327
Mies gehen 630
Mies, sich machen 261
Mies sein 623, 958
Miese Maad etc. 914
Mieskat 261, 639
Milch drauf trinken 1057
Milchding 358
Milchome, nicht Schuld daran 126
Milchome vor derselben 1050
Min, Mines 308, 678
Minch 358
Minchah 548
Miné ubé 842
Minhag 701
Minjan 652, 1060
Misbéach 280
Mischmo, dumo etc. 970
Mischnah 43, 45
Mischpoche 147, 576, 722
Mischpoche-Halter 721
Mischte viel, un etc. 608
Mise-meschinne 65, 447
Misrach, von ... bis 53
Mit Lieb 462, 470, 976
Mitlaufen können 1031
Mitleid mit dem Feinde 640
Mizwe tun 638, 777
Mochel sein 364, 459
Mochiach 328
Mochsin 880, 907

Nr.

Moës 782
Mokem, nur eines 694
Mokem, ein trephe – 289
Mokle 117, 1019
Mole-Kreise 96
Mond s. lewone
Momen 652
Morgen nach der Kuchel 66
Morsche 760
Moschew 580
Moses 21, 315, 338
Moses – Nachkommen 1021
M-Staans-gesagt 641
Mühlstein am Halse 596
Mutterleib 299
Mutterselig allein 230

Nach-broche des Land'smanns 652
Nach zwölf is eins etc. 884
Naches 492, 521, 795, 941, 991
Nachgeben für mitgeben 197, 1069
Nachsagen den Priestersegen 361
Nachschlagen für nacharten 730
Nachschwätzen kann er 155
Nächster ist jeder sich 287
Nachtlajene 164
Nachtragen am Sabbat 50
Nachtragen, den Mantel 168
Nachum, der Mann Gam-su 987
Nagel, goldner, fällt 744
Nägelchen, seines dazu geben 60
Namen, ein guter 858

	Nr.
Namendeutungen	958
Namenveränderung	743
Narr, s. Schote.	
Narr bleibt bei seiner Geige	121, 822
Narr, einer auf zwei Karn	981
Narr, einer kann mehr fragen	820
Narr guckt überall heraus	121
Narr hat Glück	607
Narr ist kein Beweis	823
Narr, wenn er nicht mein wäre	939
Narr zu Prag	120
Narren essen gern süß	971
Narren sagen die Wahrheit	824
Narrenhaus hat Gott	703
Narrheit ist ansteckend	819
Narronim	821
Nase hochtragen	264
Naupen	420
Nebich	633, 635
Nechones	189
Nedinje	197
Nehmen den Bissen vom Mund	280
Nehmen macht nicht arm	281
Nehmen, sich die Darf	656
Nehmen, sich ein Tüchelchen vor	655
Nehmen vom Altar herab	280
Nehmen woher, wenn nicht	622
Neid (s. kinne-sinne)	858
Neiert	811, 846, 931
Nekomoh	939
Nephesch	339
Nephicheh	277, 416

Nr.
Nes, Wormser 120, 986
Neschike 183
Neschires 17, 195, 453
Neschoche, mein 349
Neschome 207, 242, 269, 294, 339, 486
Neumodisch 668, 669, 919
Neumond, eine Zeit des Glücks 741
Nevelchen 544
Newere 489
Newere, auf eine kommt's nicht an 663
Newere anzugucken 534
Newere, davon zu reden 51
Neweres, meine mit hinweg 469
Newich, s. nebich
Nibul peh 858
Nichusch 354
Nichnas jajin 905
Nicht glauben ist keine Kunst 924
Nicht wissen von seinem Leben 160
Nichts ist gut für etc. 787
Nichts verloren und nichts gewonnen 693
Nichts vorne und nichts hinten 203, 789
Nichts zu beißen 209
Niesen, s. asusse
Nissim un niphloes 840
Nissojen 476
Nit gedacht 442, 444
Nit gestoche 985
Nit zu Lieb un nit etc. 178
Nittel mit Lieb 976
Nixchen, ein silbernes 276
Nixkenner 165

Nr.
Nixnutz 165, 394
Nizoz 5
Noheg kowed sein 720
Noah 2
Nophal turo 774
Nosi von Babel 267
Not, s. zore
Not bricht Eisen 797
Nowi 65, 889
Nüchtern am Purim 885
Nüsse, frische 727
Nüsse, wann gut 970

Obar semanno 887
Och ihm! Och schemi! 625
Ochs weiß nichts von seiner Kraft 218
Ochs, wenn er liegt 774
Ochs, wo billig 758
Odem horischem 501
Odem korew etc. 287
Ofen einschlagen 458
Ofen, hinter demselben 896
Og, König von Baschan 25
Ohne Gimel kein Daleth 791
Ohne táam 419, 734
Ohren haben die Wände 861
Ohrläppchen, weshalb weich 857
Olem, gut von 396
Olem-hasse-Kind 520
Olem's wegen 234
Oleph, ein Kreuz dafür ansehen 159
Oleph, von ... bis tow 182

Nr.
Olk 589, 998
Olow hascholem 487
Omen-Säger 355
Omer 973
Omern 620
Opfer, das beste 858
Oph tome 386
Orach árah 330
Orech 239, 462
Orel is schikker 980
Orem 309
Oren 892
Ort s. mokem
Ortsveränderung 743
Os-bos 533
Oseh-scholem gehen 158
Osipht maja etc. 323
Osur-behannooh 290

Paradie s. gan-eden
Párech-Kopp 259
Parnes 225, 553
Parnosim zu Worms 1028
Partizip, hebräisches mit dem deutschen
Hilfswort sein 82, 145, 364, 435, 459, 463,
720, 883, 891, 900, 951, 1029
Paschtet (Pastete) 816
Passen in den Kram 518
Paterschen 626
Patschen 511
Pattern 360, 368, 1026
Pega ra 377

	Nr.
Pegern	446
Pelz, in waschen etc.	179
Pelz, kein guter aus	731
Perlen soll man nicht etc.	73
Peruzah	415
Peschite	200
Peschore machen	664
Pfennig nicht gben für	675
Phanteln	353
Pharaoh, ein zweiter	14
Pilpul	145
Pilsel	588
Pinehas und Simri	20, 983
Pinehas und Jephtha	880
Placken, ein neuer	923
Plangenen	409
Platt schlagen	768
Platz ehrt nicht den Mann	900
Plete gehen, machen	390
Polak, wo is dein Ohr?	134
Polen	963
Polnische Dörfer	112
Polnische Fuhrleute	575
Ponim	83, 190, 371, 372, 374, 535, 536 538, 542, 714, 721, 788, 897, 958
Pósche, Posche Jisroel	681
Poschut	420
Posel	940
Posik un e Stecke‘	80
Poskim	141, 667
Poter	360
Prag	120, 324

Nr.
Praien 221, 895
Prälat darf nicht mager sein 921
Prat 135, 967
Preambels 110
Preda, R. 931
Predigen schön, aber 327
Proches 533
Protestant 669
Pschätchen 327
Psoles 580
Pumbeditha 56
Purim 193, 885
Purim -sude 193, 532

Raba 763
Rabba b. Huna 988
Rabbi mechabbed etc. 44
Rabbo-nim 910
Rabe, ein Unglücksvogel 861
Rachmone lizlon 475
Rachmones 633, 680, 749
Rachmones des Elieh 989
Rad des Glückes 616
Rad, goldenes 744
Radieschen essen 589
Ragsen 304
Rahel's Grab 6
Rahm, ohne 419, 734
Raschi und Gottfried v. B. 1029
Raschi, was will 996
Raschi's ksaw schreiben 111
Rat des Bösen 912

Nr.
Ratzen 414
Rauschen hören die Windel 244
Rav (Rabbiner) 142, 149, 671, 672, 921, 1060
Rav Nachman 900
Rechajim bezaworau 596
Recht, dreierlei 868
Recht machen jedem 868
Reden auf seine Familie 722
Reden, Gift, Blut 379
Reden nicht wider Gott 612
Reden von einem Ding bis 705
Reden von grün 97
Regen kommt 965
Reiben einem den Kimmel 404
Reich s. kozin
Reiche, wann zu ehren 44
Reiche wissen nicht etc. 791
Reichen nicht das Wasser 162
Reichtum s. Neschires
Rekem 707
Remóes 7
Rennen mit dem Kopf wider etc. 636
Rephúe 277, 479, 946
Resch-barjone 401
Resch-Galutha 267
Resch-Lakisch 1013
Rettig essen 589
Reue s. charote
Rewach 186, 614, 752, 863
Rewezen von Kelterschbach 975
Rewi hat's nit gelernt, woher etc. 45
Rewi eßt nix Grünes 329

Nr.
Rewi Mosche heißen 216
Réwi Jehuda mattir 43
Richter s. schoftim
Riechen am Krug, was etc. 169
Rië 434, 435
Riegelchen vorschieben 217
Rippe, seine suchen 351
Risches 35, 926
Roges 304
Roges gilt nichts 837
Roow 208
Rophe 480, 945
Rosch-chodesch 67, 68
Roscho 858, 912, 920
Roscho in der Hölle am Sabbat 1022
Rosche-tewes . . . . 1029 Anm.
Ruach 339, 1002, 1011
Rücken, ein schöner 369
Rudeln 1011
Ruh un menuche 816
Ruh und Rast keine 623
Rujeh liwroche 288
Rummel verstehen 309
Rumpel-zu-Nacht 582
Rute sich auf den Rücken binden 841

Sabbat s. Schabbes
Sabbatfluß 1021
Sabbatmahle 548
Sabbatruhe 813, 815, 1021
Sabbatseele 813
Säbelbeine 550

Nr.
Sagen für vortragen 327
Sagen hat nichts zu 1012
Salm 969
Salomo und der Spatz 1008
Salomo und der Todesengel 1058
Salomo's „Alles ist eitel!" 31
Salomo's Mahl 30
Salomo's Weisheit 29
Salz des Körpers 339
Salz für den Reichtum 791
Sambatjon 1021
Samuel 27
Sandik 723
Sar 341, 800
Sargenes 492
Sasria un Mezore 572
Satan s. soten
Satt, wie e etc. 532
Saubeele 555
Sauce, eine saure um 923
Sauerteig s. chomez
Saul unter den Propheten 28
Saumseligkeit muß büßen 887
Schäale, gibt's mehr als 927
Schäale, keine mehr machen 666
Schäales, zuviel machen 867
Schäane-rabbe 387, 960
Schabbes 465, 496, 673, 799
Schabbes allein u. Jontev allein 817
Schabbes, davon machen 514
Schabbes, Loch in denselben machen 658
Schabbes machen 514, 618

Nr.
Schabbes sollte man anbinden können 815
Schabbes umsonst entweihen 75
Schabbes über alle Welt 924
Schabbes, Zeit der Erholung auch in der Hölle .. 1022
Schabbes-Bohnen 491
Schabbesgoje 87, 813
Schabbes-nachme 69
Schabbes-olenu anhaben 199
Schabbes Schabbosen 1056
Schabbes-schmues 107
Schad', daß er fault! 487
Schadchen, schadchenen 197, 237, 798
Schadchen muß einen dicken Fuß haben 798
Schajech, wie? 93
Schakren is alles fähig 955
Schakren muß Gedächtnis haben 956
Schalef 215
Schalet 66
Schalwe 594
Schames von Winek 977
Schamai 40, 707, 810, 825
Schan-ban 511
Schander debander 577
Schänden sein eigenes Gesicht 721
Scharmesser 378
Schas 140, 141
Schaskenen 531
Schbéses –zu – Nacht 582
Sch'chone 1014
Schechten 181, 1002
Schechten ganz 302
Schehechijone machen 592

Nr.
Schein des Bösen zu meiden 933
Scheker 316-320, 322, 953, 959
Scheker-bilbul 382
Schekez 673
Schemes-Blätter 214
Schene-jodea-lischel 131
Schenkwein .... 1059, Anm.
Scherben, heilige 153
Schewe tewes 385, 983
Schiddech 237, 1069
Schießen einen Blick 434
Schifles 584
Schiggaon 846
Schikker 3, 98, 980
Schikker fällt allein 775
Schikker, sich schwätzen 115
Schikker zur Unzeit 885
Schimels Hund 631
Schimen un Lewi 11
Schimsche Horn 1033
Schimschen haggibber 26
Schin-tes 436
Schippe-Malke 555
Schippe-Siebeche‘ 233
Schiwer-lew 634
Schlafstatt 1069
Schlagen auf alle poskim 667
Schlagen kann’s nicht weniger als eins 876
Schlagen sich mit der déeh 185
Schlagen sich mit seiner eigenen Red 323
Schlawerchen 521
Schlechter sich nicht machen 932

Nr.
Schleimen einem die Leber 404
Schleißen, nichts zu 209
Schlemiel* 625, 748, 764
Schlemiel von Sunntik 625
Schlemieligkeit 748
Schlemochem 625
Schlepp mich, ich 305
Schliach, ein fauler 889
Schlimm-massel 467, 742, 748, 749
Schlimm-massel geht mit 1060
Schlimm-massel ponim 538
Schlinken, schleifen 448
Schliwer 1035
Schluach-mizwo-Kreuzer 362
Schma-Jisroël 767
Schmad 384, 692
Schmad guckt zum Gesicht heraus 688
Schmadden 384, 671, 679, 682, 929
Schmad Dich un wer‘ Tambour 1052
Schmahje 117
Schmariё 408
Schmeechel 116
Schmeiz 408
Schmid ist dem Schmidchen vorzuziehen 870
Schmuë, schmuës 83, 84, 107, 773

* Für die Anlehnung an die biblischen Eigennamen fügen wir nachträglich hier noch bei, daß nach der Sage (Sanhedr. 92. Jalkut Pinchas 772.) der Stammfürst Schelumiël ben Zurischaddaj derselbe ist, von welchem unter dem Namen Simri ben Salu (4. B. M. 25, 6 – 15) erzählt wird, daß er samt der midianitischen Fürstentochter von Pinehas aufgespießt wurde. –

Nr.
Schmuës, an etwas machen 108
Schmuës, grüne 260
Schmuës, neumodische 669
Schmuës puriendis 106
Schmuës vormachen 108
Schmuel-Basse-Mehlbrei 1043
Schmuelche – waaß ich's? 1041
Schmun-ésre 405, 477, 480, 916
Schmun-ésre, langsam 1010
Schneckentänz' 306
Schneiden sich e krië 450
Schnitzen sich einen Zorn 304
Schnodern 484
Schnorren 213, 708
Schnorren gehen erfordert auch Glück 790
Schnüren sein Bindel 390
Schoch-schedim 441
Schocher-majim 972
Schochet, was er erübrigt 809
Schochtim mehr als Hühner 81
Schofel 394, 584, 625
Schoftim, keine Schuftim 910
Schoh 794
Scholem alechem 456, 1015
Scholem weschalwe 594
Schomajim weorez 333
Schomooa ben achechem 835
Schön angelegt! 939
Schönchen sind alle häßlich 958
Schönheit 738
Schophar 172, 966
Schorche-Mannheim's-Hund 979

Nr.
Schornstein, woher rauchen? 211
Schote 119, 122, 330, 561, 881
Schreiben auf das Horn eines Hirsches 504
Schtuss 119, 191, 822, 843, 1002
Schuftim 910
Schulchan-oruch, einen eignen 664
Schuldig, wo zwei Weg 212
Schule, s. cheder
Schule für Synagoge 528, 975, 1029
Schule läuft nicht fort 659
Schule klopfen 917, 977
Schunre 535
Schütteln auf Pesach 370
Schütteln, den Rock und 375
Schwalbe, ein Glücksvogel 861
Schwanz-borje-dukkes 118
Schwarz-Appel Dein Aag‘ 594
Schwarze Wäsch‘ bleibt übrig 814
Schwat 809, 967
Schwätzen sich schikker 115
Schwed, toben wie 432
Schweigen ein Zaun 825, 858
Schwein, s. chasser
Schwije-anije singen 637
Schwören, leichtlich 325, 858
Schwúës, das schönste Fest 818
Sechel 116, 123, 846
Sechel einpacken 137
Sechel für Bruch weggeben 73
Secher lechorben 63
Secher letit 62
Secher zaddik 443, 487

Nr.
S'chore 541
S'chus-owes 5, 463, 605, 799
Seder geben 192, 253
S'dóm 4
Seele, s. neschome
Seelenströmung 5
Sefer-Drilholz 961
Sefer-Mahl 655
Seferchen, worin Alles steht 146
Segen, s. broche
Seid mochel! 459
Seid mochel, schießt Ihr! 1048
Sejog lechóchme 825
Selichah 782, 1070
Selbstbeherrschung 858
S'man 186
Semichah 738
Sender Messel 990
Sephardim 698
Sepharim 186
Senús 858
Sera R. 738
Sicherheit vor Dieben 206
Sicherheit vor Sünde 934
Sidra 572
Sieben Greuel 385, 983
Sieben ist eine Lüge 959
Siegel drauf drücken 58
Sijem machen 157
Sikke, Sikkes 77, 1009
Siman 186, 354
Simche, Simches 467, 483, 608

Nr.

Simon b. Gamliel 443, 824, 861
Simon b. Jochai 83, 930
Simri 20, 983
Singen, dem Juden eigentümlich 1020
Singer 964
Sintflut s. mabbul
Sitten einer Stadt zu befolgen 860
Sitzen am Purim-Mahl 193
Sitzen einem auf dem Hals 360
Sitzen zwischen zwei Stühlen etc. 841
Sivlones . . . . 1059, Anm.
So Gott will! 344
So groß Dukaten als 122
Soche-sein 463, 777
Sochen 448
Socher (Kaufmann) 880
Socher ohne Verstand 826
Socher chasde Owes 916
Sod (sodesen) 574, 847, 905
Sof hakkowed etc. 874
Soll mir Gott! 337
Sonne von sich nicht scheinen lassen 292
Sonntagskind 625
Sorge s. dahnje
Sorgen soll man Gott lassen 810
Soten 439
Soten hat sein Spiel 611
Sparen die he und die wow 78
Sparen vergebens 800
Speien in die Höhe 714
Spiel, ein böses, will auch etc. 872
Spiel verrät den Menschen 901

Nr.
Spinholz . . . . . 1059 Anm.
Spitzbuben s. gannowim
Spitzbuben verraten sich selbst 906
Sporesrassel 262
Spreiß 1035
Springen aller Welt in's etc. 372
Springen aus der Kutt' 668
Srore 228, 745
Staat neben dem Chassen 223
Stadtbrille 171
Stall zuerst und dann die Kuh 737
Stammütter s. immohes
Stärke Simson's 26
Stätchen seines bestehen 421
Stecken in der Brühe 841
Stecken in einem Matzeteig 194
Stecken sich dabei stellen 525
Stecken un e posik 80
Steig aus! 682
Stein in den Brunnen werfen 722, 949
Stein möcht'sich erbarmen 638
Stein sei es geklagt 641
Steine auf der Gaß helfen 942
Steine auf der Gaß reden davon 501
Stellen auf eine Nadelspitze 383
Stellen sich auf die Hinterfüß 391
Sterben, keiner vor seiner Zeit 947
Sterndeuterei 883
Stiel ausbeißen 568
Stiffen 427
Stimme s. kol
Stinken, für schlecht stehen 204

Nr.
Stinken, für stolz tun 266
Stolz (s. géës) 265, 858
Störche 965
Störenfried 1021, 1022
Stoßen sich an Alles 130
Stoßt Itzikche etc. 1020
Stracken sich 448
Strandeln 353
Strich von Mannheim bis etc. 1069
Stroh, leeres dreschen 74
Stroh, verzehnten 8
Stube, auch hinter dem Ofen 896
Stuhl im Paradies 484
Stuhl soll man abwischen, wo etc. 819
Stuhl soll man dem Glück stellen 742
Stuppeln 536
Stützen sich auf etc. 231
Sude 30, 193, 532
Sünde (s. newere) verstockt 943
Sünder sollen geduldet werden 582
Süßeste, das 858
Süßkind von Trimberg 218, 958

Táam, ohne 419, 734
Táam, vom man 16
Taanen 173
Táanis-Esther 662
Tabak auf der Pfeife haben 1010
Tachlis 74, 1068
Tachrichim 492
Tachschit 49, 50, 397, 453
Tadel gegen Juden selbst 903, 1020, 1051

Nr.

Tadelsucht 1017
Tag seinen bösen haben 423
Tag', nit soviel im Jahr, als 393
Täg' essen 327
Talles über dem Kopf haben 314
Tamus 1018
Tanzen sich lassen auf dem Kopf 412
Targum 781
Tarwes 420
Taschlich-machen 375, 649
Taube, ein Glücksvogel 861
Tauber Chuschim 12
Taufe s.schmad
Tausend Taler aus der Büchs' 284
Téala beïdneh etc. 854
Tekonas schum 120
Tellerlecker 529
T'méë 897
Ten li hannephesch 781
Tephilin 186, 330, 480
T'phille küssen 685, 983
Tercho 93
Teriz 133
Terupha 479
T'schuwe 97, 852, 867, 927
Tewe 2
Tewes un schwat 967
T'wir 710
Tierquälerei 951
Tillim un máamodes 660
Tiphle 975
Tippchen, findet jedes etc. 739

Nr.

Tippel, krie‘ den etc. 447
Tippelchen, darf nicht fehlen 526
Tippelchen, seines dazu geben 59
Tiswalle wetischaddesch 470
Titus 41
Toaste, ob erlaubt 472
Toben wie der Schwed 432
Tocheche 400
Toches 573
Tochter schlägt der Mutter nach 730
Tochter, wer will 962
Töchter 728, 729
Tod des Kusses (sanfter) 183
Tod ist allgemein 771
Tod ist umsonst 757
Tod macht Heilige 711
Tod will eine Ursache haben 772
Tod, wer gut nach ihm schicken 187
Tofel-amone 669
Tole 414, 516
Tole-Achler 685
Toll, s. meschúche
Tomaus naphschi 877
Tomer 309, 843
Tomerchen, ein 309
Topf einer Kompanie 716
Töpfe, kleine 957
Tore, Tores-Mosche 315, 338, 828, 858
Tornen 466
Toowe 912
Tot ist tot 778
Tote gehen einen nichts an 777

Nr.

Tote soll man in Ruhe lassen 776
Tragen auf beiden Achseln 358
Tragen mit Lieb 470
Trag's in's Hospital 495
Träume soll man nicht erzählen 747
Tre koli 838
Trephe 289, 979
Trephe-posel 146
Treten vor den Riß 615
Trop 661, 1020
Tröpfchen, wie es fällt 1064
Trübsal blasen 406, 631
Trumpf sein 216
Tüchelchen sich vornehmen 655
Tu – mir – nichts, ein 413
Tun wie Simri 20
Türe, bei der rechten anklopfen 870
Turo beturo 699
Twue-Handel 779

Übelhabt 402
Überfromm 330, 983
Überklug 56
Überlajenen 164
Überlegen zuviel 882
Übermut 425, 709, 714
Ulmer Messer 1063
Umbeschriee' 519
Umgang mit Toren 819
Umgang mit Weisen, Angesehenen 827
Umgebung, nach ihr sich richten 860
Umgekehrt läuft 176

Nr.
Ummes . . . 1029
Umschmelzen sich mögen . . . 623
Umsonst ist der Tod . . . 757
Umstände, benutzen . . . 883
Umstürzen die Schüssel . . . 679
Umzug . . . 804
Unbetaamt . . . 519
Und wie frei! . . . 1054
Undank . . . 949
Ungelegte Eier . . . 506
Ungeniet . . . 831
Ungleich, ungerad . . . 95
Unglück, s. Schlimm-massel
Unkraut wächst . . . 559
Unrecht lieber als Torheit . . . 822
Unsicherheit des Lebens . . . 751
Untaam . . . 419
Unterführen . . . 463
Untergehen wie . . . 19, 440
Unterschied (s. chilek) . . . 105
Untätchen . . . 55
Uzen . . . 309, 769

Verchiddeschen sich . . . 501
Verfolgungssucht (s. risches) . . . 14, 35-38, 41
Vergnügen, s. naches
Vergnügen wie vom ersten Hemd . . . 492
Verhören für abhören . . . 164
Verkehrte Welt . . . 904
Verknassen . . . 175
Verkränken . . . 347
Verkriechen sich in ein Mausloch . . . 623

Nr.
Verkrumpeln 564
Verleumdung 858
Verloren ist jedes Wort 403
Vermassern 38
Verpassen 887
Verreden sich etwas 344
Verroëvt 208
Verruechen 339
Versagen das Glück 613
Verschänden sein eigen Gesicht 721
Verschulden in simches 483
Verschüttet es haben 365
Verschüttete Gewürzbüchse 153
Verschwarzt 449
Versöhnungstag, s. jom-kippur
Versprechungen, große 523
Verstand für Bruch weggeben 73
Versuchung .... 934 – 937
Versuchung ist der Bessere mehr ausgesetzt 935
Versündigen eine ganze Gemeinde 647
Vertrauen auf Gott 810
Verwandte 803
Verwechseln sich mögen 623
Verzählen für erzählen 253
Viel Massel's! 468
Viele Folgende! 467
Viel wissen 143
Viwrach machen 390
Vögelchen hat's gesagt 861
Vogel unreiner 386
Vogelfrei 1054
Volksstimme 702

Nr.

Vorbedeutung, s. nichusch
Vor-broche 652
Vorne gestoppt 180
Vorne getrummelt 707
Vornehmen sich ein Tüchelchen 655
Vorschieben ein Riegelchen 217
Vorsingen an der Wiege 629
Vorüber ist, was vorüber 846
Vrimles 552

Wachsen auf anderem Felde, Mist 127
Wachsen im Garten 392
Wachsen, zum Halse heraus 367
Wagen muß man 876, 882
Wahl, s. brere
Wahrhaftigkeit, die höchste 858
Wahrheit ist im Wein 901, 905
Wahrheit macht sich Bahn 953
Wahrheit sagen Kinder und Narren 824
Wajhi, ist dabei 610
Wajjakhel un Pekude 571
Wajjomer, wajdabber 114
Wände haben Ohren 861
Wände, mit jemand einlegen 125
Wände weinen 729
Wart-e-Weilchen, goldnes 276
Wart, ich lauf mit 1031
Warum gehen Gänse etc. 700
Warum hat sein darum 704
Warum sagt man jekum etc. 701
Was will Raschi? 996
Wasch den Pelz etc. 179

Nr.

Waschti 37
Wasser auf die Mühl‘ 518
Wasser ausschütten 505, 613
Wasser, einem nicht reichen 162
Wasser, gestohlene 936
Wasser kommt nicht heraus 862
Wässerwasser 507
We-chochmes 56
We-dobak 597
We-zidkes 330, 983
Wechén lemár! 466
Wechipper báadó 286
Wechsel des Geschickes 616, 751
Wechseln es sich lassen 513
Weg, der beste 858
Wegnehmen den Bissen etc. 530
Weh, wie besser! 639
Wehen, die echten, ... 726
Wehtäg‘ 425, 430
Weib Hiob’s 23
Weiber s. Frauen
Wein, guter in bösem Faß 149
Wein stinkt nach dem Faß 731
Wein verrät des Menschen etc. 901, 905
Weise s. chochem und chachomim
Weisheit s. chochme
Weisheit kommt nicht vor etc. 832
Weißbrot essen vor Armut 257
Weiß Gott! 336
Welt s. olem.
Welt, davon sein 396, 446
Welt, die ganze ein Ort 694

Nr.

Welt, von der alten sein 446, 669
Welt zittert, wenn etc. 1023
Wer a sagt etc. 865
Wer es haben soll, der etc. 1059
Wer hat, dem wird gegeben 746
Wer hat die Lust etc. 890
Wer' meines! 445
Wer nicht hinaus kommt 831
Wer nichts zu tun hat 841
Wer sich erniedrigt 774
Werfen das Hunderste etc. 115
Werfen einen Malech 239
Werfen von sich (hinter sich) 808
Wergelholz 552
Wert die Schuhriemen aufzulösen 163
Wert, nichts von Kopf bis 402
Wespe und der Böse 913
Wickeln um den Finger 412
Wide einem vorsagen 404
Wider Gott nit geredt 612
Wie aus dem Gesicht geschnitten 533
Wie Du mir, so 713
Wie – heißt – man's 436, 439
Wie kommen die Rüben etc. 105
Wie kommt die Kuh etc. 189
Wie man die Hand umwendet 183
Wie's Tröpfchen fällt 1060
Wie wird mir! 259
Wimpel nicht gesehen 569
Wind und weh 632
Wind machen 250
Windel hat nicht gerauscht 244

Nr.
Windel wasch jeder seine aus 864
Wissen kann man nicht Alles 869
Wissen nicht von seinem Leben 160
Wissen nicht, wo der Kopf steht 160, 621
Wissen nicht, wo Gott wohnt 685
Wissen nichts von Bös 415
Wissen von Bös 346
Witzeleien 899
Wo bleibt die Katz'? 1067
Wo bleibt Gerschen! 1044
Wo der Mensch sterben soll etc. 1058
Wo hat Hund etc. 248
Wo tore is etc. 828
Wo zwei Weg zusammengehen 212, 213
Woher nehmen u. nicht stehlen! 622
Wohl bekomm's! 471
Wohl gescheh'ch! 454, 471, 473
Wohltäg' 425
Wohltäger 519
Wohltätigkeit (s. zedokoh) 791
Wohnung 806
Wölfen, unter ... muß man heulen 860
Wollen, für: Böses anhaben 639
Worms 120, 986
Wormser Krahne 229
Wort zu seiner Zeit 856
Wörtchen 327
Worte, glatte 10
Worte, gute 856
Worte, herzliche 954
Worte, zuviel 110
Wörterbuch des Geizhalses 272

Nr.
Wortschwall . . . . 111, 113 – 115
Wunder sind selten 840
Wurmstichig 564

Záar-bal-chajim 951
Zaddik der Hasidäer 986
Zaddik im Pelz 654
Zank 600, 825
Zarphes . . . . 698, 1029, Anm.
Zebuim 330, 983
Zedokoh-geben 1061
Zedokoh tazzil 743, 858
Zehnten von Stroh 8
Zeit, Alles zu seiner 886
Zeit, derselben entsprechen 885
Zeit, die rechte erfassen . . . . 880 – 883, 887
Zeit, heilige 960
Zeit läßt sich nicht drängen 859, 879
Zeit muß man auch etwas überlassen 878
Zeiten schlimme 749, 756
Zeknen 636
Zelem, das Böse 447
Zelem für ein Olef angucken 159
Zelem-Elokim 533
Zenuah 415
Zerreißen mit Lieb 470
Zertritt mir die Würmchen 983
Zettel keinen un doch 628
Ziererei 305
Zijun . . . . 73 Anm.
Zimperlich 258
Zittern, wenn die Türe geht 755

	Nr.
Zizis-Spinnerin	332
Zloche	291
Zoche	210
Zöllner s. mochsin	
Zor wechor	583
Zore	812, 965
Zorn (s. roges) verrät den Menschen	901
Zu allem Guten!	457
Zu alt zum Lernen ist Keiner	833
Zu Herzen geht was etc.	954
Zu hoch anfangen	255
Zu massel un zu broche	469
Zu Prag wird's etc.	324
Zu Wohl sein	425
Zuckeln	302, 622
Zudecken die Schande mit	236
Zudringlichkeit	895
Zugehen nicht mit rechten Dingen	152
Zugucker, dem ... ist Alles leicht	765
Zuhalten	964
Zunehmen nicht ist abnehmen	786
Zunge, böse	858
Zunge soll man beherrschen	857
Zure	83
Zurückgeben	158
Zusehen darf man nit	1006
Zusehen haben	515
Zusehen soll man Kinder nicht lassen	634, 951
Zutrinken, ob erlaubt	472
Zu – tun – Gesicht	190
Zuviel haben viele, aber	902
Zuviel taugt nicht	848, 851

Nr.
Zuwerfen ein scheker-bilbul 382
Zwang 761
Zweck heiligt nicht das Mittel 331, 1039
Zwehl 552
Zwerschelsuppe 552
Zwicker 994
Zwoëh machen 1027